河北高校学报
特色栏目文库

陈 玉 总主编

曹迎春 主编

董仲舒与儒学研究

燕山大学出版社
·秦皇岛·

图书在版编目（CIP）数据

董仲舒与儒学研究 / 曹迎春主编 . — 秦皇岛：燕山大学出版社，2024.2

（河北高校学报特色栏目文库 / 陈玉总主编）

ISBN 978-7-5761-0586-5

I.①董… II.①曹… III.①董仲舒（前179-前104）－哲学思想－思想评论－文集②儒学－文集 IV.① B234.55-53 ② B222.05-53

中国国家版本馆 CIP 数据核字（2023）第 232716 号

董仲舒与儒学研究

DONG ZHONGSHU YU RUXUE YANJIU

曹迎春 主编

出 版 人：陈　玉	责任编辑：柯亚莉
封面设计：方志强	责任印制：吴　波
出版发行：燕山大学出版社 YANSHAN UNIVERSITY PRESS	地　　址：河北省秦皇岛市河北大街西段 438 号
邮政编码：066004	电　　话：0335-8387555
印　　刷：涿州市般润文化传播有限公司	经　　销：全国新华书店

开　本：787mm×1092mm 1/16	印　张：24.5	字　数：440 千字
版　次：2024 年 2 月第 1 版	印　次：2024 年 2 月第 1 次印刷	
书　号：ISBN 978-7-5761-0586-5		
定　价：98.00 元		

版权所有　侵权必究

如发生印刷、装订质量问题，读者可与出版社联系调换

联系电话：0335-8387718

河北省教育厅人文社会科学研究重大课题攻关项目"河北省高校学报影响力提升路径研究"(项目编号:ZD202110)阶段性成果

河北省教育厅人文社会科学研究重大课题攻关项目"董子文化'两创'研究"(项目编号:ZD202328)阶段性成果

总序:建设特色栏目集群　提升高校学报影响力

中国特色社会主义建设进入新时代,中华民族伟大复兴的历史重任,呼唤加快构建中国特色哲学社会科学。高校学报在我国出版传媒领域中是期刊方阵的重要组成部分,围绕提升学报水平和影响力开展深入研究,是构建中国特色哲学社会科学的内在要求。

2021年5月9日习近平总书记复信山东大学文科学报《文史哲》编辑部,指出"高品质的学术期刊就是要坚守初心、引领创新,展示高水平研究成果,支持优秀学术人才成长,促进中外学术交流"。贯彻新发展理念,学术期刊的高质量发展,应当为全社会的高质量发展提供知识支撑、发挥创新引领作用,就是要在新发展格局下,提升服务国家创新发展、服务全社会高质量发展的能力和水平,担当好学术期刊的使命。这正是我们开展相关研究的思想起点。

目前,河北省共有89种高校学报,在全省全部期刊中占比将近一半,在全国各省市自治区中排名第7,堪称学报大省,但是这些高校学报跻身北大核心期刊的仅有7种,与学报大省的地位很不相称,在京津冀区域社会经济、科教文化的协同发展中明显滞后,某种程度上已经成为河北省人文社会科学发展的短板,影响了河北省高校的学术形象。

高校学报存在的共性问题,往往来源于一校一刊、学科综合,使它们总体上陷入千刊一面、低水平重复,尤其是地方高校学报在评价指标面前处于竞争劣势。着眼未来发展,学报的稿源、作者、编辑人才以及引文率、发行量平均增长率、辐射范围等指标的数量与质量如何平衡,如何实现良性循环、可持续发展,高校学报界在不断地进行艰辛探索。

2021年,燕山大学主持申报的"河北省高校学报影响力提升路径研究"获得河北省教育厅人文社会科学研究重大课题攻关项目立项支持,同时得到河北大学、衡水学院、邯郸学院、河北民族师范学院等高校学报同行的热情响应,研究很快开展起来。

纵观国内外的相关研究,按期刊影响力辐射范围,可分为国内影响力研究和国际影响力研究。国内影响力的研究主要由国内权威的核心期刊评价机构的评价指标体系构成,即使用期刊影响因子、论文被引量、下载率、转载、摘编情况等要素来考察期刊影响力的指标现状、差异性和发展趋势等。国际影响力研究主要集中于科技类综合期刊和专业性期刊的探讨,有关外语类、双语类期刊和权威核心期刊的较多,社科类期刊的国际影响力研究成果相对较少。对于主体的研究,按照期刊影响力的人力资源构成,可分为以作者为核心的主体研究和以编辑、编委会在学术期刊影响力中发挥能动作用的主体研究。此外还有媒介和渠道研究、国家工程和项目资助研究、期刊评价微观方法研究、特色栏目研究等不同维度。在这些研究中,定性研究占比大,中心议题是围绕高校学报发展现状如何、面临哪些困境,是否需要转型以及转型的效果等,对转型的路径探讨大体上可归纳为特色化、数字化、专业化三条道路。

在上述已经开展的研究中,尤其值得关注的是特色名栏研究这个视角。

在当前学报管理体制尚不能进行变革的前提下,学界几乎将特色化发展视为学报走出困局的唯一方法,社科学报是其中的重点。刘曙光、张积玉、龙协涛、蒋重跃、余志虎、张媛、姚申等学者专家都倾向于认为,高校社科学报应该立足于本地区的历史文化优势,突出地方特色,精心设计特色栏目,在教育部"名栏工程"以及全国高等学校文科学报研究会"特色栏目"评选的推动下,更多的期刊界同仁应当将打造特色栏目作为高校社科学报特色化转型的路径选择,普通高校社科学报通过打造特色栏目形成鲜明的个性文化,是打破"千刊一面"的生长点,既有特色又有水平是高校社科学报特色栏目建设的目标,打造高校社科学报特色栏目是保持高校社科学报的竞争力和提升社会影响力的重要举措,高校社科学报专业化、特色化是综合性文科学报走出困境的唯一道路,高校社科学报应该向集约化、专业化、联合办刊、栏目共建、内涵式发展方向努力,发挥学科优势、地域特色和历史传统,坚持个性化发展,有所为有所不为,必须立足于本校学科优势、地域特色和历史传统,制定科学的评价体系,鼓励个性化办刊。

我们的课题组受到启发,聚焦于特色栏目研究视角,从这个角度切入,展开了学报特色化、专业化研究,目标是以研究特色栏目为中心,分析河北省高校学报的现状、学报评价机制存在的问题,探索提升河北省高校学报影响力的路径。通过研究特色栏目所体现的学报传播方式,推动突破核心期刊至上的学报思维定势、评价模式,转变以刊评文的惯性思维,巩固学报的应有地位,建立更加科学、合理的学报评价体系,为破除"唯核心"的期刊评价体系提供新的评价思维和指标,引领学报转变发展模式,走特色发展之路。

所幸河北省高校学报在打造特色栏目方面已经具备了较好的基础,经过多年辛勤建设,现在拥有"宋史研究""董仲舒与儒学研究""赵文化研究""典籍翻译研究""避暑山庄研究"等约20个特色栏目,已经形成了一个以特色栏目为核心的期刊群,在学报界令人瞩目。这些特色栏目以地域和学科优势为支撑,做到了"人无我有,人有我强",成为学报的支柱性学术高地。壮大特色栏目群,与高校双一流建设同向同行,将是河北省高校学报走出困局、提升影响力的一个突破口,同时也正在形成一个相关的学术共同体。

英国科学家和哲学家坡朗依在《科学的自治》一文中首先提出科学共同体概念,指出学术共同体是从事科学研究的主要阵地和重要载体。学术共同体是学报开展学术交流和学术评价必须把握的关键性的互动关系。构建学报的学术共同体是主客体相互统一的过程,能够统筹人力资源、学术与文化资源、传播渠道、受众需求等各个要素,优化出版方式。

为凸显河北省高校学报社科特色栏目作为学术共同体形成的集群化特征,本课题组策划组织编纂了这套"河北省高校学报特色栏目文库",以突出展示河北省高校的学术成果,催生河北省高校学报特色栏目的集群效应,希望对学报界具有一定的示范意义,积极引领学报的发展。

这套文库由陈玉教授总体设计、全面把握,由一批长期主持特色栏目、经验丰富的一线学报编辑亲自主编,精选河北省5家高校社科学报特色栏目发表的高质量、有影响的论文，分别汇编集成。首辑共收录5个分册：

《燕山大学学报(哲学社会科学版)》编辑董明伟精选"典籍翻译研究"栏目的代表性论文，主编《典籍翻译研究》；

《河北大学学报(哲学社会科学版)》编辑卢春艳精选"宋史研究"栏目的代表性论文，主编《宋史研究》；

《衡水学院学报》编辑曹迎春精选"董仲舒与儒学研究"栏目的代表性论文，主编《董仲舒与儒学研究》；

《邯郸学院学报》编辑贾建钢精选"赵文化研究"栏目的代表性论文，主编《赵文化研究》；

《河北民族师范学院学报》编辑王明娟精选"避暑山庄研究"栏目的代表性论文，主编《避暑山庄研究》。

编选出版一个省的高校学报特色栏目文库，这在全国尚属新鲜的做法。今后有条件的情况下，我们还将继续拓展补充收录更多的专栏文集。燕山大学出版社对该文库的组稿出版给予指导与支持，感谢出版社的各位编辑用精细严谨的工作与学报编辑们联手为读者呈现了这套颇具专业性的学术研究合集。

甲辰龙年伊始，诚愿以"河北省高校学报特色栏目文库"为龙头，引发河北省高校学报加快提升影响力的思考与行动，促进其有力推动社会经济、科教文化的发展，奋力向着建设成为学报强省的愿景进发！

"河北省高校学报影响力提升路径研究"课题组主持人
燕山大学教授、博士生导师
陈　玉
2024年2月于燕园

序 言

2007年，《衡水学院学报》创办"董仲舒与儒学研究"栏目（以下简称"董学栏目"）。十五年来，该栏目三次获评全国高校社科学报特色栏目，多次荣获河北省高校期刊特色栏目、全国地方高校学报名栏等称号。该栏目被著名学者、北京师范大学周桂钿教授誉为"董仲舒研究重镇"，被浙江省社科院吴光研究员誉为"树立了一个文化品牌"，被四川师范大学黄开国教授誉为"期刊界的一朵学术奇葩"；被中宣部主管领导、教育部主管领导和全国高校文科学报研究会领导誉为"办得极好的专栏""极具国际影响力的栏目""专栏建设的标杆"。

一、董学栏目的创办缘起

衡水地域文化中最引人注目的是董子文化。西汉大儒董仲舒，上承孔子，下启朱熹，是儒家思想史上里程碑式的人物。他使儒学由一家而融汇百家，由诸子而成独尊，奠定了儒家学说在中国传统文化中的主干地位，深刻影响了此后两千多年中国传统社会的政治结构和文化走向。衡水作为董子故里，拥有独特的董子文化资源，遗迹尚存，遗风犹在。以董子文化为特色，创办董学栏目，研究董子思想，传承董子精神，是故里后人的责任与使命。

董学栏目的创办，除了抓住"人无我有"的本地特色文化，还充分利用了"人有我优"的本校优势学科。早在2002年，衡水学院已经有一批热心于中国传统文化和董学研究的教学科研人员，组成了中国传统文化研究所，积极开展董仲舒研究。2004年，李奎良教授开始担任衡水学院升本后的第一任校长。作为董子故里之人，他对董学研究怀有一份特殊的感情；同时作为历史学教授，他又对董学研究有一种专业的眼光，是董学研究的热情弘扬者和实际带头人。在李校长的重视下，学校为加强董学研究力量，培养和引进了数名历史学、哲学博士，这些年轻的学者眼界开阔且对董仲舒研究充满热情。

最终促成董学栏目创办的是一次董仲舒学术会议。2007年8月22—23日，由河北省历史学会主办、衡水学院承办的"河北省董仲舒与河北历史文化研讨会"在衡水学院召开。此次研讨会是河北省历史学会第一次面向地方举办的专题性研讨活动，共有来自河北省社会科学院、河北师范大学、河北大学、邯郸学院等单位的40余名学者参会，提交学术论文37篇。以此为契机，学报自2007年第3期开始，从原来的"衡水地域文化"栏目中分立出了"董仲舒研究"（2011年更名为"董仲舒与儒学研究"）栏目，而2007、2008年的14篇文章，也大都来自此次会议论文。

此次会议不但为栏目提供了第一批学术成果，也打开了衡水学院与省内外研究机构和高等院校的董学交流通道。一些有影响力的专家学者被聘请为我校客座教授，成为栏目的作者群体。如北京师范大学哲学系教授、博士生导师周桂钿先生，河北省社会科学院研究员、博士生导师孙继民先生，河北师范大学历史系教授、博士生导师秦进才先生等，他们分别是中国哲学、地域文化、秦汉史研究等领域的优秀专家。这些专家的加盟，在提高我校董学研究学术水平的同时，也提升了我校的知名度和学术地位。

二、董学栏目的广泛影响

董仲舒是衡水的，更是中国的、世界的；董仲舒是历史的，也是当下的、未来的。因此，学报在栏目创办之初，便确立了"跟踪董学大家，培养董学新锐，反映董学前沿，弘扬董子文化"的栏目宗旨。希望通过设立董学栏目，推动董学研究，助力学科发展，促进区域文化繁荣。

在推动董学研究方面，栏目创办15年来，共刊发文章351篇，近年来，栏目发文数量已经占据了董学研究领域的"半壁江山"。其中22篇文章被《新华文摘》《中国社会科学文摘》《人大复印报刊资料》《高等学校文科学术文摘》转载、转摘27次；多篇文章被国际儒学网（国际儒学联合会官网)、中国社会科学网(中国社会科学院官网)、中国孔子网(中国孔子基金会官网)等多家业内权威学术网站、微信号等转载或转摘。栏目文章汇集出版《董仲舒与儒学研究》文库1—14辑、《董学新论》连续性论文集3部。

在助力学科发展方面,董学栏目使得原本少人问津的董学研究成为近年的"显学",衡水学院成为董学研究国际重镇。国家社科基金、河北省社科基金、河北省教育厅重大课题等项目相继立项,《董仲舒思想通解》《德音润泽:董仲舒名言品鉴》等研究著作陆续出版,实现了衡水学院董学研究的重大突破。2022年,董仲舒与传统文化研究中心获批河北省高等学校人文社会科学重点研究基地。该基地的获批是衡水学院人文社会科学研究平台的新突破,为人才的培育、学科的建设、课题的研究以及国内外的合作搭建了重要的省级平台。

在促进区域文化繁荣方面,董学栏目发表的多篇文章在衡水市"董子文化小镇"建设中被参考借鉴,在桃城区"文化兴区"政策制定中被采纳观点。中央电视台连续三年为衡水的董子文化事业拍摄纪录片,使得"儒家思想由孔子出发、从董子走来,衡水是大儒之乡、是儒学复兴之地"得到了社会各界的广泛认同,大大提升了衡水的软实力和知名度、美誉度。

三、董学栏目的建设经验

1. 依托栏目,搭建多个董学研究平台

多年来,衡水学院在开设学报董学栏目的同时,还打造了"一坛、两会、两院"的董学研究、交流平台。"一坛",就是董子讲坛,自2015年开坛以来,已经推出了40余场高端文化盛宴,传播董学最新的前沿成果;"两会",就是中华孔子学会董仲舒研究委员会和河北省董仲舒研究会,这两个研究会秘书处都设在衡水学院,是董学研究者共同的学术家园;"两院",就是董子学院和董仲舒思想国际研究院。2015年衡水学院成立董子学院,汇聚本校董学研究力量;2018年又成立了董仲舒思想国际研究院,着力推进董学研究国际化。

2. 与国内外重要学术团体和研究机构联合举办高端学术会议

2007—2022 年，衡水学院与国内外重要学术团体和研究机构联合主办、承办、协办了 28 次董学高端学术会议，尤其是 2018—2022 年，连续五年承办由政协衡水市委员会、中华孔子学会董仲舒研究委员会、中国实学研究会、河北省董仲舒研究会共同主办的"中国·衡水董仲舒与儒家思想国际学术研讨会"。每一次会议都是一次选题组稿，会议提交的论文代表了当今董学研究的最高水平，也成为学报董学栏目的最主要稿源。高端学术会议成为董学研究升温的助推器，学报董学栏目成为董学研究方向的引领者。

3. 聘请董学名家担任栏目主持人

栏目聘请上海交通大学余治平教授担任主持人。余治平教授是中华孔子学会董仲舒研究委员会会长，上海交通大学长聘教授、博士生导师，董仲舒国际儒学研究院院长，国家社科基金重大项目首席专家，衡水学院董子学院、董仲舒国际研究院、董子讲坛首席专家，是董学栏目的核心作者和高被引文章的作者，是学界公认的董学研究专家。

余教授指导栏目专业发展方向，对栏目论文进行学术质量把关，撰写主持人按语，对每一篇文章进行细致评析，并利用自身的优势为栏目约稿、组稿。

4. 建立国内外名家云集的作者群

通过举办董仲舒思想学术研讨会，征集大量高水平稿件，并聘请这些专家为"衡水学院特聘教授"，建立起国内外名家云集的高端作者群。如周桂钿、邓红（日本）、吴光、黄开国、李宗桂、黄朴民、余治平、曾振宇、秦进才、李祥俊、李英华等，这些学者均为董学与儒学研究的一流专家，他们汇聚到董学栏目中来，容易形成马太效应，形成良性循环。

四、董学栏目的未来发展

为继续保持高质量发展，董学栏目下一步将围绕"协同共建、学术引领、国际影响、智库服务"等关键词开展建设。

1. 协同国内外董学研究专业平台共建专栏

与韩国高丽大学董仲舒研究中心、上海交通大学董仲舒国际儒学研究院、国家社会科学基金重大项目"董仲舒传世文献考辨与历代注疏研究"课题组、河北省教育厅人文社会科学研究重大课题攻关项目"董仲舒思想及其现实意义研究"课题组,以及中华孔子学会董仲舒研究委员会、河北省董仲舒研究会等国内外董学研究专业平台协同共建、密切合作,共享信息、资源和成果,结成网络和联盟,推进专栏发展。

2. 作为国际董学高地,发挥学术引领作用

通过举办定期化的国际学术会议,聚集国内外董学研究专家学者,激发他们的研究活力,吸收更多的国外及中国台湾、香港、澳门地区的成果,推动董学研究的国际交流与合作;通过选题策划、议题设置等方式形成焦点和热点,引领国际董学研究的方向。

3. 挖掘董子文化的世界价值,为文明互鉴贡献中国智慧

董子文化中蕴含的思想观念、人文精神、道德规范,不仅是我们中国人思想和精神的核心,对解决人类问题也有重要价值。以国际视野深入挖掘和凝练董子文化的思想精髓,探索董子文化中可以共享的价值观念,在国际范围内诠释和传播董子文化理念,推进以董子文化为代表的中华优秀传统文化"走出去",为世界文明互鉴贡献中国智慧。

4. 充分发挥智库作用,为国家治理提供智力支持

面向时代,全方位推进董仲舒思想与中华优秀传统文化的创造性转化和创新性发展,打造一批具有现实针对性和实效性的优秀成果。在学术研究的基础上,为经济社会发展提供强有力的理论支撑,提供高效的政策以及对策建议,提供具有活力的新思路。充分发挥智库作用,为国家治理提供智力支持,使董子思想成为推动社会治理和社会进步的重要知识力量。

5. 大力培养董学研究后备军,真正实现可持续发展

硕博士研究生和博士后是作者群中的"潜力股",年轻有活力,跟随导师从事课题研究,其科研成果具有创新性,是保持刊物可持续发展的重要力量。在拥有高端作者群的同时,不断挖掘潜力作者群,举办董学

研修班,招收来自全国各地高校的董学学者、硕博士生参加,由名师讲读,由寻找"后备军"到培养"后备军",使董学研究的后备力量大增,真正实现可持续发展。

曹迎春

2023 年 11 月

目　录

董仲舒与秦汉初期体系化思想的建构 …………………………… 李祥俊（ 1 ）
董仲舒政治哲学的形上基础及其现代诠释 ……………………… 成中英（ 11 ）
董仲舒对先秦儒学的继承和损益 ………………………………… 李存山（ 22 ）
董仲舒思想的历史地位与当代价值 ……………………………… 黄玉顺（ 33 ）
德主刑辅：董仲舒的治国理政之道 ………………………………… 吴　光（ 41 ）
"阳气仁"：董仲舒思想中的"善"与"仁" …………………………… 曾振宇（ 51 ）
董仲舒学说的三个基本意识 ……………………………………… 黄朴民（ 64 ）
董仲舒有无王鲁说 ………………………………………………… 黄开国（ 77 ）
董仲舒思想的"天""元"关系 ……………………………………… 任蜜林（ 84 ）
董仲舒与儒家思想的转折 ………………………………………… 干春松（ 94 ）
董仲舒之"三统"说
　　——兼论"天不变，道亦不变" ………………………………… 刘国民（117）
康有为视界中的董仲舒 …………………………………………… 魏义霞（129）
天人感应的发生机理与运行过程
　　——以《春秋繁露》、"天人三策"为文本依据 ………………… 余治平（140）
儒家道德思想的实践
　　——董仲舒"仁义法"的人我内外之别 ………………………… 杨济襄（158）
董仲舒思想历史作用之我见 ……………………………………… 李宗桂（173）
董仲舒五行关系论的多重模式及其对相生相克的超越 …… 崔锁江,代春敏（180）
论董仲舒与张载的天人之学 ……………………………………… 林乐昌（191）
董仲舒与中国"文"化
　　——王充"孔子之文在仲舒"说诠说 …………………………… 杨朝明（202）
董仲舒"更化而可善治"探析
　　——西汉立国七十年的历史反思与理论探索 ………………… 李英华（209）
《春秋繁露》论"心" ………………………………………………… 何善蒙（222）
从建构"社会共同体"看"三纲五常"的批判继承 ………………… 金春峰（237）

董仲舒的批判精神与王道构建 …………………………… 韩　星（250）

沟通天命：董仲舒对儒家神圣性与超越性根基的再植 ………… 梁世和（268）

董仲舒"罢黜百家，独尊儒术"关系新探 …………………… 秦进才（279）

三纲说的来源、形成与异化 ……………………………… 丁四新（313）

董仲舒人性论的思想结构论析 …………………………… 闫利春（335）

董仲舒所论"身行之志" …………………………………… 郑朝晖（349）

附录：2007—2022 年《衡水学院学报》"董仲舒与儒学研究"栏目
　　刊文情况一览表 ……………………………………………（359）

董仲舒与秦汉初期体系化思想的建构

李祥俊

(北京师范大学 价值与文化研究中心暨哲学学院,北京 100875)

[摘 要] 在中国哲学史上产生重大影响的往往是体系化的思想。秦王朝统一中国前夕编撰的《吕氏春秋》,以"法天地"为原则,综合道家、阴阳家等建构起了一个天道论体系。秦汉初期,儒家学派虽然遭到"焚书坑儒"的打击而退居民间,但以《春秋公羊传》为代表的经典注解之作,崇奉孔子"作新王"为万世立法,建构起了一个以儒为本兼融各家的王道论体系。董仲舒在吸收前人思想的基础上,将天道论、王道论体系合而为一,建构了一个天人合一的大一统的思想体系,在当时和后世都产生了深广的影响。

[关键词] 体系化思想;《吕氏春秋》;《春秋公羊传》;董仲舒;天道论;王道论;大一统

战国、秦汉之际,中国古代社会发生了一个重大的转变,古代的宗法制贵族统治宣告结束,在广袤的华夏大地上,以宗法等级社会为基础,政治上实行君主集权制度的大一统帝国巍然崛起。秦汉时期从总体上呈现出政治统一、社会稳定发展的局面,统一的时代需要统一的学术思想,而对体系化思想的建构成为时代思潮①。秦王朝即将统一中国的前夜,权相吕不韦组织编写了《吕氏春秋》一书,接续先秦道家、阴阳家传统,整合诸子思想因素,初步建构起了一个服务新时代的天道

[作者简介] 李祥俊(1966—),男,安徽合肥人,教授,博士生导师,历史学博士,衡水学院特聘教授。
① 所谓体系化思想,指的是自觉地以一种核心理念为主导而形成的整体性思想学说,它往往以主导概念为思想基点,有稳定的且相互联系的内部组成结构,能够系统地回答宇宙、人生、社会等各个方面的问题。对于这种体系化思想的创立者来说,有些是自觉的追求,而有些则是实际地体现在他们的著述之中。

论思想体系。儒家学派则从先秦诸子学向经学转型，依托《五经》传记的形式来建构自己的王道论思想体系。秦汉初期，上述两种分别以先秦道、儒两家为主导的体系化思想影响最大，相互冲突、相互影响，经过董仲舒的继承、改造、发展，终于形成了在中国传统社会中影响深远的"大一统"的思想体系。

一、法天地：以《吕氏春秋》为代表的天道论体系

公元前241年，在秦相国吕不韦的主持下，由他的众多门客集体编撰了一部《吕氏春秋》。《吕氏春秋》成书于秦王朝统一中国的前夕，按时间划分，它属于先秦学术，但它所代表的消解学派冲突、建立新官学的学术思潮，却显示了秦汉学术发展的真正开端。

《吕氏春秋》对于思想体系的建构是十分自觉的，它在肯定先秦诸子思想各有特色的基础上，十分强调意识形态上的统一性，反对诸子的自以为是，明确提出要建立服务于统一大帝国的一套思想体系。"听群众人议以治国，国危无日矣。何以知其然也？老聃贵柔，孔子贵仁，墨翟贵廉，关尹贵清，子列子贵虚，陈骈贵齐，阳生贵己，孙膑贵势，王廖贵先，兒良贵后。有金鼓，所以一耳；必同法令，所以一心也；智者不得巧，愚者不得拙，所以一众也；勇者不得先，惧者不得后，所以一力也。故一则治，异则乱；一则安，异则危。"[1]575

"法天地"是《吕氏春秋》思想体系建构的根本理念，在作为全书序言的《序意》篇中，主编人吕不韦直接出面论述了效法天道的"法天地"原则："维秦八年，岁在涒滩，秋甲子朔。朔之日，良人请问十二纪。文信侯曰：尝得学黄帝之所以诲颛顼矣，'爰有大圜在上，大矩在下，汝能法之，为民父母。'盖闻古之清世，是法天地。凡十二纪者，所以纪治乱存亡也，所以知寿夭吉凶也。上揆之天，下验之地，中审之人，若此则是非可不可无所遁矣。天曰顺，顺维生；地曰固，固维宁；人曰信，信维听。三者咸当，无为而行。行也者，行其理也，行数，循其理，平其私。夫私视使目盲，私听使耳聋，私虑使心狂。三者皆私设，精则智无由公。智不公，则福日衰，灾日隆。"[1]332 在这段话里，吕不韦假托上古圣王，认为天地之道是最高的"规矩"，是人间是非善恶的评判依据，作为人间统治者的帝王，要把天地之道作为自己行政的依据。天地之道的实质内容就是自然、公平，所以，统治者应遵循自然的数和理，亦即遵循自然规律办事，而不能凭一己之私去妄行，否则的话就会招致目盲、耳聋、心狂，"福日衰，灾日隆"。

《吕氏春秋》的思想主旨是"法天地"，而"天地"的根本就是自然之道。在先秦

时期，对天地自然之道论述最多最深的当属老子道家。道论是《吕氏春秋》一书的核心，它以道为化生万物的宇宙本原，成为其整个理论体系的基点："太一出两仪，两仪出阴阳。阴阳变化，一上一下，合而成章。浑浑沌沌，离则复合，合则复离，是谓天常。天地车轮，终则复始，极则复反，莫不咸当。日月星辰，或疾或徐，日月不同，以尽其行。四时代兴，或暑或寒，或短或长，或柔或刚。万物所出，造于太极，化于阴阳……道也者，至精也，不可为形，不可为名，强为之，谓之太一。"[1]121 道为创造万物之本原，所以宇宙万物从根本上说是一体的，并且相互之间存在着共同的节律，与道同行则昌，逆道而行则亡。《吕氏春秋·十二纪》就以先秦道家学派的道本原论为基础，又融合阴阳家的天人感应、古今变化学说，以及儒、墨、名、法的政治伦理思想，建构了一个大一统的宇宙系统论，集中描述了一幅天人同道的和谐宇宙观。如果人类社会的统治者能够遵循天地万物的运化规律，调节个体与社会、人类与自然的关系，那么整个宇宙大系统就会呈现出和谐圆融，宇宙中的人和万物都能各适其性地生存、发展。反之，如果统治者违反自然之道，则会招致灾害，这就实现了从天道自然到王道政治的理论推衍。

《吕氏春秋》以源自老子道家的"道"作为理论体系的基点，而在道生万物的过程中，自然宇宙的时、空结构成为其理论体系组织结构的框架依据。《吕氏春秋》全书由三部分构成，即《八览》《六论》《十二纪》，现在的通行本一般是《十二纪》打头，而在司马迁《史记》的《自序》中有"不韦迁蜀，世传《吕览》"的话，另外，作为全书序言的《序意》篇附在《十二纪》之末，而古人书序是放在全书之末的，所以，原书的次序应该是八览、六论、十二纪。《览》分为八，显然是顺应空间的八方广延。《论》分为六，是顺应所谓上、下、左、右、前、后的六极，广泛讨论社会人生的方方面面问题。《纪》分为十二，则是顺应一年十二个月的时间流转，而且在每《纪》的文章编排上都遵循季节的变化，以春生、夏长、秋收、冬藏为主题。

在秦国即将统一中国的前夕，《吕氏春秋》建构了一个以"法天地"为主旨的天道自然论思想体系，这种思想体系以宇宙本源之道为理论基点，以自然时、空的演进作为理论体系的组织结构，从天道过渡到人道，为即将到来的大一统帝国提供"一代兴王之典礼也"[2]。虽然由于吕不韦本人在政治上的失败，连带着《吕氏春秋》一书在秦汉时期被埋没，但它所开创的"法天地"的天道论体系却影响深远，西汉文、景时期盛行的"黄老之学"，汉武帝时期淮南王刘安聚集宾客数千人编撰的《淮南子》，以及"独尊儒术"前夜的司马谈、司马迁父子，都在这一天道论体系的传统之中。但这种以自然无为的道家天道论来容纳仁义礼法等儒家政治伦理思想的思想体系,其内部的冲突是明显的,而它以自然时空演进作为理论体系的组织结构也显得机械、呆板,内容和形式上的双重弊端使其难以成为秦汉思想的主流。

二、作新王:以《春秋公羊传》为代表的王道论体系

在秦汉初期的思想领域,除了秦始皇与秦二世信奉法家学说之外,占据主导地位的是《吕氏春秋》《淮南子》和黄老之学,他们共同的特点是以老子道家思想为根本,建构起了以自然时空演进为框架的天道论体系。与之同时,儒家学派也在顺应时代发展,积极建构自身的思想体系。当时在朝的一些儒家学者,如陆贾、贾谊等,他们的思想来自现实社会政治本身,推崇儒学的伦理政治主张,但在建构思想体系的时候,往往都要借用道家思想,自觉不自觉地以自然之道作为思想体系的建构基点。而真正担当起以儒学为根本来建构体系化思想任务的,则要归功于那些在野的儒家学者群体,他们以先秦儒家所传承的古代经书为依托,阐述其王道政治理想,最终成为汉武帝时期儒学独尊的真正的源头活水。

孔子儒学是先秦时期的显学,与其他诸子相比较,儒学的最大特色在对上古、三代元典文化的继承弘扬,史载孔子"删《诗》《书》,定《礼》《乐》,修《春秋》",经典研究遂成为儒学的特色,成为儒家学派传播文化知识及其自身学派价值理想的媒介,在孔子以及孟子、荀子等大儒身后有一个庞大的经典研究群体存在。在儒学传承的经典中,《春秋》一经尤为特殊,它为孔子所"修",即为孔子所"作",而与其他四经以"述"为主大不相同。对于孔子"作"《春秋》的深意,孟子就有揭示:"世衰道微,邪说暴行有作,臣弑其君者有之,子弑其父者有之。孔子惧,作《春秋》。《春秋》,天子之事也;是故孔子曰:'知我者其惟《春秋》乎!罪我者其惟《春秋》乎!'……昔者禹抑洪水而天下平,周公兼夷狄、驱猛兽而百姓宁,孔子成《春秋》而乱臣贼子惧。"[3]后来的儒家学者继承发挥孟子的观点,提出孔子"素王"说、"王鲁"说等,认为在王室衰微、诸侯乱政的礼崩乐坏的时代,孔子"作新王",以著作《春秋》的方式来表述自己的王道理想,为万世立法。

在战国末至秦汉初期,关于《春秋》经的研究在儒学中蔚为大观,而在西汉初期真正产生巨大社会影响和思想影响的首推《春秋公羊传》。《春秋公羊传》传说源自孔子弟子子夏,"子夏传与公羊高,高传与其子平,平传与其子地,地传与其子敢,敢传与其子寿。至汉景帝时,寿乃共弟子齐子胡母子都著于竹帛"①。《春秋公

---

① 何休《春秋公羊传解诂序》徐彦疏引,戴宏序,阮元校刻:《十三经注疏》,中华书局1980年版,第2190页。

羊传》继承孔子以来儒家经典研究的传统，在秦汉初期儒学受到抑制的历史境遇中，薪火相传，为汉武帝时期"独尊儒术"政策的实现奠定了坚实的思想基础。

以春秋公羊学为代表的儒家学者在建构思想体系上是十分自觉的，它以经典解说的形式，容纳先秦儒学的思想精髓，建构起了一个系统的王道论体系。王道是儒家学派在人伦政治上的一贯主张，司马迁转述董仲舒的话概括孔子作《春秋》之意说："周道衰废，孔子为鲁司寇，诸侯害之，大夫壅。孔子知言之不用，道之不行也，是非二百四十二年之中，以为天下仪表，贬天子，退诸侯，讨大夫，以达王事而已矣。"[4]3297《春秋》记录史实极为简略，但后人认为，孔子在整理、删定的过程中对史实的记载寓有褒贬之意，后世称之为"春秋笔法"。根据春秋公羊学派的说法，孔子是承天命作《春秋》为汉代立法的，其中藏有"微言大义"，这个"微言大义"的实质就是孔子以《春秋》当一王之法。

《春秋公羊传》王道论体系的理论基点就是人伦政治的主宰者"王"，要用王来一统天下。《春秋公羊传》在解释《春秋》经第一句"元年春，王正月"时说："元年者何？君之始年也。春者何？岁之始也。王者孰谓？谓文王也。曷为先言王而后言正月？王正月也。何言乎王正月？大一统也。"①这里提出"大一统"，而"大一统"在这里是"大""一统"的意思，即推崇以王为基点的天下一统。王不仅是人道的基点，同时也是天道的基点，所谓"王正月"。但《春秋公羊传》提出"王"指的是"文王"，即它并非完全以现实王者为基点，而是以理想中的圣王"文王"为王道政治的基点，从中也可以看出，《春秋公羊传》所推崇的王道是孔子儒家变化了的王道政治，是一种理想的政治，而非《春秋》经所记载的春秋时期维持现实人伦政治秩序的旧礼制，当然更不会是当时的种种"非礼"之制。

《春秋公羊传》阐述以王为基点的王道论体系，其基本内涵则是儒家学派所主张的"君君、臣臣、父父、子子"。司马迁转述董仲舒的话说："夫《春秋》，上明三王之道，下辨人事之纪，别嫌疑，明是非，定犹豫，善善恶恶，贤贤贱不肖，存亡国，继绝世，补敝起废，王道之大者也……《春秋》之中，弑君三十六，亡国五十二，诸侯奔走不得保其社稷者不可胜数。察其所以，皆失其本已。故《易》曰'失之毫厘，差以千里'。故曰'臣弑君，子弑父，非一旦一夕之故也，其渐久矣'。故有国者不可以不知《春秋》，前有谗而弗见，后有贼而不知。为人臣者不可以不知《春秋》，守经事而不知其宜，遭变事而不知其权。为人君父而不通于《春秋》之义者，必蒙首恶之名。为人臣子而不通于《春秋》之义者，必陷篡弑之诛，死罪之名。"[4]3297-3298 这种"君君、

---

① 《春秋公羊传·隐公元年》，《新刊四书五经·春秋三传》，中国书店1994年版，第3页。

臣臣、父父、子子"的伦理政治规范,既是孔子儒家对上古三代王道政治的继承,也是孔子借修《春秋》所蕴含的"微言大义",它对维护传统中国宗法等级社会的稳定、有序是最有效的,而以《春秋公羊传》为依托的春秋公羊学之所以在汉代盛行一时,原因即在此。

《春秋公羊传》王道论体系的实质内涵是尊王、大一统、君臣等级制度等,但在理论体系的组织结构上,它是以人类社会历史的进程作为框架依据的。它通过评价人类社会历史进程中发生的事件来阐述自己的理论,以批判现实、追求理想的王道政治为理论体系的归宿,所谓"我欲载之空言,不如见之于行事之深切著明也"。后代的春秋公羊学者总结出《春秋公羊传》中所阐发的体例、义法,其中最有代表性的是东汉何休的"三科九旨"说:"三科九旨者,新周、故宋、以《春秋》当新王,此一科三旨也。又云所见异辞、所闻异辞、所传闻异辞,二科六旨也。又内其国而外诸夏、内诸夏而外夷狄,是三科九旨也。"①这种体例、义法就是《春秋公羊传》历史解释学中所体现出来的王道论体系的基本结构,它所遵循的是人类社会历史的进程,而不同于秦汉初期占据主流地位的《吕氏春秋》《淮南子》和黄老之学等所遵循的天道自然的时空变化。

《春秋公羊传》开创的这种以儒为本,通过经典诠释所阐发的王道论体系在秦汉时期影响深远,是"独尊儒术"前夜儒学的最主要的思想创作,为董仲舒的儒家经学哲学体系奠定了基础。这种思想体系强调"法古、法圣",从历史中总结王道政治的根本,但关于王道政治的论述缺乏天道的依据,易限于历史相对主义,所以司马迁在记述伯夷、叔齐之事后感慨:"或曰:'天道无亲,常与善人。'若伯夷、叔齐,可谓善人者非邪?积仁洁行如此而饿死!……余甚惑焉,傥所谓天道,是邪非邪?"[4]2124-2125 另外,这种思想体系受制于儒家经典诠释的限制,往往湮没了其思想的体系性。

三、大一统:董仲舒对秦汉初期体系化思想的继承与发展

董仲舒的主要活动年代在汉武帝时期,此时距西汉建国已经过了60余年的时间,距秦王朝开创大一统帝国则有了八十余年的时间。而在学术思想领域,占据主导地位的黄老之学逐渐不能适应时代要求,如何会通百家,尤其是汲取《吕氏春秋》《淮南子》和黄老之学的天道论体系,同时继承弘扬秦汉初期儒家经学尤其是

---

① 何休《春秋公羊传解诂·隐公元年》,阮元校刻:《十三经注疏》,中华书局1980年版,第2195页。

春秋公羊学的王道论体系,建构起一个能够适应政治上大一统的帝国的学术思想体系,成为摆在董仲舒等儒家学者面前的紧迫任务。

董仲舒是西汉春秋公羊学的代表人物,他的思想体系是在《春秋公羊传》和之前的春秋公羊学派的影响下提出的,但就董仲舒思想体系而言,其内涵非《春秋公羊传》所能笼络。董仲舒的著述,主要有《春秋繁露》一书和保存在《汉书·董仲舒传》中的《天人三策》。《春秋繁露》是董仲舒的主要著作,也是儒家学派的重要典籍之一,徐复观先生曾对《春秋繁露》一书的内容作了分类,认为由"《春秋》学""天的哲学"以及其他一些关于礼制建设的内容等三部分组成[5]。徐先生对《春秋繁露》一书内部结构所作的划分基本可信,但可再作斟酌,即第三部分杂论祭祀等礼制的内容实可归属于其"天的哲学"部分。所以,笔者的观点是,从《春秋繁露》来看,董仲舒的学术主要有两部分内容,即"《春秋》学"与"天的哲学",前者来自对之前《春秋公羊传》为代表的儒家王道论体系的继承发展,后者则更多地汲取了《吕氏春秋》《淮南子》和黄老之学的天道论体系,两者融为一体,正显示出董仲舒对秦汉初期两大体系化思想潮流的综合创新。

董仲舒对于建构统一的思想体系是十分自觉的,在著名的《天人三策》中,他答对汉武帝的策问,明确提出"独尊儒术"。"《春秋》大一统者,天地之常经,古今之通谊也。今师异道,人异论,百家殊方,指意不同,是以上亡以持一统;法制数变,下不知所守。臣愚以为诸不在六艺之科孔子之术者,皆绝其道,勿使并进。邪辟之说灭息,然后统纪可一而法度可明,民知所从矣。"[6]2523 董仲舒认为,思想统一了,才能有统一的法度,人民才能有统一的行为准则,这样才能巩固和维持君主集权制度。在答对汉武帝的策问中,董仲舒还进一步阐述了大一统政治的实施措施和效果,他说:"臣谨案《春秋》谓一元之意,一者万物之所从始也,元者辞之所谓大也。谓一为元者,视大始而欲正本也。《春秋》深探其本,而反自贵者始。故为人君者,正心以正朝廷,正朝廷以正百官,正百官以正万民,正万民以正四方。四方正,远近莫敢不壹于正,而亡有邪气奸其间者。是以阴阳调而风雨时,群生和而万民殖,五谷熟而草木茂,天地之间被润泽而大丰美,四海之内闻盛德而皆徕臣,诸福之物,可致之祥,莫不毕至,而王道终矣。"[6]2502-2503 这里的一元论也就是大一统论,董仲舒提出元作为万物和人类的最高本原,元也就是天,以天统率王、以王统率天下,在宇宙上是统一于天、元,在政治上则是统一于王。所谓大一统,就是要使自王侯至于庶人的人类社会,以及自然的山川、万物统统置于天子的治理之下,大一统不仅是政治统一,也是社会秩序的统一、宇宙秩序的统一,这是大一统的最高境界。

董仲舒所说的"大一统"来自他对《春秋》经和《春秋公羊传》的解释发挥,但从其所处时代的思想背景来看,则显然也和以《吕氏春秋》为代表的天道论体系的道本源论相关,也和当时流行的"太一"崇拜相关。"大一统"主要有两种意思,即"大"一统和"大一"统,前者是主张政治上以王为中心的统一,后者则是主张宇宙论上以太一为本源的统一。在董仲舒的思想体系中,天、道、一、元、气等概念都是对本源的指称,天构成了其思想体系的基点,天既是宇宙的本源,又是王道的本源,天、王合一,尊天、法古合一,这从表面上看是向上古三代天命论和先秦儒家天道论的回归,而实质上则是对以《吕氏春秋》为代表的天道论和以《春秋公羊传》为代表的王道论的综合。董仲舒把儒家王道政治理论与秦汉杂家、新道家的天道自然论融合起来,所以班固才会评价说:"汉兴,承秦灭学之后,景、武之世,董仲舒治《公羊春秋》,始推阴阳,为儒者宗。"[6]1317

董仲舒从理论上论证了天道天意、圣人之意、儒家经典的内在统一性,他说:"古之圣人,謞而效天地谓之号,鸣而施命谓之名,名之为言鸣与命也,号之为言謞而效也。謞而效天地者为号,鸣而命者为名。名号异声而同本,皆鸣号而达天意者也。天不言,使人发其意;弗为,使人行其中。名则圣人所发天意,不可不深观也。"[7]647董仲舒把圣人所发天意而制的名号看作是真理的化身,是人们必须遵循的行为准则,所以,集中了圣人名号的《春秋》《诗》《书》《易》《礼》等古代传下来的书籍自然就成为人们必须学习、遵守的经典了。

以天道、王道大一统为基础,董仲舒以从天道到王道的推类作为其理论体系组织结构的框架依据。董仲舒将天道自然流行的时空架构引入儒家王道论中,两者结合,一方面从历史事实的评价中见王道,另一方面则以阴阳五行为中介讲天人感应。董仲舒所谓的天人感应,主要是指人类的政治活动与具有神学意味的主宰之天的关系,他提出"天人同类",认为天和人是同一类的,人是天生的,所以人像天,人副天数。人体有小骨节三百六十六,跟一年的日数相副。人体有大骨节十二块,跟一年的月数相副。人的四肢与四季相副,人的五脏与五行相副。不仅在形质上天人同类,而且在性情上天人也同类,如天有阴阳、人有喜怒等。

以天人同类、天人感应为继承,董仲舒就天道自然与王道政治之间的联系作了进一步阐述。从天道、人道之间的静态联系上,董仲舒提出"王道之三纲可求于天",用天道的阴阳变化为王道政治作依据,他说:"君臣父子夫妇之义,皆取诸阴阳之道。君为阳,臣为阴;父为阳,子为阴;夫为阳,妻为阴……王道之三纲,可求于天。"[7]788而从天道、王道之间的动态联系上,董仲舒提出"三统"论,把天道自然的流行与王道政治的演进合而为一。所谓三统指的是黑统、白统、赤统,指历代王朝在制度方面循环着采用黑、白、赤三种时尚。董仲舒的三统论是以历史上夏、商、周三代的史实为基础的,他指出夏代以寅月为正月,以黑色为服色,代表正黑统;商代以丑月为正月,以白色为服色,代表正白统;周代以子月为正月,以赤色为服色,代表正赤统。董仲舒认为,在过去的历史中,夏、商、周三代递相更迭,其制度是这样循环变化的,以后王朝的制度变化也应该遵循这样的规则,社会历史的发展就是按这三统的顺序展开的[7]421。董仲舒的"三统"论与战国末期阴阳家的"五德终始说"显然有一定的承续关系,但它不同于"五德终始说"的自然天道论,而是在其中融入了儒家王道政治的理想。

董仲舒的"大一统"理论体系,将秦汉初期以《吕氏春秋》为代表的天道论体系与以《春秋公羊传》为代表的王道论体系合而为一,真正达到了司马迁理想中的"究天人之际,通古今之变,成一家之言",为秦汉以降统一的大帝国构画了较为完备的世界图景,在当时和后世都产生了巨大影响。但董仲舒在阐述他的"大一统"理论体系时,更多地倾向于依托儒家经学的著述形式,在很大程度上对其思想的体系化建构形成了遮蔽。而董仲舒在对秦汉初期体系化思想的综合创新中也存在着自身的理论盲点,虽然他也有对人性的论述,但比较简单化,对以《大学》《中庸》为代表的心性论体系缺乏深入体会,表现出秦汉思想更多地面向外在世界的特色。可以说,以董仲舒为代表的汉代儒家完成了"一天人"的理论体系建构,而以朱熹为代表的宋代儒家则更多地致力于"合内外"的理论体系建构。

四、余论:中国哲学内在体系的探索

哲学的体系对于哲学思想本身具有重要作用,可以说哲学家在思考宇宙、人生、社会的终极问题时持有什么样的体系架构,往往会决定其讨论问题的基本思路,同样,哲学史家持有什么样的体系架构,往往也会决定其对研究对象的真切体会。但是,在近现代的中国哲学研究中,受到马克思对于黑格尔哲学体系的批判,以及过度强调马克思主义哲学是一种科学方法而非固定体系等观点的影响,很少关注哲学的体系建构问题。但哲学思想的展开是离不开哲学体系的,自觉地抛弃一种体系,实际上却总是不自觉地在使用另外一种体系而已。在近现代的中国哲学史研究中,往往不自觉地使用西方哲学的体系架构,或者是马克思主义哲学的,或者是西方古典哲学的,或者是西方现代哲学的,来组织中国传统的学术思想材料,这种用外在的体系架构来理解中国哲学是有问题的。

中国哲学有其悠久的历史和丰富的内涵，但作为一门现代的学科，它却是在借鉴西方哲学的基础上形成的。可以说，在中、西哲学比较融通的历史大背景下，我们的中国哲学研究经过近百年的发展，已经意识到中国哲学有自身的话语模式、问题意识，但在对中国哲学自身体系架构的认识上还不明确，对于中、西哲学在体系架构上的异同少有论列。实际上，中国哲学史上的重要人物和重要学派一般都有自己的思想体系，而且还有一些体系化思想的专门性著作，如先秦时期道家的《庄子·杂篇·天下》和儒家《礼记》中的《大学》《中庸》，西汉司马谈的《论六家要旨》，东汉班固的《白虎通义》，东晋僧肇的《肇论》，唐代玄奘、窥基的《成唯识论》，南宋大儒朱熹的《近思录》等。在中国哲学的发展历程中，不仅讨论的问题、使用的话语在变化，而且对于宇宙、人生、社会总体性理解的体系架构也在变，今天我们应该自觉地梳理出其体系架构的基本内涵及其演进历程、变化规律，真正站在中国哲学内在体系的基础上实现自身的发展。

参考文献

[1] 张双棣,张万彬,殷国光,等.吕氏春秋译注[M].北京:北京大学出版社,2000.

[2] 陈澔.礼记集说[M].北京:中国书店,1994:148.

[3] 杨伯峻.孟子译注[M].北京:中华书局,1960:155.

[4] 司马迁.史记[M].北京:中华书局,1959.

[5] 徐复观.两汉思想史:第二卷[M].上海:华东师范大学出版社,2001:191-192.

[6] 班固.汉书[M].北京:中华书局,1962.

[7] 钟肇鹏.春秋繁露校释[M].石家庄:河北人民出版社,2005.

原载于《衡水学院学报》2013年第5期。

董仲舒政治哲学的形上基础及其现代诠释

成中英

(夏威夷大学 哲学系,美国 夏威夷)

[摘 要] 对董仲舒的研究应从对他整合、继承、研究、注解儒学经典的历史哲学成果入手,体察其中心命题。董仲舒的思想不完全依赖汉代政治事实而定,其另有儒学及诸子之学所本。董仲舒在《春秋》经与《公羊传》的基础上提出了"天人感应"理论。其在儒学内部的思想渊源包括易学、尚书学、春秋公羊学,还综合了先秦的各家学说。同时,西汉进入汉武帝时期,政治变革已然有了现实需求,政府意欲从无为清静转变为有为进取,这是董仲舒思想形成的基础。董仲舒的政治哲学,不但具备形而上学的基础,还有其现代诠释,是具有现代生态化的管理体系。

[关键词] 董仲舒;政治哲学;形而上学;儒学;天人感应

北京大学出版的2001年修订本《中国哲学史》认为:"董仲舒的全部思想都是为汉王朝封建专制统治创立理论上的根据的。"[1]笔者认为,这把董仲舒的思想过分意识形态化了。以笔者之见,对董仲舒的了解,应从对他整合、继承、研究、注解儒学经典(如《春秋》及其《公羊传》)时所收获的历史哲学成果处下手,体察其中心命题,而不能随意将汉代的政治形态作为其思想内涵的判定基础。事实上,汉代对于变革政制已然有了现实需求,意欲从无为清静转变为有为进取,乃将适合于此的董仲舒思想作为基础。董仲舒的思想则不尽待汉代政治事实以定,而是另有儒学及诸子之学处的所本。孔子作《春秋》,对历史哲学有着"自然和人均能影响政治"

[作者简介] 成中英(1935—),男,湖北阳新人,教授,哲学博士。

的观点;《公羊传》则在诠释经典时将此观点发展为一种初步而朴素的"天人感应"说;董仲舒作为汉代春秋经博士,他在《春秋》经与《公羊传》的基础上提出其"天人感应"理论,是很自然的。而"天人合一"之论,亦有所据。

一、武帝问策的哲学背景

汉武帝时,董仲舒以其所传之公羊学而成为春秋经博士。在汉武帝"举贤良对策"之际,他提出了所谓《天人三策》。这三组策问,均涉及武帝最关注的问题。《汉书·董仲舒传》对此事记述详备,其所载武帝首次策问中的三问如下:"三代受命,其符安在?灾异之变,何缘而起?性命之情,或夭或寿,或仁或鄙,习闻其号,未烛厥理。"

武帝即位后,面对着社会转化的问题。文景时期,统治者采用黄老之学的清静无为之治术,此际却未必仍应如是。黄老之学的自然无为、清静安养,对久经战乱的社会当然有帮助。但社会一旦静养已久,也就积聚了相当程度的活力,其所积聚的活力,也必须要发挥出来。所以,汉代发展至于武帝,必定要有所变革。武帝当政后,乃令各地举选"贤良修洁博习之士",以作为政治改革的人才基础。这种发展,最终导致了"罢黜百家,独尊儒术",把儒学推到了主流,形成了新的政治趋势,使汉代走向了"一阴一阳之谓道"[2]315中的另一端。这种新的政治趋势,也能从武帝的策问之辞中得到揭示。

武帝在策问中,提及改制、兴礼作乐之事,也谈到了对能否重建圣王之道的思考,更提出了上述三个问题。这三问,一方面说明统治者已在酝酿通过改制以保证统治合法性,另一方面说明天下的灾异已引起了统治者对天人关系的关注,此外更说明统治者对人之性命的寿夭善恶有所思考。这都导致了统治者对政治改革的趋近。同时,儒生对孔子所向往之礼乐的重建努力,也影响了武帝。这样一来,作为权力的中心,武帝已有心改革。于是,改革之风便自然兴起于整个朝野之中。

通过考察董仲舒对这三个问题的回答,我们能窥见其理路。董仲舒从《春秋》经出发,体察"孔子成《春秋》而乱臣贼子惧"[3]277的精神,发挥《春秋》的意义。在他看来,孔子作《春秋》是在重写鲁国从隐公到哀公的二百四十二年国史,并在此次书写中点出了这段历史中发生的各种灾异。以《论语》观之,孔子固然未曾明确地提出天人感应的观点,但《春秋》确实将天象与人事并记于一处,《公羊传》更明确诠释出此中灾异与人事吉凶的联系所在。事实上,自然的灾害会影响百姓的生活,与此同时,人君的政策得失也会影响百姓的生活,于是,百姓生活的好坏就成为自然灾异与人君施政间的连接点。既然天(自然)和人(人君)都具有影响社会发展的作用,就不免产生认为两者间有所关联的思想。孟子将"天时""地利""人和"并举,就体现了儒家对这种关联的某种认识,足见儒家承认天与人之间有某些共通一致之处。而《公羊传》乃至董仲舒之说,则将此类关联具体化为"天人感应"式联系。所以,董仲舒所谓"天人感应"之说,并非意在彰显孔子作《春秋》时所定的体例,而是为了论述君主应如何对待百姓。

从这个角度看,"天人感应"之说作为一个新的课题,认为天与人能相互影响,且上天也希望有明君来治理百姓。所以,后来宋儒引用《礼记》所说的"人者天地之心"之语以论事,可以看作是此说的一种延续和发展。对"天人感应"有所支持的文本,不但可见于《礼记》之中,还蕴藏在《易传》之内。《系辞传》中的"生生之谓易,成象之谓乾,效法之谓坤"[2]319之辞,即是将乾天坤地这组关系视作发展宇宙生命的基本力量,认为其能创生万物。据此,自然乃可成为判断君主定策贤明与否的标准。

二、董仲舒从诸经之学处受到的影响

1. 《周易》的影响:天人合德

董仲舒的对策,带有儒家的思想成分。他显然把易学中"天人合德"的思想转化为了"天人感应"的思想。"天人合德"的思想,来自《文言传》中的"夫大人者,与天地合其德"[2]27等语。其意义在于彰显了人具有可发挥天之能力的德性。因此,在孔子及其儒门后学看来,天能生人,而人有天之德,能弘天之道,亦即维护以发展生命为务的生生事业。在重视生生的角度上,天与人是一致的,此即"天人合德"。

"天人合德"进一步发展,乃达成了"天人合一"。"天人合一"系从境界上而言。人能够以天地的乾坤精神来实现人的内在生命,就像乾坤二卦《大象传》所说的"天行健,君子以自强不息"[2]11"地势坤,君子以厚德载物"[2]31-32一般。兹辞显示出:人不止能与天地合德,且人之所为所行,也能像天地一样自强不息、厚德载物。这样一来,就能致"天人合一"的境界。由此可见,"天人合德"乃至"天人合一"的思想,已备于易学之中。但是,"天人感应"之说,则不尽能见于原始的易道之中。易卜当然也涉及从未知处预知吉凶,但终究未曾作为一种政治学说而得到应用。而《易传》所说的"寂然不动,感而遂通天下之故"[2]334,大抵提示了易卦在占卜过程中能够作为感应天地变化的一种方式,且能够显示天地之变及此变之道理,其也并非直接指向天人之间的感通。直到董仲舒发挥公羊学而得出"天人感应"之说前,易学尚未发展出相应的学说。

2.《尚书》的影响：天的人格化

除了《周易》之外，在《尚书》中，我们也可以看到一种"天命"之说，如"惟命不于常，汝念哉，无我殄享，明乃服命，高乃听，用康乂民"等。这种天命观将天命与人君的施政之善联系在一起，认为施行善政是获得、保有天命的前提条件。其视天如人格神，认为天也盼见天下大治，故希望以圣人为人君，因此常施天命与善人。天固不言，但可以用灾异和符示来表达自己的好恶，彰显天命之所在。这就导向了"天人感应"之说。

3.《春秋公羊传》：天人关系的感应化与灾异符示的示警说

当然，董仲舒本就专治《春秋公羊传》。而公羊学所内蕴的灾异说，当然对董仲舒造成了比易学与尚书学更大的影响。比如，在注解《春秋》经隐公九年三月的"癸酉，大雨震电；庚辰，大雨雪"时，《左传》称此处系"书时失也"[4]，《谷梁传》也只称"八日之间，再有大变，阴阳错行，故谨而日之也"[5]，均认为经载此事只是为了记录自然天候的失常。而《公羊传》则独称："何以书？记异也。何异尔？俶甚也。"[6]61-62 可见，《公羊传》将天象与人事关联在一起，认为人事是天象发生的依据，而这种观点是与其他二传迥异的。而董仲舒以此为本，就能很自然地开出其"天人感应"之论。

董仲舒在回答"天人三策"时，把自然界中的一些特殊事件罗列为"受命之符"，又认为天能被人之至诚所感动，从而使"白鱼入于王舟，有火复于王屋，流为乌"。他又引孔子所说的"德不孤，必有邻"[3]74 来说明人君之德性对祥瑞天象的感召作用，证明人君的道德行为能影响到天。同样地，人君所作出的有违道德要求之行为，也将招致灾异之天象，如"上下不和"将导致"阴阳缪戾"等等。人君的政令能影响一个相当大的人类群体，因此，董仲舒的"天人感应"之灾异说，相当于是在认为：人类群体的行为，将对自然造成影响，而这种影响最终将转化为自然灾害，反过来降于人类群体头上。有趣的是，近代以来，在人类社会工业化以后，人对自然生态造成的伤害使人类反受其生存环境之恶化带来的困扰，这恰恰合于董仲舒的"天人感应"之说。

董仲舒认为，"求王道之端，得之于正"。他从《春秋》"元年春王正月"[6]5 出发，强调"正"之行为的重要性。董仲舒将"正"的行为理解为上承于天的所为，而天道之大即在于阴阳。阳为主而阴为辅，阳为德而阴为刑，因此，他认为治国应当以德为主、以刑辅之，两者既不可或缺，也不能颠倒主次。于是，董仲舒借助春秋学,将孔子对德、刑关系的判断,进行了整合与重述。孔子在《论语》中称:"道之以政,齐之以刑,民免而无耻;道之以德,齐之以礼,有耻且格。"[3]54 孔子之语,重在对德政的褒扬之上。而董仲舒则明确将"刑"放在了辅助"德"的不可替代之位置上。正因为董仲舒已在其"天人感应""天人合一"之说中论证了王者须明天道以推人事,所以,他便能够以阴阳关系为据,强调人君应以德为主而德刑兼用。因此,董仲舒的德、刑关系之论,可以视为其"天人感应""天人合一"之说所导出的一个结论。

同时,董仲舒在对策中表明了支持改革的态度。他以旧政制为"朽木粪墙",认为君主必须"解而更张之""变而更化之"。而欲知何以更化,则必须以政事的结果作为依据;若欲更早、更全面地判断更化方向,则凭借经验世界中的更多事物以作为依据。据"天人感应",就要观察人的行为在自然环境中产生的后果,同时也要通过观察某些突出、特殊的自然事物(如灾异)来判断人之行为的善恶,乃至以自然为据来匡正君主的行为。由此可见,"天人感应"之说,还能作为董仲舒论证改革之合理性、合法性的依据。

三、董仲舒从诸子之学处受到的影响

1. 墨家:天的人格化与"天志"

董仲舒认为"天"是有意志的,这合于墨子的"天志"之说。墨子认为天有其喜怒与意志,而天则要求人类"兼相爱,交相利"。过去尚未有人考察董仲舒与墨子之间是否存在思想联系,我特在此提出这一问题。终极地看,在"天人感应"与"天人合一"中,天具有一种威慑性的力量,使人能更好地去发挥善良之心而非放纵邪恶戾气。因此,这是与墨子的"天志""兼爱"之说相通的。

2. 阴阳家:阴阳五行的工具化与目的化

同时,董仲舒继承了战国以来方术之士的思想,如邹衍的五行生克之说。战国时,阴阳家对古代流传下来的五行传统作出了进一步发挥,将其变成了具有历史和政治意义的解释框架,形成了一套与阴阳消息之观念相结合的五行生克理论。邹衍的五德终始说,更是流行于一时。春秋战国以来,天下分裂,而"道术将为天下裂"。秦虽然有统一天下的力量,且向五德说中寻求了统治合法性的依据,但并未致力于发展与大一统相配之德,其倚重强制性的权威,而非务于建立一种持久性的规范。邹衍的五德终始说,赋予五行以道德的内涵,并能彰显各种德之间的关系。汉儒乃能依照五德终始说,视秦为无德者,而认为汉代上继周代之德,应当有所改制。贾谊即提出了"改正朔、易服色、制法度、兴礼乐"的观点。董仲舒的改制思

想,也正以五德终始说作为其理论基础。在《春秋繁露》中,他认为孔子西狩获麟、应为素王,代汉立法,故汉应当"奉天而法古"[7]14,改易正朔。据此,他发挥《公羊传》,提出了"通三统"的说法。夏代以寅月为正月,商代以丑月为正月,周代以子月为正月,故董仲舒认为汉代应继而复以寅月为正月,而将秦代以亥月为正月的历法排除在正统之外。因此,三统说具有贬斥暴虐重刑之统治方式的意义,而这种贬斥尚需要理论基础;在这里,五行之说就成为三统说的基础。在具体层面上,三统说当然与五德说有所区别,但两者论事之理路大抵是一致的。武帝在与董仲舒策问之后,乃采信了三统说的正朔之论,而又依从了五德说的服色之论。由此,则能贬秦而继周,并形成了形式上的改制。同时,结合五行之说而发展出的"三统"改制说,也为"罢黜百家,独尊儒术"找到了宇宙论层面的根据。事实上,在稷下学宫中,邹衍等阴阳家之学深刻影响了齐学的思维方式,无论是《齐诗》《齐论》还是《公羊传》,都重视阴阳灾异之论。因此,董仲舒从公羊学发展出改制之说与"天人感应"之论,其与战国阴阳家的关系不可不察。

四、对诸经诸子之学的整合

董仲舒还在《春秋繁露》中把最终政治权威建立在"元年春王正月"的"元"上。这种对"元"的重视,既有可能来自其对《易传》"易有太极,是生两仪"[2]340 之"太极"的认识,也可能受道家"道生一,一生二,二生三,三生万物"之"太一"的影响。《淮南子·太初训》中的"始而又始曰太始,一之又一曰太一,白之前有白曰太白,极之上有极曰太极",就同时体现了道家的"太一"与易学的"太极"。这就为董仲舒看重政治首领与"元"的联系提供了基础。刚好汉武帝又崇拜太一,乃至建立了太一祠,因此易于接受董仲舒的"元"思想。所谓"元",应能包含天地,恰如太极能分而生乾阳坤阴。董仲舒也确实在其《春秋繁露》里提到:"天地之气,合而为一,分为阴阳,判为四时,列为五行。行者行也,其行不同,故谓之五行。五行者,五官也,比相生而间相胜也。"[7]362 这体现了董仲舒从"太一""太极"与阴阳之关系出发而向五行作出的推导,据此,他乃将天地之道寓于自然五行的流行之中。所以,董仲舒能在其公羊学中提出"大一统"思想,或也可能与他对道家"太一"说与易学"太极"说的了解有关。

由此可见,董仲舒在某个意义上可谓综合了先秦的各家学说,这些学说包括道家、墨家、法家、阴阳家,也当然包括儒家及其春秋学、尚书学和易学。他虽提议罢黜百家,但在其政治哲学中却又实际吸收了诸子百家的很多思想。不过,我们仍应视董仲舒为儒家学者。一方面,他明白地强调仁义之说;同时,他也强调天下一统。天下一统的说法,可见于孟子所说的"定于一"[3]206,而孔子也向往礼乐化成、圣人为王的时代,渴望能让当世走向实现尧舜之道的圣王之治。在这个意义上,董仲舒显然很重视儒家所珍的价值,当然是十分典型的儒家学者。

在整合了先秦诸子之学后,董仲舒还创造了"三纲五常"的说法。董仲舒认为,在阴阳二气中,阴必须服从阳,世界才具有秩序。他把阳视为生命的力量,把阴当成消沉的力量,又认为阴能在对阳的辅助之中发挥积极的作用。基于这样的形上学基础,乃产生了"三纲"的概念:以君为阳,以臣为阴,故"君为臣纲";以父为阳,以子为阴,故"父为子纲";以夫为阳,以妻为阴,故"夫为妻纲"。在贵阳贱阴的同时,他认为德属阳而刑属阴,故称"阳,天之德,阴,天之刑也",并分析道:"阳气暖而阴气寒,阳气予而阴气夺,阳气仁而阴气戾,阳气宽而阴气急,阳气爱而阴气恶,阳气生而阴气杀。是故阳常居实位而行于盛,阴常居空位而行于末。天之好仁而近,恶戾之变而远,大德而小刑之意也。先经而后权,贵阳而贱阴也。"[7]327另外,从《周易》的观点来看,阴阳是平等而又相需的。易学里讲究乾坤并建,《系辞传》固然有"天尊地卑"[2]302之辞,但此语也并非恒具价值意义。反观董仲舒,则明显地将其置于价值层面。另外,有了阴阳五行,就能把灾异征验表达出来。从这种理论之中,能看到五行各德的实现。同时,董仲舒甚至能把官位加以五行化,以司农为木,以司马为火,以君官为土,以司徒为金,以司寇为水,五官的五行次序相生不息[7]362-366。他举出阴阳五行之说,不但欲以其作为政治改制的依据,也希望以其作为政治组织关系的基础,同时,还意图以其作为符号来鉴定政治事务的吉凶臧否之所在。所以,董仲舒的"天人感应"说,一方面从阴阳五行说之中吸取了养分,另一方面也引出了儒家经学的自然主义化趋势。

五、从形上基础到现代诠释

董仲舒的政治哲学,不但具备形而上学的基础,还应当有其现代诠释。董仲舒治公羊学,把阴阳五行作为自然向度上的基础,回答了武帝的天人三问,从而导向了历史上政治权威与理论权威间对形上学、宇宙论之认识的统一,使政治权力合理化、法统化。在董仲舒的所有思想中,"天人感应"扮演着一个最重要的角色。不过,其思想之整体,并非仅限于"天人感应",还包含着"三纲""大一统"等诸说。在儒家经学方面,他受到了易学"天人合德"说、尚书学"天命"说以及其所专治之公羊学的影响。除此之外,他对天之意志的认识,受到了墨子"天志"说的影响;在对改朝换代进行历史说明时,他吸收了邹衍五行生克说的理路;在具体应用方面,他也强调法、术、势,其学中的法家思想渊源虽较墨家、阴阳家渊源为弱,但也确实存在,且其法家色彩已被融合进了儒学之中,如以刑为德之辅等等。在这个角度上,他不是一个单纯的儒生,而是一个整合先秦主流思想的学者。他既提供了宇宙论的范式,也规划了历史发展的范式,以此来维护、说明当前权力运用的格式。他的学说系统,可谓是一套将政治学、形上学、历史学相结合的政治哲学。而且,这种哲学可以被称为是一种具有现代生态化的管理体系:将很多对象视为互有关联的事物,重视多样化的关系。天人关系,并不是单纯的天与人之关系,而是指天地间任何事物均互有感应的关系。这种感应说有其两端:一方面,人们可以直接体会到天的情志,并应该发挥、接受这种情志;另一方面,对于君主而言,这涉及如何定策、如何实现长治久安之政治目的。

董仲舒的春秋公羊学研究,其实已蕴含了"三科九旨"之说。所谓"三科",包括"存三统"即"新周、故宋,以《春秋》当新王","张三世"即"所见异辞,所闻异辞,所传闻异辞","异外内"即"内其国而外诸夏,内诸夏而外夷狄"。董仲舒已在《春秋繁露》中备有"通三统""三世异辞""内外"之论。其对"三代改制"之"白统""黑统""赤统"的论述,其对"三正""三统"概念的运用[7]183-197,均体现了其"通三统"之说;"于所见微其辞,于所闻痛其祸,于传闻杀其恩,与情俱也"[7]10,则表明了其对《春秋》隐微书写之特点的认识,可见其有"三世异辞"之论;"故内其国而外诸夏、内诸夏而外夷狄,言自近者始也"[7]116,则诠释了公羊学论《春秋》区分内外的"自近者始"之义。董仲舒继承、发挥了之前的公羊学,为何休等后学提供了理论基础。

董仲舒之所以强调天具有情感和意志,是有鉴于道家之过于清静无为,故将天表达为天帝,指出其人格性,这就能促使人更积极地行善、改制、有所作为。即便如此,董仲舒所说的天依然不是西方所说的上帝,而只是一种具有喜怒哀乐之心而与人接近的存在。以其与人接近,故人能与之沟通。他所言的天,仍与人有着密切的联系,并非一种超越的天。

过去,有人把董仲舒与霍布斯相比。霍布斯在英国创造了"君权神授"的理论,认为上帝授予了君王绝对的统治权力,君王的统治权力来自上帝,人们不可反对。上帝本有绝对的权威,按霍布斯所说,一旦确立这种授权关系,那么君王也就可以获得与上帝同样绝对的权威。与之相比,董仲舒所言的天是与人相互感应的,天命是可以被改变的。人们也可以有一个判定君王是否符合天命的标准,如符示、灾异等等。

此外，还有人基于莱布尼茨对上帝的看法而将董仲舒与他对比。莱布尼茨认为，我们所处的世界，是上帝可能创造的一切世界中最好的那个，而上帝将这一最好的世界选择了出来。之所以这个最好的世界依然有恶，是因为上帝要借此恶来彰显善。与"君权神授"一样，莱布尼茨的"前定和谐"依然不同于董仲舒"天人感应"之说。董仲舒虽强调天的意志，但还基本是以道德思想为基础的天命说。纵然董仲舒被认为具备很多杂家的元素，但他实则是要利用阴阳五行的形上学、宇宙论来使儒家的仁义之说通行于天下，从而为天下的长治久安准备好思想基础。所以，董仲舒的天人观，尚与西方的上帝与人之关系不同。在西方，上帝是一个绝对超越于人的存在，只能通过制人而使人拥有信仰来行善。董仲舒的"天人感应"，则表达了一种天人相通的观点，认为人能在这种相通中对自己的行为有所警觉，相信人君能在"天人感应"中认识到天命并修持自己。在这种理论中，人不但依然获得了天的观照，而且拥有了更多的自主权力。由此，古代中国将天灾与人祸联系在一起，认为自然灾难体现了天命之动摇。汉代的其他儒家，如京房等象数易学家，也就据此而言事论学，发展了"天人感应"之说，在这个方向上行进得不免太远。王弼等人乃反对象数之学，以免人为的谶纬之学过度影响人对真实天道的认识。

最后，"天人感应"也体现了天能生人、人能弘道的思想，表达了人的重要性。人根于天、生于天，天与人本是同类。《春秋繁露·阴阳义》中，即有"以类合之，天人一也"[7]341的判断。天与人有相通之处，人的理论说明了天的意志。在《春秋繁露·人副天数》之中，董仲舒甚至说"天地之符，阴阳之副，常设于身，身犹天也，数与之相参，故命与之相连也"[7]356，列举出人的四肢、骨节、情绪、行为、心智、伦理之数，认为这都是符合天的，以此论证：人的身体构造和情感状态，都能说明天人间的密切关系。因为人是天的一部分，天又是人存在的基础，他乃据此证明感应的可能，以这种感应为自然发生之事物。他还称"美事召美类，恶事召恶类，类之相应而起也"[7]358，以"同类相动"来论证天与人间以其同类而必然存在的感应关系。

总之，"天人感应"思想固然有其负面性，但也拥有充分的正面意义。其负面之处在于，不能从自然现象中观察出自然法则，而是很快就开始将自然现象加以道德化、政治化。不过这恰恰也有正面的效果，即能从宇宙论出发而更具体、有力地论证形上问题。在《春秋繁露·深察名号》中，他称"身之有性情也，若天之有阴阳也"[7]299，认为人之有性与情，犹天有阳与阴，其有善有不善，而善既为主，亦需要教化来使之贯彻。因此，他认为"名性，不以上，不以下，以其中名之"[7]300，《春秋繁露·实性》继之而进一步论述："圣人之性不可以名性，斗筲之性又不可以名性，名性者,中民之性。"[7]311-312 他据此而把"性"加以"中民化",故认为教化极其重要。此类论证,无不基于阴与阳的宇宙论内容,这体现了"天人感应"思想对董仲舒其他思想的影响。

结 论

董仲舒的政治哲学,有这样几个层次。首先,包含"天人感应"理论的管理效果。同时,依据对人性论的认识而强调仁政和教化,认为君王必须效法天地而为政,指导百姓有序地因时耕作,并须发挥仁义的精神。此外,他在《春秋繁露·王道通三》中提到:"仁之美者在于天。天,仁也。"[7]329 天有生生之德,能周而复始地养成万物;人既然"受命于天",就要"取仁于天而仁也"。由是,春夏秋冬则"皆其用也"。这样一来,我们能从人心处查知天下的喜怒,制定法度与官制,施行教化,这就充分地把"天人合一"的思想用在了政治管理之上。

董仲舒的"天人感应"说,确实在后来造成了谶纬之学、灾异之说的泛滥,不但没能有益于政治管理,反而带来了不稳定因素,使人无法安其居、乐其业。但考其学说的基本理路,足见此说具备合理而深刻之处。董仲舒杂用了儒家的仁义之说、法家的刑法之说、阴阳家的阴阳五行之说,以阴阳五行、灾异符示,来作为政治管理的客观手段,以刑法来规范社会秩序,而又以仁义作为真正的教化内核。最终,他乃以此而发扬了《春秋》的"大一统"精神。

按照笔者曾提出的"儒学发展五阶段说"[8],董仲舒是汉代儒学的代表,其学固然与之前的古典儒学及之后的宋明新儒学不同。正如汉易重视象数而宋易重视义理一般,在宋明新儒学阶段,其政治哲学以仁义理气为基础,具有一种更为理性的本体论。董仲舒的思想,体现了自然主义哲学的政治化和道德化,对儒家建立政制、形成对政治权威的深刻控制,产生了莫大的影响。即便到了宋明,这种业已形成的制度也依然保持了其控制力,宋明理学中更为理性化的人道思想,亦不能与之脱开干系。如今,当我们体察儒学时,应该看到其两个方向:一为制度化的汉儒"天人感应"之说,二为宋明之道德修养式的类"天人合一"之说。这两个方向的差异,是很清楚的。

作为替统治者提供合法性的存在,汉代的儒学必然走向董仲舒之公羊学式的学问。董仲舒之后,孟喜、京房张扬象数易学,易学与灾异说结合,开始取代公羊学而对汉代政治产生重大影响;两汉之交前后,谶纬之学更加盛极一时。在原始的儒家天命说里,孟子引用《尚书·泰誓》,认为"天视自我民视,天听自我民听"[3]313,系将天命落在人民意见之中；反观"天人感应"说，并未强调人民的意见，而认为天命主要体现在自然现象之中，以这些自然现象作为施政的基础，这是董仲舒"天人感应"说及其同类学说的一大特殊点。同时，灾异符示的意义，往往由方术之士自行规定，不同人的各种规定并不统一，同一人的前后之规定也未必统一，种种学说缺乏共识，则灾异说可能成为扰乱人心的祸患，这是此类学说的另一大特殊点。幸而，在此类学说之中，董仲舒尚非纯粹的阴阳五行家，也未曾如孟、京一般如此重视占卜征验，其对儒家仁义思想的重视，使其迂曲的学问终究具备深沉的指向，亦使种种迂曲均服务于这种深沉的指向，故他仍堪称一代大儒。但是，这种思考方式显然容易带来走火入魔的危险性。因此，笔者认为，儒家在其学的发展中，始终应该把自然现象、政治行为、德性修养这三个层次的思想分开讨论，而不能把它们合而不分地作为权力运用的基础。

参考文献

[1] 北京大学哲学系中国哲学教研室. 中国哲学史[M]. 北京：北京大学出版社，2003：121.

[2]《十三经注疏》整理委员会. 十三经注疏·周易正义[M]. 北京：北京大学出版社，2000.

[3] 朱熹. 四书章句集注[M]. 北京：中华书局，2012.

[4]《十三经注疏》整理委员会. 十三经注疏·春秋左传正义：上册[M]. 北京：北京大学出版社，1999：115-116.

[5]《十三经注疏》整理委员会. 十三经注疏·春秋谷梁传注疏：上册[M]. 北京：北京大学出版社，1999：28.

[6]《十三经注疏》整理委员会. 十三经注疏·春秋公羊传注疏：上册[M]. 北京：北京大学出版社，1999.

[7] 苏舆. 春秋繁露义证[M]. 北京：中华书局，1992.

[8] 成中英. 第五阶段儒学的发展与新新儒学的定位[J]. 文史哲，2002(5)：5-11.

原载于《衡水学院学报》2015年第3期。

董仲舒对先秦儒学的继承和损益

李存山

(中国社会科学院 哲学研究所,北京 100732)

[摘　要]　董仲舒在中国文化史上占有重要的地位,他在秦汉间的大变局中与时俱进,继承了先秦儒学的"常道",如崇尚道德、仁爱精神、以民为本、和谐社会等等,同时也有所"损益",实现了儒家文化与"汉承秦制"的整合。这为我们传承和弘扬儒家文化的优秀传统,并且使之与当代社会相适应,与现代文明相协调,作出创造性的诠释和创新性的发展,提供了丰富的文化资源和历史借鉴。

[关键词]　董仲舒;先秦儒学;继承;损益;中国文化史

《论语·为政》记载:"子张问:'十世可知也?'子曰:'殷因于夏礼,所损益可知也;周因于殷礼,所损益可知也。其或继周者,虽百世可知也。'"这里的"因"就是相因继承,可谓中国文化之"常";而"损益"就是减损和增益,可谓中国文化之"变"。张岱年先生曾说:"惟用'对理法'(按:即辩证法),才能既有见于文化之整,亦有见于文化之分;既有见于文化之变,亦有见于文化之常;既有见于文化之异,亦有见于文化之同。"[1]在张先生所讲"整与分""变与常""异与同"的文化辩证法中,最重要的当属"变与常"。而"常"就是孔子所说的相"因"继承,"变"就是孔子所说的"损益"发展。

清代的史学家赵翼曾称"秦汉间为天地一大变局"(《廿二史札记》卷二)。这个"变局"从官制上说,就是从以前的"世卿世禄"改变为"布衣将相"之局;而其所

[作者简介]　李存山(1951—),男,北京人,研究员,博士生导师。

以有这一官制的变化,根本的原因还在于政治制度从以前的"封建制"改变为君主集权的"郡县制",此即所谓"周之废兴,与汉殊异……汉承秦制,改立郡县,主有专已之威,臣无百年之柄"(《后汉书·班彪列传》)。在这一变局中,汉代儒家对先秦儒学既有相因继承也有损益发展。董仲舒在汉代"为群儒首",他的思想即体现了儒家文化之"变与常"的辩证法。由此来分析和评价董仲舒的思想,既可以肯定董仲舒在中国文化史上的重要地位,又可以为当今儒家文化的传承与弘扬提供丰富的文化资源和历史借鉴。

一、秦汉间的思想文化转型

"汉承秦制",此"秦制"发端于战国中期的商鞅变法,故汉代的王充说"商鞅相孝公,为秦开帝业"(《论衡·书解》)。在商鞅变法的措施中有"集小乡邑聚为县,置令、丞,凡三十一县"(《史记·商君列传》,又《史记·秦本纪》作"四十一县"),此即在秦国普遍地实行了君主集权的县制。到了秦始皇统一天下,乃"分天下以为三十六郡",把郡县制普及全国,即所谓"海内为郡县,法令由一统"(《史记·秦始皇本纪》)。在此君主集权的郡县制下,法家的治国理念就是"以法为教,以吏为师""任刑而不任德"。秦汉间的思想文化转型,虽然继承了"秦制",但是到汉武帝时期也实现了儒家文化与"秦制"的整合,用儒家的以德治国、仁爱精神取代了法家思想在意识形态上的主导地位。

儒家文化与"秦制"的整合,在战国后期荀子的思想中已先发其声。荀子曾西游入秦,对其山川形势、百姓风俗、士人之"明通而公"、政事之"听决不留"给予了肯定,但批评其短处在于"无儒"(《荀子·强国》)。荀子提出"隆礼尊贤而王,重法爱民而霸"(《荀子·天论》),即已部分地吸收了法家的思想(他把"重法"置于"隆礼"之下,并把"重法"与"爱民"相结合,应是以儒家思想为基本而涵容了法家的思想因素)。当时秦国的强势已是不争的事实,以后由秦国统一天下也是一种历史的必然。王夫之曾说:"秦以私天下之心而罢侯置守,而天假其私以行其大公。"(《读通鉴论》卷一)所谓"大公"就是说秦的"罢侯置守"统一天下在客观上符合天心民意,具有历史进步的意义。然而,秦王朝专以刑罚治天下,很快就陷入了政治危机,以致秦祚短促,二世而亡,这也使秦汉间的以儒代法成为历史的必然。

汉初的大儒陆贾曾对刘邦说:"居马上得之,宁可以马上治之乎?且汤武逆取而以顺守之,文武并用,长久之术也。……乡(向)使秦已并天下,行仁义,法先圣,陛下安得而有之?"(《史记·陆贾列传》)这段话深深地打动了刘邦,使其改变了对儒学的轻鄙态度,乃至在他晚年途经曲阜时"以太牢祠孔子",开启了帝王尊孔的先河。

汉文、景帝时期,中央政权受到同姓诸侯王的威胁,儒家的贾谊提出了"众建诸侯而少其力"(《新书·藩强》)的"强干弱枝"之策。这说明虽然"秦制"并不是儒家所理想的政治制度,但是汉代的儒家为了维护国家的统一,免于分裂和战乱,采取了拥护"大一统"的郡县制的立场。贾谊又总结秦二世而亡的历史教训,指出其速亡的原因在于"仁义不施,而攻守之势异也"(《新书·过秦上》)。

继陆贾和贾谊之后,董仲舒在《举贤良对策》中提出:

> 《春秋》大一统者,天地之常经,古今之通谊也。今师异道,人异论,百家殊方,指意不同,是以上亡(无)以持一统;法制数变,下不知所守。臣愚以为诸不在六艺之科、孔子之术者,皆绝其道,勿使并进。(《汉书·董仲舒传》)

以《春秋》经的权威,高度肯定了"大一统",这符合孔子所说的"天下有道,则礼乐征伐自天子出"(《论语·季氏》),但是孔子的"吾从周"仍是肯定了周朝的封建制,而董仲舒的"大一统"则已是对"汉承秦制"的郡县制的肯定。汉武帝采纳董仲舒的建议,"卓然罢黜百家,表章六经"(《汉书·武帝纪》),使儒学成为"独尊"的国家意识形态,由此完成了"汉承秦制"与儒家文化的整合,这为以后两千年的以儒家文化为主导的中国文化发展奠定了基础。如余敦康先生所说:"中国文化作为一种实体性的存在,一种与整个民族的生活方式紧密相连的文化模型,不是在先秦而是在汉代才最终形成的。"[2]

秦汉间的以儒代法,最根本的就是以儒家的以德治国、仁爱精神取代了法家的"以法为教,以吏为师"。陆贾劝说刘邦要"行仁义,法先圣",贾谊指出秦之速亡在于"仁义不施,而攻守之势异也",这已凸显了儒家的核心价值在于"行仁义"。董仲舒在《举贤良对策》中进一步指出:"及至后世,淫佚衰微,不能统理群生,诸侯背畔,残贼良民以争壤土,废德教而任刑罚。""王者承天意以从事,故任德教而不任刑。刑者不可任以治世,犹阴之不可任以成岁也。"(《汉书·董仲舒传》)这里的"废德教而任刑罚"和"任德教而不任刑",正是儒法两家在治国理念上的根本分歧,而"任德教""行仁义"也正是汉儒所要传承和弘扬的先秦儒家的核心价值观。

与先秦儒家所不同者,汉代的儒、道两家都已把"阴阳五行"的模式纳入到他们的思想体系中(如《淮南子》和《春秋繁露》等都是如此)。中国哲学的普遍架构是"推天道以明人事",董仲舒的"明人事"就是以天道的"阴阳五行"为理论根据。他在《举贤良对策》中说:

> 天道之大者在阴阳。阳为德，阴为刑；刑主杀而德主生。是故阳常居大夏，而以生育养长为事；阴常居大冬，而积于空虚不用之处。以此见天之任德不任刑也。……为政而任刑，不顺于天，故先王莫之肯为也。(《汉书·董仲舒传》)

"阳为德，阴为刑"的思想在先秦时期已见于黄老学派和阴阳五行家的著作(参见马王堆帛书《黄帝四经》和《管子》书中的《四时》《五行》等)，董仲舒所赋予其新的意义就是更加强调了"阳德"的主导地位。"刑者德之辅，阴者阳之助"(《春秋繁露·天辨在人》)，董仲舒的"任德不任刑"实即主张"德主刑辅"，这符合儒家经书中主张的"明德慎罚"(《尚书·康诰》)。董仲舒为此提供的"天道"根据就是"阳常居实位而行于盛，阴常居空位而行于末……此皆天之近阳而远阴，大德而小刑也"(《春秋繁露·阳尊阴卑》)。他又说："计其多少之分，则暖暑居百，而清寒居一，德教之与刑罚犹此也。"(《春秋繁露·基义》)按照这种说法，刑罚在王道中只占百分之一的比例。虽然以后的历代君主不免以"霸王道杂之"，但是"德主刑辅"毕竟成为中国文化治国理政的主流。

董仲舒在《举贤良对策》中首次提出了"五常"概念，他说："夫仁、谊(义)、礼、知、信五常之道，王者所当修饬也。"(《汉书·董仲舒传》)先秦儒家有"仁、义、礼、智"四德之说，董仲舒加之以"信"而成为"五常"。"五常"概念的提出是要把儒家的道德条目与"五行"(以及四时、四方和五官等等)相配，如董仲舒所说："东方者木，农之本，司农尚仁。""南方者火也，本朝，司马尚智。""中央者土，君官也，司营尚信。""西方者金，大理，司徒也，司徒尚义。""北方者水，执法，司寇也，司寇尚礼。"(《春秋繁露·五行相生》)这是"五常"与"五行"相配的一种最初方法，其中的木配仁、金配义与后来的配法相一致，火配智、水配礼不见于后儒之说，而在土配信还是配智的问题上则一直存在着分歧[3]。尽管有此不同，将"五常"配入"五行"图式，乃至后来又将其纳入到《周易》的卦气说并与"元、亨、利、贞"相配，这一延续了两千年而影响深远的世界图式是从董仲舒发其端的。

"五常"中最重要的是"仁义"，而"仁"又是儒家最高的统率诸德目的范畴。董仲舒在《春秋繁露·仁义法》中说：

> 仁之法在爱人……质于爱民以下，至于鸟兽昆虫莫不爱，不爱，奚足谓仁！仁者，爱人之名也……故王者爱及四夷，霸者爱及诸侯，安者爱及封内，危者爱及旁侧，亡者爱及独身。独身者，虽立天子诸侯之位，一夫之人耳，无臣民之用矣，如此者，莫之亡而自亡也。

董仲舒对"仁"的解说,符合先秦儒家的"仁者爱人"和"仁民爱物"思想,并赋予了"仁"以行王道的政治意义。"樊迟问仁,子曰:'爱人。'"(《论语·颜渊》)此"爱人"就是"泛爱众"或"爱类",亦即爱人类所有的人。(《吕氏春秋·爱类》云:"仁于他物,不仁于人,不得为仁。不仁于他物,独仁于人,犹若为仁。仁也者,仁乎其类者也。")董仲舒以"爱人"言"仁",并且说"王者爱及四夷",正是先秦儒家的仁之"爱人"即"爱类"的本义。他又说"质于爱民以下,至于鸟兽昆虫莫不爱",这也就是先秦儒家的"仁民爱物"思想。唐代的韩愈曾说"博爱之谓仁"(《韩昌黎集·原道》),而"博爱"一词已先见于《孝经》"先之以博爱,而民莫遗其亲",董仲舒也有云"忠信而博爱"(《春秋繁露·深察名号》),"先之以博爱,教以仁也"(《春秋繁露·为人者天》)。以"博爱"解说"仁",符合"仁"之本义。如后来康有为在《论语注·颜渊》中说:"仁者无不爱,而爱同类之人为先。……盖博爱之谓仁。孔子言仁万殊,而此以'爱人'言仁,实为仁之本义也。"

董仲舒说:"以仁安人,以义正我……仁之法在爱人,不在爱我;义之法在正我,不在正人。"(《春秋繁露·仁义法》)这种"仁义/人我"的区分,不同于孟子所说的"仁,人心也;义,人路也"(《孟子·告子上》),其原因在于孟子所讲的"仁义"更具有人之普遍的道德意义,而董仲舒所讲的"仁义"则已着眼于王者如何施行道德教化的政治意义。这从"王者爱及四夷"云云已可看出来,故而"仁之法在爱人""义之法在正我",可以说这首先是对"汉承秦制"的最高统治者提出的道德要求。董仲舒在《举贤良对策》中说:"《春秋》深探其本,而反自贵者始。故为人君者,正心以正朝廷,正朝廷以正百官,正百官以正万民,正万民以正四方。"(《汉书·董仲舒传》)君王的"正心"首先是要有"爱人"之心,而"正朝廷"等等首先在于君王之"正我"。董仲舒说:"君命顺,则民有顺命;君命逆,则民有逆命。"(《春秋繁露·为人者天》)这符合孔子所说的"政者,正也。子帅以正,孰敢不正"(《论语·颜渊》),也符合孟子所说的"君仁莫不仁,君义莫不义,君正莫不正,一正君而国定矣"(《孟子·离娄上》),只不过在汉代君主集权的制度下"君正"具有了更加重要的意义。

董仲舒将"仁义法"与"治民"和"治身"紧密联系,他引"孔子谓冉子曰:治民者,先富之而后加教。(孔子)语樊迟曰:治身者,先难后获",以此说明"治身之与治民所先后者不同焉矣"。又说:"先饮食而后教诲,谓治人也",这是讲"治民"要先富后教,与"仁之法在爱人"相联系;又说:"先其事,后其食,谓治身也。"(《春秋繁露·仁义法》)这是讲治民者首先要先"治身",与"义之法在正我"相联系。从"仁义法"引申出"治民"的先富后教,这也符合孟子的从"不忍人之心"引申出"不忍人之政"(《孟子·公孙丑上》)。不同的是,孟子的"仁政"是主张"正经界""复井田",而汉代则已是"秦制"所延续下来的土地可以买卖的私有制。董仲舒认为"古井田法"难以猝行,故提出了"限民名田"(对私人占有土地的数量加以限制)和"薄赋敛,省徭役,以宽民力"(《汉书·食货志》)等改良措施。虽然这里有着历史阶段的不同,但是董仲舒的"治民"思想仍可谓符合先秦儒家所主张施行的"仁政"精神。

二、董仲舒的人性论

中国哲学的普遍架构是"推天道以明人事",而人性论正是连接"天道"与"人道"的枢纽。董仲舒的人性论介于孟子的性善论与荀子的性恶论之间,在中国哲学史上具有重要的意义。他说:"故明于情性,乃可与论为政,不然,虽劳无功。"(《春秋繁露·正贯》)可见,他的人性论更加着眼于君主之为政的教化意义,这也是他主张"任德教而不任刑罚"的重要理论基础。

董仲舒说:"名性不以上,不以下,以其中名之。"(《春秋繁露·深察名号》)"圣人之性,不可名性;斗筲之性,又不可以名性。名性者,中民之性也。"(《春秋繁露·实性》)虽然董仲舒说只有"中民之性"才可称为"性",但他实际上已把人性分为"圣人之性""斗筲之性"和"中民之性"。可以说,董仲舒首发"性三品"之说。此说不仅在汉代有重要影响,而且一直延续到唐代(如韩愈的《原性》)和宋初(如李觏的早期之说)①,成为一千多年儒家讲道德教化和主张德主刑辅的人性论根据。

董仲舒从"中民之性"论人性,而不同意孟子的性善论。他说:

> 今世阐于性,言之者不同。胡不试反性之名?性之名,非生与?如其生之自然之资,谓之性。性者,质也。诘性之质于善之名,能中之与?既不能中矣,而尚谓之质善何哉?(《春秋繁露·深察名号》)

董仲舒把"性"的含义界定为人的生而即有的"自然之资"或自然之质,这一点近于告子所说的"生之谓性"。董仲舒认为,人的"自然之资"经过圣王的教化才可以

---

① 韩愈说:"性之品有上中下三:上焉者,善焉而已矣;中焉者,可导而上下也;下焉者,恶焉而已矣。"(《韩昌黎集·原性》)李觏说:"古之言性者四:孟子谓之皆善,荀卿谓之皆恶,扬雄谓之善恶混,韩退之谓性之品三:上焉者善也,中焉者善恶混也,下焉者恶而已矣。今观退之之辩,诚为得也,孟子岂能专之?"(《李觏集》卷二《礼论六》)按,李觏的《礼论》作于他24岁时,在他30岁以后则因反对"圣人以道强人"或"违天而病人"之说,逐渐走向了人之普遍的情善乃至性善论。参见拙文《李觏的性情论及其与郭店楚简的比较》,载《抚州师专学报》2002年第4期。

成为善，但性本身不是善："性者，天质之朴也；善者，王教之化也。"(《春秋繁露·实性》)这近于荀子所说的"性者，本始材朴也；伪者，文理隆盛也"(《荀子·礼论》)。董仲舒的人性论似乎与荀子的性恶论更为接近，故而刘向曾有"汉兴，江都相董仲舒亦大儒，作书美孙(荀)卿"(《叙录》)之说。对此，我们应作出进一步的分析。

荀子说："故枸木必将待檃栝蒸矫然后直，钝金必将待砻厉然后利；今人之性恶，必将待师法然后正，得礼义然后治。"(《荀子·性恶》)此说有如告子的"将戕贼杞柳而以为桮棬，则亦将戕贼人以为仁义"，使儒家的仁义道德失去了（而且是违逆了）天然合理性，故而孟子批评这是"率天下之人而祸仁义"(《孟子·告子上》)。相反，荀子则对孟子的性善说提出批评："性善则去圣王，息礼义矣。性恶则与圣王，贵礼义矣。故檃栝之生，为枸木也；绳墨之起，为不直也；立君上，明礼义，为性恶也。"(《荀子·性恶》)可见，荀子的性恶论更加强调"与圣王""立君上"的必要，这是与战国后期君主制的更加趋向集权相适应的。

董仲舒说："民受未能善之性于天，而退受成性之教于王，王承天意以成民之性为任者也。今案其真质而谓民性已善者，是失天意而去王任也。万民之性苟已善，则王者受命尚何任也？"(《春秋繁露·深察名号》)这里强调了由王者教化而"成民之性"的必要，是与荀子的倾向相同的。但是二者的不同在于，荀子的"性"与"伪"是逆向对立的关系，"从人之性，顺人之情，必出于争夺……故必将有师法之化、礼义之道，然后出于辞让，合于文理而归于治"(《荀子·性恶》)。而董仲舒的"性"与"善"是顺向发展的关系，如他所比喻："善如米，性如禾。禾虽出米，而禾未可谓米也。"(《春秋繁露·实性》)"茧有丝，而茧非丝也。卵有雏，而卵非雏也。"(《春秋繁露·深察名号》)"性"虽然不可称为"善"，但可以"出善"。因此，董仲舒一方面否认"性善"，另一方面又承认人性有"善质"或"善端"。他说：

> 天生民，性有善质而未能善，于是为之立王以善之，此天意也。民受未能善之性于天，而退受成性之教于王。王承天意，以成民之性为任者也。(《春秋繁露·深察名号》)

> 性有善端，动之爱父母，善于禽兽，则谓之善，此孟子之善。循三纲五纪，通八端之理，忠信而博爱，敦厚而好礼，乃可谓善，此圣人之善也。(《春秋繁露·深察名号》)

董仲舒所说的性有"善质"或"善端"，近似于孟子所说的恻隐之心等"四端"。孟子说："凡有四端于我者，知皆扩而充之矣，若火之始然，泉之始达。苟能充之，足以保四海；苟不充之，不足以事父母。"（《孟子·公孙丑上》）在孟子的思想中，人皆有"四端"就是人之"性善"，但若不扩而充之，则"不足以事父母"。由此说来，"四端"还不是充足的"善"。而董仲舒认为，只有充足的"善"，即只有"循三纲五纪，通八端之理，忠信而博爱，敦厚而好礼"，才可以称为"善"。孟子的"扩而充之"，是靠道德主体的"存其心，养其性"的自我修养。而董仲舒强调，人性的"善质"或"善端"只有经过王者的教化才能成为善、称为善。董仲舒的"善质"或"善端"说，一方面强调了王者教化的必要性，另一方面也为其"任德教而不任刑罚"的主张提供了人性论的依据。

董仲舒还说："人之诚有贪有仁，仁、贪之气两在于身。身之名取诸天，天两有阴阳之施，身亦两有贪、仁之性。"（《春秋繁露·深察名号》）"仁"是善，出于阳；"贪"是恶，出于阴；人性有此"贪、仁"两个方面。董仲舒还以阴阳论人的"性情"，他说："天地之所生，谓之性情。性情相与为一瞑，情亦性也。谓性已善，奈其情何？……身之有性情也，若天之有阴阳也。言人之质而无其情，犹言天之阳而无其阴也。"（《春秋繁露·深察名号》）依此说，他所谓"性"有广义和狭义之分：广义的性包含情在内（"情亦性也"），是指人有"贪、仁之性"；狭义的性，与情相对，性生于阳，为仁、为善，情生于阴，为贪、为恶。后一说可概括为"性善情恶"。董仲舒在《举贤良对策》中说："质朴之谓性，性非教化不成；人欲之谓情，情非度制不节。"（《汉书·董仲舒传》）依此说，董仲舒的性情论又可概括为"性为质朴，情有贪欲"。

董仲舒的"性善情恶"说被《孝经纬·钩命决》和《白虎通义》所采，即谓："情生于阴，欲以时念也；性生于阳，以就理也。阳气者仁，阴气者贪，故情有利欲，性有仁也。"此说也进入了许慎的《说文解字》，即谓："情，人之阴气，有欲者。""性，人之阳气，性善者也。"与此说不同的则有王充认为"情、性同出于阴阳"（《论衡·本性》），刘向、荀悦认为"性情相应，性不独善，情不独恶"（《申鉴·杂言下》）。这种关于"性""情"的讨论，对后来的玄学家和理学家也有重要影响。如王弼主张"性其情"乃能得"情之正"（皇侃《论语集解义疏》卷九引王弼《论语释疑》）。胡瑗说："盖性者天生之质，仁义礼智信五常之道，无不备具，故禀之为正性。喜怒哀乐爱恶欲七者之来，皆由诱于外，则情见于内，故流之为邪情。唯圣人则能使万物得其利，而不失其正者，是能性其情……小人则反是，故以情而乱其性……"（《周易口义》卷一）程颐继此也有云："形既生矣，外物触其形而动于中矣……情既炽而益荡，其性凿矣。是故觉者约其情始合于中，正其心，养其性，故曰性其情。愚者则不知制之，纵其情而至于邪僻，梏其性而亡之，故曰情其性。"（《程氏文集·颜子所好何学论》）

"性其情"是主张以德性来主导和节制情感或情欲,这也是先秦儒家的本义,与佛教主张的"灭情复性"有所不同。

董仲舒的"善质"说,虽然强调了圣王教化的必要性,但仍可说是倾向于性善论的。他以"阴阳"论证人有"贪、仁之性",因为在他的思想中"阳"占主导的地位,所以也仍可说"善"或"善质"占人性的主导地位。这些都成为董仲舒主张"任德而不任刑"或"德主刑辅"的人性论根据。

三、三纲、灾异与民本、和谐

儒家文化要实现与"汉承秦制"的整合,必然要与时俱进,一方面继承先秦儒学的"常道",另一方面要在理论上作出一定的调整、妥协和损益,部分地吸收道、法、墨、名、阴阳等家的思想。其中,如何分析和评价"三纲"是个有争议和讨论的问题。

关于"三纲"的争论,可参看拙文《对"三纲"之本义的辨析与评价——与方朝晖教授商榷》(《天津社会科学》2012年1期)和笔者与方朝晖的《三纲之辩》(2013年2月25日《光明日报·国学版》)。其中,争论的焦点在于:1)"三纲"之说始于何时,方朝晖认为"三纲"是先秦儒家所固有的,而笔者认为"三纲"是汉儒为适应"汉承秦制"而作出的损益,是儒家文化之"变"而非"常"。如张岱年先生所说:"'三纲'之说,始于汉代。……《韩非子》书的《忠孝》篇说:'臣事君,子事父,妻事夫,三者顺则天下治,三者逆则天下乱,此天下之常道也。'……《忠孝》篇强调臣对君、子对父、妻对夫的片面义务,可以说是三纲观念的前驱。"[4] 2)方朝晖认为"三纲"就是"服从大局","小我"服从"大我",具有古今通用甚至"全世界通用"的普遍意义,而笔者认为董仲舒以"阳尊阴卑"论证了臣对君、子对父、妇对夫的绝对服从,即所谓"上善而下恶""善皆归于君,恶皆归于臣""臣不奉君命,虽善,以叛言",这同于韩非子所谓"人主虽不肖,臣不敢侵也"。"三纲"在中国古代有其一定的历史意义,但在现代民主社会已无现实意义;相反,批判"三纲"是有其现实意义的①。

董仲舒说:"屈民而伸君,屈君而伸天,《春秋》之大义也。"(《春秋繁露·玉杯》)这里的"屈民而伸君"正是"三纲"之说的要旨,但是先秦儒家并无此说,而儒

---

① 张岱年先生曾说:"辛亥革命打破了君为臣纲,五四运动批判了父权和夫权,但是旧思想仍有一定影响。个人崇拜实际上是变相的君为臣纲。家长制作风、重男轻女的观念尚待消除。"见《张岱年全集》第6卷,河北人民出版社1996年版,第223—224页。冯契先生也曾说:"个人崇拜就是变相的家长制,变相的君为臣纲。"见冯契著《人的自由和真善美》,华东师范大学出版社1996年版,第234页。

家所尊奉的经典亦无此"大义"。相反,儒家经典讲:"民可近,不可下。民惟邦本,本固邦宁。"(《尚书·五子之歌》)"天视自我民视,天听自我民听。""民之所欲,天必从之。"(《尚书·泰誓》)"所谓道,忠于民而信于神也。……夫民,神之主也,是以圣王先成民而后致力于神。"(《左传》桓公六年)"国将兴,听于民;将亡,听于神。"(《左传》庄公三十二年)孟子说:"民为贵,社稷次之,君为轻。"(《孟子·尽心下》)荀子说:"天之生民,非为君也;天之立君,以为民也。"(《荀子·大略》)这些都可以说是"伸民"的,而董仲舒提出"屈民而伸君",只能说是汉儒为了适应"汉承秦制"而加强君主集权的一种"变"。

对于君主的错误,孔子说:"所谓大臣者,以道事君,不可则止。"(《论语·先进》)"勿欺也,而犯之。"(《论语·宪问》)子思说:"恒称其君之恶者,可谓忠臣矣。"(郭店楚简《鲁穆公问子思》)孟子说:"惟大人为能格君心之非。"(《孟子·离娄上》)荀子说:"从道不从君,从义不从父,人之大行也。"(《荀子·子道》)然而,在汉代君主集权"大一统"的政治环境下,汉儒已经没有了先秦儒家敢于对君主犯颜直谏、"格君心之非""从道不从君"的条件,取而代之的就是"屈君而伸天",要用"天神"的权威和"灾异""谴告"来儆戒人君,使其感到"天人相与之际甚可畏也"(《汉书·董仲舒传》),借"天意"来节制君权。其意义亦正如苏舆所谓:"夫灾异之说,委曲傅会如此,在先哲非不知其然也,然而尊君之义已定,以民臣折之,则嫌于不顺,以天临之,则不嫌于逆,要在儆戒人主而已。"(《春秋繁露义证·必仁且智》)因为"三纲"已立,"尊君之义已定",所以汉儒不得已而讲"灾异""谴告",这是汉儒对先秦儒家思想的一种"增益",而其所"减损"掉的就是先秦儒家敢于对君主"勿欺也,而犯之"以及荀子所谓"天行有常,不为尧存,不为桀亡"(《荀子·天论》)的思想。

董仲舒虽然立"三纲",讲"灾异",但是也仍继承了先秦儒家"以民为本"的思想。如他所说:"天之生民,非为王也;而天立王,以为民也。故其德足以安乐民者,天予之;其恶足以贼害民者,天夺之。"(《春秋繁露·尧舜不擅移汤武不专杀》)"以民为本"就是以人民为国家、社会的价值主体,虽然君王在政治制度上居于最高权力的地位,但是君王毕竟是"为民"而设的。因为"民之所欲,天必从之",所以君王"其德足以安乐民者,天予之;其恶足以贼害民者,天夺之"。在董仲舒的思想中,"伸天"的最终目的还是要"伸民"。"屈民"与"伸民"在董仲舒的思想中结合在一起,"屈民"是汉儒为了适应"汉承秦制"的一种"变",而"伸民"则是汉儒仍继承了先秦儒家的"常道"。"屈民"与"伸民"的矛盾,是中国历史在君主制下不得不经历的一个历史阶段；而只有在民主制度下的"伸民权"，才能把"以民为本"真正落实到中国的政治和社会生活中。

在董仲舒的世界观中，"中正和谐"是世界之本然的、理想的状态，这也正体现了儒家所追求的社会理想。董仲舒说：

> 中者，天地之所终始也，而和者，天地之所生成也。夫德莫大于和，而道莫正于中。……中之所为，而必就于和，故曰和其要也。和者，天之正也，阴阳之平也，其气最良，物之所生也。……天地之道，虽有不和者，必归之于和，而所为有功；虽有不中者，必止之于中，而所为不失。（《春秋繁露·循天之道》）

崇尚和谐本是儒家"祖述尧舜"以来的"常道"，如《尚书·尧典》在讲帝尧"克明俊德，以亲九族；九族既睦，平章百姓；百姓昭明，协和万邦"之后说"黎民于变时雍"，"雍"即和也，儒家的修、齐、治、平，最终所要达到的理想就是社会的普遍和谐。《中庸》说："喜怒哀乐之未发谓之中，发而皆中节谓之和。中也者，天下之大本也。和也者，天下之达道也。致中和，天地位焉，万物育焉。"此即把"中正和谐"提升到"天人一理"的高度。董仲舒承此而提出"夫德莫大于和，而道莫正于中……天地之道，虽有不和者，必归之于和……"，这同于宋代的张载以"太虚"（气之本然的状态）为"太和"，并且说"有象斯有对，对必反其为；有反斯有仇，仇必和而解"（《正蒙·太和》），"中正然后贯天下之道"（《正蒙·中正》）。由此亦可见先秦儒家、汉儒和宋儒对于"中正和谐"有着一以贯之的共同理想和信念。

综上所述，董仲舒在中国文化史上占有重要的地位，他在秦汉间的大变局中与时俱进，继承了先秦儒学的"常道"，如崇尚道德、仁爱精神、以民为本、和谐社会等等，同时也有所"损益"，实现了儒家文化与"汉承秦制"的整合。这为我们传承和弘扬儒家文化的优秀传统，并且使之与当代社会相适应，与现代文明相协调，作出创造性的诠释和创新性的发展，提供了丰富的文化资源和历史借鉴。

参考文献

[1] 张岱年. 张岱年全集：第1卷[M]. 石家庄：河北人民出版社，1996：248-249.
[2] 余敦康. 魏晋玄学史[M]. 北京：北京大学出版社，2004：401.
[3] 李存山. "五行"与"五常"的配法[J]. 燕京学报，2010（新28）：125-146.
[4] 张岱年. 中国伦理思想研究[M]. 上海：上海人民出版社，1989：149-150.

原载于《衡水学院学报》2015年第3期。

董仲舒思想的历史地位与当代价值

黄玉顺

(山东大学 儒学高等研究院,山东 济南 250100)

[摘 要] 董仲舒的思想,过去没有受到足够的重视,不仅有当时政治意识形态方面的原因,而且有学术界本身的原因,就是注重宋明理学的研究,以宋明理学的眼光来打量董仲舒。实际上,董仲舒的思想具有极其重要的历史意义和当代价值:他是中国社会第一次大转型在思想学术上的完成者,确立了帝国儒学的核心价值观;他的公羊学在方法论上对于中国社会第二次大转型的儒学现代转化具有重要的启示意义;他的威权政治理念对于中国现代化第一阶段的政治理念也具有参考价值。

[关键词] 董仲舒;思想;历史地位;当代价值;威权政治;帝国儒学

非常高兴有这个机会来跟大家分享一下我的一些想法。但是,说老实话,我不是董学专家。在座的有很多董学专家,让我来讲,属于典型的班门弄斧,呵呵!当然,我对董子也有一些想法,只是一直没有机会写成文章。今天趁这个机会,我把我的想法讲出来,向大家,特别是在座的董学专家请教。

从昨天开始,我们在董子书院进行研讨,主题是董仲舒的思想,大家特别关注董仲舒思想的地位问题。很多专家谈了很好的见解,我大致归纳了一下,主要是这样两个方面:一方面是讲,董仲舒的思想应该享有崇高的历史地位,但是一直没有

[作者简介] 黄玉顺(1957—),男,四川成都人,教授,博士生导师。
* 此文是根据作者 2015 年 9 月 17 日在德州学院讲座的录音整理稿。该活动由山东大学儒家文明协同创新中心、山东大学儒学高等研究院、德州市、董子书院合办。

得到学界的足够重视,原因何在?另外一个方面,从正面来讲,他应该享有崇高的历史地位,那么,究竟应该如何给董仲舒定位?我今天的报告也从这两个方面来讲。时间有限,我只能很简单地谈谈我的一些想法而已。

一、董仲舒的思想为什么一直没有得到足够重视

有学者谈到,其原因可能与马克思主义史学研究方法有关,例如"唯物主义,唯心主义"这样的对子。用这样一种方法去研究董仲舒,就会把他归入唯心主义,而且是唯心主义的一个很典型的代表。确实,董仲舒的思想具有浓厚的神学色彩,这是一个原因。还有学者谈到,到了"文革"的时候,这样一种研究方法更加向"左"的方向偏移,达到无以复加的地步,董仲舒不仅是唯心主义的问题,更是地主阶级的思想代表,诸如此类的帽子很多。

我想,这些方面当然是很重要的原因,但是,这些原因还是比较晚近的、外在的。其实,更大的一个原因是:这些年来,可以说从现代以来,对中国古代思想史、古代哲学史的研究,重点都放在宋明理学。很多学者都是研究宋明理学出身的。研究宋明理学的人,很容易以宋明理学为标准,用宋明理学的眼光去打量董仲舒,这样一来,就有问题,就容易发生历史的错位。

宋明理学家,尤其是程朱理学,对董仲舒是不大看得起的。昨天有学者谈到,中国历史上,排得上号的一流的伟大思想家,从孔子开始排起,其中有朱熹。其实,在我的心目中,朱熹的地位很低,甚至是个"反面角色"。但我今天没有时间去讨论这个观点,我在一些文章中谈过这个问题。宋明理学是帝国时代的后期的哲学,尽管精致,但两千年帝国儒学的基础并不是由他们奠定的,而是由董仲舒奠定的;宋代以来的帝国后期,是中华帝国走向衰落、中国的"内生现代性"发轫的时期,但在这个历史时期的儒学中,程朱理学并不是"开新"的一派,而是"守成"的一派[1]。所以,我对朱熹评价不高。

反之,我认为,董仲舒的历史地位应该重新彰显出来。不能按照宋明理学的思想观念的框架去看董仲舒。他的思想怎么会和宋明理学一样呢?他的思想方法当然是不一样的。你站在你的立场上去看他,他也可以反过来站在他的立场上去看你,这都是很主观的,肯定是不对的。

所以,我认为,董仲舒之所以没有受到足够的重视,不仅仅有现当代政治上的原因,还有学术本身的原因,就是学界关于董仲舒的研究方法是很成问题的。

二、应当怎样给董仲舒思想定位

这里我想讲三点：第一，董仲舒思想的历史地位；第二，董仲舒思想对于社会转型的意义；第三，董仲舒思想的当代价值。

（一）董仲舒思想的历史地位

我们先来看第一个问题：如何给董仲舒的思想做一个历史的定位？

其前提是：我们要对中国历史本身有一个历史哲学的框架。这相当于说：如果你要给一个点定位，首先就必须建立一个坐标系，否则你没法给它一个准确的描绘，说明这个点到底是什么。我们看历史人物同样如此，你必须有一个历史哲学的架构，一个坐标系。

在座的同学们可能比较熟悉的一个历史哲学框架是这样的：我们从原始社会到了奴隶社会，又到了封建社会，又到了资本主义社会，然后应该……。这个框架大家是很熟悉的，但是今天学术界基本上不用这样的框架来分析中国的历史了，因为这个框架说的是欧洲的事情，不是中国的事情。

中国的历史，有可靠史料的历史，从社会历史形态的角度来讲，曾经发生过第一次社会大转型。这次社会转型，简单说，就是从"王权时代"转向"皇权时代"。转型以前，夏、商、周三代是王权时代，其基本生活方式是宗族生活方式，天下的政治结构，学界通常把它叫作"家-国-天下同构"。比如说，周武王把天下打下来了，分封诸侯，封的是谁呢？绝大多数都是姬姓宗族子弟。这意味着，天下的结构就是姬姓宗族的家庭结构。那么，在众多的诸侯国当中，有一国是周国，这是最大的宗主国，是由天子直辖的，这个国就是姬姓宗族的核心。所以大家看到，当时是"家-国-天下同构"，这个"同构"就是父系血缘家庭。《礼记·大学》讲"身修而后家齐，家齐而后国治，国治而后天下平"，其实就是这个逻辑。

但到了秦始皇的时候，中国社会转型了。秦始皇为什么叫"始皇帝"呢？就是说，在这之前，没有这个意义上的"皇帝"，即没有帝国时代的最高统治者。到了这个时候，天下的结构不再是"家-国-天下同构"了。比如说，皇帝要派一个大臣出去任职，这个大臣并不是他家的，不是他一个家族的人。这个时代不是一个"宗族"时代，而是一个"家族"时代。中华帝国两千年，主要的社会斗争并不是什么阶级斗争，而是各大家族之间的斗争。你可以翻翻二十四史，这是很明白的。这就是中国社会的第一次大转型。

在王权列国时代和皇权帝国时代之间，有一个转型期，大家很清楚，那就是春秋战国时代。伴随着春秋战国时代的社会大转型的,是思想观念的大转型,也就是雅斯贝尔斯(K. T. Jaspers)所说的"轴心时代"(Axial Period)[2]。这个时期,诸子百家兴起,儒家是其中的一家。儒家的学说最终取得了国家哲学的地位,这是在汉代才完成的,众所周知,董仲舒在其中扮演了最重要的角色。

我特别想指出:儒家,从孔子开始,接下来是孟子、荀子等,在整个春秋战国时期这个社会转型阶段,有这么一个思想发展的基本趋向,那就是逐渐走向与历史趋势一致的方向,即从王权儒学转向皇权儒学。例如《周礼》所说的"王",其实已经不是王权时代的王,而是皇权时代的"皇"了[3]。到了荀子,他着重论证的就是要建构一个帝国,或皇权专制的制度。但这个思想转向的最终完成,其实是在董仲舒那里。

我们知道,荀子作为大儒,培养了两个学生。这两个学生后来被归入所谓"法家"。其中一个是李斯,他是个政治家、实践家。荀子还培养了一个学生——韩非,是理论家。很多人说韩非是法家,和儒家没关系;其实,韩非就是荀子的学生,怎么会跟儒家毫无关系？我曾经写过一篇文章,讲所谓"法家"和儒家的关系[4]。韩非这样的法家,其实就是从儒家中生长出来的。他顺应了社会转型的时代需要,即从列国时代转向帝国时代这么一个时代转型的需要。所以我经常讲,韩非是"中华帝国制度的总设计师"。

不过,韩非这个"总设计师"是要打折扣的,因为他的制度设计确实跟儒学的关系不大,而且仅仅是在学术上进行的纸上谈兵,严格来讲,秦始皇采取的很多政策措施,尽管和韩非的思想有相当大的吻合,但他未必是从韩非那里学到的;再者,秦朝的帝国制度是有很大缺陷的,所以很快就灭亡了。

儒家和政治权力的真正的双向互动,是在汉代。在这之前,不论是荀子也好,韩非也好,他们思想上的建构主要是理论上的东西,并没有真正落实到现实的制度安排上;或者说,当时社会转型还没有完成,现实的很多情况还不是很清楚,所以,他们具体的制度设计是有很多问题的,不太适用。

整个帝国时代,真正相当于我们所说的国家"基本法""宪法"的这么一个东西,是汉代的东西,那就是《白虎通义》。《白虎通义·五经·孝经论语》认为:"(孔子)已作《春秋》,复作《孝经》何？欲专制正法。"①这里"专制"是关键词,这是皇权专制制度的自觉的理论表达。而《白虎通义》的"三纲六纪",则是两千年帝国制度的核心的制度安排。作为两千年帝国制度的"大宪章"的《白虎通义》,特别是它的

---

① 原文作"欲专制正",陈立《白虎通疏证》说:"卢云:'"正"下当有"法"字。'"

核心建构"三纲",即大家很熟悉的"君为臣纲,父为子纲,夫为妻纲",那是皇权时代的伦理政治制度安排的一个根本性的东西[5]。

但《白虎通义》并不是一本"专著",而是一个集体性的东西,相当于是一个御前会议的纪要[6];不仅如此,它的许多基本思想,特别是最核心的"三纲"思想,就是从董仲舒那里来的。董仲舒说:"君臣、父子、夫妇之义,皆取诸阴阳之道:君为阳,臣为阴;父为阳,子为阴;夫为阳,妻为阴。……是故仁义制度之数,尽取之天:天为君而覆露之,地为臣而持载之;阳为夫而生之,阴为妇而助之;春为父而生之,夏为子而养之。……王道之三纲,可求于天。"(《春秋繁露·基义》)

由此可见,中国社会第一次大转型的思想理论建构,落实到具体的制度安排上,最终真正完成这一工作的其实是董仲舒,可谓集大成者。反过来讲,如果没有董仲舒的伦理政治哲学,那么,整个两千年的皇权帝国制度,特别是它与儒学之间的关系,那是没法想象的。在这个意义上,董仲舒才是真正的"中华帝国制度的总设计师"。

这就是我给董仲舒的一个历史定位。

当然,董仲舒的思想,包括他的论证方式,在后儒看起来可能显得比较粗疏,而且有过于浓厚的神学色彩,比如"天人感应"等。但不管怎样,两千年中华帝国的核心制度的总设计师就是董仲舒。这里我要强调一下:中华帝国是我们中国人最值得骄傲的时代,到盛唐达到巅峰状态。当年你到长安去逛街,就相当于现在到纽约的时代广场逛街那种感受,满街都是外国人,非常开放,叫作"盛唐气象"。

这是我想谈的第一个问题——董仲舒是中华帝国核心制度的总设计师,这一点是谁也没法替代的。

(二)董仲舒思想对于社会转型的意义

第二个问题,董仲舒思想对于社会转型的意义。我刚才提到了中国社会的第一次大转型。诸位,我们现在正处在中国社会的第二次大转型之中,这次转型还没有完成。第一次大转型是从"王权社会"转向"皇权社会";我们现在是从"皇权社会"转向"民权社会",即转向一个现代性的社会,我们的整个生活方式都在发生转变。

这里我想强调一点:中国社会的现代转型、现代化——走向现代性,其实并不是西方强加给我们的,而是我们自己的"内生现代性"[7-8]。这个转换过程很早就发轫了,可以追溯到宋代[1]。我刚讲了,唐宋之际是中华帝国时代的一个转折点。在那之前是帝国的上升时期;在那之后是帝国的下行时期,并开始出现"内生现代性"现象。这是因为,现代化有一个特点,就是伴随着城市化;而城市化就意味着出现了一种新的生活方式——市民生活方式。市民生活方式必定在观念形态上有所反映,在民俗、文学艺术、宗教、哲学上有所表现,这就是伴随着社会转型的观念转型,即思想观念的现代化。

这个"数千年未有之变局"[9],需要儒家、中国的思想家做出新时代的理论建构,包括形上学的建构和形下学(如伦理学与政治哲学)的建构。这个工作早已启动了,这里仅就近代以来的情况而论,经过洋务儒学、维新儒学、20世纪的现代新儒学,一直到今天21世纪的大陆新儒学(包括我自己也在做这方面的工作),到现在还没有完成。

在这个过程当中,我们注意到一个现象,跟董仲舒有密切的关系。这是方法论方面的问题。我们注意到:尽管董仲舒当时要建构的是帝国制度,而我们今天所要建构的并不是古代帝国制度,但两者在方法上却存在着某种不约而同的做法。

我先说一个大家很熟悉的人物——康有为。对康有为的研究,最近两年在中国大陆非常火热。为什么呢?康有为当年搞维新变法,作为政治活动是失败了;但他建构的那一套理论,其基本的进路,直到今天也不可超越。细节问题,我们暂且不谈。他的基本理路,说起来也简单,就是通过重新诠释儒学,而与现代性的精神接榫,由此来建构现代性的形上学和现代性的形下学——现代性的伦理学和政治哲学。

康有为的做法,在儒学内部,就是采用了一种方法论——公羊学的方法。这就跟董仲舒有关了。众所周知,董仲舒是公羊学的第一号大师。他当年之所以能够在思想理论上完成第一次大转型的历史使命,靠的就是公羊学的方法。历史非常惊人地相似,不约而同,好像有一只"看不见的手",我们的"内生现代性"的思想转型,也是从公羊学开始的。这可以追溯到清代的常州学派,就是庄存与、刘逢禄等人的公羊学;接下来是龚自珍、魏源等人;再接下来是我们四川的廖平的公羊学。康有为不过是从廖平那里学了一点皮毛,就非常厉害了,搞出了《孔子改制考》等一整套的现代性的制度设计。现在到了21世纪,大陆新儒家当中一部分人也非常重视公羊学,最典型的就是蒋庆的《公羊学引论》[10]。总之,中国思想观念的第二次大转型,与公羊学的方法论有密切的关系。而谈到公羊学的方法论,不能不追溯到董仲舒。所以,得好好研究董仲舒的公羊学,从哲学方法论的层面上进行研究。

我刚才讲了两点,第一点讲的是董仲舒对帝国制度建构的理论贡献,第二点讲的是他的超越时空、超越历史时代的普遍性方法论——公羊学的方法论的意义。

（三）董仲舒思想的当代价值

第三，在前面两点分析的基础上，我来讲讲董仲舒思想的当代价值。

我还是先建立一个历史坐标系。不知道大家注意到没有，纵观世界各国，而不仅仅是中国的现代化过程，就会发现一个普遍的现象：现代化的第一阶段，也就是国民财富原始积累、"经济腾飞"的阶段，各国采取的都不是民主制度，而是政治哲学所讲的"威权主义"（authoritarianism）制度，不论先发国家还是后发国家都是如此。威权主义的表现形式有所不同：

先发国家，也就是最早发展起来的"列强"，有一个特点，就是：他们的现代化的第一个阶段，政治制度是什么？君主制度。英国、法国、德国无一例外。例如英国的都铎王朝、斯图亚特王朝、汉诺威王朝，其间还有克伦威尔的军事独裁；法国除了血腥的雅各宾专政，就是波拿巴王朝的第一帝国（拿破仑帝国），随后的奥尔良王朝、波拿巴第二帝国；德国的"铁血宰相"俾斯麦担任首相的普鲁士王国、德意志帝国，以及萨克森王国、符腾堡王国等。但必须注意的是：这些君主制度其实不是古代的、前现代的制度，而恰恰是现代化第一个阶段、走向现代性的制度。一些人经常觉得很困惑：马基雅维利写《君主论》，鼓吹君主专制，为什么大家一致认为他是"现代性的精神之父"呢？其实一点也不奇怪，这是现代化第一阶段的必然现象。

后发国家有所不同，但也是威权主义。具体说，到了20世纪，世界范围内掀起了民族独立运动、民族解放运动，包括社会主义运动。观察这些后发国家的现代化道路，你会发现，他们所采取的尽管不完全是君主制度，还有党国制度、军事独裁等，但统统都是威权主义的制度。

这是我想解释的一点：现代化的第一阶段必定是威权制度。当然，现代化第一阶段的历史任务——国民财富原始积累的历史任务完成之后，接下来就是现代化的第二阶段——民主化。这也是全球范围内的普遍现象、普遍规律。但这不是我们这里所要讨论的问题。我们这里讨论威权主义的历史意义。

那么，这和董仲舒有什么关系呢？回到我刚讲的第一点，董仲舒的哲学所论证的，其实是"古代的威权制度"。威权制度虽然是一种现代性的现象，但它和古代的君主制度有一个基本的共同之处，那就是中央集权主义。董仲舒所强调的"屈民而伸君""屈君而伸天"，其实也是一种威权主义："屈民而伸君"是一种中央集权的制度设计；而"屈君而伸天"则是这种制度设计的形上学的根据。于是你会发现：董仲舒的哲学，包括他的形上学和形下学，对于我们当下的中国政治，具有极强的可参照性。而这一点，所有研究中国哲学，包括研究董仲舒哲学的学者都还没有明确意识到。

　　这个问题,我尤其想对德州地区的学者说一说,因为这里是董仲舒的家乡。我觉得,在宣传董仲舒这件事情上,你们在"硬件"上已经做得非常到位了,下一步要好好地做一做"软件"方面的工作。而我觉得,最大的"软件"就在这儿:董仲舒的哲学对威权主义的论证具有何种现代价值?这是因为中国正处在现代化的第一阶段,也是一种威权主义,但还没有找到意识形态的新的话语;虽然开始重视儒学,但其实还没有找到恰当的表达方式。那么,董仲舒的学说或许可以给出一些启示。这是我想献给德州地区的同人们的一条建议。

　　谢谢!

参考文献

[1] 黄玉顺.论"重写儒学史"与"儒学现代化版本"问题[J].现代哲学,2015(3):97-103.

[2] 雅斯贝尔斯.历史的起源与目标[M].北京:华夏出版社,1989:14.

[3] 黄玉顺."周礼"现代价值究竟何在:《周礼》社会正义观念诠释[J].学术界,2011(6):115-128.

[4] 黄玉顺.仁爱以制礼,正义以变法:从《商君书》看法家的儒家思想渊源及其变异[J].哲学动态,2010(5):43-50.

[5] 黄玉顺.大汉帝国的正义观念及其现代启示:《白虎通义》之"义"的诠释[J].齐鲁学刊,2008(6):9-15.

[6] 班固.后汉书[M].北京:中华书局,1965.

[7] 黄玉顺.从"西学东渐"到"中学西进":当代中国哲学学者的历史使命[J].学术月刊,2012(11):41-47.

[8] 吴钩.宋:现代的拂晓时辰[M].桂林:广西师范大学出版社,2015.

[9] 梁启超.李鸿章传[M].北京:中华书局,2012.

[10] 蒋庆.公羊学引论[M].沈阳:辽宁教育出版社,1995.

　　原载于《衡水学院学报》2015年第6期。

德主刑辅：董仲舒的治国理政之道

吴 光

(浙江省社会科学院 哲学所,浙江 杭州 310025)

[摘 要] 董仲舒在西汉王朝统治思想从尊道向尊儒转型中起到了关键性历史作用。董仲舒的王道论包括了"改制更化"的政治改革思想,"德主刑辅"的治国理政战略,"人性三分"的人性论和"民性待教而为善"的道德教化论。董仲舒的"德主刑辅"王道论,是一种以"春秋公羊学"形态出现的"政治经学",它不仅决定着汉魏今文经学的发展方向,而且给予古文经学的政治伦理哲学以重要影响,这便是董氏政治经学的历史性贡献。

[关键词] 董仲舒;德主刑辅;王道论;政治经学;春秋公羊学

一、董仲舒：从尊道向尊儒转型的关键人物

战国时期,在诸侯争霸的大背景下,中国思想界呈现了百家争鸣的形势。但所谓"百家",诚如汉太史公司马谈所概括的,实际上主要是阴阳、儒、墨、名、法、道六家而已。其《论六家之要指》曰：

> 《易大传》："天下一致而百虑,同归而殊涂。"夫阴阳、儒、墨、名、法、道德,此务为治者也,直所从言之异路,有省不省耳。尝窃观阴阳之术,大祥而众忌讳,使人拘而多所畏,然其序四时之大顺不可失也；儒者博而寡要,劳而少功,

---

[作者简介] 吴光(1944—),男,浙江淳安人,研究员,衡水学院特聘教授,浙江省文史研究馆馆员兼浙江省儒学学会名誉会长,国际儒学联合会荣誉顾问暨学术委员。

是以其事难尽从,然其序君臣父子之礼,列夫妇长幼之别,不可易也;墨者俭而难遵,是以其事不可徧循,然其强本节用不可废也;法家严而少恩,然其正君臣上下之分不可改矣;名家使人俭而善失真,然其正名实不可不察也。道家使人精神专一,动合无形,赡足万物。其为术也,因阴阳之大顺,采儒、墨之善,撮名法之要,与时迁移,应物变化,立俗施事无所不宜,指约而易操,事少而功多。[1]3288-3289

因为司马谈是属于道家黄老学派的代表人物,所以他是站在道家立场上评论六家优劣的,他对阴阳、儒、墨、名、法五家都有褒有贬,唯独对于道家有褒无贬。足见其道家立场。然而就其对五家褒贬而言,太史公还是比较客观的,所论五家短长也可谓一言中的。

但到战国末期,逐渐出现了从大国争霸走向全国统一的趋势,思想界的百家争鸣也逐渐出现百家合流、定于一尊的趋势。最后由秦始皇统一六国,实行"以法为教,以吏为师;焚书坑儒,独尊法家"的思想专制政策,于是出现了贾谊所批评的"一夫作难而七庙堕,身死人手为天下笑"的悲惨结局,其原因主要是"仁义不施,攻守之势异也"[1]282。

秦帝国二世而亡的结局暴露了法家专制主义权术"可以行一时之计,而不可长用也"[1]3921,继秦而起的西汉统治者吸取秦亡教训,采用了道家黄老之学"与民休息,清静无为"的治国战略。可以说是独尊道家。但汉初统治者并不像秦统治者那样压制儒家,而是容忍儒家经典的传播并在相当程度上吸收儒家思想为其统治服务,如叔孙通为汉高祖定朝仪,贾谊向汉文帝建言"定制度,兴礼乐",汉景帝保护儒生辕固生便是证明。而且,黄老之学又与老庄之学的反儒倾向不一样,它的理论特点之一便是兼采阴阳、儒、墨、名、法各家思想之长而糅合为新道家学说,如同司马谈所说的,道家(指黄老道家)之术"因阴阳之大顺,采儒、墨之善,撮名、法之要"[2]。实际上,黄老学虽属道家,但由于它在学说内容上兼综诸家包括吸收儒家思想的特点,因而也成了由先秦诸子学向汉代儒学转化的思想桥梁。董仲舒的儒家学说,就是经由这座桥梁达到与先秦儒学特别是孔子和荀子的学说相沟通的。正因如此,董仲舒的儒学就表现出与先秦儒学在内容和思维特点上的很大不同,例如,孔孟荀儒学中并没有"阴阳刑德"相生相养的观念,而在董仲舒儒学中却十分突出。然而,董仲舒的儒学理论又是以儒家的仁义礼乐思想和德治主义为基础的,这同以道家无为理论为基础的黄老之学又有着本质的区别。

据《汉书·董仲舒传》等史书记载,董仲舒(前191—前104年)一生经历了西汉惠帝、文帝、景帝、武帝四个皇帝①。他以"三年不窥园"的精神,刻苦钻研了《春秋》等经典著作,景帝时当了经学博士官,武帝时以上《天人三策》(又称《举贤良对策》)而被武帝任命为江都王的相,后又任胶西王相。晚年退休在家著书立说,汉武帝常派大臣到他家里请教治国政策。所著有《公羊治狱》(或称《春秋决狱》,今佚)、《春秋繁露》等。

董仲舒在思想史上的贡献主要有四点:一是提出了"抑黜百家,推明孔氏,表章六经"的思想统治政策,为汉武帝及历代封建统治者所采纳,其后演变为"罢黜百家,独尊儒术"②的官方意识形态政策;二是创建了以"天人感应目的论"为中心的哲学体系,为历代今文经学家提供了一套"托天论道,托孔改制"的经学思维模式;三是提出了以"三纲五常"为内容的核心价值观论述,从而成为自汉至清近两千年中国封建社会的核心价值观;四是提出了"王者用德不用刑",实质上是"德主刑辅"的治国理论,为儒家治国理政的王道理论提供了典范性战略思维。

董仲舒生活的年代,是从西汉初年的无为政治向汉武帝时代有为政治转变的关键时代,他所提出的一系列"变政更化"的政治主张,适应并促进了转折时代的政治转折,可以说,董仲舒是一位促进历史转折的思想家与政治家。

二、德主刑辅:董仲舒王道论的主要内容

董仲舒思想最显著的特点,是在阐发《春秋》"微言大义"的名义下,托天论道,托孔改制,精心塑造了一个人格化、道德化的天神权威,建立了一整套以"天人感应""阳尊阴卑"为内容,以"灾异谴告"为手段,以"变政更化"、实行"德治"为目的的政治伦理哲学。在董仲舒的理论系统中,其"天上社会"实际是人间社会的缩

---

① 关于董仲舒的确切生卒年,史无明载,故众说不一。清末苏舆著《春秋繁露义证·董子年表》,疑为文帝元年至武帝太初元年(前179—前104)。今人周桂钿著《董学探微》(北京师范大学出版社1989年1月版)一书中作了详细考证,认为"董仲舒生于公元前200年至公元前196年(即汉高祖初年)","死于元封四年(公元前107年)以后,太初元年(公元前104年)之前"。近有王永祥撰《关于董仲舒生卒年问题》一文(载《董仲舒与儒学论丛——董仲舒学术思想国际研讨会论文集》,河北人民出版社1996年5月版)。综合诸家之说,考定董仲舒"约生于惠帝三至四年(前192—前191),约卒于元封四年至太初元年(前107—前104)之间,享年约84—87岁"。今从其说,定为公元前191年至前104年,享年87岁。

② 严格地说,董仲舒的《天人三策》与《春秋繁露》等著作中,并没有"罢黜百家,独尊儒家"词语。"罢黜百家"一词出于《汉书·武帝纪》班固赞,曰:"孝武初立,卓然罢黜百家,表章六经。"《汉书·董仲舒传》则记曰:"仲舒对策,推明孔氏,抑黜百家。""独尊儒学"则定型较晚,查《四库全书》,最早见于南宋明州(今浙江宁波)人史浩(官至太师太保,封魏国公)所著《鄮峰真隐漫录·谢得旨就禁中排当札子》,称"下陋释老,独尊儒术"。近人始将董仲舒的建言与汉武帝的政策概括为"罢黜百家,独尊儒术",可能最早见于侯外庐主编的《中国思想通史》第二卷。

影,其"天道"观和"王道"论是合而为一、密不可分的。

董仲舒的"天人感应"思想,在形式上是从荀子的"天人相分"论退回到殷周时代的宗教"天命"论,由自然之天回归到意志之天,并为人们树立了一个有目的、有意志、至高无上的天神权威。他说:"天者,百神之君也,王者之所最尊也。"(《春秋繁露·郊义》,下引本书只注篇名)"天者万物之祖,万物非天不生"(《顺命》),"天亦人之曾祖父也"(《为人者天》)。他认为,天是有目的、有意志的,春、夏、秋、冬四时,是其爱、乐、严、哀四种意志的表现;天创造万物,是为了养育人民;天创造人类,使之有贪、仁之性,故又为之立君王以施行教化,使民性从善;君王是受命于天的,故必须承天意行事,如果违背天意,天就会降灾异提出警告,直至收回天命,使之败亡。对于这样一个创造一切、洞察一切、主宰一切的天神权威,人间的君王能不无限崇敬和服从吗?所以,董仲舒要求人们特别是君王要"奉天法古""敬畏天命"。他认为这样做是符合《春秋》的大义大法的。正如他所说的:"《春秋》之道,奉天而法古。""孔子作《春秋》,上揆之天道,下质诸人情,参之于古,考之于今……以此见人之所为,其美恶之极,乃与天地流通而往来响应"(《汉书·董仲舒传·天人三策》,以下只注篇名)。又说:"《春秋》之法,以人随君,以君随天……故屈民而伸君,屈君而伸天,《春秋》之大义也。"(《玉杯》)

应当承认,继秦之后重新建立了大一统君主专制帝国的西汉王朝,在经历汉初七十年无为而治而暴露出地方诸侯欲借无为政策与中央君权分庭抗礼、中央君权亟须向有为政治过渡的汉武帝时代,董仲舒提出的一套天人关系理论确有为加强中央集权、维护君主专制服务的一面。他把人间的君王说成是受天之命、秉承天意行事的"天之子",要求"屈民而伸君",即压抑臣民的意志而伸张君主的意志,认为尊君就是尊天,就是顺天命。他还用阴阳关系比附人伦关系,提出"阳尊阴卑"的"王道三纲"说,并提出了适应政治"大一统"的思想统制政策,这些主张,从思想渊源说,是来源于杂糅阴阳、儒、墨、名、法诸家的道家黄老之学,它成了此后两千年儒家思想传统的一部分。

然而从本质上说,董仲舒"天人感应"说中的天神权威,绝非像法家韩非那样极端专制主义的绝对权威,而基本上是儒家的仁爱之天、道义之天、德治之天。我们应当透过看似荒唐的推论比附揭示其政治伦理哲学的道德人文主义特性。

> 国家将有失道之败,而天乃先出灾害以谴告之;不知自省,又出怪异以警惧之;尚不知变,而伤败乃至。以此见天心之仁爱人君而欲止其乱也。(《天人三策一》)

  故圣人法天而立道,亦溥爱而无私,布德施仁以厚之,设谊立礼以导之。春者天之所以生也,仁者君之所以爱也;夏者天之所以长也,德者君之所以养也;霜者天之所以杀也,刑者君之所以罚也;由此言之,天人之徵,古今之道也。(《天人三策二》)

  仁之美者在于天。天,仁也。……人之受命于天也,取仁于天而仁也。……天常以爱利为意,以养长为事,春、秋、冬、夏,皆其用也。(《王道通三》)

在这里,董仲舒赋予了至高无上的"天"以仁爱为心、以养生为事的人格意志,赋予"天意""天命"以王道政治的道德使命,从而也就规定了"奉天之命""法天之行"的人间君王必须推行仁政德治的道德义务,否则就要受到惩罚。可见董仲舒的"天人感应"说是建立在儒家道德理想的基础之上的。

在这一"天人感应"论笼罩下的王道理论指导下,董仲舒建立了一整套以道德为本位的政治哲学、历史哲学和人生哲学,其主要内容有:

1. "改制更化"的政治变革论

董仲舒认为,君王治理国家是受命于天的,当他实行德政,天就降祥瑞庇佑他;当他失道废德,天就用灾害怪异警告、惩罚他,直至收回天命,重新任命新王。新王受命执政,就应秉承天意,改制更化以实行德政。他认为,秦用商鞅、申不害、韩非之法家刑法,故导致败亡,汉继秦大乱之后,必须变更秦政而崇修德化。所以,董仲舒提出了"继治世者其道同,继乱世者其道变"(《天人三策》)的政治原理,这一原理的着重点在于变,而非强调"不变"。他还在《春秋繁露》中论证了"变"与"常"的关系,认为"《春秋》之道,固有常有变,变用于变,常用于常,各止其科,非相妨也。……故说《春秋》者,无以平定之常义疑变故之大则"(《竹林》),并提出了以"省徭役,薄赋敛""举贤良,赏有德,封有功""省宫室""恤黎元""举孝廉,立正直""优囹圄,案奸宄"为内容的"五行变救"理论(《五行变救》)。这些政治主张,都是符合儒家仁政德治理想的。

2. "德主刑辅"的治国战略

董仲舒将黄老学的"刑德相养"理论[①]稍加改造,而成为"用德不用刑"的儒家德治主义理论。他说:

---

  ① 黄老学的"阴阳刑德"理论是阴阳、儒、法思想结合的产物,其论见于长沙马王堆汉墓出土的《黄老帛书》之《经法》《十六经》诸篇。如《十六经·姓争》说:"刑德相养,逆顺若成。刑晦而德明,刑阴而德阳,刑微而德彰。"《十六经·观》说:"春夏为德,秋冬为刑,先德后刑以养生。""先德后刑顺于天。"等等。董仲舒的"阴阳刑德"理论,显然源于黄老学而用儒家德治理论稍加改进,而成为"用德不用刑",即强调德为主、刑为辅(实即"德本刑用")。参阅拙著《黄老之学通论》第五章第一节、第七章第三节。

> 天道之大者在阴阳,阳为德,阴为刑,刑主杀而德主生。是故阳常居大夏而以生育养长为事,阴常居大冬而积于空虚不用之处,以此见天之任德不任刑也。……王者承天意以从事,故任德教而不任刑……为政而任刑,不顺于天。(《天人三策》)
>
> 阴阳之理,圣人之法也。阴,刑气也;阳,德气也。(《王道通三》)
>
> 是故天数右阳而不右阴,务德而不务刑……为政而任刑,谓之逆天,非王道也。(《阳尊阴卑》)

当然,董仲舒的"任德不任刑"论,并非完全不用刑罚,而是德治为主、刑罚为辅的"德主刑辅"理论。

> 君臣、父子、夫妇之义皆取诸阴阳之道:君为阳,臣为阴;父为阳,子为阴;夫为阳,妻为阴。……王道之三纲,可求于天。天出阳为暖以生之,地出阴为清以成之。不暖不生,不清不成。然而计其多少之分,则暖暑居百而清寒居一,德教之与刑罚犹此也。故圣人多其爱而少其严,厚其德而简其刑,以此配天。(《基义》)

这其实已将阴阳刑德关系讲得很清楚,如果要分别算德、刑运用的比例的话,则是德教居百分之九十九而刑罚居百分之一,所以"圣人多其爱而少其严,厚其德而简其刑",这是符合天意的。董仲舒在《基义》篇也论述了适当使用刑罚的思想,他说:"水有变,冬湿多雾,春夏雨雹。此法令缓,刑罚不行。救之者,忧囹圄,案奸宄,诛有罪,蒐(同搜)五日。"如果出现法令松懈,刑罚不行的弊端,就需要关注监狱,查处作奸犯科者,惩罚罪犯,搜捕逃犯。

由上可见,董仲舒的"任德不任刑""厚德而简刑"论实质上是"德主刑辅"论,以德治为主,以刑法为辅。这一理论的提出,从现实政治层面看,正是总结了秦亡汉兴的历史经验,为批判秦政之严刑峻法的法家路线而要求改制更化、实行儒家"以德治国"的"王道"政治理想而发的。

3. "人性三分"的人性论

孟子言"性善",荀子言"性恶",二人虽各持一端,却都主张用礼乐教化改造人性。董仲舒则调和孟、荀之说,而提出了对汉唐儒家极有影响的所谓"人性三分"的人性理论。他认为,人性有贪有仁,就像天之有阴阳一样;性比于禾,善比于米,米出禾中而禾未可全为米,善出性中而性未可全为善;性是天质之朴,善是王教之化,人性有成善之质而不能自然成善,必待王者施以教化才能为善;人性可分三类:有圣人之性、有斗筲(指奴婢或小人)之性、有中民之性,前二者都不能当作普遍人性讨论(即所谓"不可以名性"),唯"中民之性"乃可以"名性"。他认为,孟子只是以人性与禽兽比较,故曰"性已善",这是浅见,自己却是以圣人的高标准为标准,"上质于圣人之所善,故曰性未善"。所以,董仲舒特别强调"万民之性,待外教然后能善"(《深察名号》)的观点,似乎比孟子的"性善"论略胜一筹。但董仲舒人性论又与荀子性恶论不同,因为他是承认人性中有可教之善质的,所以他说:"无其质则王教不能化,无其王教则质朴不能善。"(《实性》)董仲舒这一思想,对后世扬雄的"性善恶相混"、王充和韩愈的"性三品"说、李翱的"性善情恶"论、宋明理学家的"人性二分"(分为天命之性与气质之性)说,都有很大的启迪和影响。

4."民性待教而为善"的道德教化论

董仲舒的道德教化理论,乃立足于"王者务德不务刑"的阴阳刑德论和"民性待教而为善"的人性论。他认为,人生而有义利(义指精神境界,利指物质需要)之求,以利养体,以义养心,所以统治者应当既能为民兴利除弊,又要对人民施以道德教化。在兴利除弊方面,他针对当时情况向汉武帝提出了多项政策建议,诸如恢复什一税;限制豪民占田以"塞并兼之路";官不与民争利,"盐铁皆归于民";废除奴婢制度,"去奴婢、除专杀之威";省徭薄赋"以宽民力"等(《汉书·食货志》)。在道德教化方面,他强调王者应当谨修"仁、谊(义)、礼、智、信"五常之道,以"仁义礼乐"为化民成俗之具,并提出了"立太学以教于国,设庠序以化于邑,渐民以仁,摩民以谊,节民以礼"等具体的教化政策(《天人三策》)。他还进一步发挥先秦儒家的"民本"思想,提出"有道伐无道"的"天理"论,说:"天之生民非为王也,而天立王以为民也。故其德足以安乐民者,天予之;其恶足以贼害民者,天夺之。……故夏无道而殷伐之,殷无道而周伐之,周无道而秦伐之,秦无道而汉伐之。有道伐无道,此天理也,所从来久矣!"(《尧舜不擅移汤武不专杀》)按照这一逻辑,则后世一切无道之君,皆可被有道者讨伐而取代之!这句石破天惊之语,正是儒家道德人文主义历史观的革命性体现。

三、董仲舒政治经学的历史影响

董仲舒在"表章六经,推明孔氏"、阐发《春秋》"微言大义"名义下所创立与阐发的"德主刑辅"王道论,是一种以"春秋公羊学"形态出现的"政治经学",其内容已吸收了孔孟之后的阴阳家、道家、法家的许多思想资料从而大大超越了孔孟原儒的范围,实际上开创了儒家借经议政、托孔改制的学风。两汉经学特别是今文经学和谶纬学,就是在董仲舒的政治经学直接影响下产生与发展的。

当然,严格地说,经学非自仲舒始。在董仲舒以前的高祖、文帝、景帝时期,已有不少人在民间讲经论学,文、景时已设立了专治某经的博士(所谓"一经博士")。但只有到汉武帝采纳董仲舒、公孙弘等人的建议"抑黜百家,独尊儒术"并设立太学、设置"五经博士"官衔以后,儒学才取得了合法和独尊的地位,而董仲舒对经学兴起的贡献,不仅在于提出了保证儒学独尊和广泛传播的政策性、制度化的建议,而且在于为新时期的儒学——汉代经学奠定了学说理论的基础(即在"天人感应"论外衣笼罩下的"德主刑辅"王道论),并且为儒生解经、论道、议政提供了一套特殊的思维方法,即用阴阳五行相生相灭、天道人事相感相应的思维方法去阐发儒家经典中治国理政的"微言大义"。《汉书·五行志》说:"汉兴,承秦灭学之后。景、武之世,董仲舒治《公羊春秋》,始推阴阳,为儒者宗。"这个评论正是揭示了董仲舒政治经学的历史影响。

自董仲舒说经、汉武帝尊儒以后,经学大兴,儒生大增,《春秋》《礼》《诗》《书》《易》以至《论语》《孝经》等古籍遂被尊奉为儒家的主要经典,追求通经致用,也成为一般知识分子的人生目标。

但两汉经学的发展也是颇为曲折的。在西汉一代,大体是今文经学占主导地位,而在今文经学中,又以董仲舒为代表的春秋公羊学为主流,如公孙弘、贡禹、颜安乐、吕步舒、司马迁、疏广等名儒,都属公羊学派人物。但由于自汉武帝始"五经"均立学官,故每一经在朝廷内都有政治上、学术上的代表,在民间则有师徒传授的系统,在传授过程中,又因学术观点,讲学地区等等差异而形成许多不同派别。其中比较著名的,治《易》者如施雠、孟喜、梁丘贺、京房,治《尚书》者如大小欧阳、大小夏侯,治《礼》者有戴圣、戴德,治《诗》者有翼奉、匡衡、萧望之,等等。而在今文经学中,《春秋》有公羊学、谷梁学之分,《诗》有鲁、齐、韩之别,《论语》也有齐、鲁之异①。

至两汉之际,一方面,由于今文经学家大讲"天人感应"和灾异谴告之说,导致迷信附会之风滋盛,今文经学衍生了一个经学的变种——谶纬学,即借种种神秘的预言、隐语(符号、图谶之言)解释经典。于是,出现了许多用谶语解释经典的纬书,如《春秋纬》《礼纬》等等。这类纬书因其内容荒诞不经,故后世大多散佚。唯今传编定于东汉初期的《白虎通义》,保存了其中不少内容(该书既可说是今文经学大典,也可说是一部纬书大典)。另一方面,由于西汉中期以来从古迹和民间发掘了不少用先秦古文(蝌蚪文、籀文)写的古文经典,如古文《周礼》《毛诗》《春秋左

---

① 详见《汉书·儒林传》;刘汝霖《汉晋学术编年》卷一、二及"索引二"所载诸经学派"传授表"。

氏传》《古文尚书》等,到西汉末年,由经学大师刘歆率领一批儒生做了一番大整理。刘歆并奏请设立古文博士,遭到今文经学派反对,于是出现了经今古文之争。王莽执政时,任用刘歆为国师,正式设立古文博士。从此,古文经学发展起来,与今文经学相抗衡。古文经学除在文字、训诂方面有别于今文经学外,一个重要特点是反对今文派的"天人感应"说,特别是谶纬学说。两汉之际的著名儒家思想家如扬雄、桓谭、王充和科学家张衡都是支持和倾向古文经学的。东汉时代的经学大师马融、许慎也是古文经学的代表人物。

到东汉末年至曹魏初年,经学两派趋于合流,今古文之争也逐渐平息。促成两派合流的关键人物,是马融的学生郑玄(127—200年)。他博览群书,兼通今文与古文,剔除谶纬学的许多糟粕,糅合各家学说,重新注解诸经,使经生有所依从,不必拘守经学各派的"师法""家法",从而形成了独具风格的"郑学"。至曹魏时代,经学家王肃(195—256年)虽然在很多方面反对郑玄对经义的训释,但其注经方法却像郑玄一样兼融今古文而不拘泥于师法家法。故清代经学家皮锡瑞曾有"郑学出而汉学衰,王肃出而郑学亦衰"(《经学历史》)的批评。皮氏是站在今文经学立场上批评郑、王之学的,但其批评也很片面。两汉经学之衰并非由于郑、王之出,而是另有原因。这一方面是汉末政治腐败、社会动乱所致,另一方面正是因为经学教条化、章句化,经学家抱残守缺、死守家法而给经学带来的危机造成的。郑、王学之出,倒是反映了经学家企图挽救经学之衰的努力,只不过他们未能扭转当时的衰颓形势而已,但他们对于经学的贡献却是不可抹杀的。

两汉经学家虽有今古文之争,有师法、家法之别,但就当时的主要思想家(如董仲舒、扬雄、王充、郑玄等)而言,对于儒家人文主义精神的继承和发扬还是一脉相承的。例如,他们尽管在"天人关系"上有种种不同甚至对立的说法,但在王道政治理论和道德伦理学说方面却基本是一致的。特别是王充和董仲舒二人,以往论者往往沿袭"正宗""异端"之说,以董为正宗,以王为异端;近人又多持心物二端之分,以董为唯心,以王为唯物,故往往将二人学说截然对立起来。其实是只见其异,未见其同之故。究其实,在天道观和天人关系问题上,王充固然颇多批评仲舒之说,但在王道政治理论和道德伦理思想方面,他却不仅肯定而且赞美董仲舒。王充认为,董仲舒是继承并发扬孔子的学说和事业的。他说:"文王之文在孔子,孔子之文在仲舒。"(《论衡·超奇篇》)这是给予董仲舒以非常高的评价了。王充又说:"仲舒之言道德政治,可嘉美也。"(《案书篇》)"董仲舒表《春秋》之义,稽合于律,无乖异者。"(《程材篇》)这都说明王充对董仲舒政治与伦理思想的肯定。可见所谓"正宗"与"异端",并非势同水火、截然对立的,而往往是相反相成甚至在本质上是方向一致的。

总之,董仲舒的政治经学,不仅决定着汉魏今文经学的发展方向,而且给予古文经学的政治伦理哲学以重要影响,这便是董仲舒经学的历史性贡献。

参考文献

[1] 司马迁.史记[M].北京:中华书局,1959.
[2] 吴光.黄老之学通论[M].杭州:浙江人民出版社,1985:226.

原载于《衡水学院学报》2015年第6期。

"阳气仁":董仲舒思想中的"善"与"仁"

曾振宇

(山东大学 儒学高等研究院,山东 济南 250100)

[摘 要] 在董仲舒的思想体系中,"气"是最高范畴。他在孟子以心性论善的基础上,继而以气论善,从阴阳气论高度论证善之缘起与仁观念存在之正当性,儒家仁学由此又跃上了一座新的形而上"山峰"。董仲舒从气学高度证明善与仁之源起和正当性,其论证方式和观点别具一格。

[关键词] 董仲舒;气;性善;阳气仁

董仲舒在中国文化史上的地位与贡献被低估。概而论之,举其荦荦大者,至少有八大贡献:

1) 文化大一统。"《春秋》大一统者,天地之常经,古今之通谊也"(《汉书·董仲舒传》)。"大一统"思想是贯穿在董仲舒思想体系中的一根红线,包涵了两大内容:一是政治上大一统;二是文化上大一统,也就是以儒家文化为主流文化,以儒家思想为主流意识形态和全民族的道德规范,这是董仲舒毕生矻矻以求的最高社会理想。经过他的理论建构和两汉的制度建设、政治实践,文化形态趋于成熟,大一统观念成为中华文化的重要组成部分,并逐渐转化为民族文化的深层心理意识。两汉之后"五胡乱华"、宋元易帜、清军入关,虽历经劫难,中华文化始终未中断甚至"亡天下",有赖于董仲舒的杰出贡献。

[基金项目] 教育部基地重大项目(13jjd720011)
[作者简介] 曾振宇(1962—),男,江西泰和人,闽南师范大学、山东大学儒学高等研究院教授,博士生导师。

2) 义利之辨。"夫仁人者,正其谊不谋其利,明其道不计其功,是以仲尼之门,五尺之童羞称五伯,为其先诈力而后仁谊也"(《汉书·董仲舒传》)。义利之辨的实质是弘扬儒家的"耻辱"文化精神。"国有四维",礼义廉耻。在"四维"中最重要的并不是前三者,而是最后的"耻",前三方面如果丧失,只是"倾""危"而已。如果耻丧失了,就是"灭",也就是顾炎武思想意义上的"亡天下"。正如欧阳修所论:"礼义廉耻,国之四维。四维不张,国乃灭亡。"

3) 继承光大孔孟荀民本主义传统,制约最高权力。"故屈民而伸君,屈君而伸天,《春秋》之大义也"(《春秋繁露·玉杯》)。"天"不是人格神,而是民心,是"民惟邦本""天视自我民视,天听自我民听"思想的延续。

4) "法天而行",为天下制度立法。"天之数,人之形,官之制,相参相得也。人之与天,多此类者,而皆微忽,不可不察也"(《春秋繁露·官制象天》)。尤其典型体现于"春秋决狱","春秋决狱"是儒家思想向司法领域渗透的开始,标志着儒家的法律原则已处于高于法律的优越地位。以儒家思想为天下立法,影响中国古代制度建设,董仲舒是儒家第一人。

5) 天人学说决定了中国文化朝非宗教化倾向发展。冯友兰在《中国哲学简史》中提到中国人以哲学代替宗教的倾向:"哲学在中国文化中所占的地位,历来可以与宗教在其他文化中的地位相比。"[1] 并说中国人"不大关心宗教,是因为他们极其关心哲学。他们不是宗教的,因为他们都是哲学的。他们在哲学中满足了他们对超乎现世的追求。"[1]5 天含义多重、多位一体,既有自然之天色彩,也蕴含德性之天特征。人可以在人生的"此岸"追求幸福、追求自我的满足,人可以在"此岸"自我拯救。中国文化的这种哲学基础,注定中国文化是一种非宗教化的文明形态。

6) 继承与光大儒家"道统"。儒家道统的核心是仁义,"故仁者爱人类也,智者所以除其害也"(《春秋繁露·必仁且智》)。"仁之法在爱人,不在爱我;义之法在正我,不在正人"。董仲舒从形而上之气学高度,为儒家仁义价值体系存在正当性论证。其后二程、朱子受其影响,继而从天理高度为儒家仁义存在正当性辩护。

7) "三纲五纪"。"三纲五纪"思想来源于《孟子》"五伦"、《孝经》"爱亲、敬亲、事亲"、《大学》"君仁臣敬""子孝父慈""交于信"和荀子"从道不从君,从义不从父"思想①。儒家三纲五常、三纲五纪思想自有源头,与韩非法家分道扬镳。"君

---

① 韩非子强调君臣、父子、夫妇之间的"事"与"顺":"臣事君,子事父,妻事夫,三者顺则天下治,三者逆则天下乱,此天下之常道也,明王贤臣而弗易也。"

臣、父子、夫妇之义,皆取诸阴阳之道",董仲舒在"为人君者,固守其德"思想指导下,"三纲"强调君臣、父子、夫妇各自的责任与义务。"五纪"是对孟子五伦思想的发展,是人之所以为人之道德本质。宋代思想家张栻云:"三纲五常,人之类所赖以生而国之所以为国者也。"元代思想家吴澄云:"吾儒之道,三纲五常之道也。"史家陈寅恪在《挽王静安先生》一文中也说:"吾中国文化之定义,具有《白虎通》三纲六纪之说,其意义为抽象最高之境,犹希腊柏拉图所谓 Idea。"[2]

8)"儒者宗"。儒家学说是一开放的思想系统,孔子创建的儒家学派,经过子思、孟子、荀子等人的赓续光大,迨至两汉时期,儒学已经历了一次重大的变革。墨家、道家、法家、阴阳家、黄老学派的一些思想被儒家学派吸纳,西汉时期的儒家已经不同于先秦时代的原始儒家。在这一历史阶段,最有名的儒家代表人物当属董仲舒。《汉书·五行志》说:"景、武之世,董仲舒治《公羊春秋》,始推阴阳,为儒者宗。"

限于篇幅,本文仅就其中一点作深入探讨。

从形上学高度论证本体"至善",可能肇始于《庄子》。《齐物论》中的"无己""无功""无名",表面上是赞颂真人之德,实际上是表述"道"之德性,因为真人、圣人、至人都是道之人格化隐喻。道至善,在《骈拇》篇中直接表述为道"臧":"吾所谓臧者,非仁义之谓也,臧于其德而已矣;吾所谓臧者,非所谓仁义之谓也,任其性命之情而已矣。""臧"即善,成玄英《疏》云:"臧,善也。"德源出于道,德"臧"自然以道"臧"为前提。"臧于其德"和"任其性命之情",都是指道在人性之彰显。道善决定了人性善,人性("真性")中的仁义是"道德不废"意义上的仁义,这种仁义是"大仁""至仁"。在儒家思想史上,寻找并证明"至善",也是自孔子以来历代儒家矻矻以求的哲学使命。《大学》"止于至善",还停留在生活伦理的视域论证,尚未上升到形上学的本体论高度证明。

孟子的"四端"说及其证明方式,从心性论高度证明仁义礼智善端为人心的本质属性和人性固有基本义项,不仅圆满解决了善的来源和正当性问题,而且把孔子的仁学推进到了形而上的高峰。朱熹对此评论说:"孟子发明四端,乃孔子所未发。人只道孟子有辟杨、墨之功,殊不知他就仁心上发明大功如此。看来此说那时若行,杨、墨亦不攻而自退。辟杨、墨,是捍边境之功;发明四端,是安社稷之功。"[3]朱熹之论,确乎不谬! 在孟子之后,董仲舒从气学高度证明善与仁之源起和正当性,其论证方式和观点别具一格。

一、天人之际，合而为一

儒家思想衍变至董仲舒思想，出现了一个新的变化：在孟子以心性论善基础上，董仲舒继而以气论善，从阴阳气论高度论证善之缘起与仁观念存在之正当性，儒家仁学由此又跃上了一座新的形而上"山峰"。

为了梳理董仲舒思想的内在逻辑理路，在阐释其气学与仁学关系之前，十分有必要先考辨其天论，因为天论与气论有着密不可分的内在逻辑关联。董仲舒的天论有一个核心的观点："天人之际，合而为一"（《春秋繁露·深察名号》）、"以类合之，天人一也"（《春秋繁露·阴阳义》）。董仲舒思想体系中的"天人合一"命题，涵括四个层面的内容：

其一，天人同质。"天人之际，合而为一。同而通理，动而相益，顺而相受，谓之德道"。"天"指与人类社会相对的自然界，但它不是现代意义上的自然界，而是万物有灵论意义上的大自然，"天"与"自然界"是一种形式逻辑学意义上的交叉关系，而非同一关系。这诚如列维·布留尔所言："对原始人的思维来说，这种意义上的'自然界'是不存在的。社会集体把它周围的实在感觉成神秘的实在：在这种实在中的一切不是受规律的支配，而是受神秘的联系和互渗的支配。"[4]238 既然如此，天与人在性质上是相同的，"以类合之，天人一也"（《春秋繁露·阴阳义》）。天与人在本质上都是充满生命活力的泛伦理存在，都是"生气"本体在不同界域、不同层面上的彰显与证明。参悟了这一点，我们才能茅塞顿开地理解董仲舒何以反复多次、不厌其烦地论证天有喜怒哀乐之情感，人也有喜怒哀乐之情感，天通过春夏秋冬四季的清暖寒暑来表达它的诉求，"天亦有喜怒之气、哀乐之心，与人相副"（《春秋繁露·阴阳义》）。

其二，天人同构。天与人不仅在性质上趋同，在结构上也相近。"为生不能为人，为人者天也。人之人本于天，天亦人之曾祖父也"（《春秋繁露·为人者天》）。人类生命源出于天，人类生命体是天之缩影。穷根究底，这一观点并非由董仲舒第一次提出，《庄子·达生》篇尝言："天地者，万物之父母也。"董仲舒可能是受到了庄子思想的影响，宋代张载继而又有"乾父坤母"的提法，前后的逻辑关系比较清晰。董仲舒认为，天与人在结构上可以相互论证，互为前提，构成形式逻辑上的"循环互证"：头圆形，天圆形；人有头发，天有星辰；人有耳目，天有日月；人有血脉经络，天有山川之象；人每肢三个关节，天每时三个月；人四肢十二个关节，天四时十二个月；人有三百六十个骨节，一年有三百六十日……。天象与人象、天数与人数一一对应,了无间隔。按照这种比附逻辑,天与人在"类"与"数"上的相同相近还可以无限地枚举下去。此外,董仲舒还利用了物理学上的一些共振现象来论证天人同质也同构。"故气同则会,声比则应,其验皦然也"(《春秋繁露·同类相动》)。音调相同的乐器会相互震动,大气气压的增强会导致关节病痛的复发,月亮盈亏变化会引起水生动物的生理变化……。如果单纯地从自然科学角度评价这些论述,应该说不乏真知灼见。但是,这些"精细的论证"其实是"醉翁之意不在酒",其真实目的在于更深入地论证其"天人同构"说。

其三,天人互渗。列维·布留尔在论述原始人的前逻辑思维特征时说:"我们在这里见到是原始人对因果律的不正确的应用,他们把原因和前件混淆起来了。这应当是一个以 post hoc, ergo propter hoc(在这个之后,所以因为这个)的谬误而得名的极普遍的逻辑错误。"[4]66 "对土人来说,没有任何偶然的事情。那些在时间上接近的事件,即使是在彼此很远的地点发生,也很容易被他们认为是由因果关系连结起来的。"[4]66 这种前逻辑思维的因果律比较奇特,所发生事件在时间上的因果联系往往比该事件在空间位置上的内在关联更加重要,他们常常把在时间上接连发生的两个偶发事件联系起来,却忽略这两个偶发事件在空间上的互不关联。从列维·布留尔这一理论出发,我们就很容易破译晦涩佶屈的《五行五事》篇了。在这篇文章中,董仲舒断言,如果君臣不知礼节、放浪形骸,树木就长不直,夏天经常有暴风;君王如果言不守信,秋天常有霹雳;君王如果目光短浅、胸无大志,秋天常有闪电;君王如果不善纳谏、刚愎自用,水就不能渗透进地下,春夏两季就会暴雨成灾;君王如果心胸狭隘,庄稼就会歉收,秋天雷电交加。君王品行——君臣政绩——庄稼丰歉——植物荣枯——四季气候变迁之间,构成了一个因果互渗链。在现代人看来,这几者之间不可能存在着内在的逻辑因果关联。但是,从"天人合一"这种宇宙学说出发,有些问题却似乎又是圆融无碍的。因为"一切奇异的现象都被看成是稍后必将发生的灾难的征兆,同时也是它的原因"。宇宙中永远不存在偶发事件,任何一件事情、任何一件物体既是它自身,又不是它自身;既是另外一件物体或事件的原因,同时又会是另外一件物体或事件存在的结果。

除了天人同质、天人同构、天人互渗之外,构成"天人合一"学说的第四大层面的义项,是泛伦理学意义上的"天人同德":"是故王者唯天之施,施其时而成之,法其命而循之诸人,法其数而以起事,治其道而以出法,治其志而归之于仁。仁之美者在于天,天仁也,天覆育万物,既化而生之,有养而成之,事功无已,终而复始,凡举归之以奉人,察于天之意,无穷极之仁也。"(《春秋繁露·王道通三》)天覆育万物、泛爱群生、谦退自让、周而复始、诚而有信,有"仁"之德。"仁,天心也"(《春秋繁露·俞序》)。人"受命于天"(《春秋繁露·王道通三》),所以"取仁于天而仁也"(《春秋繁露·王道通三》)。人之血气是先天的存有,"化天志而仁"(《春秋繁露·为人者天》),血气化天志,显现为仁德。因此人之仁德源自天,落实于人心,具体体现为"父兄子弟之亲,有忠信慈惠之心,有礼义廉让之行,有是非逆顺之治"(《春秋繁露·王道通三》)。仁是上位概念,已可统摄忠、信、慈、惠、礼、义、廉、让诸德目。所以,天人同德也可表述为天人同仁。既然"天高其位而下其施"(《春秋繁露·离合根》),遍爱万物,那么是否除人类之外,其他物类也先在性具有仁义之德?董仲舒的回答是否定的,在他看来,"天地之精所以生物者,莫贵于人"(《春秋繁露·人副天数》)。董仲舒立足于人类中心论立场,而非老庄的万物平等论立场,认为人禀气周全,人无"疢疾",物"疢疾"有缺陷,所以人贵于万物。"人受命乎天也,故超然有以倚。物疢疾莫能为仁义,唯人独能为仁义;物疢疾莫能偶天地,唯人独能偶天地"(《春秋繁露·人副天数》)。董仲舒的这一观点与逻辑,与后来的朱子思想迥然有别。朱熹认为"性即理","性者,浑然天理而已"[3]2427。既然"天下无性外之物"[3]56,既然天地万物都先在性禀具仁义礼智信"五常"之德,至少在逻辑上承认天地万物包括禽兽也禀受了"五常"成为无法回避之问题。对于这一问题,朱熹作了如下回答:"问:'性具仁义礼智?'曰:'此犹是说"成之者性"。上面更有"一阴一阳""继之者善"。只一阴一阳之道,未知做人做物,已具是四者。虽寻常昆虫之类皆有之,只偏而不全,浊气间隔。'"[3]56"问:'虎狼之父子,蜂蚁之君臣,豹獭之报本,雎鸠之有别,物虽得其一偏,然彻头彻尾得义理之正。人合下具此天命之全体,乃为物欲、气禀所昏,反不能如物之能通其一处而全尽,何也?'曰:'物只有这一处通,便却专。人却事事理会得些,便却泛泛,所以易昏。'"[3]60既然"人物之性一源",当然禽兽也具"五常"之德。人兽之别仅仅在于:人能禀受"五常"之全体,禽兽由于气禀有别,只能得"五常"之偏:"气相近,如知寒暖,识饥饱,好生恶死,趋利避害,人与物都一般。理不同。如蜂蚁之君臣,只是他义上有一点子明。虎狼之父子,只是仁上有一点子明,其他更推不去。恰似镜子,其他处都暗了,中间只有一两点子光。"[3]57朱熹将"性"比喻为日光,人性得"性"之全和形气之"正",受日光大;物性得"性"之偏,受日光小,因而只"有一点子明"。"性如日光,人物所受之不同,如隙窍之受光有大小也"[3]58。虎狼有"仁",蜂蚁有"义",尽管只"有一点子明",但毕竟"有一两点子光"。在逻辑学意义上,有什么样的大前提,就将推导出什么样的结论。"理无不善"[3]68,天地自然一体有仁,既然设定天理先在性地彰显出道德特性,就必然会得出人类和动物同样皆具有道德属性的结论来。而假定要否定这一结论,首当其冲的是,你必须否定导致这一结论的逻辑前提。

二、"阳气仁"与"阳气善"

在董仲舒思想体系中,天并非其最高范畴。能代表董仲舒思想"最顶层设计"的哲学范畴是"气"。气是类似于康德哲学意义上的"公设",是其思想体系框架的"拱心石",其他概念,譬如天、人、性、仁、义等等,正因为有气这一宇宙本根无须证明或不可证明的先验存在,才获得存在的正当性①。"故人惟有终始也,而生不必应四时之变,故元者为万物之本,而人之元在焉。安在乎?乃在乎天地之前,故人虽生天气及奉天气者,不得与天元,本天元命,而共违其所为也"(《春秋繁露·重政》)。气、一、元是同一概念,都是指谓宇宙本体②。气先于天地,气无方所,气无终始,气是一抽象的存在,气已获得了绝对的形式,所以气"不得与""不可见"③。董仲舒所界定的气,类似于黑格尔所说的"思想的一种抽象"[5]332和"普遍的本质"[5]185-186。在宇宙论层面上,天范畴往往与气可以相互替代、相互说明,所以《春秋繁露》一书中经常出现"天气"一词。天是气的隐喻之原型,气是无形无象的本原。"为生不能为人,为人者,天也。人之人本于天,天亦人之曾祖父也。此人之所以乃上类天也"(《春秋繁露·为人者天》)。此处之"天"与"曾祖父",实质上都是气之具象化表述,在具象化背后隐伏的是抽象的万物之根。厘清了气与天之逻辑关系,才能读懂董仲舒建构在气学基础上的宇宙图式:"天地之气,合而为一,分为

---

① 《春秋繁露·为人者天》云:"为生不能为人,为人者,天也。人之人本于天,天亦人之曾祖父也。此人之所以乃上类天也。人之形体,化天数而成;人之血气,化天志而仁;人之德行,化天理而义;人之好恶,化天之暖清;人之喜怒,化天之寒暑;人之受命,化天之四时;人生有喜怒哀乐之答,春秋冬夏之类也。喜,春之答也;怒,秋之答也;乐,夏之答也;哀,冬之答也。天之副在乎人,人之情性有由天者矣。故曰受,由天之号也。"此处之天,实际上是气的具象化表达。在《春秋繁露》的一些篇章中,天与气两大概念是交叉关系,但气是本根。

② 《春秋繁露·王道》篇说:"元者,始也,言本正也。"《玉英》篇说:"谓一元者,大始也。"《举贤良对策》篇又说:"《春秋》谓一元之意,一者,万物之所以始也;元者,辞之所谓大也。谓一为元者,视大始而欲正本也。"其实,早在东汉就有学者明确指出"元""一""气"三者内涵相同、外延相近,实质上属于语词不同但内涵与外延相同的同语反复。譬如,何休《公羊解诂》就指出:"变一为元,元者,气也。无形以起,有形以分,造起天地,天地之始也。"唐代徐彦疏说:"元为气之始,如水之有泉,泉流之原。无形以起,有形以分,窥之不见,听之不闻。有形与无形皆生乎元气而来,故言造起天地,天地之始也。"今人金春峰在《汉代思想史》一书中也认为:"作为万物或宇宙本原的'元',就是指元气。"日本学者小野泽精一等人编著的《气的思想》一书也持同样的观点:"总之,所谓'一',就是与阴阳之气、五行之气在本质上是相同的一气。"

③ 《春秋繁露·天地阴阳》云:"天地之间,有阴阳之气,常渐人者,若水常渐鱼也。所以异于水者,可见与不可见耳,其澹澹也。"

阴阳,判为四时,列为五行。行者,行也,其行不同,故谓之五行。五行者,五官也,比相生而间相胜也。故为治,逆之则乱,顺之则治。"(《春秋繁露·五行相生》)气-阴阳-四时-五行(金木水火土)-五行(仁义礼智信)-五官,构成一庞大、完备而又相互感应、相互证明的宇宙理论。在这一宇宙论中,董仲舒提出了一个不同寻常的观点:"阳气仁"①。阳气仁如何可能? 董仲舒认为,天有"大数",以十为终。阳气在正月开始出现,天地万物也从正月开始萌芽;阳气兴盛于夏季,万物蓬勃生长于夏季;阳气开始衰退,万物也随之凋零。"物随阳而出入,数随阳而终始"(《春秋繁露·阳尊阴卑》)。阳气有生育万物之德,所以阳气有仁之德;换言之,仁德是阳气本质属性之彰显。上述"天仁",只不过是"气仁"的直观化表述。从"生生之德"意义上立论,这一论证方式后来在程颐、朱熹思想中,表现为对"天理至善"的证明。"'生生之谓易',是天之所以为道也。天只是以生为道,继此生理者,即是善也。善便有一个元底意思。'元者善之长',万物皆有春意,便是'继之者善也'"[6]。"造化所以发育万物者,为'继之者善','各正其性命'者,为'成之者性'"[3]1897。《易传》作者所言"生生"之德,是从宇宙生成论视域立论,"天地之大德曰生"。宇宙本原化生万物,宇宙之间一片春意盎然。云卷云舒、花开花落,每一种物体都按照其本性自由自在生长。但宇宙本原从不居功自傲,宇宙本原有"生生"之德,"生生"之德即是善。在传统思想资源意义上,除了《易传》之外,程颐、朱熹思想与老子"道"论有几分相通之处。老子"道法自然"即"道不违自然"。道生成万物,但道"生而不有,为而不恃,长而不宰"(《老子》十章),道并不居功自傲,也不干预天下万物,而是遵循万物之本性(自然),让天地万物自身如其自身地存在与变化。道不仅是宇宙本原,而且道有大德。换言之,道是价值本源与根据。严灵峰认为老子之道有四重义项,其中之一就是道乃人生修身养性之应然法则[7]。唐君毅也认为,老子之道蕴含"同于德之义":"道之义亦未尝不可同于德之义。盖谓物有得于道者为德,则此德之内容,亦只是其所得于道者;此其所得于道者,固亦只是道而已。"[8]道是一"德性"的最高存在,程伊川的天理也先验性具有德性。

在《阳尊阴卑》等篇中,董仲舒详细罗列了阳气之诸多德行:阳气仁、阳气暖、阳气予、阳气宽、阳气爱、阳气生。总而言之,阳气善,阴气恶。"恶之属尽为阴,善之属尽为阳"(《春秋繁露·阳尊阴卑》)。气有阴阳,也就意味着气有善恶。但是,此处之气,应当是阴阳之气,也即宇宙生成论层面已判为阴阳的气。宇宙生成论层面的气与本体论层面的气还是有区别。从"不得与""不可见""察于天之意,无穷

---

① 《春秋繁露·阳尊阴卑》。在《天地阴阳》篇章中,有"天志仁"表述,含义一致。

极之仁也"等表述分析,本体论意义上的气纯善无恶。尽管在这一点上,董仲舒论述不多,但从其整个思想体系分析,应当可以逻辑地推导出这一结论。在宇宙图式上,天与人既然在"数"与"类"层面皆"相副","天之所为人性命"(《春秋繁露·如天之为》),从阳气仁、阴气恶,进而推导出人性有善有恶,自然而然就是合乎逻辑的演进:"栣众恶于内,弗使得发于外者,心也,故心之为名栣也。人之受气苟无恶者,心何栣哉？吾以心之名得人之诚。人之诚,有贪有仁。仁贪之气,两在于身。身之名,取诸天。天两有阴阳之施,身亦两有贪仁之性;天有阴阳禁,身有情欲栣,与天道一也。"(《春秋繁露·深察名号》)"天有阴阳"即气有阴阳,阳气善阴气恶,显现在人心,表现为性"有贪有仁","阴阳之气,在上天亦在人"(《春秋繁露·如天之为》)。人性之仁源出于气,由此得到了哲学证明。在董仲舒人性学说中,有两大概念不可混而为一:善与善质。为此,董仲舒将性比喻为禾苗,将善比喻为米粒:"米出禾中,而禾未可全为米也;善出性中,而性未可全为善也。善与米,人之所继天而成于外,非在天所为之内也。天之所为,有所至而止,止之内谓之天性,止之外谓之人事。事在性外,而性不得不成德。"(《春秋繁露·深察名号》)"人之诚,有贪有仁"之"仁"只是人性之中的善质,是"未发",犹如未抽穗之禾苗;有仁之善质,"而成于外",才可称之为善,善是"已发",善是"人事"。善有待于后天的教化,而切不可完全归结为先天的性,"善当与教,不当与性"(《春秋繁露·深察名号》)。也恰恰正是在这一意义上,董仲舒批评孟子不识"性",其错误在于未厘清善与善质两大概念的区别:"然其或曰性也善,或曰性未善,则所谓善者,各异意也。性有善端,动之爱父母善于禽兽,则谓之善,此孟子之善。循三纲五纪,通八端之理,忠信而博爱,敦厚而好礼,乃可谓善,此圣人之善也。"(《春秋繁露·深察名号》)孟子将人之性与禽兽之性相比较,把人性之中的善质等同于善,所以孟子言"性已善"(《春秋繁露·深察名号》);董仲舒认为自己严格地将善与善质相区分,将"天之所为"与"继天而成于外"一分为二,所以坚信与倡言"性未善"(《春秋繁露·深察名号》)。董仲舒生年距离孟子卒年不过百余年,对孟子思想的误解却如此之深,令人扼腕!

其一,孟子从来没有将仁义礼智"四端"等同于人性全部内涵。在孟子思想中,有"行仁义"与"由仁义行"之别。韩婴对孟子人性学说的理解,可谓入木三分:"子曰:'不知命,无以为君子。'言天之所生,皆有仁义礼智顺善之心。不知天之所以命生,则无仁义礼智顺善之心。无仁义礼智顺善之心,谓之小人。"[9]这段话中出现了天、命、心、性四个概念,仁义礼智是天之所命,存诸心而显现为性。不知实际上,董仲舒的人性学说在观点与价值指向上,与孟子心性学说多有相通相同之处,这或许恰恰正是董仲舒所没有清晰意识到的问题。俩人都强调善与善质的区别,都强调后天教化的重要性:孟子一再告诫"行仁义"不可混同于"由仁义行",董仲舒反复论证"善过性,圣人过善"(《春秋繁露·深察名号》)。在儒家人性学说史上,董仲舒其实更多的是从正面继承与发展了孟子心性思想,而非批判和否定孟子学说。历史多有庄子所言"吊诡"之处,于此可窥其一斑。

三、余论

从孔子"仁者安仁"肇始,儒家仁学开启了绵延流长的一个文化道统:仁与人性有内在关联。孟子"即心言性""即天论性",从性命论、形式逻辑和生命经验三大层次证明仁为天之所"命",落实于人心为善端。"命"意味着无条件性和普遍性,普遍性意味着人性平等,无条件性说明仁是"善",是"应当",是自由。在中国哲学史上,二程、朱子"仁学"标志着以仁为核心的儒家道德形上学达到了前所未有的新高峰。陈北溪尝言:"自孔门后,人都不识仁。"[15]陈淳认为二程、朱子以天理论仁,从形上学而非伦理学层面界说仁,才真正抉发出孔孟仁学的内在精神。"人伦者,天理也",在逻辑上,程朱可能受到了庄子、禅宗、华严宗和周敦颐思想的影响。"善便有一个元底意思",天理之善属于绝对性的"元善","元善"意味着无条件性、先在性。天理之善是至善,不是与恶对立的善,而是超越了善恶对立的善。换言之,天理"元善"是无条件命令。理善,所以"理之性"善;性善,所以仁善。仁在普遍的人性中是无条件的命令,无条件意味着自由,仁是儒家自由意志视域中的自由。程朱从价值本体论证明:因为天理至善,所以仁善。这一思路与康德多少有点神似之处,应该说这是儒家哲学一大跃进!二程和朱熹以"天理"论仁,以体用言仁,以生生之意喻仁。通过引入体用、性情、动静、已发未发等范畴与理论深入探讨与开拓儒家仁学新内涵、新境界,而且也使孔、孟仁学中某些模糊不清的概念与表述逐渐明晰、丰富与精确。经过二程和朱子的创造性诠释,儒家仁学广度和深度上都获得了重大的提升,理论形态趋向成熟与完备,儒家道德形上学臻于巅峰状态。证明"至善",臻于"至善",是儒家一大思想主题。从伦理学意义上的《大学》"止于至善"出发,经董仲舒"阳气仁"到周敦颐太极"纯粹至善",一直到道德形上学意义上的程颐"天理至善"(元善)思想的诞生,历代儒家探求至善的哲学步履递进递佳。二程、朱子"仁善由于天理善"思想的诞生与论证,标志着儒家仁学成为中国自由主义伦理基础得以可能①。

参考文献

[1] 冯友兰.中国哲学简史[M].北京:北京大学出版社,1985.

[2] 陈寅恪.挽王静安先生[G]//干春松,孟彦弘.王国维学术经典集.南昌:江西人民出版社,1997.

[3] 黎靖德.朱子语类[M].北京:中华书局,1994.

[4] 列维·布留尔.原始思维[M].北京:商务印书馆,1981.

[5] 黑格尔.哲学史讲演录:第1卷[M].北京:商务印书馆,1995.

[6] 程颢,程颐.二程集:上[M].王孝鱼,点校.北京:中华书局,2004:29.

[7] 严灵峰.老庄研究[M].台北:中华书局,1966:378.

[8] 唐君毅.中国哲学原论导论篇[M].北京:中国社会科学出版社,2005:230.

[9] 韩婴.韩诗外传[M].许维遹,校释.北京:中华书局,1980:219.

[10] 杨伯峻.孟子译注[M].北京:中华书局,2010.

[11] 焦循.孟子正义[M].北京:中华书局,2006.

[12] 陈澧.陈澧集:第2册[M].上海:上海古籍出版社,2008:43.

[13] 王夫之.船山全书[M].长沙:岳麓书社,1996:464.

[14] 杨泽波.孟子评传[M].南京:南京大学出版社,1998.

[15] 陈淳.北溪字义[M].北京:中华书局,1983:25.

原载于《衡水学院学报》2015年第6期。

---

① 由此我想起现代新儒家徐复观的一大观点:儒家之"仁"是中国自由主义的伦理基础。这是"儒家自由主义"代表人物非常重要的一大学术观点,时至今日,其重要性越来越凸显。儒家仁学成为中国自由主义伦理基础是否可能,何以可能,这是学界需从理论高度深入探讨的一大课题。

董仲舒学说的三个基本意识

黄朴民

（中国人民大学 国学院，北京 100872）

[摘　要]　作为有汉一代最杰出的儒学大师，董仲舒学说体系博大精深，包罗万象。而其构建的儒学理论体系也蕴含着鲜明的文化特征：首先，董仲舒"更化"儒学，提出"天人合一"思维，并整合孟荀之学，对儒学理论加以重振与创新，反映出其理论上的创新意识；其次，董仲舒在顺应学术思想融合趋势的同时，又在儒学理论构建中体现出对诸子百家学说的兼容并包，呈示了其学术上的包容意识；再次，其学说始终保持对现实政治的关怀，特别是其发挥天人学说对君权加以约束与限定，这展现为其观念上的经世意识。这些文化特征体现了两汉儒学新格局之时代精神，同时对今日的思想整合与理论创新亦不无一定的启示意义。

[关键词]　董仲舒；儒学；创新意识；包容意识；经世意识；文化特征

有汉一代，最杰出的儒学大师非董仲舒莫属。《汉书·董仲舒传》推崇他"遭汉承秦灭学之后，《六经》离析，下帷发愤，潜心大业，令后学者有所统壹，为群儒首"[1]2526；《汉书·五行志》称许他"为儒者宗"[1]1317，刘向将他的功业与伊尹、吕尚等量齐观："董仲舒有王佐之材，虽伊吕亡以加，管晏之属，伯者之佐，殆不及也"[1]2526；王充强调董氏之学为孔子思想的直接继承者，是汉代儒学正统之所在，"孔子终论，定于仲舒之言"[2]1171，"文王之文在孔子，孔子之文在仲舒"[2]614，均揭示了董仲舒在整个汉代儒学理论建设上的特殊地位和在中国儒学发展史上的里程碑

[作者简介]　黄朴民（1958—），男，浙江绍兴人，教授，博士生导师，衡水学院特聘教授。

的重大意义。

董仲舒学说体大思精、系统完备,是一笔丰厚的历史文化遗产,其内涵之丰富、见解之卓越、体系之恢宏、论述之翔实,可谓异彩纷呈、美不胜收。本文不准备对此作全方位的阐释,而只希望就董仲舒儒学理论体系中所蕴含的几个文化特征谈些自己的看法。笔者认为,这些特征,既是董仲舒学说之所以富有活力并开创两汉儒学新格局的时代精神之体现,也是其理论在今天仍具有历史启示意义的文化超越性之缘由,值得充分重视,并加以总结。

一、理论上的创新意识

董仲舒学说的时代精神,首先集中体现为他汲汲于对儒学理论的重振与创新,使之从文化儒学转型为政治儒学,基本完成了儒学与汉代政治生活之间的有机结合,为儒学在思想界独尊地位的确立,成为国家政治生活中的统治思想奠定了基础。

孔子所建立的儒学,是中国古代思想的重要学派,所谓"儒家者流,盖出于司徒之官,助人君顺阴阳明教化者也。游文于六经之中,留意于仁义之际,祖述尧舜,宪章文武,宗师仲尼,以重其言,于道最为高"[1]1728。但是,它在春秋时期,更多是以学术、文化的姿态进入社会生活,理论性、抽象性显著,而实践性、功能性相对单薄,从某种意义上说,它是学术儒学、文化儒学,是观念的理想态,而非操作上的现实态,换言之,先秦儒学,还不能算作是功能性儒学、政治性儒学。因此,儒学有时不免遭到讥评,被称为"迂远而阔于事情"[3]2343。其中墨子的批评更是毫不留情,一针见血:"博学不可使议世,劳思不可以补民,累寿不能尽其学,当年不能行其礼,积财不能赡其乐……其道不可以期世,其学不可以导众。"[4]这里,虽然多少有学派纷争而掺杂的情绪化偏颇、偏激成分,但是,多少也指出了儒学自身存在的短板,不无一定的道理。总之,"博而寡要,劳而少功"[3]3290的确是早期儒学的一大"软肋"。

董仲舒作为一代儒宗,自然看到了儒学本身存在的局限性,并努力为重振儒学而殚精竭虑,走出一条儒学的更新与发展的新路。根据汉代政治新生态的需求,在儒学理论体系中注入新的生机,完成学术与政治之间的和谐渗透、圆融结合。

如同他积极建议汉武帝在政治上推行"更化",实现转型一样,董仲舒在儒学理论的建树方面,也一样悄悄进行了一场意义重大的"更化"与"创新"。这种"更化"与"创新"是多方面的:

在"天人关系"上,他致力于弥补与克服早期儒家"天人观"相对单薄的缺陷,系统地构建了"天人合一"宇宙图式,试图为儒家政治思想的合法性寻找到坚实的理论依据。换言之,董仲舒对汉代儒学的"更化",就是致力于通过"天人合一"这个宇宙图式,来推导并论证具体的政治观点,例如,根据"天人合一"原则而讨论礼制、官制的体系与规模:"天地与人,三而成德。由此观之,三而一成,天之大经也。以此为天制,是故礼三让而成一节,官三人而成一选。"[5]216 据之而强调"正名":"是非之正,取之逆顺,逆顺之正,取之名号,名号之正,取之天地,天地为名号之大义也。"[5]285 据之而阐释刑赏二柄之义:"圣人副天之所行以为政,故以庆副暖而当春,以赏副暑而当夏,以罚副清而当秋,以刑副寒而当冬。庆赏罚刑,异事而同功,皆王者之所以成德也。庆赏罚刑与春夏秋冬,以类相应也,如合符。"[5]353 据之而论说"礼":"礼而信。礼无不答,施无不报,天之数也。"[5]6 据之而提倡"教化"的必要性:"天地之数,不能独以寒暑成岁,必有春夏秋冬。圣人之道,不能独以威势成政,必有教化。"[5]319 据之而主张"举贤任能":"天积众精以自刚,圣人积众贤以自强……故天道务盛其精,圣人务众其贤。"[5]170-171 据之而汲汲于推崇"德政":"王道之三纲,可求于天。天出阳,为暖以生之;地出阴,为清以成之……然而计其多少之分,则暖暑居百而清寒居一。德教之与刑罚犹此也。故圣人多其爱而少其严,厚其德而简其刑,以此配天。"[5]351-352

尤为重要的是,董仲舒以"天人合一"新思维"更化"儒学的结果,是提出了完整的"三纲"说,为汉代统治作出了合法性的论证,"君臣、父子、夫妇之义,皆取诸阴阳之道。君为阳,臣为阴;父为阳,子为阴;夫为阳,妻为阴。阴道无所独行。其始也不得专起,其终也不得分功,有所兼之义。是故臣兼功于君,子兼功于父,妻兼功于夫,阴兼功于阳,地兼功于天"[5]350-351。很显然,董仲舒的儒学,已不再是先秦儒学的简单重复,而是被改造成为适应于两汉"大一统"专制统治需要的儒学形态,实现了自伦理儒学、文化儒学向政治儒学转化的过渡,这种"更化"与"创新",无疑是能够为统治者所认可、为一般民众所接受的,应该说,这是儒学在汉代继续生存并不断壮大的逻辑前提。董仲舒敏锐地意识到突破旧的儒学藩篱的必要性与迫切性,从而使儒学得以紧密贴近汉代专制统治。这显然是他在当时历史条件下重振儒学所作的积极努力,在今天应该予以同情之理解。

董仲舒对早期儒学的"更化"与"创新",除了提出"天人合一"宇宙图式以强化儒学的理论建构之外,还值得注意的是,他在整合儒学两大流派,即孟学与荀学方面,也积极作为,有所贡献。

按《韩非子·显学》中的说法,孔子之后,儒分为八,其中最具代表性的,即拱辰师所论的子思、孟子为代表的儒家道德学派和以荀子为代表的历史学派。董仲舒的贡献,是在自己的学说中,很好地融合了孟学与荀学的要义,这中间,他对孟子学说的继承与发展,主要体现在他对仁义观的坚持与弘扬方面;而他对荀子思想的继承与发展,则集中表现为他对荀子"礼治"原则的强调与推崇上。当然,这种圆融与整合,是有其侧重点的,即以荀学为主导。

这一点,在他有关儒家人性论的整合方面,有相当突出的表现。众所周知,儒家人性论是儒家政治思想的哲学基础与逻辑起点。具体地说,人性论与儒家治国思想体系的构筑,宗旨的确立以及方法的运用,有着密切的因果关系:正因为认定人性本善(孟子的主张)或经改造可以变善(荀子的观念),儒家才主张在治国问题上坚持以道德教化民众,推行以德治国的基本方针;正因为承认"人皆可以为尧舜"可能性的存在,儒家才认为在国家治理上,应该体现"民胞物与"的人文精神,以和谐协调的方式,来化解统治者与被统治者之间的对立或冲突,从而达到实施柔性有序统治的目的。

但是在早期儒家内部,人性论方面的认识,存在着很大的分歧。孟子侧重于阐释孔子"性相近",而系统地提出了"性善"的观点,认为人的本性是善的,这是人与生俱来的"善端":"恻隐之心,仁之端也;羞恶之心,义之端也;辞让之心,礼之端也;是非之心,智之端也。"[6]2691"四心"即仁、义、礼、智四种道德的萌芽;如能保持与扩大,就能发展成为仁、义、礼、智四种道德。总之,人性本善,人之美德,是天赋而非外界施加的:"非由外铄我也,我固有之也。"[5]2749乃是"不学而能"的"良能","不虑而知"的"良知"。荀子则认为人性本恶:"人之性恶,其善者伪也。"[7]434人性恶乃是人的自然属性,生理本能。然而,荀子又指出,后天的人为,可以使得先天的人性恶,转变为后天的人性善,这就是所谓"化性起伪","性也者,吾所不能为也,然而可化也"[7]143-144。这样,就逻辑地推导出,礼、乐的存在与推广是合理的、必需的,普通民众可以通过礼乐教化,改恶从善,求善向上,做统治者的好顺民。

董仲舒"更化""创新"儒学在人性论问题上的重点,就是需要贯通孟学与荀学的实质,消除孟学、荀学在人性论观念上的畛域,在此基础上丰富与完善儒家治国思想。所以,他一方面肯定了孟子"性善论"的一定合理性:"凡人之性,莫不善义。"[5]73另一方面,又主张不要简单地在人性与善恶之间画等号,而必须通过分析名实,划清"性"与"善"之间的界限。他强调指出,如同天有阴阳一样,人之性也有着贪仁两气。人性既不纯粹,那么简单讲"人性善"就殊为不妥了,"人之诚,有贪有仁。仁贪之气,两在于身。身之名,取诸天。天两有阴阳之施,身亦两有贪仁之性"[5]294-296。从这个意义上,他在人性论观点上又回归到荀子那里,以"性恶论"的视域,来界定"性"与"善"之间的不同概念,从而肯定了荀子"化性起伪"的必然性与合理性:"故性比于禾,善比于米。米出禾中,而禾未可全为米也。善出性中,而性未可全为善也。"[5]297 "或曰:性有善端,心有善质,尚安非善?应之曰:非也。茧有丝而茧非丝也;卵有雏而卵非雏也。"[5]303

当然,董仲舒对孟子、荀子不同"人性论"的综合贯通,并没有简单止步于"性有善端""化性起伪"的境界,而是在这种综合基础上更推进一步,提出了"性三品说","圣人之性不可以名性,斗筲之性又不可以名性,名性者,中民之性"[5]311-312。所以,性经教化而后为善,就有了范围的限定,仅针对"中民"而言了:"中民之性如茧如卵,卵待覆二十日而后能为雏,茧待缲以涫汤而后能为丝,性待渐于教训而后能为善。"[5]312 由此可见,董仲舒在人性论上的"更化"与"创新",从本质上是出于论证皇权至高无上、绝对权威的目的,迎合了专制统治神圣性的需求,具有十分鲜明的时代特色。

二、学术上的包容意识

儒学之所以在与诸子学术争鸣中成为胜利者,原因是多方面的,但其中一个不可忽略的因素,就是儒学本身具有"海纳百川,有容乃大"的襟怀与气度,它是一个开放的体系而非封闭的系统,能够不断地吸收新的活力因子来丰富和充实自身,在坚持与巩固主体性的前提下,"苟日新,日日新,又日新",不断汲取新的因素,注入新的活力。

"仁"的概念,就集中体现了儒学所具有的包容性、兼容性鲜明特征。早在《左传》那里,就指出:"恤民为德,正直为正,正曲为直,参和为仁。"[6]1938 表明"仁"的本义,就是"德""正""直"三种美德的有机融合,"参和"。儒家传承和光大了"仁"的核心内涵,使"仁"的本质属性呈示为以宽广的胸襟,海涵百家之长,虚怀若谷,宽容包纳。故有学者强调儒家之"仁"的根本精神,从积极意义上讲,即"己欲立而立人,己欲达而达人";就消极方面而言,也是至少要做到"己所不欲,勿施于人"。正是基于这样的文化自信与学术精神,儒家才积极主张"君子贤而能容罢,知而能容愚,博而能容浅,粹而能容杂"[7]86。

以此为坐标,来考察董仲舒学说的内在文化精神,我们能够发现,它的基本特征也是包容与综合。尽管董仲舒提倡"罢黜百家,独尊儒术",在形式上表现得像一位实行思想专制的推手,但是如果从实质上观察,这只是外表,并没有改变儒学开放性的旨趣,而且在他自己的理论建构中切实践履了兼容并取、海涵包纳百家之长的儒学精神。

后世对董仲舒的最大不满和诟病,是他在进《天人三策》时,建议汉武帝用国家政权的力量,废黜百家之学,倡导儒学定于一尊:"今师异道,人异论,百家殊方,指意不同,是以上亡以持一统;法制数变,下不知所守。臣愚以为诸不在六艺之科孔子之术者,皆绝其道,勿使并进。邪辟之说灭息,然后统纪可一而法度可明,民知所从矣。"[1]2523 这是白纸黑字,不必替董仲舒讳言的。但是,我们不应该简单地据此下结论,给董仲舒戴上"提倡思想专制"的帽子。

首先,需要指出的是,强调思想统一、学术融合的,乃是战国中后期起思想学术界的普遍共识,可以理解为一种文化潮流、时代趋势。董仲舒所作所为只是积极顺应了这种潮流而已。

战国后期起的倡导"思想统一"言论,在诸子中可谓十分普遍。如荀子主张:"今夫仁人也,将何务哉?上则法舜、禹之制,下则法仲尼、子弓之义,以务息十二子之说。"[7]97 而《庄子·天下篇》更为"道术将为天下裂"的思想乱象而痛心疾首:"内圣外王之道,暗而不明,郁而不发,天下之人,各为其所欲焉以自为方。悲夫!百家往而不反,必不合矣。后世之学者,不幸不见天地之纯,古人之大体,道术将为天下裂!"[7]288 可见,所谓"统纪可一"的主张,是源远流长、自有所本,只是究竟由谁来主导,以哪个学派为主体,意见上有分歧而已。

这中间,提倡以儒学为中心来整合思想学术,从而使得"统纪可一而法度可明"的愿景成为现实,是相当一部分人的意愿,这在董仲舒之前早有人在那里推动了,《汉书·武帝纪》记载建元元年冬十月,诏举贤良方正直言极谏之士。丞相卫绾奏曰:"所举贤良,或治申、商、韩非、苏秦、张仪之言,乱国政,请皆罢。"[1]156 这里,虽然没有明确打出"独尊儒术"的旗帜,但其中以儒学来整合统一思想、引领学术的意蕴乃是不言而喻的,因为汉武帝登基伊始,就明确展示了他自己倚重儒家、推崇儒学的政治姿态:"上乡儒术,招贤良,赵绾、王臧等以文学为公卿。"[3]452 而当时"设明堂,行封禅"之议的提出,也证明汉武帝本人以及不少儒林人物的确已是在那里跃跃欲试,以试图"统纪可一"了。"魏其、武安、赵绾、王臧等务隆推儒术,贬道家言"[3]2843。由此可见,董仲舒的"罢黜百家,独尊儒术"之建言,只是传承前人的主张而来,而之所以能成功,也是汉代政治统治生态已发生根本变化,尊奉"黄老之术"的窦太后逝世,汉武帝推行新政的最大掣肘已去之后水到渠成、瓜熟蒂落的自然产物。另外,必须进一步指出的是,作为统一的大帝国,政治指导思想要求做到高度统一,树立共同的核心价值观,使得"民知所从",同样是必要的和合理的。否则,言人人殊、意见纷纭、莫衷一是,对于新生帝国统治的稳定与巩固,自然也是一种消极的能量。事物利弊相杂,诸子蜂起,百家争鸣,固然能起到思想解放、文化繁荣、学术进步的积极作用,但是同时不可避免导致人心涣散、思想混乱的局面,只能有所选择,作痛苦而必要的取舍,而在当时"大一统"帝国政治运作亟待健全、完善的背景下,优先选择"纲纪可一而法度可明"的儒术,并加以"独尊",乃是正常的,我们对此应该有历史视野下的"同情之理解"。

内容大于形式,更重要的是我们应该考察董仲舒学说是封闭的理论体系,还是兼容并包的儒学新形态。这才是判断与评价董仲舒儒学的理论价值之关键所在。

我们认为,董仲舒儒学体系很显然具有兼容并包、综合多元的开放性质。这主要表现为,在理论体系构造及其哲学的逻辑论证过程中,董仲舒大量地借鉴和汲取了墨学的"天志"思想和自战国中晚期以来一直风行不衰的阴阳五行思想,从而比较系统地建立了以"天人合一"理论为中心的宇宙观,并用以规范具体的政治原则和方针。董仲舒学说中的墨学"天志"色彩相当显著,在董仲舒那里,天意同样决定着万事万物的运动及其规律。他一再强调:"逆顺自著,其几通于天地矣。是非之正,取之逆顺,逆顺之正,取之名号,名号之正,取之天地。"[5]285 为此,董仲舒主张"奉天""法天""尊天",以"天意"为最高准则:"天者,百神之君也,王者之所最尊也。"[5]402 可见,董仲舒学说中,与墨家相一致的是,"天"都被赋予了超凡的"人格",成为有意志、有喜怒哀乐的具有君临一切超凡力量的实在体。

对阴阳五行学说,董仲舒思想体系中也给予了充分的汲取。《三代改制质文》有云:"王者必受命而后王,王者必改正朔,易服色,制礼乐,一统于天下,所以明易姓,非继人,通以己受之于天也。"[5]185 这里,董仲舒虽然没有明言"五德终始",但其"受命"之说,改正朔、易服色等观点,则显然是依据阴阳五行家"五德终始"理论推衍而来。因为各代各据其"德",各"德"各有其特殊的颜色、符瑞、服制等,这样,才有了改正朔、易服色的必要。同时,这也充分表明,董仲舒与阴阳五行家一样,也是将人事与天意放在同一个系统之中,而予以互相对应比勘的。

董仲舒继承和包容阴阳五行家思想,以对儒学予以总体发展,最突出的努力,莫过于在"天人感应"说的基础上,创立了崭新的"天人合一"理论,所谓"事各顺于名,名各顺于天。天人之际,合而为一"[5]288。其意义就是将天意与人事相等同,将天视为同人一样的有意志、有感觉,能够在冥冥之中主持公正、规范道德的主宰体。这样一来,阴阳家所主张的宗旨,如"天人感应""五德终始""符应若兹"等等,就可以通过儒学这个思想平台而得以合理地论证了,而董仲舒学说与阴阳家理论之间也借此获得了有机的结合、自然的融贯。

董仲舒学说体系构造过程中,在社会改造思想方面,曾大量地吸收了道家、法家、墨家学术中相当多的内涵,丰富和充实自身,使得汉代以公羊学为中心的儒学理论包含有相当浓厚的"刑名"特色。《汉书·循吏传》尝云:"惟江都相董仲舒、内史公孙弘、兒宽,居官可纪。三人皆儒者,通于世务,明习文法,以经术润饰吏事,天子器之。"[1]3623-3624 很客观地道出这一层奥秘。

董仲舒学说对于老子与汉初黄老之术的吸收,主要体现在"无为"论的借鉴和应用上,"是故为人君者执无源之虑,行无端之事,以不求夺,以不问问"[5]171,"为人君者居无为之位,行不言之教,寂而无声,静而无形,执一无端,为国源泉"[5]175。这实际上强调了老子之学作为君主南面之术的政治意义与借鉴价值,虽说是有选择性的,但包容老子之学则殆无疑义。

董仲舒学说对法家学说的借鉴汲取,主要表现为对君尊臣卑等专制纲常伦理观念的肯定,对"循名责实""名实相副"统治手法的认同。具体地讲,前者乃是"《春秋》君不名恶,臣不名善,善皆归于君,恶皆归于臣。臣之义比于地,故为人臣者,视地之事天也"[5]325-326。后者则如《春秋繁露·考功名》所言:"考绩黜陟,计事除废。有益者谓之公,无益者谓之烦。挈名责实,不得虚言。有功者赏,有罪者罚。功盛者赏显,罪多者罚重。不能致功,虽有贤名,不予之赏。官职不废,虽有愚名,不加之罚。赏罚用于实,不用于名;贤愚在于质,不在于文。"[5]178

董仲舒学说对墨学政治思想的借鉴与兼容,则集中反映为对墨家"上之所是,必皆是之,所非,必皆非之"的"尚同"主张的认同与接受:"受命之君,天意之所予也。故号为天子者,宜视天为父,事天以孝道也。号为诸侯者,宜谨视所候奉之天子也。号为大夫者,宜厚其忠信,敦其礼义,使善大于匹夫之义,足以化也。士者,事也;民者,瞑也。士不及化,可使守事从上而已。"[5]286 可见,两者的核心,都是致力于统一意志,形成宝塔形的逐级服从制,最后由天子来决定一切,而天子则对"天"负责。两者的结合融通于此可见一斑。

至于在思辨逻辑方法方面,董仲舒的学说也广泛吸收了先秦时期公孙龙子、惠施等名辩家的思维理论与方法。这在《春秋繁露》的《深察名号》《实性》诸篇中有较为充分的体现,兹不具述。

由此可见,董仲舒学说中,兼容并取,博采众长是显著的特征之一。其无论在理论框架的构建方面,还是在具体政治思想的设计方面,都呈现出廓大的兼容并取的文化气象。其学说将道家的长处"知秉要执本,清虚以自守,卑弱以自持",阴阳家的长处"敬顺昊天,历象日月星辰,敬授民时",法家的长处"信赏必罚,以辅礼制",墨家的长处"强本节用,则人给家足",等等,统统地吸收了过来,将它们与儒家固有的政治思想与哲学观念相结合,建立起崭新的合乎汉代"大一统"政治需求的儒学形态。

经过这一步骤,诸子之学所剩余的,在董仲舒的眼中,就都是些缺点与不足了。如道家之"欲绝去礼学,兼弃仁义",阴阳家之"牵于禁忌,泥于小数",法家之"无教化,去仁爱,专任刑法",墨家之"不知别亲疏",纵横家之"上诈谖而弃其信",杂家之"漫羡而无所归心",等等。这样糟糕的东西,自然可以"罢黜",而"于道最为高"的"儒学"这般包罗万象,切实于事,自然应该"独尊"。从这个意义上,我们可以这么说,董仲舒所谓的"罢黜百家",是百家之长被取走前提下的"罢黜",而他所谓的"独尊儒术",也是汲取众家之长基础上的"独尊"。而实现这一目标的关键,则在于他的学说立足于开放的立场,具有兼容的精神。

三、观念上的经世意识

孟子有云:"孔子成《春秋》,而乱臣贼子惧。"[6]2715 学术参与政治,思想引领社会,是中国古代文化精神的一个显著特征,而经世致用,始终是历史上有抱负的学人治学的终极宗旨,这一点,在董仲舒儒学中同样有着强烈的体现,关怀政治、服务政治、影响政治,是董仲舒本人治学立论的出发点与最终归宿,替孔子为汉代立制垂宪,是董仲舒念兹在兹的理想追求和引为己任的神圣使命。从这个意义上看,董仲舒的儒学不是什么生命儒学、伦理儒学或者道德儒学,而是洋溢着经世意识、充沛着入世精神的政治儒学。

经世意识贯穿渗透于董仲舒学说的各个方面、各个层次。概括地讲,它主要体现为强烈的社会批判精神、鲜明的政治德化立场、犀利的君权有限主张。

董仲舒虽然高度认可并依附于当时的体制,但是,他并没有丧失作为古代"士"的基本立场,放弃人文关怀的崇高原则。对于统治者的过错,他能够在政治环境所许可的范围内加以针砭,提出批评。对于政治上的弊端,治国战略存在的问题,他也敢于直言不讳地痛加斥责,并且有担当地提出自己的解决思路与相应措施。他的勇气,在其进献著名的《天人三策》时即有突出的表现,在对策的一开头,他就无畏地亮明自己对国家政治发展方向的颠覆性质疑,将有汉数十年统治方针贬得一钱不值,声色俱厉地斥之为"粪土朽墙",几乎是危言耸听一般地警告统治者,汉代统治正处于风雨飘摇、朝不保夕的困境,唯有厉行"更化",脱胎换骨才能赢得转机,重铸辉煌。或许,董仲舒的观点有些片面,他对汉代统治状态的看法不无偏激,对当时所存在的社会问题严重性的评估过于夸张,但是,片面的深刻性批判,价值要远远超过平庸性逢迎,董仲舒的社会批判精神正是作为一位"士"者高尚节操的展现,是其人文关怀的真实流露与形象写照,在专制集权日趋强化的汉武帝时代,能保有这种批判意识、怀疑精神,毫无疑问,是难能可贵的。

董仲舒的社会批判精神,还具有鲜明的针对性质,这就是对汉武帝为政治国方针以及汉武帝自身性格特征的质疑与讽谏。众所周知,汉武帝是雄才大略的旷代君主,他积极有为,大刀阔斧,功业赫赫,彪炳青史:"材质高妙,有崇先广统之规,故即位而开发大志……招选俊杰,奋扬威怒,武义四加,所征者服。"[8]然而,成功的同时也伴随着阴影,汉武帝的性格弱点、政治失误也是非常突出的,这方面的最大问题就是他刚愎自用,好大喜功,穷兵黩武,推行"多欲"政治,劳民伤财,折腾无已,导致汉代统治再现"亡秦之迹",差一点重降"亡秦之祸"。汲黯对汉武帝所作所为的批评,可谓是一针见血,入木三分:"陛下内多欲而外施仁义!"[3]3106

对于这样一位雄才之主,喜怒哀乐捉摸不定的强势领袖,董仲舒并没有软弱地放弃"士人"的责任,畏葸地闭上"智者"的眼睛,而是以巧妙的方式,委婉地进言讽劝,积极地设法施加某种影响。他不但在《天人三策》中对汉武帝的某些做法给予批评,而且更在《春秋繁露》中表达了自己的坚定立场和理性态度:"正其道不谋其利,修其理不急其功,致无为而习俗大化。"[5]268强调"无为",来隐晦批评汉武帝过度"有为";强调"不急其功",来讽劝汉武帝不要迷恋、执着于"功利",要知进止,见好就收。这种识见,这种勇气,使得董仲舒儒学在相当程度上秉承延续了先秦儒学的独立精神。孟子说:"说大人,则藐之,勿视其巍巍然。"[6]2779董仲舒尽管在辽东高庙火灾事件后,社会批评的锋芒有所收敛,"遂不敢复言灾异",但是,他将"不急其功""致无为"保留在其著作之中的做法,本身就说明了他始终坚持积极展开社会批评的根本立场。

董仲舒敢于从事社会批评,并且直接面对最高统治者进行规谏讽劝,归根结底,是他认同和弘扬儒家的核心价值理念,倡导"德政",强调"仁义",关怀民生,坚持"民本"的理性抉择。尽管他有时的表现如同神巫人物,"以《春秋》灾异之变推阴阳所以错行,故求雨,闭诸阳,纵诸阴,其止雨反是"[1]2524,但是,从骨子里,他仍是一位纯正醇厚的儒者,其学说的根本精神始终皈依于儒学的核心价值。这集中体现为他强调"仁义","仁者爱人,不在爱我"[5]252-253"泛爱群生,不以喜怒赏罚,所以为仁也"[5]165;主张"德治","天之任德不任刑也……王者承天意以从事,故任德教而不任刑"[1]2502;推崇"教化","是故南面而治天下,莫不以教化为大务。立大学以教于国,设庠序以化于邑,渐民以仁,摩民以谊,节民以礼,故刑罚甚轻而禁不犯者,教化行而习俗美也"[5]2503-2504;倡导"仁政","五帝三王之治天下,不敢有君民之心。什一而税。教以爱,使以忠,敬长老,亲亲而尊尊,不夺民时,使民不过岁三日。民家给人足"[5]101-102。所有这一切,虽说"卑之无甚高论",但足以说明董仲舒学说在政治观念上,与先秦儒家思想是一脉相承的,同样具有浓厚的经世致用意识。

"千夫之诺诺,不如一士之谔谔",儒家的经世致用思想,最可贵的就是能基于"夫民者,万世之本也"[9]的认识,对社会不公、贫富悬殊现象作严厉的抨击,致力于缓和阶级对立,消解社会冲突。董仲舒身上同样体现了这种社会担当。他对统治者横征暴敛、一味纵欲的行径表示了极大的义愤,认为"有所积重,则有所空虚"[5]227。对当时社会生活中普遍存在的"富者田连阡陌,贫者亡立锥之地"[1]1137一类的丑恶现象给予沉痛的控诉、激烈的声讨。从"仁义德治"的立场出发,董仲舒汲汲于提倡"限民名田,以赡不足,塞并兼之路"[1]1137;要求统治者以大局为重,从确保国家长治久安的战略高度考虑,做到不与民众争利,来缓和日趋尖锐的社会矛盾:"薄赋敛,省徭役,以宽民力。"[1]1137"不与民争业,然后利可均布,而民可家足。"[1]2521在董仲舒看来,如果统治者不能以爱民为务,"惟辟作福,惟辟作威",骄奢淫逸、专横暴虐,那么他就是"独夫",就是"民贼",可以讨伐,可以推翻:"且天之生民,非为王也;而天立王,以为民也。故其德足以安乐民者,天予之,其恶足以贼害民者,天夺之……故夏无道而殷伐之,殷无道而周伐之,周无道而秦伐之,秦无道而汉伐之,有道伐无道,此天理也,所从来久矣!"[5]220这里,特别值得注意的是"周无道而秦伐之"的说法,这在汉代儒生一面倒斥责秦为"暴秦"的文化氛围中,乃是十分罕见的认识和提法,反映出董仲舒超越一般儒生识见的卓然境界,也充分揭示了朝代更替的终极原因在于"有道",即"为政以德"。这种学术经世意识,当然是董仲舒学说的绚丽亮点之所在。

当然,在整个董仲舒学说体系中,最有价值的经世意识非"天人合一"观念莫属。因为,"天人合一"的经世宗旨,就在于企图以"道统"来指导"政统",用"神权"来节制"皇权",使天子的最高权力受到某种制衡,避免王朝统治犯所谓的"颠覆性"错误。

自从秦始皇建立皇帝制度之后,皇帝拥有了社会政治生活中至高无上的绝对权力。这种绝对权力几乎无法受到任何的制约,一旦作恶为非,造成的后果往往是灾难性的。所以,如何避免或减轻皇权的弊端,是儒学参与政治、积极经世的重要命题,为此,历代真正有抱负、有担当的儒学人物,总是汲汲于置道德于政统之上,用天志来限制君权的势力。董仲舒的"天人合一"理论,在本质意义上,就是这方面的一个缩影。

换言之,董仲舒"天人合一"理论的基本宗旨,显然具有强烈的现实针对性意义。董仲舒的目的是,通过"天人关系"的阐释,巧妙地凭借"天"的名义,将儒家道德置于君权之上,尽可能约束制衡君主的行为,即以"神权"限制"君权","国家将有失道之败,而天乃先出灾害以谴告之,不知自省,又出怪异以警惧之,尚不知变,而伤败乃至。以此见天心之仁爱人君而欲止其乱也"[1]2498。所谓"郊重于宗庙,天尊于人也"[5]414,即是这一层意思。董仲舒这里的潜台词是,天子对广大民众而言,虽然是最高统治者,"君人者,国之本也"[5]168,但是,在老天爷跟前,他仍然是儿子,仍必须以孝道"事天":"受命之君,天意之所予也。故号为天子者,宜视天为父,事天以孝道也。"[5]286 如果天子违反了上天的意志,不恭行"孝道",那么,他的天子位置要想再坐下去,也就成为疑问了:"天子不能奉天之命,则废而称公,王者之后是也。"[5]413 这样一来,绝对皇权就能够受到一定的制衡,社会政治的秩序就能够变得比较和谐、比较协调了。

黑格尔认为:亚里士多德一般地将灵魂区分为理性与非理性两个方面。但是理性本身并不构成美德。只有在理性和非理性双方的统一之中,美德才存在……灵魂的非理性的一面也是一个环节。这个非理性的一面,当它和理性发生关系并服从理性的命令而行动时,我们称此行为为美德[10]。董仲舒的"天人合一"宇宙图式的表述形式,毫无疑问是非理性的,但是蕴含在其深处的政治意图、人文宗旨却完全是现实的、理性的。前者(形式)是服从于后者(内质)的命令的,所以,应该说这是"理性与非理性双方的统一",是黑格尔所说的"美德",是存在的合理。换言之,作为董仲舒学说的核心理论框架,"天人合一"从表述形式上,固然显得乖诞、显得荒谬,但是,从其出发点和终极归宿来看,它又是富于理性的,充满现实关怀的。荒诞怪异外衣包裹之下的理性灵魂,这正是董仲舒学说的力量与生机之所在,也是董仲舒学说中的经世致用意识最具有说服力的形象写照。

参考文献

[1] 班固. 汉书[M]. 北京:中华书局,1962.

[2] 黄晖. 论衡校释(附刘盼遂集解)[M]. 北京:中华书局,1990.

[3] 司马迁.史记[M].北京:中华书局,1959.
[4] 孙诒让.墨子间诂[M].北京:中华书局,2001:300-301.
[5] 苏舆.春秋繁露义证[M].北京:中华书局,1992.
[6] 阮元.十三经注疏[M].北京:中华书局,1980.
[7] 王先谦.荀子集解[M].北京:中华书局,1988.
[8] 桓谭.新辑本桓谭新论[M].朱谦之,校辑.北京:中华书局,2009:43.
[9] 贾谊.新书校注[M].阎振益,钟夏,校注.北京:中华书局,2000:341.
[10] 黑格尔.哲学史讲演录:第二卷[M].北京:商务印书馆,1983:334-341.

原载于《衡水学院学报》2016年第2期。

董仲舒有无王鲁说

黄开国

(四川师范大学 哲学学院,四川 成都 610068)

[**摘　要**]　董仲舒是西汉最著名的春秋公羊学大师,但董仲舒有无王鲁说,却是一个有争议的问题。从董仲舒讲孔子改制著《春秋》,《春秋》新王为黑统,黜夏、亲周、故宋而论,就已经蕴含王鲁说,而且董仲舒确有王鲁说,肯定孔子缘鲁以言王义,并通过三世异辞说来发明。

[**关键词**]　董仲舒;公羊学;王鲁说

春秋公羊学在经学史上以多可骇之论而著称,除了何休的好引谶纬解经以外,还包括春秋公羊学的基本理论。其中王鲁说就是最为某些经学家所诟病的学说,在他们看来,鲁为周王朝的诸侯国,以鲁为王,是教唆人们犯上作乱的僭越之论,与孔子君君臣臣的政治理念完全相反,根本不符合圣人之道,而被作为攻击春秋公羊学的最有力论据。但是,这不是对春秋公羊学的误解,就是歪曲春秋公羊学而得出的结论。本文不讨论这个问题,而是就董仲舒有无王鲁说,以及如何正确认识董仲舒的王鲁说作一探究。

一、黜夏、亲周、故宋

正确理解董仲舒的黜夏、亲周、故宋之说,是我们判定董仲舒有无王鲁说的前提。

[作者简介]　黄开国(1952—),男,四川大英人,教授,博士生导师。

黜夏、亲周、故宋之说，与董仲舒的春秋公羊学的三统说是紧密联系在一起的。不明三统说，就不可能懂得董仲舒的黜夏、亲周、故宋之说。三统说以夏商周三代为例，借历史王朝的兴废，说明历史的发展是按照黑、白、赤三统递变的规律来演化的。董仲舒认为，孔子生在春秋末期，有见于周王朝的弊端，为求得未来王朝的长治久安，而著其理想于《春秋》，这就是所谓《春秋》之义。按照三统说，孔子的这个义，不是别的什么，就是改周从夏，即以夏的黑统，来替代周的赤统，而有《春秋》新王说，《春秋》为黑统说。黜夏、亲周、故宋之论，即是董仲舒《春秋》为黑统说的具体化。

黜夏，是指在《春秋》新王的黑统中，夏已经不是作为二王之后而存在，而是退到五帝一组的系列。董仲舒讲历史发展，有三王、五帝、九皇的系列，三王是指新王与距离最近的两个王朝，如周为新王，就封夏商两代之后，称先王而朝，是为三王；五帝是指三王之外，与新王距离较近的五个王朝，周为新王时，指黄帝、颛顼、帝喾、尧、舜；九皇是指距五帝更遥远的九个王朝，指从神农开始前推的九个王朝。可见，三王、五帝、九皇的三组术语所表示的不过是新王与以往王朝距离的远近及其亲疏的不同。三王、五帝、九皇的变化，都是由三统循环的变化而引起的，所以，当《春秋》为新王时，夏王朝就不再属于三王之列，而退为五帝之列。按照二王之后称公的笔法，夏王朝之后在《春秋》中已经不具有二王之后的地位，所以就只能称伯，而不能称公了，这就是所谓黜夏之义。故《春秋》记"杞伯来朝"："王者之后称公，杞何以称伯？《春秋》上绌夏，下存周，以《春秋》当新王。"[1]448 故宋①、亲周是指在《春秋》的黑统中，周、商与《春秋》新王亲疏的不同，依照三统之说，在《春秋》新王的三统中，商周皆为二王后，但《春秋》新王是继周而王，而非继商而王，所以，商周王朝与《春秋》新王有时间远近之别，因远近之别，而有亲疏的不同。亲周相对故宋言，就是指亲疏的差别，是说周相对于商，与《春秋》新王较为亲近。

亲周在包括宋本在内的诸多《春秋繁露》的版本皆作"新周"[1]433。新、亲义异，是新还是亲，关系到对董仲舒春秋公羊学的理论不同理解。如同《大学》的三纲之一是读作"亲民"，还是"新民"，事关对经典的不同诠释，这是经学史上经常出现的状况，也是导致经学纷争的根源之一。有的根据《公羊传》宣公十六年有新周之说②，而认为《春秋繁露》的亲周当作新周。以至孔广森解"新周"二字说："周之东

---

① 在《公羊传》中无故宋之说，但《谷梁传》二处言及故宋。桓公二年："孔，氏，父，字，谥也。或曰其不称名，盖为祖讳也，孔子故宋也。"襄公九年："春，宋灾。外灾不志，此其志何也？故宋也。"是说宋为孔子之故国，故为其讳。这与董仲舒的故宋说含义是完全不同的。

② 《春秋公羊》宣公十六年："夏成周宣谢灾。成周者何？东周也。宣谢者何？宣宫之谢也。何言乎成周宣谢灾？乐器藏焉尔。成周宣谢灾何以书？记灾也。外灾不书此何以书？新周也。"

迁,本在王城,及敬王避子朝之难更迁成周,作传者据时言之号成周为新周,犹晋徙于新田,谓之新绛,郑居郭、邹之地,谓之新郑云尔。"[2]认为新周如同新郑,是就东周迁都成周之后而言。陈澧认为:"《春秋公羊》新周二字飞自董生以来将近二千年,至巽轩乃得其解。"[3]其实,孔广森的解释是不明《公羊传》,也是不明春秋公羊学的误解,这也难怪后来刘逢禄要激烈地批评孔广森。惠栋认为,《公羊传》的"新周"当读为"亲周"[1]433,《史记·孔子世家》有"《春秋》据鲁,亲周,故殷"之说,这是可以互证的。所以,《公羊传》的"新周"当读为"亲周"。现在还有人据《索引》之说,认为"'亲周'是示'天下有宗主'"[4]。这种解读可以说更是完全不懂春秋公羊学的误读。因为若亲周是以周为宗主,就应该奉行周制,而无需孔子改制,也就没有董仲舒的《春秋》当新王了,孔子著《春秋》为黑统说也就是多余的了。

在董仲舒的春秋公羊学中,亲周与黜夏、故宋,皆为《春秋》当黑统的内容。董仲舒在孔子改周从夏的意义上,讲孔子改制,以《春秋》为新王,是绝不可能有新周之说,更不可能有以周为宗主之说;且亲周与故宋相对,说明周商在《春秋》新王的黑统中亲疏不同,根本不能作新周解。亲周在董仲舒的表述中也作存周,如《三代改制质文》就以黜夏、存周、以《春秋》当新王为说,存周之意是说周虽然已经失去天命,但按三统说还可以保存王者之后的地位,若以新训亲,则"存"是否可以训亲呢?从存周的意义说,更没有以周为宗主之义。讲训诂一定要符合经典的本意,古文字多有通假之例,但通假的解读一定要根据文本的上下文,尤其是要注意是否符合思想家的思想观念,而不能根据某字与某字可以通假,就一定认为某字当作某字解,这就常常会引发对经典的真正误读。

二、王鲁说

黜夏、亲周、故宋是董仲舒根据三统说,对《春秋》新王存三统的说明。就《春秋》新王改制的方式言,则是董仲舒的王鲁之说。而对董仲舒是否有王鲁说,是有异议的。陈恩林在《〈春秋〉和〈公羊传〉的关系》一文中认为,王鲁为董仲舒的误读[4]。王鲁应作"主鲁",是说孔子修《春秋》以鲁为主,即《史记·孔子世家》说的"据鲁":"(孔子)乃因史记作《春秋》,上至隐公,下讫哀公十四年,十二公。据鲁、亲周、故殷,运之三代,约其文辞而指博。"司马迁学春秋公羊学于董仲舒,他们之间在经学上有师生关系,董仲舒是老师,司马迁是学生,说董仲舒误读司马迁的"据鲁",这是倒置之论。

的确,孔子著《春秋》其文则史,而这个史无疑是以鲁史为主。但司马迁在《史记》讲三代，无不是以夏商周为说，历代注解也无异议。鲁为诸侯国，司马迁是不可能将鲁与殷周并称为三代的。那么，为什么司马迁会在这里不顾常识，而将鲁与殷周并称为三代呢？他是在什么意义上这样说的呢？司马迁作为中国历史上最伟大的史学家，同时也是一位伟大的思想家，还是一位对董仲舒的春秋公羊学有精深体悟的经学家。作为史学家，他十分清楚鲁为诸侯国，且为周的诸侯国，不可以与周、商并称三代，他不可能犯这样小儿科的错误。作为董仲舒春秋公羊学的传人，司马迁对董仲舒的春秋公羊学有精深的体悟，我们从司马迁的本传中关于孔子著《春秋》的论说，就可以看出来。他讲的"据鲁"，不过是孟子所说的"其文则史"，当他将据鲁与亲周、故宋相联系时，实际上就是对《春秋》新王三统的说明。据鲁是说孔子主要借鲁史以言新王之义，正是在这个意义上，据鲁才可以与亲周、故宋成为《春秋》的新三统，司马迁才说"运之三代"，而不是说就是三代。"运之三代"是说《春秋》新王的三统，如同周王朝时的三代一样，依然遵循的是通三统的原则。

　　从据鲁以言新王之义而论，已经蕴含有王鲁说。不仅如此，董仲舒确有明确的王鲁说。《三代改制质文》就讲到王鲁："故《春秋》应天作新王之事，时正黑统，王鲁，尚黑，绌夏，亲周，故宋。"《奉本》与《俞序》等也有王鲁之义，只是说法不同。在《奉本》中称之为"缘鲁以言王义"：

　　　　夫至明者，其照无疆，至晦者，其闻无疆；今《春秋》缘鲁以言王义，杀隐、桓以为远祖，宗定、哀以为考妣，至尊且高，至显且明，其基壤之所加，润泽之所被，条条无疆。前是常数十年，邻之幽人近其墓而高明。大国齐、宋，离不言会，微国之君，卒葬之礼，录而辞繁；远夷之君，内而不外。当此之时，鲁无鄙疆，诸侯之伐哀者皆言我，邾娄庶其、鼻我、邾娄大夫，其于我无以亲，以近之故，乃得显明；隐、桓亲《春秋》之先人也，益师卒而不日；于稷之会，言其成宋乱，以远外也；黄池之会，以两伯之辞，言不以为外，以近内也。[5]

在《俞序》中，也两次提到孔子著《春秋》，因行事加王心：

　　　　仲尼之作《春秋》也，上探正天端，王公之位，万民之所欲，下明得失，起贤才，以待后圣，故引史记，理往事，正是非，见王公，史记十二公之间，皆衰世之事，故门人惑，孔子曰："吾因其行事，而加乎王心焉。"以为见之空言，不如行事博深切明。[1]356

　　　　孔子曰："吾因行事，加吾王心焉。"假其位号，以正人伦；因其成败，以明逆顺。故其所喜，则桓、文行之而遂；其所恶，则乱国行之终以败。故始言大恶，终言小过，是亦始于麤粗，终于精微，教化流行，德泽大洽，天下之人，人有

> 士君子之行，而少过矣，亦讥二名之意也。[1]368

《奉本》的一段话有错乱，故历代名家对其中的一些语句皆无有确解。但结合董仲舒《俞序》的两段话，就可以清楚董仲舒的意思：因行事加王心也就是缘鲁以言王义，都是说孔子著《春秋》，借鲁史以寄托改制的王法，这正是对王鲁说的发明。王鲁说是《春秋》新王改制的表现形式，是董仲舒对孔子缘鲁以言王义、因行事加王心的精炼概括。否认王鲁说，就不能解释董仲舒一再论说的王义、王心，及其引《史记》十二公、假其位号等说。董仲舒的王鲁说除了成为后来春秋公羊学的重要内容之一外，还是晚清春秋公羊学最喜言说的托古改制说的理论根源。既然《春秋》之义是假十二公来论说的，是假借鲁以言王义，则依托历史以言微言大义，就不仅成为春秋公羊学家解经的理论依据，也为其借解经来发挥自己所需要的理论提供了方法论的便宜。

当然，董仲舒除了一次明确讲到王鲁外，其余地方都没有直接的王鲁之说。大量直接讲王鲁的是何休，他在《公羊解诂》中多次明确以王鲁说解读孔子改制，论说孔子著《春秋》，对董仲舒首次提出的王鲁说做出了最详细的论说。春秋公羊学的理论就是这样通过历代经学大师的不断充实而完善起来的。

三、王鲁说与三世说

董仲舒认为，孔子缘鲁以言王义，是通过将《春秋》十二公分为三等的形式来表现的：

> 《春秋》分十二世以为三等：有见，有闻，有传闻。有见三世，有闻四世，有传闻五世。故哀、定、昭，君子所见也；襄、成、宣、文，君子所闻也；僖、闵、庄、桓、隐，君子所传闻也。所见六十一年，所闻八十五年，所传闻九十六年。于所见，微其辞；于所闻，痛其祸；于所传闻，杀其恩与情俱也。是故逐季氏，而言又雩，微其辞也；子赤杀，弗忍言日，痛其祸也；子般杀而书乙未，杀其恩也。屈伸之志，详略之文皆应之。吾以其近近而远远，亲亲而疏疏也。[1]17

这里首次把十二公分为所见三世、所闻四世、所传闻五世三等，所谓三等也就是后来春秋公羊学流行的三世的最初说法。董仲舒所说的三世不仅有具体的年代数字，同时，还有三世异辞的解释。其解释除了《公羊传》畏祸说，还包括亲疏角度的论说。这是董仲舒对《公羊传》三世异辞说的发展。春秋公羊学的三世说还有一种更重要的意义，这就是据乱、升平、太平的三世说，见于何休的《公羊解诂》。三世异辞说主要是对《春秋》书法的发明，而据乱、升平、太平的三世说则主要是一种历史观。董仲舒的三世说还不是明确的历史观的三世说，基本上是三世异辞说的发挥。历史上对三世说两种含义的明确区分，最早出于刘逢禄，见于《刘礼部集》的《释三科例上》。但至今许多人还忽略这一区分，许多论著认为董仲舒已经有张三世之说，如李威熊在《董仲舒与西汉学术》说："这是（指上面所引一段话的最后几句）董氏对'三世'的批评立场，他本着儒家亲疏远近的大义，朝代近者，只有'微其辞'，但对于朝代愈远者，则批评的态度越为严苛。这或许是后来公羊家'据乱世''升平世''太平世''三世'理想进化社会之说的肇端。"[6]《中国经学思想史》也在董仲舒的章节中认为董仲舒有"张三世"的变易观[7]，这是不明张三世与三世异辞说的区别，也是不明董仲舒与何休之学的差别。

但董仲舒的三世异辞说与王鲁说联系起来看，就具有历史观的意义了。结合王鲁说的缘鲁以言王义、因行事以加王心的论说，《春秋》是将从隐公到哀公的历史，看成是由鲁国之内到无内外之分、由麤粗进到精微的发展过程，而所谓无内外之分、所谓精微的阶段，就是"教化流行，德泽大洽"的大一统的太平盛世。这已经包含历史是由乱到治的向前发展的历史观，开后来何休的三世说的先声。尽管董仲舒的三世异辞说还不是三世说，但对三世说的形成功不可没。

董仲舒的由《春秋》改制而得出的黜夏、亲周、故宋及其王鲁等说，是对春秋公羊学理论的重要发展，这些观念也就是后来春秋公羊学所说的微言。董仲舒提出的这些经学微言，在后来春秋公羊学的发展中，成为春秋公羊学理论的最重要内容。春秋公羊学的义理有微言与大义之分，微言包括孔子改制、三统说、三世说等，即哲学、历史发展的观念，而大义则指三纲五常的政治、伦理观念。春秋公羊学之为春秋公羊学的特色不在大义，而在微言，因为一切经学学派的大义都是相同的，都是以三纲五常为最高原则的。完全可以说，在春秋公羊学的发展史上，《公羊传》为春秋公羊学的发展提供了文本的依据，而董仲舒则奠定了发明微言的理论基石。由董仲舒对微言的发明，才奠定了春秋公羊学理论的基本特色。但是，由董仲舒提出的这些经学微言，也成为春秋公羊学后来多奇怪之论的根源之一，并因此而遭到了人们的批评，如齐召南说："自传有此文（指'成周宣谢灾'，《传》'新周也'），董仲舒辈说之，司马迁亦述之，至何休而更加穿凿。使后世视圣人，尊王之书，萌悖逆之志者，实为之厉阶焉。孟子曰《春秋》成，而乱臣贼子惧其何说耶？不可不辨。"[8]认为董仲舒所发明的亲周、故宋、以《春秋》当新王之说，不仅不是对《春秋》与孔子思想的正确发明，反而有害于经义。但是，这些批评都多少是不明春秋公羊学本义的误解，春秋公羊学的王鲁说本来就没有以鲁为王之义，当然就没有教人犯上作乱之义。相反,正是王鲁说,为春秋公羊学的孔子改制说、《春秋》新王说,做出了理论说明。如果没有王鲁说,孔子如何借鲁史以言其义及其孔子素王说等相关理论,在春秋公羊学中就失去了根据。

参考文献

[1] 钟肇鹏.春秋繁露校释:上册[M].校补本.石家庄:河北人民出版社.2005.
[2] 阮元,王先谦.清经解、续清经解:第5册[M].南京:凤凰出版社,2005:5851.
[3] 阮元,王先谦.清经解、续清经解:第12册[M].南京:凤凰出版社,2005:4709.
[4] 陈恩林.《春秋》和《公羊传》的关系[J].史学史研究,1982(4):33-43.
[5] 钟肇鹏.春秋繁露校释:下册[M].校补本.石家庄:河北人民出版社,2005:639.
[6] 李威熊.董仲舒与西汉学术[M].台北:文史哲出版社,1978:104.
[7] 姜广辉:中国经学思想史:第二卷[M].北京:中国社会科学出版社,2003:65-71.
[8] 齐召南.春秋公羊传注疏考证:卷十六[M].上海:上海古籍出版社,1987.

原载于《衡水学院学报》2016年第6期。

《春秋》的时候才改的。他说:"元年春,王正月。不修《春秋》,疑当作'一年春一月,公即位'。何以见得呢?据传发问'元年者何……',解诂说明'变一为元者……'。知鲁史本作'一年',孔子修之,将'一'字变为'元'字。"[4]据上述董仲舒所说《春秋》变一谓之元",可知梁氏所说有理。不过"元年"的用法在《尚书》中就已经使用了,如《伊训》说:"成汤既没,太甲元年,伊尹作《伊训》《肆命》《徂后》。"苏舆说:"谓一年为元年,未修《春秋》之先,盖已有此。商称元祀是也。而序《书》称'一年戊午',《书传》称'周公摄一年',又云'文王一年质虞芮'。意周初尚参错用之,圣人沿殷法取元,遂为定称。"[1]67 由此可知,"元年""一年"起初只是用来表示君主继位的始年,并无深意。因此,二者起初可以互用。到了孔子修《春秋》的时候,根据殷历,"元年"的用法遂在《春秋》中固定下来。《公羊传》认为"元年"与"春为岁始"一样,是表示君之始年的意思。在《春秋》和《公羊传》中,"元"虽然重要但并没有形上学的意义。董仲舒则对"元"作了形而上的论证。董仲舒认为,《春秋公羊传》言"元年"而不言"一年"大有深意,表示"元"乃宇宙万物的本原,"谓一元者,大始也"(《玉英》),"元者为万物之本"(《重政》),"元者,始也,言本正也"(《王道》)。宇宙间一切事物皆由"元"生出,"天""地"也不例外,因此他说:"是故《春秋》之道,以元之深正天之端,以天之端正王之政,以王之政正诸侯之即位,以诸侯之即位正竟内之治。"(《二端》)

那么"元"在董仲舒那里是什么意思呢?以往的研究有不同的看法,如周桂钿认为董仲舒的"元"只是纯时间观念。他说:"董仲舒用之作为宇宙本原的'元'就是开始的意思,它只是纯时间的观念,不包含任何物质性的内容,似乎也不包含人的意识,只是纯粹的概念。"[5]徐复观、金春峰等则认为是"元气"的意思。徐复观说:"在仲舒心目中元年的元,实际是视为元气之元。……仲舒认定《春秋》的元字即是元气,即是天之所自始的'端'。"[3]219 金春峰说:"从哲学上看,元可以有三种释义:1)气;2)精神;3)天。本文认为,释为气比较符合董仲舒思想的特点。"[6]冯友兰说:"在董仲舒的体系中,'元'不可能是一种物质性的实体。即使把'元'解释成'元气',而这个'元气'也一定是有意识和道德性质的东西。"[7]这几种说法,哪种更符合董仲舒的思想呢?还是都不符合,另有他义?

从现有材料来看,"元"在董仲舒思想中有以下几种含义:1)"始"义。如前面说的"谓一元者,大始也"。《王道》也说:"元者,始也,言本正也。"应该来说,这是"元"的最基本含义。《说文·一部》说:"元,始也"。2)"首"义。如《立元神》说:"君人者,国之元,发言动作,万物之枢机。"《深察名号》说:"深察君号之大意,其中亦有五科：元科、原科、权科、温科、群科。合此五科，以一言谓之君。君者元也，君者原也，君者权也，君者温也，君者群也。"这里的"元"与"国之元"的意思一样，都是首领的意思。3）与"气"连用，指"元气"。如《王道》说："王正则元气和顺、风雨时、景星见、黄龙下。"《天地之行》说："布恩施惠，若元气之流皮毛腠理也。"4）还有"元士""黎元"等用词，这些都是古代比较通用的用法，并无特别的含义。

可以看出，"元"在董仲舒思想中有不同的含义，但能代表董仲舒独特思想的是第一种含义。除了"元气"外，其余几种含义都是董仲舒以前常用的词。如孟子说："勇士不忘丧其元。"（《孟子·滕文公下》）"元"指的是首、头。贾谊说："今秦南面而王天下，是上有天子也。即元元之民，冀得安其性命，莫不虚心而仰上。"（《新书·过秦中》）"元元之民"，与"黎元"的含义相似，指的是百姓。

"元气"一词最早见于《鹖冠子》中，其《泰录》篇说："故天地成于元气，万物乘于天地。"这是说天地由元气所生，万物又因天地而有。《淮南子·天文训》说："道始生虚霩，虚霩生宇宙，宇宙生气。气有涯垠，清阳者薄靡而为天，重浊者凝滞而为地。"此中所引两"气"字，据《太平御览·天部一》所引，皆作"元气"。王念孙说："此当为'宇宙生元气，元气有涯垠'。下文清阳为天，重浊为地，所谓元气有涯垠也。"[8]王氏所说虽无实据，但据《淮南子》书中所说，此"气"应当理解为"元气"。《淮南子·缪称训》说："黄帝曰：芒芒昧昧，从天之道，与元同气"，《泰族训》说："黄帝曰：芒芒昧昧，因天之威，与元同气。"（按：此语亦见于《吕氏春秋》，《有始览·应同》说："黄帝曰：'芒芒昧昧，因天之威，与元同气。'"）二者虽然皆引自"黄帝"，但表明这种思想是《淮南子》作者认同的。"与元同气"说明"元"也是一种气，因此可以称作"元气"。可以看出，在董仲舒时已经有"元气"的概念。但在董仲舒思想中，"元"与"元气"并不相等。《王道》说："《春秋》何贵乎元而言之？元者，始也，言本正也。道，王道也。王者，人之始也。王正则元气和顺、风雨时、景星见、黄龙下。王不正则上变天，贼气并见。"这里也说"元"是"始"的意思，但并非当作"元气"。如果将之解释成"元气"，那么下面"王正则元气和顺"就讲不通了。"元气"在这里应指由"元"而生出来的"气"，这种气充塞宇宙，是君王与外界感应的一种中介。

从前面的论述可以知道，"元"在董仲舒思想中并不仅仅是《公羊传》说的时间观念，还具有形上学的意义。《玉英》说："元者为万物之本，而人之元在焉。安在乎？乃在乎天地之前。故人虽生天气及奉天气者，不得与天元本、天元命而共达其所为也。"这是说，"元"是万物的本原。人的本原也是天地产生之前的"元"。人虽然生于天气、遵奉天气,但不能直接与天之"元"相联系,而与天共同违背"元"的作为。

董仲舒这种以"元"为本体的思想应源于《易传》。《彖传》说:"大哉乾元,万物资始,乃统天。"又说:"至哉坤元,万物资生,乃顺承天。"这两句本来分别是对《周易》"乾,元亨,利贞"和"坤,元亨,利牝马之贞"的解释。在《周易》中,"元"本来是"大"的意思。《易传》却对其进行了形而上的解释,"乾元"是万物之始。"坤元"则作为"乾元"的辅助,也是万物生长的凭借。《文言传》则认为"元"是"善之长",即"元"是一切"善"的来源,这是对《左传》襄公九年穆姜"元,体之长也"思想的进一步发挥。而穆姜的思想也是源于《周易》的。可以看出,与《彖传》不同,《文言传》"善之长"的说法并没有将"元"作为宇宙万物的本体。在《春秋繁露》中,我们能看到董仲舒对《周易》思想的论述。如《玉杯》说:"《易》《春秋》明其知。""《易》本天地,故长于数。"《精华》说:"《易》无达占。"这些语言都非明于《易》者不能言。除此之外,董仲舒还直接引用《周易》来论证自己的思想,如《玉英》说:"凡人有忧而不知忧者凶,有忧而深忧之者吉。《易》曰:'复自道,何其咎。'此之谓也。"此出自小畜卦初九爻辞,原文作:"复其道,何其咎,吉。"《精华》说:"所任非其人,谓之主卑国危。万世必然,无所疑也。其在《易》曰:'鼎折足,覆公餗。'夫鼎折足者,任非其人也。覆公餗者,国家倾也。"此出自鼎卦九四爻辞。《基义》说:"故寒不冻,暑不暍,以其有余徐来,不暴卒也。《易》曰:'履霜坚冰,盖言逊也。'"此出自坤卦初六爻辞。《坤·文言》曰:"《易》曰'履霜,坚冰至',盖言顺也。"《说文·心部》:"愻:顺也。""愻""逊"古通,可见董仲舒此处的论述受到《文言传》的影响。由此可以看出,董仲舒"元"的思想应受到了《易传》的影响,又借助《公羊传》"元年春王正月"的论述对"元"进行了创造性解释,从而突破了《公羊传》"元"的政治含义,把"元"推到了形上学的高度。

二、"天"义疏解

对于中国古代的"天",冯友兰曾说:"在中国文字中,所谓天有五义:曰物质之天,即与地相对之天;曰主宰之天,即所谓皇天上帝,有人格的天、帝;曰运命之天,乃指人生中吾人所无可奈何者,如孟子所谓'若夫成功则天也'之天是也;曰自然之天,乃指自然之运行,如《荀子·天论篇》所说之天是也;曰义理之天,乃谓宇宙之最高原理,如《中庸》所说'天命之谓性'之天是也。"[9]这五种含义基本涵盖了中国古代"天"的不同含义。在董仲舒思想中,"天"主要有主宰之天、物质之天和自然之天等含义。

对于主宰之天，董仲舒说："天者，百神之大君也。事天不备，虽百神犹无益也。"(《郊语》)"天者，百神之君也，王者之所最尊也。"(《郊义》)这是说在所有的"神"中，"天"是最高的主宰。如果祭祀"天"的礼节不完备的话，那么祭祀其他众神，礼节再好也是无济于事的。既然众神都是由"天"决定的，那么天下万物就更不用说了。董仲舒说："天者，群物之祖也，故遍覆包函而无所殊，建日月风雨以和之，经阴阳寒暑以成之。"(《汉书·董仲舒传》)这是说，"天"是一切万物的根本。对于"天"来说，天下万物都是一样的。日月风雨、阴阳寒暑等自然现象都是在"天"的作用下才得以实现的。在董仲舒看来，"天"是宇宙万物的根本，如果离开"天"，则宇宙万物就不能产生。单独的阴气和单独的阳气都不能产生宇宙万物，它们只有和"天"结合，才能生出宇宙万物。董仲舒说："天者，万物之祖。万物非天不生。独阴不生，独阳不生，阴阳与天地参然后生。"(《顺命》)董仲舒还用祖先和子孙来比喻天与万物的关系。如："天地者，万物之本，先祖之所出也。"(《观德》)"为人者天也。人之为人本于天，天亦人之曾祖父也。"(《为人者天》)这里虽然说的是"天地"，但实际上主要是讲"天"，因为"地"是从属于"天"的。《五行对》说："地不敢有其功名，必上之于天。勤劳在地，名一归于天，非至有义，其孰能行此？"可以看出，董仲舒说的主宰之天有着浓厚的神学意味。

对于物质之天，董仲舒说："故变天地之位，正阴阳之序，直行其道而不忘其难，义之至也。"(《玉杯》)"传曰：天生之，地载之，圣人教之。"(《为人者天》)"天道施，地道化，人道义。"(《天道施》)这里的"天"都是与"地""人"相对的物质之天。

至于自然之天，主要指天道的运行。在董仲舒思想中，其主要是通过阴阳、五行来表现的。阴阳、五行都是从"天地之气"分化出来的，它们的运行体现了天道的变化。《天地阴阳》说："天意难见也，其道难理。是故明阴阳入出、实虚之处，所以观天之志。辨五行之本末、顺逆、小大、广狭，所以观天道也。"在董仲舒看来，天道的变化，体现在阴阳二气的循环消长，与四季相配，阳气盛于春夏，阴气形于秋冬。虽然阴阳二气都体现了天道的变化，但二者的作用是不同的。阳气处于主要的、实在的位置，而阴气则处于辅助的、空虚的位置。因为阳主德，阴主刑，所以这种关系体现了天道的"任德不任刑"。

五行也是体现天道的一个重要内容。董仲舒说："天有五行，一曰木，二曰火，三曰土，四曰金，五曰水。木，五行之始也；水，五行之终也；土，五行之中也。此其天次之序也。"(《五行之义》)木、火、土、金、水五行都为"天"所有。五行之间的关系有两种,一种是相生关系,一种是相胜关系。所谓"相生"就是木生火,火生土,土生金,金生水,水生木,这种次序是由"天"规定的。而"相胜"则是指木克土,土克水,水克火,火克金,金克木。在董仲舒看来,五行相生的关系就如同父子之间的关系。具体来讲,"木生火",木为父,火为子。"火生土",则火为父,土为子。其余依次类推。父处于支配的地位,子处于被支配的地位。在五行中,土处在居中的位置,"五行莫贵于土"。因此,在与四时相配的关系上,土与其他四行不同。其他四行都有具体对应的季节,如木主春,火主夏,金主秋,水主冬。土则不居于四季的任何一季,实则对四季皆发生作用。五行虽然主宰四季的运行,但其还要服从阴阳二气的支配。《天辨在人》说:"金木水火,各奉其所主,以从阴阳,相与一力而并功。"

除了上面三种"天"的主要含义外,在董仲舒思想中,还有运命之天、天理之天,前者如《随本消息》说:"天命成败,圣人知之,有所不能救,命矣夫。"后者如《度制》说:"故明圣者象天所为,为制度,使诸有大奉禄亦皆不得兼小利,与民争利业,乃天理也。"相比其他三义,这两种含义比较次要。

在董仲舒思想中,"天"的含义虽然很多,但神灵主宰之天是最主要的,它是宇宙万物的根本,物质之天、自然之天等不过是它的表现。《天地阴阳》说:"天意难见也,其道难理。是故明阴阳入出、实虚之处,所以观天之志。辨五行之本末、顺逆、小大、广狭,所以观天道也。"因此,在董仲舒那里,物质之天、自然之天背后都掺杂着神灵主宰之天。在董仲舒看来,"天"主要有十个方面,他说:"天有十端,十端而止已。天为一端,地为一端,阴为一端,阳为一端,火为一端,金为一端,木为一端,水为一端,土为一端,人为一端,凡十端而毕,天之数也。"(《官制象天》)可以看出,其中天、地、人三者是从物质之天层面讲的,而阴阳、五行则是从自然之天的层面讲的,它们合起来都是神灵主宰之天的表现。

道家认为,"道"是宇宙万物的本根,而董仲舒则认为"道"也是出于"天"的,"道之大原出于天,天不变,道亦不变"(《汉书·董仲舒传》)。这样,董仲舒就在继承和改造孔子"天命"和墨子"天志"思想的基础上建立了一套以"天"为核心的理论体系。

三、"天""元""人"的内在关系

从上可知,董仲舒对于"元"和"天"的根本地位都有论述,那么二者究竟属于何种关系?哪一个处于更为根本的地位?我们前面说过,董仲舒对于"元"的论述,是源自《春秋》"元年春王正月"的。"天"在其中相当于"春"的位置。《汉书·

董仲舒传》说:"臣谨案《春秋》之文,求王道之端,得之于正。正次王,王次春。春者,天之所为也;正者,王之所为也。"这里明确把"春"解释为"天之所为"。按照这种逻辑,"元"处于更为根本的地位。

董仲舒对于"元"与"天"的关系有着更为深入的论述,他说:"惟圣人能属万物于一,而系之元也。终不及本所从来而承之,不能遂其功。是以《春秋》变一谓之元。元,犹原也。其义以随天地终始也。故人惟有终始也,而生不必应四时之变。故元者为万物之本。而人之元在焉。安在乎?乃在乎天地之前。故人虽生天气及奉天气者,不得与天元本、天元命而共违其所为也。故春正月者,承天地之所为也。继天之所为而终之也。其道相与共功持业。安容言乃天地之元?天地之元奚为于此恶施于人?大其贯承意之理矣。"(《玉英》)这段话亦见于《重政》篇。这是说,只有圣人才知道宇宙万物都可以归属于"一",这个"一"就是"元"。做事如果不能顺承万物之所从来的"元",那么就不能成功。因此,《春秋》把"一"改称作"元"。"元"就是本原的意思,是与天地相始终的。人也是有始有终的,生长与四时的变化相顺应。因此,"元"是万物的本原。人的本原也是天地产生之前的"元"。人虽然生于天气、遵奉天气,但不能直接与天之"元"相联系,而与天共同违背"元"的作为。苏舆说:"天固勿违于元,圣人亦不能违天,故云不共违其所为。元者,人与天所同本也。"[1]69 因此,君王要遵奉、继承天的作为来完成自己的功业。君王之道只与天来共同实现他的功业,而与天地之本原的"元"没有直接关系,因为"元"是不能直接施予人的,这是贯彻天的旨意的表现。这说明,在董仲舒思想中,"元"处于更为根本的地位。因此,他说:"是故《春秋》之道,以元之深正天之端,以天之端正王之政,以王之政正诸侯之即位,以诸侯之即位正竟内之治。五者俱正,而化大行。"(《二端》)

从上可以看出,尽管"元"处于比"天"更为根本的地位,但"人"不能与"元"发生直接关系。也就是,"人"只能与"天"发生关系,而不能越过"天"直接同"元"发生关系。这实际上使"元"处于比较"虚"的位置。在生出"天"以后,"元"的任务就完成了。而"天"对于人及万物则有实际的主宰作用。因此,董仲舒又说"天"为"万物之本""群物之祖"。在董仲舒看来,这也是《春秋》的基本要求,如他说:"《春秋》之道,奉天而法古。"(《楚庄王》)"《春秋》之法,以人随君,以君随天。"(《玉杯》)"《春秋》明得失,差贵贱,本之天。"(《王道》)

在此基础上,董仲舒建立了一套以"天"为核心的哲学体系。他认为,人与万物都是从"天"生出来的,但人在宇宙万物中具有独特的地位,能够超然于万物之上,"最为天下贵"。人的一切都是按照天的样子设计出来的,如人的骨节本于天的岁数和月数,五脏本于五行之数,四肢本于四时之数。天有昼夜,人有视瞑;天有冬夏,人有刚柔;等等。因此,可以通过人来认识天,"求天数之微,莫若与人"(《如天之为》)。

在董仲舒看来,天子即是人间的代表,也是天所任命来治理民众的。他说:"受命之君,天意之所予也;故号为天子者,宜视天如父。"(《深察名号》)"故德侔天地者,皇天右(佑)而子之,号称天子。"(《顺命》)"天子者,则天之子也。"(《郊语》)只有道德能与天地相比的人,才能称为天子。这种能行天意的天子又称作圣人,"行天德者谓之圣人"(《威德所生》)。圣人之性是纯善无恶的,"圣人之道,同诸天地"(《基义》),"圣人不则天地,不能至王"(《奉本》)。因此,圣人是效法天的意旨而治理国家。如他说:"天积众精以自刚,圣人积众贤以自强。天序日月星辰以自光,圣人序爵禄以自明。"(《立元神》)这是说,圣人要按照天的意旨,选贤任能,和大臣一起治理国家。

天子对上要顺从天意,对下要为民负责。天子的作用是贯通天、地、人的。董仲舒说:"古之造文者,三画而连其中,谓之王。三画者,天地与人也,而连其中者,通其道也。取天地与人之中以为贯而参通之,非王者孰能当是?是故王者唯天之施,施其时而成之,法其命而循之诸人,法其数而以起事,治其道而以出法,治其志而归之于仁。仁之美者在于天。天,仁也。天覆育万物,既化而生之,有(又)养而成之,事功无已,终而复始,凡举归之以奉人。"(《王道通三》)古人在创造文字时,把三横画通过一竖画连接起来而称作"王"。三横画分别代表天、地、人,一竖画则代表贯通天、地、人的王。董仲舒通过对"王"字的解释,意在说明只有天子才能贯通天、地、人"三才"之道。

天道是"任阳不任阴""任德不任刑"的,天子治理国家也应该以德为主,以刑为辅。《阴阳义》说:"为人主之道,莫明于在身之与天同者而用之,使喜怒必当义而出,如寒暑之必当其时乃发也。使德之厚于刑也,如阳之多于阴也。"如果"刑厚于德"或"废德而任刑",那就是"逆天",就会出现灾害、怪异。

综上可知,从生成论上看,"元"是一切宇宙万物的根本,"天"也是由其决定的。但从本体论上来看,则人与万物都由"天"决定的,人与万物都是从"天"而来的。这实际上把"元"置于比较"虚"的位置,而"天"才有实际的主宰作用。

参考文献

[1] 苏舆. 春秋繁露义证[M]. 北京:中华书局,1992.

[2] 刘师培.刘申叔遗书:上册[M].南京:江苏古籍出版社,1997:1012.
[3] 徐复观.两汉思想史:第二卷[M].上海:华东师范大学出版社,2001.
[4] 梁启超.饮冰室合集:第26册[M].北京:中华书局,2015:45-46.
[5] 周桂钿.董学探微[M].北京:北京师范大学出版社,2008:39.
[6] 金春峰.汉代思想史[M].北京:中国社会科学出版社,1997:146.
[7] 冯友兰.中国哲学史新编:中册[M].北京:人民出版社,1998:75.
[8] 刘文典.淮南鸿烈集解[M].北京:中华书局,1989:79.
[9] 冯友兰.三松堂全集:第二卷[M].郑州:河南人民出版社,2001:281.

原载于《衡水学院学报》2016年第6期。

董仲舒与儒家思想的转折
——徐复观对董仲舒公羊学的探究

干春松[a,b]

(北京大学 a. 哲学系；b. 儒学研究院,北京 100871)

[摘　要]　徐复观对于儒家的政治观念有一个基本的设定,即民本政治。徐复观认为,董仲舒与一般传经之儒有不同的两大特性:第一个是通过《公羊》来建立当时已经成熟的大一统专制的理论根据,第二个是他要使《公羊》成为其天的哲学的构成因素。董氏春秋学的方法可以概括为三个方面:"属辞比事""辞指""微言大义"。这些方法主要是为了彰显《春秋》大义。董仲舒之所以着力构建天的哲学,其真实背景是因为认识到,像先秦儒家那样用人格修养的方式来制约权力无边的皇帝是不可能的,因此希望通过"天"的力量来制约;其次,通过对天道的解释,以儒家的尚德思想来稀释法家的严酷法律的影响。董仲舒通过春秋董氏学和天的哲学,完成了儒家形态和内容的重大转折。但其基本的精神,依旧是先秦儒家的尊民抑君的精神。

[关键词]　董仲舒;儒家;公羊学;春秋学;徐复观

现代新儒家,虽然其核心话题是民主政治与中国思想的关系,且均富有浓厚的道德理想主义情怀,但是其致思方向稍有不同。如果说,唐君毅和牟宗三致力于儒家心性之学的阐扬和超越精神的发掘,那么徐复观和张君劢则更关注政治和制度层面的分析。其中徐复观尤其关注秦汉的思想和制度之间的关系。陈昭瑛说:"当其他新儒家倾力于发展宋明理学的形上学时,他(徐复观)却把心力放在两汉的史

[作者简介]　干春松(1965—),男,浙江绍兴人,教授,博士生导师。

学、政治、社会、经济等思想。他以一生所学,印证了先秦儒家无事不关心的性格以及全面发展的可能性,也暗示着儒学必须建立自己的具有现代意义的政治学、社会学、经济学、历史学、哲学人类学及文艺理论,才能使儒学成为对当代社会具有解释力乃至改造力的思想体系。"[1]对此,《中国人性论史》和《汉代思想史》等代表性的著作就是明证。

徐复观先生缘何对两汉的思想关注甚多,最重要的原因在于汉代是中国传统政治结构形成的关键时期,同时也是儒家与中国政治结盟的开端。单纯就思想形态而言,孔孟荀确立了儒家思想的基本形态,但是,在春秋战国纷乱的社会中,这些观念并没有真正在社会政治生活中得到落实。而汉代,随着大一统局面的稳定,儒家的"守成"特性,越来越被人们认识到。

就儒学内部而言,儒家思想如何与汉代的政治相结合成为主要的关注点。一部分人侧重于制度建构,例如叔孙通等人制定的朝仪,以及儒生们对于明堂、封禅等制度的讨论,使儒学与实际的政治运行不断地结合。另一部分则想在结合的同时保持儒家对于现实政治的批评性。如陆贾、贾谊、赵绾、王臧、辕固生等一直在强调儒家的德治相对于法家的压力政治的优越性。与此同时,儒家经典系统也在进行有机的调整,在"受命""改制"等观念的影响下,儒家的经典——特别是《春秋》——被儒生塑造为"为汉制法",这样,经典与现实政治之间的依赖关系被重构。

汉王朝在建立之初,在制度上多是因循秦制,而在汉武帝之后,情况有了一些变化,最关键的是董仲舒之《天人三策》,试图以儒家的观念来改变汉初以来奉行的黄老道学,提出"独尊儒术"来确立儒家思想主导性,以"五经博士"来取代秦以来成分复杂的博士制度,而公羊学在这个过程中发挥了独特的作用。"一面是革秦之旧,排除了百家,一面是复古之统,专尊了六艺,专尊了古王官学,而同时又是汉代新王之创法,与古王官学性质又不同。但实际这只有孔子《春秋》是新创者,其书才始不是旧官学,而是为汉立制的新官学。因此,汉廷五经博士,无形中便让公羊《春秋》占了主脑与领袖的地位"[2]。

徐复观先生对于汉代思想的关注是整体性的,但是因为春秋公羊学在汉初思想和政治实践中的特殊性,所以,分析徐复观对董仲舒的春秋公羊学的研究,对于进一步理解徐复观对汉代儒学的理解具有提纲挈领的意义。

一、徐复观论董氏春秋学的形成

徐复观先生对于儒家的政治观念有一个基本的设定,即民本政治。他认为孟子所提出的"民为贵"是中国政治思想一以贯之的立场。因此,无论是君主,还是在君主上面的神,人君所依凭的国,其存在的目的是民,只有民才是政治实体,而其他都是"虚位"。

因为儒家存有对人的尊重和对人性的依赖,所以儒家否定了政治是一种权力或利益游戏的观念,也否定了国家是一种暴力压迫工具的观点。德治作为一种内发性的政治形态,看重人性所固有的善的自觉和扩充,这与重视外在制约的刑罚不同,礼才是社会治理的良方[3]245-246。

在徐复观看来,经过秦代的暴政,儒家的思想受到了空前的压制,一方面是因为焚书坑儒的行为,使"六经离析",另一方面则是严刑峻法的效率论取代了儒家德治的宏大理想。这样的局面延续到汉代初期。虽然不断有儒家学者强调儒家学说对于政治秩序的重要性,但是法家和黄老道学的混合依然是汉武帝之前主要的统治观念。所以,董仲舒之春秋学所要做的,是在汉代新的政治格局里为儒家寻求一种思想和制度之间的张力,即儒家要成为新的政治的合法性基础,但又要避免为政治权力所控制。"仲舒遭汉承秦灭学之后,六经离析,下帷发愤,潜心大业,令后学者有所统一。"[4]2526

对于众说纷纭的春秋学传承谱系问题,徐复观先生认定汉代公羊家的传承枢纽是董仲舒而不是胡毋生。他说,关于公羊学的传授,《史记》列董仲舒为首,而《汉书》将胡毋生居首。但事实上,董仲舒是真正的儒者宗主。对于有人将董仲舒看作是胡毋生的弟子,徐复观加以明确驳正。他认为《史记》和《汉书》都认为他们是同辈①,而从西汉公羊学重要人物吕步舒、嬴公、眭孟等都是董仲舒的弟子或及门弟子,"由此可断定两汉公羊之学乃出于董仲舒而非出于胡毋生,可破千载的迷雾"②。

要确立董仲舒的首要地位,必然会面对公羊学的重要议题:"口说"。因为在有的传承谱系中认定胡毋生是最先将"口说"著之于竹帛③,也就是说在成书之前,

---

① 《汉书·儒林传》:"胡毋生治《春秋公羊传》,汉景帝时立为博士,与董仲舒同业。仲舒著书称其德。"见《汉书》卷八十八,中华书局1963年版,第3615页。

② 徐复观《徐复观论经学史二种》,上海书店出版社2002年版,第141页。徐复观还认为西汉末年经生们之所以要掩盖董仲舒的重要作用是因为董氏"通五经,规模宏阔",而为别的博士所畏惮。同时,何休的解诂,明明受董仲舒的影响而只字不提,反提及胡毋生的《公羊条例》,导致人们将胡毋生视为董之老师。前揭书,143页。

③ 按照唐人徐彦疏引戴宏《春秋说序》,描述了这样一个传承谱系:"子夏传与公羊高,高传于其子平,平传于其子地,地传于其子敢,敢传于其子寿。至汉景帝时,寿乃共弟子胡毋子都著于竹帛。"不过也有学者认为,董仲舒之公羊学必然受到胡毋生的影响,否则他不会"称其德"。见王葆玹《今古文经学新论》,中国社会科学出版社1997年版,第244页。

《春秋》的传承主要是靠"口说",《汉书·艺文志》说:"丘明恐弟子各安其意,以失其真,故论本事而作传,明夫子不以空言说经也。《春秋》所贬损大人当世君臣,有威权势力,其事实皆形于传,是以隐其书而不宣,所以免时难也。及末世口说流行,故有《公羊》《谷梁》《邹》《夹》之传。"

以前经学家一般认为,《春秋》三传中,《左传》传事不传义,而《公羊》和《谷梁》传义不传事。《公羊传》长期依靠口传心授,其理由是孔子因有所避讳,于是将他自己的意思,通过对史实的整理表述出来,而这些表述的内容在字面上是看不出来的,只能是通过"口说"。

晚清的康有为肯定"口说",但认定董仲舒是唯一了解《春秋》"口说"的人。康说,《春秋》之义,不在经文而在"口说",因为刘歆攻击"口说"背离传文,所以导致"口说"的绝灭,孔子之道也因此不再被人了解。"董子为《春秋》宗,所发新王改制之非常异义及诸微言大义,皆出经文外,又出《公羊》外,然而以孟、荀命世亚圣,犹未传之,而董子乃知之"[5]357。或许康有为的确以传圣人之意自许,所以他在万木草堂给学生讲课的内容称为《万木草堂口说》,甚至认为:"董、孟、荀三子之言,皆孔子大义,口授相传,非三子所能为也。""《春秋》之意,全在口说,口说莫如《公羊》,《公羊》莫如董子。"[5]151 徐复观不认可《公羊传》中的"口说"。何休谓:"言无闻者,《春秋》有改周受命之制,孔子畏时远害;又知秦将燔《诗》《书》,其说口授相传;而汉公羊、胡毋生等乃始记于竹帛,故有所失也。"徐复观反驳道,孔子预知秦要焚书,那肯定是后儒的编造。而孔子口述之后,他身边的那些弟子无所作为,一直要到汉代才把孔子的"口说"记之于竹帛,也说不通。

不过,徐复观用以论证他的结论的理由并非完全说得通,比如,他认为《春秋经》一万六千字,《公羊传》两万七千多字,共计四万多字,这么多的文字靠口头上的单传是不可能的。这样的论证不是基于材料,而是基于推断,并不一定有效。

徐复观还认为"口说"是公羊家在与《左传》或别的派别竞争时自高身价的办法。他说,如果说孔子编订《春秋》的时候,因要畏时远害而有所隐晦,要采用口授的办法,那么孔子死后,局势发生根本变化的时候,再"口说"便没有必要了[6]197-202。

二、徐复观论董氏春秋学的特点和基本方法

不断有学者对于《春秋繁露》的作者提出疑问。对此,徐复观先生认定《春秋繁露》是董仲舒的作品,不过,徐复观并不认为《春秋繁露》是一部纯粹的春秋学著作,而是将《春秋繁露》中关于天人关系的部分和春秋学部分进行了区分,并由此

来说明董仲舒与一般传经之儒不同的两大特性:第一个特性是通过《公羊》来建立当时已经成熟的大一统专制的理论根据,第二个特性是他要使《公羊》成为他天的哲学的构成因素[6]203。

1. 春秋董氏学的特点

基于对董仲舒思想的特点的把握,徐复观将《春秋繁露》一书中的八十二篇文章分为春秋学、天的哲学和杂文三个部分。其中"春秋学"部分是引用《公羊传》来发明《春秋》之义部分,其范围从《楚庄王第一》到《俞序第十七》,再加上《三代改制质文第二十二》《爵国第二十八》《仁义法第二十九》《必仁且智第三十》《观德第三十三》《奉本第三十四》,共计二十三篇。这样的说法得到了邓红的支持,并补充说:"如真有必要划分出《春秋繁露》的'春秋学'部分的话,还应该加上引用了十三条之多的《深察名号第三十五》,及引用了九条的《顺命第七十》等篇。"[7]

传统的春秋公羊学中,并没有对"天"的本原性和超越性的探讨,不过,这些构成了春秋董氏学的重要内容,或者说,是董仲舒对于春秋学的发展。因此将《春秋繁露》分为"春秋学"与"天的哲学",虽然凸显了董氏春秋学与前代春秋学的区别,却可能会对董氏春秋学、春秋学在汉代的变革和更化产生不必要的误解。

根据徐复观对董仲舒的总体认识,我们或许可以推测徐复观将董仲舒的"春秋学"和"天的哲学"刻意区分,是为了要将董氏思想中理性的成分和信仰的成分加以区分。也就是说他希望把传统春秋学中被人看作虚妄的部分加以区隔。因为,在徐复观的认识中,《公羊传》和《春秋》本身是"谨严质实",非假天事以言人道。他总结了《春秋学》的五大特点:

第一,《公羊传》本身是"谨严质实"的,绝无何休所说的"其中多非常异义可怪之论",亦无三科九旨之说[6]202。

第二,孔子作《春秋》,意在借批评二百四十二年的历史事实,以立是非的标准,而非建立一门史学[6]202。

第三,《公羊传》除了把周王称为"天王"以外,没有出现一个宗教性或哲学性的"天"字,这便说明它说的都是人道,而人道与天道并没有直接的关联[6]202。

第四,《公羊传》中不仅绝无五行观念,全书没有出现一个"阴阳"的名词,即阴阳的思想还未曾介入。

第五,对于灾异,徐复观说,灾异与君的失德有关,而天是以灾异警诫人君,这是古老的思想。但是总体而言,孔门不凭灾异以言人事,即不假天道以言人道[6]203。

徐复观认为董仲舒的春秋天人之学①,以《春秋》综贯儒家思想,来褒贬现实的政治,从而将《春秋》作为衡断现实政治的法典。这样,在政治思想上就是要把法家为统治者而统治的思想转而儒家为人民而不是为统治者的基本立场。

其次,董仲舒综合战国末期的许多思想资源,特别是阴阳五行的思想,"把阴阳家五德运会的、盲目演进的自然历史观,转移为政治得失上的反应,于是朝代的废兴,依然是决定于人世而不是决定于天命。这便从阴阳家的手中,把政治问题还原到儒家的人文精神之上"②。

通过将公羊学"事实化"并强调"天人之学"中人道的至上性,徐复观先把董仲舒的公羊学与别的传经之儒的"公羊学"做了判别。在他看来,董仲舒所建立的体系是出于他对儒家的历史命运的思考,即在制度化的时代要挺立儒家对于现实政治的批评性。基于此,其一,董仲舒经常将"常"与"变"对举,特别强调"变"的观念。其二,董仲舒对于行权的范围,较《公羊传》为宽,是"为了突破原有文义的限制,以便加入新的内容,以适应他所把握的时代要求及他个人思想的要求而设定的"[6]205。

从以上陈述我们可以了解,徐复观先生更倾向于强调董氏春秋学与其他春秋学之间的差异,而不是不同公羊学系统之间的共同点。这样的立场也影响到他对公羊学"方法"的归纳和总结。

2. 春秋董氏学的方法

从先秦到汉代,春秋公羊学逐渐形成一种独特的解释系统,这个解释系统有一些具体的方法,比如"属辞比事"等,徐复观先生引述了八条材料来说明春秋董氏学的基本方法:

第一条:是故论《春秋》者,合而通之,缘而求之,五(伍)其比,偶其类,览其绪,屠(去)其赘。(《玉杯第二》)[8]9

第二条:《春秋》赴问数百,应问数千,同留经中,翻援比类,以发其端;卒无妄言,而得应于《传》者。(《玉杯第二》)[8]10

第三条:由是观之,见其指者不任其辞,不任其辞,然后可与适道矣。(《竹林》

---

① 陈其泰说:"董仲舒通过对《春秋》经传的阐释,构建了公羊学的基本理论体系,主要包括:突出春秋在儒家六经中的地位,论述它具有纲纪天下的神圣法典的意义;'大一统'的政治观;'张三世'的变易观;'通三统'的改制观;'德刑相兼';天人感应和谴告说;经权之说。见陈其泰《董仲舒的春秋公羊学的理论体系》,收录在《经学今诠续编》,辽宁教育出版社2001年版,第213页。

② 徐复观《儒家对中国历史运命挣扎之一例》,收录在《中国思想史论集》,第274页。许倬云也认为将自然与人间秩序合而为一,是汉初的共同精神,只是以儒家为主体的系统,具有浓厚的道德性。见《秦汉知识分子》,收录在《求古编》,新星出版社2006年版,第368页。

第三)[8]12

第四条:《春秋》记天下之得失,而见所以然之故,甚幽而明,无传而著,不可不察也。泰山之为大,弗察弗见,而况微眇者乎? 故按《春秋》而适往事,穷其端而视其故,得志之君子,有喜之人,不可不慎也。(《竹林第三》)[8]13

第五条:《经》曰:宋督弑其君与夷。《传》言庄公冯杀之,不可及于经。何也? 曰:非不可及于经,其及之端眇,不足以类钩之,故难知也。(《玉英第四》)[8]16

第六条:《春秋》之书事,时诡其实,以有避也。……然则说《春秋》者,入则诡辞,随其委曲,而后得之。(《玉英第四》)[8]17

第七条:今《春秋》之为学也,道往而明来者也。然而其辞,体天之微,故难知也。弗能察,寂若无。能察之,无物不在,是故为《春秋》者,得一端而多连之,见一空(孔)而博贯之,则天下尽矣。(《精英第五》)[8]20

第八条:《春秋》至意有二端。不本二端之所从起,亦未可与论灾异也,小大微著之分也。夫览求微于无端之处,诚知小之将为大也,微之将为著也。(《二端第十五》)[8]31

徐复观先生以这八条作为董氏春秋学的方法,可以说是与他对整个《春秋繁露》的定位有关系。这八个条目或许可以概括为三个方面:第一、二、六条,应该属于"属辞比事",是春秋学最基本的原则;第三条是关于"辞"与"指"的关系的讨论;第四、五、七、八条是"微言大义"的问题。

(1)属辞比事

第一、二两条,的确十分重要,站在公羊学角度,这两条涉及公羊义法。孔子作《春秋》,是借助史实来表达他的制度构想和价值理念。后世认为通过史实来了解《春秋》大义是有规则可寻的,这个规则就是义法、书例。义法并非单纯记录史实的体例,而是关注在这样的体例背后的褒贬。一般认为,董仲舒对于《春秋》义例有很大的贡献,康有为甚至觉得董的贡献可与欧几里得发明几何公式相比[5]323。

义法所要解决的是文辞和意义的关系,一般来说,辞同义同。董仲舒十分强调辨别名辞,他在《深察名号第三十五》中说:"欲审是非,莫如引名。名之审于是非也,犹绳之审于曲直也。诘其名实,观其离合,则是非之情不可以相谰已。"[8]56 "名"虽不能直接与"辞"换用,但是,儒家强调名和实之间的一致性,同样会体现在辞和义的一致性上。因为《春秋》义繁复,所以《春秋》之用"辞"也十分讲究,苏舆说:"董子之言《春秋》也,曰'正辞',曰'婉辞',曰'温辞',曰'微词',曰'诡词'。"[9]8 这些对"词"和"辞"的不同处理,目的就是精确地传达圣人的用意。

但是,《春秋》的事实不可能将所有的意义都直接呈现出来,而且不同时期对于同样的事实可能有不同的解释。所以就需要做比较、类推,不能拘泥于文辞和事实。《礼记·经解》说:"属辞比事,《春秋》教也。"何谓"属辞比事",前人的解释十分纷纭,郑玄注云:"属,犹合也,《春秋》多记诸侯朝聘、会同,有相接之辞,罪辩之事。"孔颖达疏云:"属,合也;比,近也。《春秋》聚合、会同之辞,是属辞;比次褒贬之事,是比事也。"[10]可见"属辞比事"就是对《春秋》之"辞"与"事"类聚而参观,以明褒贬之义。

因此,对于第一条中的"五(伍)其比,偶其类,览其绪,屠(去)其赘"虽然历代注家解释多有不同,但是核心就是说要通过比类的办法,活用《春秋》的体例。苏舆在注中说这是"董子示后世治《春秋》之法"[9]33。

徐复观先生认为将"属辞比事"作为《春秋》的方法是秦汉博士"委曲求全"的做法,并认定这是违背《春秋》褒贬之法①。所以,他在讨论董仲舒的春秋学方法的时候,并不愿意提到比类之类的《春秋》义法,即使他的经学史专题著作中,也没有涉及公羊《春秋》的方法问题。我个人的推测是,徐复观先生对公羊的义法相对来说持否定的态度,导致他"视而不见",或者采取知识论的立场来讨论,认为第一、二条皆在经验法则范围之内,对治思想史而言仍有意义。

(2)辞与指

第三条是关于"辞"与"指"之间的关系,其实是前面问题的进一步延伸。徐复观先生认为"不任其辞"就是完全不受辞的限制,如此则易于做主观的驰骋。这样的解释虽然将"《春秋》无达辞"的意思表达出来了,但似乎与原意有一些不同。因为原意应该是说不要拘泥于辞,而并没有完全不受辞的限制的意思。

徐复观先生对先秦文献中的"指"曾做过专题的研究,他不认可冯友兰先生等将《指物论》中的"指"解释为共相的做法,认为这样的解释忽视了"指"所包含的主观判断的成分。他说"《春秋》成文数万,其指数千",表明春秋由事见义,"指"其实与"义"意思相同,但是董仲舒和司马迁还依然用"指",目的是要强调儒家对于这些事实的价值判断,所以"指"是在重视由主观向客观,更由客观回归主观所成立的判断过程[11]226-227。

《竹林第三》中有一个经常被人引用的问答:"《春秋》之常辞也,不予夷狄,而

---

① 徐复观说:"由孟子以下迄汉儒,凡言春秋之义的,无不就褒贬立言,仅此篇就'属辞比事'立言。"见《徐复观论经学史二种》,上海书店出版社2002年版,第52页。但将属辞比事与褒贬对立恐不妥,属辞比事本身即包含褒贬。

予中国为礼,至邲之战,偏然反之,何也？曰:'《春秋》无通辞,从变而移,今晋变而为夷狄,楚变而为君子,故移其辞以从其事。'"这段话说夷夏之辨是《春秋》的体例,但是现在情况变了,那么原先的体例也就需要改变一下。所以《春秋》的关键是"指"而不是"例"。在苏舆看来,"泥词以求比,多有不可贯者,故一以义为主"[9]46,这段话的意思就是《春秋》以"义"为先,在"例"和"义"的权衡中,"例"要服从于"义","辞"要服从于"指"。

跟这个问题相关的就是经和权的问题。《玉英第四》说:"《春秋》有经礼,有变礼。为如安性平心者经礼也;至有于性虽不安,于心虽不平,于道无以易之,此变礼也。是故昏礼不称主人,经礼也;辞穷无称,称主人,变礼也。天子三年然后称王,经礼也;有故,则未三年而称王,变礼也。妇人无出境之事,经礼也;母为子娶妇,奔丧父母,变礼也。明乎经变之事,然后知轻重之分,可与适权矣。"[8]16 这段话意思是说有一些常礼,也有一些变礼,完全要看具体境况的变化。如果知道经和变的关系,就能分辨事情的轻重缓急,这样的人也就了解了"权"的意义。

但是正如"辞"与"指"的关系一样,"权"必是与"经"对举才有意义,如果没有"经"的比照,那么"权"就肆意妄为了。所以《公羊传》桓公十一年说:"权者何？反于经然后有善者也。……行权有道:自贬损以行权,不害人以行权。杀人以自生,亡人以自存,君子不为也。"[12]

由此可见,《公羊传》与董仲舒的春秋学都强调"变"的重要性而反对泥于辞词,但是这些变化需有一个重要的参照,就是"常例"和"经"。董仲舒认为要了解"义"和"指"的内在含义,若非"精心达思"是不可能的。"不义之中有义,义之中有不义;辞不能及,皆在于指,非精心达思者,其庸能知之"(《竹林第三》)。

(3) 微言

第四、五、七、八条材料,主要是关于《春秋》的微言。关于《春秋》"微言""微辞"的理解十分复杂。《荀子·劝学》就有"《春秋》之微也"的说法。《公羊传》定公元年说:"定哀多微辞,主人习其读而问其传,则未知己之有罪焉尔。"董仲舒也说:"今《春秋》之为学也,道往而明来者也。然而其辞体天之微,故难知也。"[8]20

孔子为什么要在定、哀之际多微辞,一般是认为那是孔子亲历的时代,可能是出于尊上或是保全自己的目的①,故只能采取"讳而不隐"的方式。

董仲舒说:"《春秋》之好微与？其贵志也。《春秋》修本末之义,达变故之应,

---

① 董仲舒将之说成是"义不讪上,智不危身。……此定哀之所以微其辞也"。见于《四部丛刊》之《春秋繁露·楚庄王》,台湾商务印书馆1979年版,第6页。

通生死之志,遂人道之极者也。"[8]9 也就是说《春秋》之运用"微明阐幽"的方法,主要是要把内在的"志"显现出来。按苏舆的说法,"微"在《春秋》中有两种形式,一种是指"不见于经者,所谓七十子口授传指也",另一种是"寓意微妙,使人湛思反道,比贯连类,以得其意,所以治人也"①。也就是说后世之人需要把《春秋》所隐晦的大义,通过见微知著、由人事推天意、见指不任辞等方式将孔子为后世制法和圣人之意体察出来。

徐复观先生虽然不赞同《春秋》"口说"的说法,却从另一角度来阐释孔子之微言的意图。认为孔子因为明白地说"微",等于是告诉人们这里有所避讳,恰好是一种对于事实的揭露②,所以他认为董仲舒的微言是一种"不是以典籍为依据所采用的方法,……强调微、微眇的观念,把史与天连上。这不仅是把《公羊传》当作构成自己哲学的一种材料,而是把《公羊传》当作是进入到自己哲学系统中的一块踏脚石"[6]206。

徐复观认为后世深受专制毒害的经学家们,并不敢将孔子通过作《春秋》来褒贬政治的动机表示出来,因而他对从何休以来的"义例"持否定态度,并认为董仲舒的批判精神不够彻底的原因也在于他没有抹杀《公羊传》的意义,这导致了他思想的夹杂和矛盾,并使后人将这样的虚妄进一步发挥。

这对于理解徐复观的立场很关键,问题是我们如何来看待这样的矛盾和夹杂,正如前文所讨论的经和权的问题,董仲舒肯定大义为先,因此,有一个很根本的立场,就是要反之于经,那么如何反之于经呢?这些"义例"恰好是"反"的桥梁。微言也是一样,虽然公羊学强调经典所不录的"口说"和"微言",但是由微言及大义,依然是要通过"比事""类推"等基本原则。这样说来徐复观先生所说的夹杂可能恰好是董仲舒所整理的公羊义例之学,显然不是对《公羊传》剔除不够彻底的结果。

那么我们应该如何理解《春秋繁露》对《公羊传》的发挥和突破呢?刘宁的说法值得注意:"《公羊传》通过《春秋》与一般史法与习惯说法的对比来探讨微言大义,这说明它还是重视《春秋》与史书的联系,但在《春秋繁露》中,《春秋》与'史'的联系则被尽可能地弱化,《春秋繁露》的模拟推度,完全是就《春秋》记事之间的

---

① 苏舆《春秋繁露义证》。根据郭晓东的研究,苏舆虽也认可有典籍所未见之"微言",但是他的根本目的是反对康有为将"微言"神圣化和神秘化的做法,认为无论是"微言",还是"口说",其根本目的是申明"大义",因此,应从"大义"出发,而不是将"微言"作为治经的根本宗旨。郭晓东《正学以翼教——论〈春秋繁露义证〉的经学观与政治观》,收录于《五四运动与现代中国》,上海人民出版社2009年版,第135页。

② 徐复观说:"孔子告诉他的学生,说那里是'微',那里是'讳',即系告诉天下后世,在'微''讳'的后面,有不可告人的真实,有不可告人的丑恶。"徐复观《原史》,收录在《两汉思想史》卷三,华东师范大学出版社2001年版,第157—158页。

异同进行对比,不再论及《春秋》对一般史书修撰之法的变化。这种变化说明,《春秋繁露》更充分地将《春秋》视为素王垂训的圣经大法,一事一义皆为圣人制作,因此,在《春秋》事类本身之间模拟推度才更有意义,才更能见出圣人的比事智慧。"[13]

三、徐复观论董仲舒的《春秋》大义

董仲舒的春秋学方法,主要是为了彰显《春秋》大义,《史记·太史公自序》:"余闻董生曰:'周道衰废,孔子为鲁司寇,诸侯害之,大夫壅之。孔子知言之不用,道之不行也,是非二百四十二年之中,以为天下仪表,贬天子,退诸侯,讨大夫,以达王事而已矣。'子曰:'我欲载之空言,不如见之于行事之深切着明也。'夫《春秋》,上明三王之道,下辨人事之纪,别嫌疑,明是非,定犹豫,善善恶恶,贤贤贱不肖,存亡国,继绝世,补敝起废,王道之大者也。"董仲舒在《俞序第十七》的观点印证了司马迁的说法:"仲尼之作《春秋》也,上探正天端王公之位,万民之所欲,下明得失,起贤才,以待后圣。故引史记,理往事,正是非,见王公。史记十二公之间,皆衰世之事,故门人惑。孔子曰:'吾因其行事,而加乎王心焉。'以为见之空言,不如行事博深切明。"

董仲舒是如何理解孔子作《春秋》的意图的?徐复观以《盟会要第十》《正贯十一》和《十指十二》这三篇作为理解《春秋》大义的关键①,整理出八方面的特色,对之进行仔细的分析,并着力比较了《春秋繁露》与《公羊传》之间的不同。本文着重从四个方面来说明之。

1. 细恶及等差问题

《公羊传》隐公十年中说:"《春秋》录内而略外。于外,大恶书,小恶不书。于内,大恶讳,小恶书。"主要是强调内外有别。而董仲舒则认为圣人贵除天下之患,而患之根源在于"细恶不绝",因此"诛恶而不得遗细大"[8]22。

徐复观尽管看到董仲舒在别的地方也是强调"赦小过"的,但是他依然认为"细恶"问题与皇权的绝对性之间存在一个内在的联系,即"援天道来建立一套绝对性的伦理观念,以巩固一人专制的统治地位"[6]210。徐相信任何乱源都是逐渐积累起来的,所以就需要建立起具体的制度来提防。

---

① 康有为在《春秋董氏学》中曾经做过八个方面的总结,其中康有为比较看重《俞序第十七》《王道第六》等,而《正贯第十一》和《十指第十二》是康、徐所共同关注的。见《春秋董氏学》,收录在《康有为全集》第二集,中国人民大学出版社2008年版,第309—311页。

2. 强干弱枝与君、臣、民的关系

儒家一直强调亲亲、尊尊,春秋之时,恩衰义缺,所以要特别强调亲亲之仁和尊尊之义。但是秦汉以来大一统帝国的建立,特别是郡县体制的确立,与传统分封制度有重大的差异,这样中央和地方之间的关系与周时天王和各分封国之间的关系也有很大的不同,由此,传统儒家所强调的君臣上下之间的制约关系,就要转变为臣对君的绝对服从。在这样的背景下,董仲舒开始将自然中的阴阳和社会中的尊卑加以对应,认为阴灭阳和卑胜尊,属于下犯上,是"逆节"。徐复观对此的评论是"以尊压卑为义,以贱伤贵为逆节,不仅《春秋》经无此意,即《公羊传》亦无此意;这完全出于仲舒将尊卑贵贱,与价值判断连在一起,而将相对的关系加以绝对化"[6]211。

不过董仲舒在强调尊卑的绝对性的同时,也在思考如何制约权力的绝对性问题。我们知道,先秦儒家对于君臣关系的一个重要的立足点在于交互责任,君主的地位来自他的德行而非天意或暴力,这一点也体现在董仲舒的思想中。董仲舒反复申说民心之所向是君主的合法性的根本依据,所以他以天下归往来解释"王",如果统治者不能为民,反而贼害百姓,那么天就会剥夺他的统治权。为此,董仲舒在天、君和民之间建立起一个奇特的循环,《玉杯第二》中说:"《春秋之法》,以人随君,以君随天。……故屈民而伸君,屈君而伸天,《春秋》之大义也。"其中虽有一日不可无君之君权至上论,但是,最终须落实到以君随天,以天道制约人的行为。《竹林第三》中说:"《春秋》所恶者,不任德而任力,驱民而残贼之。其所好者,设而勿用,仁义以服之也。《诗》云:'弛其文德,洽此四国。'此《春秋》之所善也。夫德不足以来远,而断断以战伐为之首,此固春秋所甚疾已。皆非义也。"

如此这般,一方面将上下尊卑的秩序看作是大义之所在,另一方面设定一个制约权力的《春秋》大义,这个看似矛盾的表述,在徐复观看来是体现出董仲舒在大一统政治格局下的一个复杂的政治设计。"站在仲舒的立场,'屈民而伸君'一句是虚,是陪衬;而'屈君而伸天'一句才是实,是主体。至于统治者及后世小儒,恰恰把它倒转过来,以致发生无穷的弊害,这是仲舒始料所不及的。对于仲舒整个思想,都应从这一角度去了解"[6]212。

或许很多人深受侯外庐先生等将董仲舒看作是汉武帝旨意的演绎者和封建制思想统治的发动者的影响[14],如果这个判断有一定的正确性,那么,如何理解徐复观对于董仲舒的春秋学纲领的解释,对于理解董仲舒对汉代儒学的意义关系重大。

3. 受命、改制、质文

西狩获麟是一个十分具有象征意味的典故。按照《公羊传》的解释，麟为仁兽，是有王者则至，无王者则不至。但孔子听说一个采薪人抓获麟且麟已死之后，反袂拭面涕沾袍，并说"吾道穷矣"。很显然，并没有将获麟看作是自己受命的意思，反而是绝笔。

但是董仲舒将这个故事进行了完全的颠覆，将西狩获麟解读为孔子受命而作新王的标志。他在《符瑞第十六》中说："有非力之所能致而自至者，西狩获麟，受命之符是也，然后托乎《春秋》正不正之间，而明改制之义，一统乎天子，而加忧于天下之忧也，务除天下所患，而欲以上通五帝，下极三王，以通百王之道，而随天之终始，博得失之效，而考命象之为，极理以尽情性之宜，则天容遂矣。"并由此推论出"《春秋》应天作新王之事"，而孔子因此不仅是为汉制法，而且是为万世制法的圣人。因为王者必改制，所以又引出三统、三正、文质等一系列《春秋》义例。

徐复观先生断定以天地人为三统，可能始于董仲舒，而配以赤白黑三色成为赤统、白统、黑统，也被认定为董仲舒糅合五德始终的创说，所以改制的思想也为董仲舒所首创。他说：虽然三正观念有历史的依据，但是在《春秋》中并没有明确的说明，而三统观念则肯定是《春秋》所不能允许的。徐复观先生并认为将三统与文质的转递相牵合，则是董仲舒的"诬诞"[6]215-216。

徐复观将"改制说"视为董仲舒所创，此说法可能有误，因为在《荀子》的《正论》篇中就已经有"改制"说法。荀子否认当时儒家所盛赞的"禅让说"，他认为圣王主要是因其德而得位，"圣王在上，图德而定次，量能而授官，皆使民载其事而各得其宜，不能以义制利，不能以伪饰性，则兼以为民。圣王已没，天下无圣，则固莫足以擅天下矣。天下有圣而在后者，则天下不离，朝不易位，国不更制，天下厌然与乡无以异也，以尧继尧，夫又何变之有矣？圣不在后子而在三公，则天下如归，犹复而振之矣，天下厌然与乡无以异也，以尧继尧，夫又何变之有矣？唯其徙朝改制为难。故天子生则天下一隆，致顺而治，论德而定次；死则能任天下者必有之矣。夫礼义之分尽矣，擅让恶用矣哉？"

而对于三统和质文这些问题，我觉得康有为的解释也值得考虑，康认为孔子之作《春秋》，在义不在事，故一切皆托，不但鲁为托，即夏、殷、周之三统，亦皆托也。如果以考据家的态度去理解公羊《春秋》，那么，肯定不能真正理解董仲舒的用心[5]367。虽说康以托古的方式，试图从传统制度中转化出现代政治制度，比较牵强，但这样做法的长处在于强调现代制度和传统价值之间的联系。而徐复观先生的比较倾向于从传统制度中寻找与现代价值的结合点。立意不同,对于公羊家法的取舍就会产生很大的差异。

4. 夷夏之辨与仁义法

夷夏问题在春秋学中对应的是"异内外"的义例,由于历史上多次出现的中原与周边少数民族之间的冲突,所以夷夏是一直被用来区分中原民族与周边民族的一个理论依据。

毫无疑问,在孔子思想中存有比较浓厚的华夏中心的色彩,因此,他主张尊王攘夷。这样的观念在汉代依然是十分盛行的,比如《汉书·匈奴传》中,班固就说:"《春秋》内诸夏而外夷狄,夷狄之人贪而好利,被发左衽,人面兽心,其与中国殊章服、异习俗、饮食不同、言语不通,辟居北垂寒露之野,逐草随畜,涉猎为生,隔以山谷,雍以沙幕,天地所以绝外内也。是故圣王禽兽畜之,不与约誓,不就攻伐;约之则费赂而见欺,攻之则劳师而招寇。其地不可耕而食也,其民不可臣而畜也,是以外而不内,疏而不戚,政教不及其人,正朔不加其国。来则惩而御之,去则备而守之,其慕义而贡,则接之以礼让,羁縻不绝,使曲在彼,盖圣王制御蛮夷之常道也。"

公羊学中,虽然依然有夷夏之别的观念,但是夷夏的观念有一个由种族差异向文化差异的转变。

公羊学的"异内外"包括"自近者始"之义,对于这一点,董仲舒的《仁义法第二十九》中有详细的讨论。他说:"《春秋》之所治,人与我也;所以治人与我者,仁与义也;以仁安人,以义正我;故仁之为言人也,义之为言我也,言名以别矣。仁之于人,义之于我者,不可不察也,众人不察,乃反以仁自裕,而以义设人,诡其处而逆其理,鲜不乱矣。"因此"异内外"体现出儒家忠恕之道的根本含义。

而董仲舒面对汉代大一统的格局,需要对中原和周边民族的关系作一个新的考虑,所以,徐复观认为他在将夷夏观念由种族差别向文化差异的转变中,做出了突出的贡献。他举《竹林第三》开头的一段话来解释从文化的角度夷夏的定位并非一成不变的,"'《春秋》之常辞也,不予夷狄,而予中国为礼,至邲之战,偏然反之,何也?'曰:'《春秋》无通辞,从变而移,今晋变而为夷狄,楚变而为君子,故移其辞以从其事。'"意思是说,如果在地理和种族上属于"夏"的晋国不能执礼,反而不如传统被视为夷的楚,那么晋就变为夷狄,而楚就变为君子。由此充分体现《春秋》"王者无外",上下远近若一的天下理想。

徐复观认为因为汉代的疆域远远超越了春秋时代的华夏,因此,在汉朝的疆域内生活着许多传统意义上的夷狄,而这些不同的种族在新的王朝里已经成为地方性的问题,而不再是种族的冲突,因此董仲舒对于夷夏观念的重新思考,成为熔铸各种族为一体的精神力量。"对武帝北攘匈奴,南服南越,开疆拓土,对于归附者率与以优渥地处理,不能说没有发生影响。而中国之所谓民族主义,不同于西方与军国主义帝国主义相通的民族主义,其根源在此"[6]223。

四、徐复观论董仲舒"天的哲学"

前面已述,徐复观将公羊学与天的哲学进行一定程度的区隔有其"政治性"的考虑①。董仲舒要担负儒学形态转换的任务,势必要对儒学本身进行体系性的重建,如果说《春秋》公羊义法的建立为他提供了方法论的基础的话,那么董仲舒体系性重建的核心工作便是对天人关系的新综合。首先,在徐复观看来,董仲舒之所以着力构建天的哲学,其真实背景是因为认识到如先秦儒家那样用人格修养的方式来制约权力无边的皇帝是不可能的,因此希望通过"天"的力量来制约;其次,通过对天道的解释,以儒家的尚德思想来稀释法家的严酷法律的影响[6]232。

这个工作分为两个方面:一方面,将天确立为社会道德观念和礼乐制度的合法性依据;另一方面,通过天人感应的方式来建立起道德观念、礼乐制度与日常生活之间的联系。这两项工作被董仲舒称为"二端":"是故《春秋》之道,以元之深,正天之端,以天之端,正王之政,以王之政,正诸侯之即位,以诸侯之即位,正竟内之治,五者俱正,而化大行。故书日蚀,星陨,有蜮,山崩,地震,夏大雨水,冬大雨雹,陨霜不杀草,自正月不雨,至于秋七月,有鹳鹆来巢,《春秋》异之,以此见悖乱之征,是小者不得大,微者不得著,虽甚末,亦一端,孔子以此效之,吾所以贵微重始是也,因恶夫推灾异之象于前,然后图安危祸乱于后者,非《春秋》之所甚贵也,然而《春秋》举之以为一端者,亦欲其省天谴,而畏天威,内动于心志,外见于事情,修身审己,明善心以反道者也,岂非贵微重始、慎终推效者哉!"[8]31 第一端显然是就统治秩序而言的,王道政治的依据在于天道,以及作为天道来源的"元"。第二端,就是我们经常所说的灾异和遣告,董仲舒认为一些自然界的异常现象,均是上天通过一些微妙的提示来告诫现实中的统治者。而这种天人感应的方式也更能使儒家的原则被一般的民众所接受。

徐复观与许多学者一样,将董仲舒的哲学称为"天的哲学",但是我们从前文中可以看到天并非董仲舒的终极性的"本体",在天之前还有一个"元"。

---

① 黄俊杰先生将徐复观的诠释方法概括为"作为政治学的诠释学"至为恰当。参见黄俊杰《东亚儒学视域中的徐复观及其思想》,台湾大学出版中心 2009 年版,第 222 页。

1. 元

在之前的文献中,"元"主要是本原和原始的意义。在《春秋繁露》中,这样的理解也可见到,如《玉英第四》中说:"谓一元者,大始也。"不过徐复观先生倾向于从宇宙本原的元气来理解董仲舒的"元",他说:"仲舒心目中元年的元,实际是视为元气之元。"[6]219 但是元是否就是元气,现在存有比较多的争议①。我们且看两条关于这个问题最重要的文献。

1)《春秋》变一谓之元,元犹原也,其义以随天地终始也。故人唯有终始也,而生不必应四时之变,故元者为万物之本,而人之元在焉,安在乎?乃在乎天地之前,故人虽生天气,及奉天气者,不得与天元本、天元命而共违其所为也。故春正月者,承天地之所为也,继天之所为而终之也,其道相与共功持业,安容言乃天地之元?天地之元,奚为于此?恶施于人?大其贯承意之理矣。(《玉英第四》)②

2)《春秋》何贵乎元而言之?元者,始也,言本正也;道,王道也;王者,人之始也。(《王道第六》)[8]21

虽然元气无形而分造天地的说法,也可以支持将元解释为元气,但是从上述文字可见,元更应被理解为终极之理。虽然人道、王道本之于天道,但是在传统儒家乃至董仲舒天人关系的理解中,天意和人情之间有密切的关系。因此,天道并不具备绝对的独立性。正如董仲舒所说,天地人构成了一个共感的系统③,否则我们后面无法理解天人感应和天人相辅等天的哲学的重要展开部分。

因此,从董仲舒试图为大一统的汉帝国寻求合法性的自然依据的时候,"奉天法古"只能视为策略,而理论上依然需要一个天道、王道、人道共同的形上基础的"元"作为普遍法。

2. 天人关系

徐复观认为董仲舒天的哲学并非古代天的观念的发展,而是对《吕氏春秋·十二纪·纪首》的格局的继承,因为在这个文本中,把天与阴阳五行、四季变化和政治活动进行了系统的整合。"孔子即以四时言天道,《易传》言四时重于言阴阳;《系辞》上谓乾坤'广大配天地,变通配四时,阴阳之义配日月,易简之义配至德'。这

---

① 关于元是否元气,元是否本原的问题,历代注家就意见相左。现在学界基本上继承了元气论和本原论的对立。金春峰先生等认同徐复观先生的观点,而冯友兰等学者则认为元并非元气,而只是一个理念。见刘国民《董仲舒的经学诠释及天的哲学》,中国社会科学出版社 2007 版,第 268—272 页。

② 苏舆《春秋繁露义证》,第 68 页,此段不见王云五所编之《春秋繁露》书中。

③ 《春秋繁露·立元神》说:"天地人,万物之本也,天生之,地养之,人成之;天生之以孝悌,地养之以衣食,人成之以礼乐,三者相为手足,合以成体,不可一无也。"见于《四部丛刊》,台湾商务印书馆 1979 年版,第 33 页。

里很明显地没有把阴阳与四时相配。《易传》中更无五行的观念。五行与四时更两不相干。至《吕氏春秋·十二纪·纪首》,始以四时为中心,将阴阳五行四方,配合成一个完整的有机体;仲舒即直承此以言阴阳五行四时四方,形成更紧密的构造;天道天志,即表现在此构造之中"[6]232。

第一,董仲舒所面临的是一个全新的局面,一方面士人群体不复有孔孟时代的独立性,在秦汉的制度体系之下,社会控制能力得到加强,因而士人更多地是要与权力体系合作。

第二,秦汉是一个知识整合的时代,儒家要影响社会首先要获得社会的支持,特别是君主的支持。而当时的思想版图中,阴阳家、法家、道家的思想依然有很大的市场,那么要在思想竞争中获得更多的话语权,吸收和改造别的思想因素是唯一的途径。据此,董仲舒结合儒学中原有的阴阳和五行的思想因素,将之与广有市场的阴阳家的学说相结合而创制出一套新的天的哲学,此乃儒学面对新的问题所作出的一个必要的转折,也因此董仲舒才被推为"儒者宗"①。

徐复观先生将董仲舒对天人关系的理解分为四个部分来讨论,第一是"天人一也",认为董仲舒天人相类的说法,实际上是消除了天与人之间的距离,从而构成了对天的神秘性的消解。第二是"天与心性",心性问题是儒家的根本问题。董仲舒的天具多元性,因此,从天的神圣性可以推论出人性之庄严;而从自然天的角度,则可以推论出自然人性论,正如自然之有阴阳,人性可以有善有不善,并由此强调教化之必要性。第三是天与伦理的关系。董仲舒的天人关系论是要为人与人间的道德伦理关系找到自然法则的支持,但客观上却是将自然道德化。第四是天与养生。

3. 天与政治

董仲舒天的哲学的一个最根本的任务是:为新的秩序树立新的权威与象征。因此,他必然要树立君主的至上性。在天与君主的关系上,他逐渐放弃了先秦儒家在政权取得方式上的讨论,强调君权神授,而君主是百姓之主,"董氏把君权提得这样高,于是他不知不觉的,接受了一部分战国末期的道家思想及法家思想,将人君加以神秘化"[6]255。在《春秋繁露·保位权第二十》中有道家式的言论:"为人君者,居无为之位,行不言之教,寂而无声,静而无形,执一无端,为国源泉,因国以为身,因臣以为心,以臣言为声,以臣事为形。"也有法家式的言论:"国之所以为国者,德也,君之所以为君者,威也,故德不可共,威不可分,德共则失恩,威分则失权,失权则君贱,失恩则民散,民散则国乱,君贱则臣叛。"这些都是要把君主神秘化并提升

---

① 《汉书·五行志》说:"董仲舒治《公羊春秋》,始推阴阳,为儒者宗。"中华书局1963年版,第1317页。

其权威的观点。

徐复观认为这是董仲舒天的哲学的关键，因为既然君主之权力至高无上，现实中便没有足够的力量来对之进行制约，而唯一的制约力量便来自天。"夫王者不可以不知天，……知天，诗人之所难也。天意难见也，其道难理，是故明阳阴入出、实虚之处，所以观天之志；辨五行之本末、顺逆、小大、广狭，所以观天道也。天志仁，其道也义，为人主者，予夺生杀，各当其义，若四时；列官置吏，必以其能，若五行；好仁恶戾，任德远刑，若阴阳；此之谓能配天"（《天地阴阳第八十一》）①。既然君权神授，那么君也就必须要了解天意之所在。而通过对于天道、天志的儒家式陈述，完成了儒家观念自然化的过程。

王道就是君主将天道现实化的过程，因为王是连接天地之枢纽，这就要求人主大天之所大，小天之所小。正如自然界之春生夏养秋杀冬藏，王者之成德必以任德而不任刑，而以仁义为本。

如果说仁义论说是正面劝告的话，那么秦汉以来一直盛行的灾异观念便成为董仲舒所能想到的制约君权的一个重要途径。如前文所述，董认为谴告和灾异是《春秋》重要"一端"，在《贤良三策》中，董仲舒便明确地说："臣谨案《春秋》之中，视前世已行之事，以观天人相与之际，甚可畏也。国家将有失道之败，而天乃先出灾害以谴告之，不知自省，又出怪异以警惧之，尚不知变，而伤败乃至。以此见天心之仁爱人君而欲止其乱也。"[4]2502 这也就是董仲舒"屈民而伸君，屈君而伸天"的政治观的核心。

虽然说天人交感的思想并非来自董仲舒，且灾异之论也是旧已有之，但是，董仲舒的春秋学使儒生在一定程度上取得了批评现实政治权力的空间。不过，当儒家将公羊义法作为现实秩序的支持力量时，并没有提出（或者说无法建立）一套纠正机制。所以，当董仲舒提出灾异的奏议几乎被处死的时候，董仲舒就不敢再提灾异这一端了。而董仲舒的学生眭弘在昭帝时用灾异上书，说："先师董仲舒有言，虽有继体守文之君，不害圣人之受命。汉家尧后，有传国之运，汉帝宜谁差天下，求索贤人，禅以帝位，而退自封百里如殷周二王后，以承天命。"[4]3154 结果是被视为妖言惑众、大逆不道而被杀。

虽然灾异、受命之论在王莽和东汉末年依然成为政治转变时期的重要话语，但

---

① 不过徐复观先生在比较董仲舒和司马迁的天的观念时，虽明言董仲舒之天人感应论，却认为"董氏的天，是理性的，所以天对人的影响，也是合乎理性，因而是可以通过人的理性加以解释的；必如此，始能达到对人君的行为发生教诫的作用"。见徐复观《论史记》，收录于《两汉思想史》卷三，第197页。但在我看来，如果放在汉代的情景之下，可能神秘之天，其教诫作用更为明显，也符合董仲舒对于天的"设想"。

是已经成为权臣夺权的思想武器,而非士人对于权力的制约。

五、董氏春秋学和儒学的转折

徐复观对于孔子作《春秋》的精神有一个基本的"设准",即"贬天子,退诸侯,讨大夫",也即对于政治生活的"人民主体"的凸显,这也是真正的"史学"的精神。由此,我们不难理解徐复观对董仲舒春秋公羊学的考察,并不在其公羊方法,而在于其对抗、制约统治权威的"王事"精神[15]。徐复观认为,董仲舒通过春秋董氏学和天的哲学,完成了儒家形态和内容的重大转折,但其基本的精神,依旧是先秦儒家尊民抑君的精神。

从春秋董氏学的整体来看,董仲舒的确是吸收了大量的墨家、道家甚至法家的观念,尤其是在对于天和宇宙秩序的讨论中,大量吸收了阴阳家的思想。

许多人关注到董仲舒思想中的法家成分。以经术润饰吏事是汉武帝的一个基本策略,公孙弘等人也因此位至三公。董仲舒对此采取的是不合作的策略,但他的思想中已经有明显的法家思想的因素,特别是对于权威和等级的肯定方面。

儒法斗争的确是汉代思想的一个基本问题,而在汉武帝前后有一个儒法之间力量对比的变化,也就是儒家思想逐渐占据了上风,徐复观认为儒法斗争是理解汉代历史的一个关键,而在这个关键的时期董仲舒起到了关键的作用,"在这批知识分子中,在思想上——不是现实上——为儒家重新奠定基础,在政治上对法家加以全面批评,因而缓和了法家的毒害,乃至压缩其活动范围,却不能不归功于董仲舒。董仲舒的'《天人三策》'乃代表当时儒法思想在政治方面的斗争高峰。用现代的语句表达董氏的工作,正是'把人当人'的人性政治,对'把人不当人'的反人性的极权政治的决斗。此一决斗,在当时并未立刻收实际上的多大效果。然儒家思想,在打了若干折扣之后,却获得了理论上的胜利,此一胜利,逐渐使法家的传统下降而为'吏'的地位,于是以前的政治实权虽仍操之于吏,而在政治的名分上,吏总是从属于儒"[3]243-345。

董氏春秋学与阴阳五行的关系也是理解儒学转折的一个重点。正如许多学者已经指出的,阴阳五行的思想不但与儒家思想有渊源,而且他们所提供的宇宙和地理的知识乃是当时知识界的共同知识而非一家所私有。同时结合天道来讨论人事,也是汉代思想的一个基本面貌,这一点在《吕氏春秋》和《淮南子》等作品中已经很明显。

徐复观认为董仲舒吸收阴阳五行的系统,主要目的是要给现实的政治权力寻找一个制约性的因素,因此宗教性的成分反而比较弱。"董仲舒烦琐性的阴阳五行之说,实含有一种宗教性的意义。但由阴阳五行之气,以言天人感应,实际只是一套物质法则的神秘性的机括,所以他所说的天,有时好像有意志,但实际只是人格神,因此,并不能真正成为宗教神的意志。……董生在这一趋势之下,却把儒家的政治思想,装入于这一四不像的宗教躯壳之中,想由此使大一统的皇帝,在意志与行为上不能不有所畏忌,在这种畏忌中,不能不接受儒家政治的理想。这是儒家精神,在专制政治之下,所迫出来的于不识不知之中,所做的非常巧妙之宗教形式的转换"[11]59。引入阴阳五行虽然会导致儒家的道德理想主义的纯粹性的减弱,但是对于儒家思想的民间化而言,这个吸收却是十分重要。余英时先生认为,即使说阴阳五行的植入导致儒家在汉代的转折,那也只是超越哲学的层面的事,"至于文化价值,如仁、义、礼、智、信之类,则汉儒大体上并没有改变先秦旧说。事实上,孝悌观念之深入中国通俗文化,主要是由于汉儒的长期宣扬。汉儒用阴阳五行的通俗观念取代了先秦儒家的精微的哲学论证,但儒教的基本教义也许因此冲破了大传统的藩篱,成为一般人都可以接受的道理"[16]。

徐复观先生说,董仲舒对公羊学做了一些改变而造成儒学的转折,其要点是:

第一,董仲舒受到《吕氏春秋》的影响,形成了一个天的哲学构造在心里,并认定这是万物最高的真理和最后的依据,而这个真理和依据,是孔子通过《春秋》来表达的,但孔子又不是直接表达的,而是通过"微""端"等一些象征性的元素,董仲舒则是将这些蕴含的意思揭示出来。

第二,董仲舒认为孔子作《春秋》,是要为万世立法,现实地说是为汉制法,这个法是由天意决定的,因为治理天下的道并不会因为改朝换代而改变,对于现实的君王来说必须符合天的意志,即所谓"屈君而伸天"。

第三,董仲舒为了给孔子口说天意找依据,改变了西狩获麟而绝笔的传说,通过麟的出现来为孔子的资格做合法性证明。

第四,董仲舒在论证孔子的合法性的时候,把纬书怪诞的一面引入了经典解读中,这样对先秦的理性主义和合理主义的发展是一种阻碍,使中国的思维方式常在合理中混入不合理的因素①。

尽管董仲舒广泛吸收各家思想促成了儒家的转折,但是,儒家的基本精神并没

---

① 徐复观《两汉思想史》卷二,第221页。是否是董仲舒开启了纬书的传统,这个可能是会有争议,但是历史上的确有人甚至把董仲舒的书看作是纬书:"盖秦汉以来,去圣日远,儒者推阐论说,各自成书,与经原不相比附,如伏生《尚书大传》,董仲舒《春秋阴阳》,核其文体,即使纬书。特以显有主名,故不能托诸孔子。"引文见《四书全书总目提要·卷六·经部·易类六·附录》,河北人民出版社2003年版,第184页。也就是因为作者明确,所以不能假托为孔子本人所著。

有丝毫改变。仁义依然是所有政治活动和社会活动的基点,政治权力更替的最合理的方式依然是贤者居位,他甚至强调禅让。不过,对于董仲舒影响儒家发展的评价倒是比较多元化的。侯外庐先生等认为董仲舒的公羊学实为汉代的政治提供了一套"神学",从而使儒家与专制政治取得了共谋。蒙文通也认为儒家的政治思想经由董仲舒发生了巨大的变化,虽然董仲舒依然坚持汤武革命应乎天而顺乎人,但是董仲舒逐渐将"革命"替换为"改制","实际上,儒家最高的理想与专制君主不兼容的精微部分,阿世者流一齐都打了折扣而与君权妥协了,今文学从此也就变质了"[17]217,"董生变其所学,以委屈于汉,固无以愈于公孙弘之阿世,然儒术遂行,儒显而道以晦,独非董生之咎哉?"[17]157

相比之下,徐复观对董仲舒抱有很大的同情。徐复观认为,董仲舒是一个很难处理的大思想家,他将《公羊传》的重礼转变为《春秋繁露》的重仁,所以,看上去董仲舒是要为大一统的专制加以合理化,但他的基本用心却是要在仁的指引下,实现他以人民为主体的思想。这一点是徐复观理解董仲舒最为吃紧的地方。徐复观认为因为董是受了专制政治的欺骗,所以他反而成为专制政治的助推者,但是他的动机和目的都并非如此。

当然我们也需要提一下董仲舒因为提出"独尊儒术"的策略而导致的儒学制度化的转折,从而确立了儒学与中国社会组织之间的关系。对此,徐复观的评价也是复杂的。基于对学术和政治关系的理解,徐复观认为,对于专制的统治者而言,他们不会因为独尊儒术而真正实行孔子之教,反倒给了统治者控制学术的口实。而儒学内部,因为是否与权力结盟的关系而产生了争议,致使六艺之间互相排挤。因独尊地位获得了博士地位的人,反而是甚少真诚从事学术研究的人。对此,徐复观的结论是董仲舒对儒家与制度的结盟用心过当,终于贻害无穷[6]264。

结　语

1. 公羊学与现代学术

徐复观对春秋董氏学的研究,很大程度上是从现代学术的方式来进行,因而他很不赞同晚清公羊学的方法,因此,无论是他对董氏公羊学方法的总结还是意义的论述,很大程度上舍弃了对于《春秋》义法的关注。他贬低康有为等人的《春秋董氏学》,认为只是一些数据归类而已。在我看来,他贬低晚清经学的成就,有两方面的原因:一是从知识论的原则上,他肯定公羊学中符合逻辑推定的部分内容,而不认可公羊学中过多的"假托"和"推演";二是从政治原则上,徐复观并不认可晚清经学家依旧希望通过经典的"解释"来阐发现代政治原则的做法。总的来说,现代新儒学总体倾向是非经学性的,这个问题是一个很值得现在思考的问题,即我们今天应如何看待经和经学。

徐复观在讨论经学议题的时候,倾向于采取客观主义的知识论路径,他试图区分信仰和知识,从而为儒家寻求一个知识论的基础,但是也必然会导致徐复观和董仲舒之间巨大的鸿沟。我们或许要反思,从客观知识的角度来讨论公羊家的理论及其意义,在发现了新的视域之后,是否遮蔽了更为关键的内容。

在我看来,徐复观对晚清公羊学和康有为的批评有点过于苛刻。这可能是基于现代学术立场对经学立场的质疑。比如,徐复观先生认为:"康有为著《春秋董氏学》,仅就《春秋繁露》,作一烦琐而不精确的分类抄录工作。"但在经学内部,人们会肯定康有为对董氏《春秋》的主题和义例做出的整理和评论。或者可以这么说,康有为虽然多有大胆发挥的部分,但基本是按公羊学的"家法"来整理《春秋繁露》的,而徐复观比较少地讨论《春秋》的一些基本原则,比如属辞、比事、义、例等,而更多地则是一种哲学式的讨论,这种方法论上的差异造成徐对晚清公羊学的负面评价。

2. 公羊学与儒家政治

肖滨认为,徐复观的董仲舒研究是他"在文化上所作努力的一个重要组成部分,目的是要从中发现导向民主政治的传统资源"。徐坚信,只有制度性的权力限制,才能摆脱儒家的政治理想和政治现实之间的冲突,这样"从儒学传统中的道德制约,天的制约转换出法律、制度的制约,就成了连接儒学传统与现代性政治的一条重要的思想线索,这也正是徐复观致力于研究中国文化包括解析《春秋繁露》的用心所在"[18]。这一概括十分恰当,徐复观先生对董仲舒内心思想的"诛心"式的思考,认定董仲舒为皇权服务是虚,争取儒家对现实政权的制约为实,这的确给我们理解董仲舒的思想提供了新的视野。

但是徐先生这样曲折解释的一个原因在于他要为儒家与中国的现代民主政治之间寻找一个连续的基础。这个基础就是儒家所强调的德性和修身。

徐复观先生认为西方的民主政治来源于争取个人权利、划定个人权利,限制统治者权力的行使,在此前提下尽自己的责任。他认定民主政治只有进一步接受儒家的思想,才能生稳根,才能发挥其最高的价值。"民主之可贵,在于以其争而成其不争,以个体之私而成其共体的公,但这里所成就的不争,所成就的公,以现实情形而论,是由互相限制之势所逼成的,并非来自道德的自觉,所以时时感到安放不牢。儒家的德与礼的思想,正可把由势逼成的公与不争,推上到道德的自觉,民主主义至此才真正有其根基"[3]247。

但是为什么儒家的德治对民主政治是如此重要,中国自身却没有转出民主政治体制来呢?徐复观认为主要是传统政治思想总是站在统治者的立场上为统治者想办法,是民本而非民主。而政治主体的错位,导致儒家的德治客观化为政治设施增添了许多曲折。因为过分依赖道德自觉,致使对于暴君和污吏束手无策。政治的主体的错位还导致了士的阶层对于统治者的依赖,致使知识分子被迫适应现实的政治格局,而难以发挥其独立性[3]249。

徐复观作为一个新儒家政治哲学的重要构建者,对于秦汉之间儒学的发展和转折的关注是必然的,他更主张儒家精神性的连续性,这奠定了他在理解董仲舒思想时的基本态度。然而,这样的做法有时会忽视儒家与现实政治妥协的方面。现代科学方法和公羊学方法之间的巨大差异,使得徐复观维护汉代儒学"理性"面貌的努力变得十分困难。这也提醒我们,如何对待经典是仍需思考的问题。

参考文献

[1] 陈昭瑛.台湾儒学的当代课题:本土性和现代性[M].北京:中国社会科学出版社,2001:204.

[2] 钱穆.两汉经学今古文平议[M].台北:台湾商务印书馆,2001:281.

[3] 徐复观.中国思想史论集[M].上海:上海书店出版社,2004.

[4] 班固.汉书:卷五十六[M].北京:中华书局,1963.

[5] 康有为.康有为全集:第二集[M].北京:中国人民大学出版社,2008.

[6] 徐复观.两汉思想史:第二卷[M].上海:华东师范大学出版,2001:197-202.

[7] 邓红.董仲舒的春秋公羊学[M].北京:中国工人出版社,2001:5.

[8] 董仲舒.春秋繁露[M].台北:台湾商务印书馆,1979.

[9] 苏舆.春秋繁露义证[M].北京:中华书局,1992.

[10] 李学勤.十三经注疏:卷五十[M].北京:北京大学出版社,1999:1368-1369.

[11] 徐复观.中国思想史论集续编[M].上海:上海书店出版社,2004.

[12] 何休.春秋公羊传注疏[M].北京:北京大学出版社,1999:16.

[13] 刘宁.属辞比事:判例法与《春秋》义例学[J].北京大学学报,2009(2):74-81.

[14] 侯外庐.中国思想通史:第二卷[M].北京:人民出版社,1962:98.

[15] 徐复观.两汉思想史:第三卷[M].上海:华东师范大学出版,2001:196.

[16] 余英时.士与中国文化[M].上海:上海人民出版社,1987:127.

[17] 蒙文通.经学抉原[M].上海:上海人民出版社,2006.

[18] 肖滨.现代政治与传统资源[M].北京:中央编译出版社,2004:231-232.

原载于《衡水学院学报》2018年第4期。

董仲舒之"三统"说

——兼论"天不变,道亦不变"

刘国民

（中国社会科学院大学 文学院,北京 100089）

[摘 要] 战国后期,邹衍创立五德转移说,以解释历史朝代的转移。在汉初的水德、土德之争中,董仲舒创立"三统"说。"以《春秋》当新王",即以《春秋》为象征的新时代,汉继周,为实际的新朝代,是正黑统;汉道应法《春秋》之道,"《春秋》为汉立法"。董仲舒之谓道,一是指本体、整体、永恒之大道,一是指特殊、具体、实践之道;实践之道以大道为根据,是人君根据时势对大道的具体运用。这是在大道的永恒不变中,坚持实践之道的更化和损益。人君实行的实践之道不断地合道（本体之道）、失道、复道,从而产生历史朝代的更替。这表明人君的政治行为决定了历史朝代的更替。"道之大原出于天,天不变,道亦不变"意谓:天道是人道的终极根据,人道是否合于天道,以天出灾异来证成;"天变"即天出灾异,表明失道而天下混乱,则受命之王更化前王之道,向大道回归;天不变即天不出灾异,表明合于大道而天下太平,则受命之王因循前王之道。

[关键词] 董仲舒;五德转移;三统;文质;三教

一

战国后期,邹衍创立五德转移说,以解释历史朝代的转移。

[作者简介] 刘国民(1964—),男,安徽肥西人,中国社会科学院文学院教授,文学博士。

> 驺衍睹有国者益淫侈,不能尚德,若《大雅》整之于身,施及黎庶矣。乃深观阴阳消息而作怪迂之变,《终始》《大圣》之篇十余万言。其语闳大不经,必先验小物,推而大之,至于无垠。先序今以上至黄帝,学者所共术,大并世盛衰,因载其禨祥度制,推而远之,至天地未生,窈冥不可考而原也。先列中国名山大川,通谷禽兽,水土所殖,物类所珍,因而推之,及海外人之所不能睹。称引天地剖判以来,五德转移,治各有宜,而符应若兹。(《史记·孟子荀卿列传》)

驺子之"五德转移说",追述黄帝以来各个朝代的历史变迁,一方面归纳出不同朝代之盛衰所出现的吉凶征兆,另一方面总结出朝代转移的基本原因。

《汉书·艺文志》"阴阳家"著录:"《邹子》四十九篇。名衍,齐人,为燕昭王师,居稷下,号谈天衍。《邹子终始》五十六篇。"阴阳家者流,"敬顺昊天,历象日月星辰,敬授民时……舍人事而任鬼神",即邹衍"乃深观阴阳消息而作怪迂之变"。邹衍的著作惜已亡佚,"五德转移说"部分保存于《吕氏春秋·应同》:

> 凡帝王者之将兴也,天必先见祥乎下民。黄帝之时,天先见大螾大蝼。黄帝曰土气胜。土气胜,故其色尚黄,其事则土。及禹之时,天先见草木秋冬不杀。禹曰木气胜。木气胜,故其色尚青,其事则木。及汤之时,天先见金刃生于水。汤曰金气胜。金气胜,故其色尚白,其事则金。及文王之时,天先见火赤乌衔丹书集于周社。文王曰火气胜。火气胜,故其色尚赤,其事则火。代火者必将水,天且先见水气胜。水气胜,故其色尚黑,其事则水。水气至而不知,数备,将徙于土。

首先,邹衍以五行相克相胜(土、木、金、火、水)解释朝代的转移:黄帝是土德,大禹是木德,商汤是金德,文王是火德,代火者是水德;如水气至而不知,不行水德,则气数将迁移到土。其次,以天命符瑞证知某行(德)主运,即所谓"五德转移,治各有宜,而符应若兹"。天命符瑞即受命之符,是受命为王的证验,例如周之受命之符是"天先见火赤乌衔丹书集于周社"。受命之符有预兆性、神圣性,但也关涉人事之为,如"水气至而不知,数备,将徙于土"。再次,某行(德)主运,受命之王必须实行某行(德)之事,如"火气胜,故其色尚赤,其事则火"。

董仲舒继承和发展了邹衍以来的符瑞思想。《春秋繁露》特有《符瑞》一篇:

> 有非(人)力之所能致而自至者,西狩获麟,受命之符也。然后托乎《春秋》正不正之间,而明改制之义。

受命之符非人力所能致,而是天之为。"西狩获麟"是孔子受天命为"素王"的符应。孔子受命为王,要改制以正前朝之不正。

> 臣闻天之所大奉使之王者,必有非人力所能致而自至者,此受命之符也。天下之人同心归之,若归父母,故天瑞应诚而至。《书》曰"白鱼入于王舟,有火复于王室,流为乌",此盖受命之符也。周公曰"复哉复哉",孔子曰"德不孤,必有邻",皆积善累德之效也。(《天人三策》)

受命之符显示出天命的神圣性和权威性;受天命为王,即君权天授,因而君权具有神圣性和权威性。董仲舒认为,受命之王须积善累德,天下之人归之,天瑞才应诚而至。文王得受命之符,周公说"复哉复哉",即周有盛德,故天报此瑞。因此,天命符应是天之为,但天之为根据人之为,人之为在于积善累德。这强调了人君的主体性及其行为的道德性;但积善累德的人未必能受天命为王,这又为天命的神圣性和权威性留下空间。

邹衍的"五德转移说"鼓吹了多年,终于到秦始皇统一天下后被采用。

> 始皇推终始五德之传,以为周得火德,秦代周德,从所不胜。方今水德之始,改年始,朝贺皆自十月朔。衣服旄旌节旗皆上黑。数以六为纪,符、法冠皆六寸,而舆六尺,六尺为步,乘六马。更名河曰德水,以为水德之始。刚毅戾深,事皆决于法,刻削毋仁恩和义,然后合五德之数。(《史记·秦始皇本纪》)

秦始皇以为秦代周是水德,而实行水德之制度。根据《吕氏春秋·孟冬季》:"律中应钟,其数六","载玄旗,衣黑衣,服玄玉","某日立冬,盛德在水","于是察阿上乱法者罪之,无有掩蔽",等等,始皇进行了一系列的改制,并实行严刑峻法。

始皇的水德之运仅流行十五年,刘邦便亡秦而取得天下。《史记·历书》:"高祖曰'北畤待我而起',亦自以为获水德之瑞。虽明习历及张苍等,咸以为然。是时天下初定,方纲纪大基,高后女主,皆未遑,故袭秦正朔服色。"刘邦亦以为汉得水德。

汉文帝时,贾谊和公孙臣认为汉得土德。

> 贾生以为汉兴至孝文二十余年,天下和洽而固,当改正朔,易服色,法制度,定官名,兴礼乐。乃悉草具其事仪法,色尚黄,数用五,为官名,悉更秦之法。(《史记·屈原贾生列传》)

贾谊承认秦是水德,则汉当为土德,否定了汉是水德之说。

> 鲁人公孙臣上书曰:"始秦得水德,今汉受之,推终始传,则汉当为土德,土德之应黄龙见。宜改正朔,易服色,色尚黄。"(《史记·封禅书》)

公孙臣亦认为,秦得水德,则汉为土德;黄帝是土德,其符应是"黄龙地螾见",今汉得土德,其符应亦是"黄龙地螾见"。但公孙臣的土德之说遭丞相张苍的贬斥,未能实行。文帝十五年,"黄龙见成纪","天子乃复召鲁人公孙臣以为博士,申明土德事"(《史记·孝文本纪》)。汉为土德将要实行时,文帝怒新垣平欺诈之事,"自是之后,文帝怠于改正朔服色神明之事"(《史记·封禅书》)。终文、景两朝,汉家仍未定为土德。

武帝即位。这位好大喜功的皇帝,无限向往礼乐昌盛的太平之世。文学公卿以为封禅改制是汉家的盛事,充满了无限的期盼。《史记·封禅书》:"(建元)元年,汉兴已六十余岁矣,天下艾安,搢绅之属皆望天子封禅改正度也,而上向儒术,招贤良,赵绾、王臧等以文学为公卿,欲议古立明堂城南,以朝诸侯。"武帝和文学公卿皆认为汉承黄帝为土德,特尊崇黄帝。齐之方士大造舆论,"黄帝且战且学仙",使一心神往不死成仙的武帝大发感慨:"嗟乎!吾诚得如黄帝,吾视去妻子如脱躧耳。"大臣和方士也心领神会,造出了许多土德的符瑞。元鼎元年,汾阳巫得宝鼎,谓是黄帝宝鼎;迎黄帝宝鼎于中山,"有黄云盖焉";元鼎五年,拜太一,"是夜有美光,及屋,黄气上属天"(《史记·封禅书》)。汉为土德是众望所归、众心所向。《汉书·武帝纪》:"太初元年……夏五月,正历,以正月为岁首。色尚黄,数用五,定官名,协音律。"汉家终定为土德。要之,邹衍的"五德转移说"对秦汉的政治制度和学术思想产生了重要的影响。

二

在汉初的水德、土德之争中,董仲舒创立了"三统"说。三统即黑统、白统、赤统。三统以三正为基础。三正是夏正、商正、周正。夏正以十三月为岁首,即建寅;商正以十二月为岁首,即建丑;周正以十一月为岁首,即建子。

> 三正以黑统初,正日月朔于营室,斗建寅。天统气始通化物,物见萌达,其色黑。……正白统者,历正日月朔于虚,斗建丑。天统气始蜕化物,物初芽,其色白。……正赤统者,历正日月朔于牵牛,斗建子。天统气始施化物,物始动,其色赤。(《春秋繁露·三代改制质文》)

董仲舒以三统之正黑统、正白统、正赤统之循环往复,解释历史朝代的转移。例如,周是正赤统,以十一月为岁首,代周之朝代回返夏之正黑统,以十三月为岁首。

董仲舒认为,得天统的受命之王,不是继体守文之王,而是创立朝代的新王,故必须改制,改制的内容包括徙居处、更称号、改正朔、易服色等等。

> 今所谓新王必改制者,非改其道,非变其理,受命于天,易姓更王,非继前

王而王也。若一因前制,修(循)故业,而无有所改,是与继前王而王者无以别。受命之君,天之所大显也。事父者承意,事君者仪志,事天亦然。今天大显己,物袭所代而率与同,则不显不明,非天志。故必徙居处、更称号、改正朔、易服色者,无他焉,不敢不顺天志而明自显也。若夫大纲、人伦、道理、政治、教化、习俗、文义尽如故,亦何改哉? 故王者有改制之名,无易道之实。(《春秋繁露·楚庄王》)

新王之受命改制有重要意义:一是表明新的朝代已经到来;二是昭示王权天授的神圣性、权威性,即《三代改制质文》"王者必受命而后王。王者必改正朔,易服色,制礼乐,一统于天下,所以明易姓非继人,通以己受之于天也"。

改正朔是改制的首要内容。《春秋繁露·三代改制质文》谓"改正之义,奉元而始",元即开始,改正是确立一年的开始。三统循环往复,三正也循环往复。董仲舒认为,改正不仅有形式的意义,且有实质内容的意义,主要表现在四方面。

1) 受命之王改正,是新正,表明新王朝的诞生,万事更新。改正表示受命于天,《春秋繁露·三代改制质文》:"王者受命而王,制此月(正月)以应变,故作科以奉天地。"

2) 正月是一年的开始,是本,本正则末应。《春秋繁露·三代改制质文》:"正者,正也。统致其气,万物皆应而正;统正,其余皆正。凡岁之要,在正月也。法正之道,正本而末应,正内而外应。"这源于《公羊传》成公八年"元年春,王正月,正也。其余皆通也"。

3) 正者政也,人君行政首先要正,为臣民之表率,则臣民自正。这本于孔子谓"政者,正也。子帅以正,孰敢不正"(《论语·颜渊》)。《天人三策》:"政者,王之所为也。其意曰,上承天之所为,而下以正其所为,正王道之端云尔。""故为人君者,正心以正朝廷,正朝廷以正百官,正百官以正万民,正万民以正四方。"

4) 受命之王实行新正,以时间的统一表示天下的统一。《公羊传》隐公元年"何言乎王正月? 大一统也"。《春秋繁露·三代改制质文》解释《春秋》"王正月"说:"王者必改正朔,易服色,制礼乐,一统于天下。"《天人三策》:"《春秋》大一统者,天地之常经,古今之通谊也。"

邹衍的"五德转移说",也同样要求改正。其五正:土之正为十四月(黄帝),木之正为十三月(禹),金之正为十二月(殷),火之正为十一月(周),水之正为十月(秦)。五德说之夏、商、周三正,与三统说相同。汉家最终定为土德,太初改正,是以十三月(正月)为岁首,这与土德之正(以十四月为岁首)不合,而与董仲舒"三统"说之正黑统(以十三月为岁首)相同。

易服色是改制的另一项重要内容。服色是指车马、祭牲、服饰等颜色,是礼乐制度的一项内容。董仲舒认为,夏尚黑,为正黑统;殷尚白,为正白统;周尚赤,为正赤统。《春秋繁露·三代改制质文》:"三正以黑统初。……其色黑。"三统之色源自邹衍之五德说。根据"五德转移说",黄帝为土德,尚黄;夏为木德,尚青;商为金德,尚白;秦为水德,尚黑。可见,五德说的商、周两朝之色与三统说相同,但邹衍之夏尚青与董仲舒之夏尚黑不同。

三

董仲舒说:"王者有改制之名,无易道之实。"(《春秋繁露·楚庄王》)受命之王要改制,但不能变道。《天人三策》:"道者,所由适于治之路也,仁义礼乐皆其具也。"道是通向治世之路,仁义礼乐是道的基本内容。

> 臣闻夫乐而不乱复而不厌者谓之道;道者万世无弊,弊者道之失也。先王之道必有偏而不起之处,故政有眊而不行,举其偏者以补其弊而已矣。三王之道所祖不同,非其相反,将以救溢扶衰,所遭之变然也。(《天人三策》)

道,万世无弊,"乐而不乱复而不厌者",具有超越时空的永恒性。《盐铁论·遵道》:"圣王之治世,不离仁义。故有改制之名,无变道之实。上自黄帝,下及三王,莫不明德教,谨庠序,崇仁义,立教化。此百世不易之道也。"万世无弊之道、百世不易之道,即大道。大道以仁义礼乐为基本内容,也包含刑法等,且各部分内容之间存在融合、贯通的关系。因此,大道具有整体性、超越性。先王之道,即夏商周三王之道,是把大道落到现实社会政治中的实践之道。因此,实践之道具有时代性、特殊性。大道是完美无缺的,而实践之道是偏颇的,故大道与实践之道存在间距;但大道的实质内容与实践之道是相通的,例如皆以仁义礼乐为核心内容。换言之,三王之道皆是依据大道来实践的。三王之道即实践之道为何不能尽合于大道呢?一方面,大道原是抽象、观念之道,观念一落到实践中自然会发生偏颇。另一方面,三王在特定的时势中受命为王,践行大道时,既需考虑前王之道的偏弊,又要考量现实形势的状况,则往往侧重于大道某内容而相对轻视其他内容,故三王之道"必有偏而不起之处",偏离了大道的整体性、融贯性。因此,三王之道是损益变化的。

《天人三策》中,武帝之策问的目的是求得大道,以走向太平盛世,但他不知大道是抽象、观念之道,一落到社会现实中即变成实践之道。武帝策问:"夫三王之教所祖不同,而皆有失,或谓久而不易者道也,意岂异哉?"三王之道各有偏弊,所以武帝及其大臣怀疑不易之道。董仲舒首先肯定大道的存在,这不容置疑;接着指出人君的实践之道可因社会政治形势的不同而损益,以救溢扶衰,才能走向盛世。

至于如何损益实践之道,董仲舒通过追讨历史朝代的发展历程做出回答。

董仲舒认为,尧舜禹之道尽合于大道。《天人三策》:"是以禹继舜,舜继尧,三圣相受而守一道,无救弊之政也,故不言其所损益也。"尧受命为王,行大道,而天下太平。舜受命为王,因尧之道(大道)而行,垂拱无为,天下太平。禹受命为王,循舜之道(大道)而行,天下太平。因此,尧舜禹共守一道,即大道。武帝之诏策问舜为何垂拱无为,而周文王有为。"制曰:'盖闻虞舜之时,游于岩郎之上,垂拱无为,而天下太平。周文王至于日昃不暇食,宇内亦治。夫帝王之道,岂不同条共贯与?何逸劳之殊也?'"董仲舒回答说:"尧在位七十载,乃逊于位以禅虞舜。尧崩,天下不归尧子丹朱而归舜。舜知不可辟,乃即天子之位,以禹为相,因尧之辅佐,继其统业,是以垂拱无为而天下治。"大道是观念之道,一落到实践中则有偏颇。尧舜禹之道为何能尽合于大道呢?这是因为儒家把尧舜禹三世作为理想的社会,尧舜禹三圣是理想的圣君。理想与现实之间存在着天然的差距。

> 故王者有改制之名,无变道之实。然夏上忠,殷上敬,周上文者,所继之救,当用此也。孔子曰:"殷因于夏礼,所损益可知也;周因于殷礼,所损益可知也;其或继周者,虽百世可知也。"此言百王之用,以此三者矣。(《天人三策》)

夏尚忠,是指大禹之后君主所行之道。董仲舒以孔子之谓夏礼、殷礼、周礼的损益之说,证明三王之道各有偏颇,不能尽合于大道。"此言百王之用,以此三者矣",即认为,忠敬文之融合贯通构成了大道,后世之王要践行之。大道之忠敬文三部分具有融合融贯的关系,三王之道因为时势的差异而在践行大道时侧重于某一部分的内容,相对轻视另外两部分的内容,损坏了这三部分内容之间的融贯关系,不能尽合于大道。因此,三王之道之忠敬文构成了大道,形成了一个圆满自足的循环系列。

司马迁受教于董仲舒,其三王之道循环往复的思想接受了董仲舒的三统说。

> 太史公曰:夏之政忠。忠之敝,小人以野,故殷人承之以敬。敬之敝,小人以鬼,故周人承之以文。文之敝,小人以僿,故救僿莫若以忠。三王之道若循环,终而复始。周秦之间,可谓文敝矣。秦政不改,反酷刑法,岂不缪乎?故汉兴,承敝易变,使人不倦,得天统矣。(《史记·高祖本纪》)

夏之政忠,但末世片面地发展了"忠",以至"忠之敝,小人以野",天下大乱。殷承夏之乱世与道之偏弊,而救之以"敬"。殷之末世,天下大乱,"敬之敝,小人以鬼"。

周承殷之敬弊而救之以文。周之文又因片面地发展而"文敝",天下大乱。秦政应以"夏之忠"来救文敝,但秦反而实行严刑酷法的政治,是文敝之极,以致秦二世而亡。汉兴,承敝易变,以夏之忠救周秦之文敝,故汉朝的建立是得天统,所行之道遵循三王之道的循环往复。这即是董仲舒所谓"继乱世者其道变"(《天人三策》)。"其道变"即三王之实践之道。实践之道是对大道的践行,有时突出"忠"或"敬"或"文",主要是因为前朝片面发展了大道某一部分内容而造成弊端,故本朝所行之道必须突出另一部分内容以救助。救助的这一部分内容本是为了达到忠敬文之融贯发展的目的,但在运用中往往是"矫者不过其正,弗能直"(《春秋繁露·玉杯》)而走向另一个极端,又损害了大道融合贯通地整体运行。在失道中,历史朝代以三统循环而往复更替。

> 夏因于虞,而独不言所损益者,其道如一而所上同也。道之大原出于天,天不变,道亦不变,是以禹继舜,舜继尧,三圣相受而守一道,无救弊之政也,故不言其所损益。由是观之,继治世者其道同,继乱世者其道变。今汉继大乱之后,若宜少损周之文致,用夏之忠者。(《天人三策》)

董仲舒认为,尧舜禹共守一道(大道),这是"继治世者其道同"。无所损益,改制而已,"改正朔,易服色,以顺天命而已,其余尽循尧道"。三圣之世是大治之世,故天不出灾异,所谓"天不变";因此,受命新王所行之道亦不变。这即是"天不变,道亦不变"。所谓"道之大原出于天",一方面指天道是人道的终极根据,另一方面谓人道是否合于天道,以天出灾异来证成。三王之末世,天下大乱,天出灾异,以谴告、警惧,《天人三策》所谓"国家将有失道之败,而天乃先出灾害以谴告之,不知自省,又出怪异以警惧之,尚不知变,而伤败乃至",但末世君主不能反省改正,结果国家败亡。受命新王必须革除前朝之道的偏弊,这即是"继乱世者其道变"。

综之,大道即万世无弊之道,有本性性、整体性、超越性,以仁义礼乐为基本内容,是忠、敬、文所构成的融贯整体;先王之道即三王之道,是对大道的具体运用,有特殊性、时代性、实践性。董仲舒谓"故王者有改制之名,无变道之实",即受命之王坚守大道,但实践之道可以损益。

董仲舒之谓"道之大原出于天,天不变,道亦不变",颇引发后人的争辩。毛泽东同志说:"在中国,则有所谓'天不变,道亦不变'的形而上学思想,曾经长期地为腐朽了的封建统治阶级所拥护。"[1]严北溟认为,"天不变道亦不变"的反命题,是"天变道亦变",故望文生义地看到"不变"两字就轻易地断定为形而上学是错误的。严先生认为,"天"主要是指自然,"道"主要是指自然规律,总的用意说明道是以天为根据的主从关系；事实上，董仲舒是主张道变的，他以孔子之道为主，综合黄老、刑名、阴阳五行各派思想，为汉王朝制定了一整套新的学说理论体系，"非常异义可怪之论"，经雄才大略的汉武帝采纳，就成为我国封建社会两千余年儒学正宗思想的开端[2]。严先生是如何理解"天变"的含义呢？如果"天变"指天翻地覆，则"天不变道亦不变"就没有反命题。

笔者认为，单独抽出这一句，把"天变"理解成天翻地覆，把道作为"道之大原出于天"之道，则道有绝对性、永恒性，不存在"天变道亦变"的反命题。董仲舒之天，并非如严先生所谓主要是指自然，董仲舒之道也并非主要指自然规律。董仲舒之天、道，是自然与社会的混合体而以道德人伦为主，自然及其规律是其次的。换言之，董仲舒之天、道是事实与价值的混合体，而以价值为主。董仲舒之谓道，有大道与三王之道的分别；大道是永恒不变的，三王之道是对大道的具体运用，因时代形势的不同而有损益，是变化的，但三王之道的变化必须是在坚持大道的基础上，即以常为主，以权变为辅。因此，大道与三王之道有共通的本质内容；大道之仁义礼乐的基本内容是不同时代的受命帝王所必须坚守的，但大道之其他方面的内容可根据时代形势的不同而有变化。董仲舒认为，历史朝代在不断地更替，但大道之仁义礼乐的基本内容将一以贯之于各个朝代而永恒不变，因为仁义之道是人类前进的大方向，是人类行为的大准则。

"天不变，道亦不变"置于《天人三策》的整段文字中，天变即天出各种灾异，包括日食、地震等。董仲舒认为，天人感应、天出灾异是因为人君失道而社会混乱，如人君不能反省改正，则伤败乃至。受命新王必须更化前王之道而救溢扶衰，向大道回归。天不变，即天不出灾异，因为人君之道合于大道，而天下大治，则受命新王因循前王之道即可，不需更化。因此，"天不变，道亦不变"有反命题"天变而道亦变"，这不是形而上学的命题。

因此，董仲舒之道，一是本体、整体、永恒之大道，一是特殊、具体、实践之道；实践之道以本体之道为根据，是人君对本体之道的运用。这是在大道的永恒不变中，坚持实践之道的更化和损益。人君实行的实践之道不断地合道（本体之道）、失道、复道，从而产生历史朝代的更替。这表明人君的政治行为决定了历史朝代的更替，比邹衍的五德转移说更强调人君的道德主体作用。

概言之，受命之王得天统，如果是继治世，不易道（合于本体之道的前王之道），但要改制；如果是继乱世，则不仅要改制，而且要易道（更化前王之道），但所易之道不是本体之道，而是不尽合于本体之道的前王之道。"有改制之名，无易道之实"的道是永恒的大道。

四

董仲舒创立三统说,具有重要的现实意义:确定汉代属于三统中的某一统,从而确立汉道与改制的具体内容。

按三统说,汉为哪一统呢?《春秋繁露·三代改制质文》:"《春秋》作新王之事,变周之制,当正黑统。""故曰绌夏存周,以《春秋》当新王。"董仲舒认为,《春秋》继周,当正黑统。《天人三策》:"然夏尚忠,殷尚敬,周尚文者,所继之救,当用此也。……今汉继大乱之后,若宜少损周之文,用夏之忠者。"汉损周之文,用夏之忠。根据三统循环说,汉继周,返夏之忠,汉与夏同是正黑统。这就产生了矛盾:既说《春秋》继周,为正黑统;又说汉继周,为正黑统。如何解释呢?

董仲舒"以《春秋》当新王,为正黑统"实是"非常异义可怪之论"(何休语)。孔子所作的《春秋》是一本书,如何能当新王呢?《天人三策》以孔子为"素王",《春秋繁露·符瑞》"西狩获麟,受命之符是也",即以获麟为孔子受命作《春秋》的符瑞。这表明"以《春秋》当新王"实是以孔子当新王。孔子有德无位,只能以口诛笔伐行褒贬之权,谓之"素王"。新王必然与一个新的朝代紧密联系。孔子是素王,没有实际的朝代,但有一个象征的朝代,即以《春秋》象征一个新的朝代,当(托)正黑统。汉继周,为实际的新朝代,是正黑统。质言之,《春秋》当(托)正黑统,汉是实际的正黑统,故《春秋》继周与汉继周不矛盾,且有深刻的意义,即汉道应法《春秋》之道,"《春秋》为汉立法"。

汉为黑统,正朔与夏正相同,即以十三月为岁首、夜半为朔。董仲舒行夏正,与孔子"行夏之时"相同,并具有实际的意义。汉初历法用秦《颛顼历》,以十月为岁首,结果"然正朔未睹其真,而朔晦月见,弦望满亏,多非是"(《汉书·律历志》)。以十月为岁首,先冬后春,与春生夏长秋收冬藏的四时之序相悖;且月尽、月初见到月亮,月望反而亏了,月弦又满了。司马迁不满张苍行《颛顼历》:"张苍文学律历,为汉名相,而绌贾生、公孙臣等言正朔服色事而不遵,明用秦之《颛顼历》,何哉?"(《史记·张丞相列传》)故行夏正是当时社会的普遍要求。武帝太初改历,正采用了夏正。这说明三统说对太初改制有重要影响。

"继治世者其道同,继乱世者其道变。"汉继周秦之乱世,汉道应如何更化呢?董仲舒的"文质""四法""三教"之说,不仅说明损益先王之道,而且确立汉道。

文质之说见于孔子《论语》。文指礼之文,即礼之外在的形式(礼仪规范等);

质指礼之质,即礼之内在的精神实质(仁义等)。孔子主张"文质彬彬",即外在的礼仪规范和内在的仁义融通合一。《礼记·表记》:"虞夏之质,殷周之文,至矣;虞夏之文不胜其质,殷周之质不胜其文。"这是以文质说明虞夏殷周的政教制度。《尚书·大传》:"王者一质一文,据天地之道。"《汉书·严安传》曰:"臣闻邹子曰:'政教文质者,所以云救也,当时则用,过则舍之,有易则易之。'"邹衍把文质与政教联系,主张文质相救。董仲舒"文质"是指两种政教制度。《春秋繁露·三代改制质文》:"主天法质而王,其道佚阳,亲亲而多质爱。""主地法文而王,其道进阴,尊尊而多礼文。""文"的政教制度重视礼仪、法令,而轻视内在的仁义之质,故上下尊卑严格分明,缺少亲亲之爱。"质"的政教制度重视内在的仁义之质,以建立社会的和谐秩序,而轻视礼仪法令的外在约束。文质之道相反相成,分开来看,各是一偏之道,整合来看,构成了整体之道,成为一种圆满自足的整体而循环,即文质再而复。

按文质再而复,周尚文,秦继周当反质,但秦并未救弊,反而实行严刑峻法的暴虐政治,是文之至,故汉必须反质。董仲舒以"承周文而反之质"为《春秋》"十指"之一。《春秋》为象征的朝代,汉为实际的朝代,《春秋》反质,即汉反质。这表明汉要重视内在仁义之质的教化,以救周秦片面强调外在礼仪法令之弊。文质再而复,周为文,殷即为质,则汉是反殷之质。但殷人尚刑在汉初可能是一个普遍看法。武帝"制策"即问:"殷人执五刑以督奸,伤肌肤以惩罚。"(《天人三策》)《礼记·表记》有"殷周之文"之说。董仲舒主张汉反质,但不赞成反殷之质;按三统循环,汉承夏之黑统,与殷之白统无涉。因此,董仲舒对"文质"说进行了改造,提出了"四法"说。

> 王者以制,一商一夏,一质一文。……主天法商而王,其道佚阳,亲亲而多仁朴。……主地法夏而王,其道进阴,尊尊而多义节。……主天法质而王,其道佚阳,亲亲而多质爱。……主地法文而王,其道进阴,尊尊而多礼节。……故四法如四时然,终而复始,穷则反本。(《春秋繁露·三代改制质文》)

此"商""夏"不是朝代之名,而是制度之名。从商、夏、质、文所规定的政教制度看,商和质同,夏和文同。四而复之"四法"与二而复之"文质"在本质上是相同的,则董仲舒创立"四法"说的意义何在呢?按四法之说,周为文,殷为质,夏为夏,舜为商;四法循环反复,则汉当法舜为商(商即质,汉实是反质)。

> 《春秋》应天作新王之事,时正黑统。……乐宜亲《招武》,故以虞禄亲,乐制宜商,合伯子男为一等。(《春秋繁露·三代改制质文》)

《春秋》为正黑统,即汉为正黑统。《招武》即舜之乐,"乐制宜商",即四法之商;故汉返质,不是返殷之质,而是返舜之质(商)。舜是儒家最理想的君主之一,舜之道合于本体之道而万世无弊。《天人三策》引孔子"《韶》尽美矣,又尽善矣",对《韶》乐是一往情深,赞美舜"因尧之辅佐,继其统业,是以垂拱无为而天下治"。

但是,如果把三统和四法相配,又产生了矛盾。按三统说,汉法夏;按四法说,汉法舜。陈苏镇引《天人三策》"是以禹继舜,舜继尧,三圣相受而守一道,亡救弊之政也,故不言其所损益也"认为,尧舜禹共守一道,汉法夏法商,其实质是一样的[3]。可是,董仲舒以夏朝为夏(文),以舜为商(质),则政教制度并不尽同。因此,三统与四法不能合理地配合;董仲舒对四法说又进行了改造,提出了"三教"说。

"三教"即忠、敬、文,董仲舒把三教和三统相配,则夏尚忠、殷尚敬、周尚文。三教和三统配合,在形式上很整齐,优于"文质""四法"与三统配合。在内容实质上,三教说更符合董仲舒之目的。董仲舒创立三统说之现实目的是:汉承周文而反质,汉法夏为正黑统。"文质"说,汉虽反质,但反殷之质,而汉人并不以殷为质;且反殷之质,意味着法殷之白统,与董仲舒的法夏为正黑统不符。"四法"说,汉反舜之商,商和质,名异实同;法舜之质虽合儒家之理想,但舜为赤统,意味着汉法赤统。根据"三教"之说,夏尚忠,忠即质。阎步克说:"傅武光考察《左传》'忠'字六十余见,亦言其义'一是无私,一是奉献于全民'。是'忠'道全合于质厚仁爱。"[4]汉法夏之忠,实是尚质。因此,"三教"说合于汉"承周文反之质",又合于汉"法夏为正黑统"。

概言之,按"文质"再而复、"四法"四而复、"三教"三而复,皆表明汉道当反质;但是三统与三教的配合最为合理。在董仲舒上下求索"三统"与"文质""四法""三教"配合的思想历程中,见出他"苦志尽情,头白齿落"(《春秋繁露·重政》)的勤奋和艰辛。

参考文献

[1] 毛泽东.毛泽东选集:第一卷[M].北京:人民出版社,1991:301.

[2] 严北溟.谈"天不变道亦不变"[J].复旦学报,1980(6):67-68.

[3] 陈苏镇.汉代政治与《春秋》学[M].北京:中国广播电视出版社,2001:188.

[4] 阎步克.士大夫政治演生史稿[M].北京:北京大学出版社,1996:309.

原载于《衡水学院学报》2018年第4期。

康有为视界中的董仲舒

魏义霞

(黑龙江大学 哲学学院,黑龙江 哈尔滨 150080)

[摘　要]　在中国近代哲学中,无论汉唐哲学还是董仲舒都处于边缘地位。从谭嗣同、严复、梁启超、孙中山到章炳麟都很少论述汉唐时期,对这一时期的人物关注也明显少于先秦、宋明和明清之际,对西汉的董仲舒更是绝少提及,更遑论推崇备至了。在这个前提下应该看到,康有为尽管对汉唐哲学的论述不及先秦和宋明,然而,他却对汉唐哲学非常重视,对董仲舒、司马迁、刘歆和韩愈等汉唐哲学家津津乐道。四人之中,康有为对董仲舒顶礼膜拜,对董仲舒以公羊学的范式解读《春秋繁露》更是赞不绝口。无论对汉唐哲学的关注还是对董仲舒的推崇都显示了康有为独特的哲学理念和学术兴趣,也使他与同时代的哲学家渐行渐远。

[关键词]　董仲舒;康有为;汉唐哲学;近代哲学

在中国近代哲学中,无论汉唐哲学还是董仲舒都处于边缘地位。从谭嗣同、严复、梁启超、孙中山到章炳麟都很少论述汉唐时期,对这一时期的人物关注也明显少于先秦、宋明和明清之际,对西汉的董仲舒更是绝少提及,更遑论推崇备至了。在这个前提下应该看到,康有为尽管对汉唐哲学的论述不及先秦和宋明,然而,他却对汉唐哲学非常重视,在万木草堂授徒讲学时,他就讲过《春秋繁露》《史记·儒林列传》,并在"百日维新"之前著有《春秋董氏学》。康有为对董仲舒顶礼膜拜,对董仲舒以公羊学的范式解读《春秋繁露》更是赞不绝口。无论对汉唐哲学的关注

[作者简介]　魏义霞(1965—),女,安徽濉溪人,教授,博士生导师,哲学博士。

还是对董仲舒的推崇都显示了康有为独特的哲学理念和学术兴趣,也使他与同时代的哲学家渐行渐远。有鉴于此,透过康有为对董仲舒与汉唐哲学的论述,既有助于理解他对董仲舒以及汉唐哲学的诠释和评价,又有助于洞察康有为有别于其他近代哲学家的哲学理念和学术诉求。

一、对董仲舒的顶礼膜拜

康有为在"百日维新"之前对董仲舒的推崇与其说服膺董仲舒的思想,毋宁说艳羡董仲舒的贡献。这符合康有为"论功不论德"的标准。康有为将董仲舒归为"孔门十哲",就是本着这一原则。同样的道理,康有为之所以凸显董仲舒在汉唐哲学中首屈一指的地位,是因为他认为孔学在西汉的一统大业,政治上依靠汉武帝的支持,思想上得益于董仲舒对孔子身份的精准定位和对孔子微言大义的正确发微。相比之下,后者的作用更为重要,康有为对此也更为重视。对于其中的原因,他不止一次地解释说:

>董生更以孔子作新王,变周制,以殷、周为王者之后。大言炎炎,直著宗旨。孔门微言口说,于是大著。孔子为改制教主,赖董生大明。[1]103

>及读《繁露》,则孔子改制变周,以《春秋》当新王,王鲁绌杞,以夏、殷、周为主统,如探家人筐篋,日道不休。董子何所乐而诞谩是? 董子岂愚而不知辩是? 然而董子举以告天下则是,岂不可用心哉! 吾以董子学推之今学家说而莫不同。以董子说推之周、秦之书而无不同。若其探本天元,著达阴阳,明人物生生之始,推圣人制作之源,扬纲纪,白性命,本仁谊,贯天人,本数末度,莫不兼运。信乎明于《春秋》为群儒宗也。[2]307

依据康有为的解释,董仲舒对孔学的贡献集中体现在两个方面:第一,对孔子的精准定位。康有为指出,董仲舒认识到了孔子"作新王,变周制",并由此将孔子定位为托古改制的教主,而不是像世人那样将孔子仅仅视为教育家、思想家或哲学家。这是董仲舒超乎常人之处,也为他沿着正确方向把握孔子大道的性质以及解读《春秋》奠定了基础。第二,破解孔子寄寓在《春秋》中的微言大义的密码。康有为指出,董仲舒基于对孔子是托古改制教主的精准定位解读孔子的思想,体悟到孔子思想的精髓在于微言大义。正是沿着这个思路解读《春秋》,董仲舒才能够最终破译孔子托古改制、三世三统的微言大义。这表明,董仲舒是孔子后学中最能领悟孔子思想精髓的人,董仲舒的思想是孔学正传。因此,董仲舒的思想被汉武帝采纳以及汉代的"独尊儒术"不仅是孔学在汉代的传承和延续,而且是康有为认可的孔学的理想状态。

基于上述认识,康有为盛赞董仲舒为"孔子之后一人""汉世第一纯儒"。在此基础上,他进而号召人们学孔子从《春秋》开始,在上择孟子的同时,下择董仲舒。于是,康有为一再声称:

> 学《春秋》当从何人?有左氏者,有公羊、谷梁者,有以"三传"来高阁,独抱遗经究终始者,果谁氏之从也?曰:上折之于孟子,下折之于董子可乎。……董子为汉世第一纯儒,而有"孔子改制,《春秋》当新王"之说。《论衡》曰:文王之文,传于孔子;孔子之文,传于仲舒。则《春秋》微言大义,多在《公羊》,而不在《谷梁》也。[2]18

> 明于《春秋》者,莫如董子。自元气阴阳之本、天人性命之故、三统三纲之义、仁义中和之德、治化养生之法,皆穷极元始、探本混茫。孔子制作之本源、次第,藉是可窥见之。如视远筒浑仪而睹列星,晶莹光怪,棋列而布分也。如绘大树,根本干支,分条布叶,郁荣华实,可得而理也。孔子之道本,暗智湮断久矣,虽孟、荀命世亚圣,犹未能发宣。江都虽醇儒,岂能逾孟越荀哉?有道者,高下大小,分寸不相越。苟非孔子之口口相传,董子岂能有是乎?此真孔子微言大义之所寄也。今紬精举要,俾孔子之道如日中天。岂敢谓尽露大道?抑大圣制作本始,条理宗庙百官,有可瞻仰云尔。[2]372

在康有为那里,"纯儒"是至高评价。这是因为,他一再指责后儒破坏了孔子大道,对孔学的"割地"以及由此导致的中国近代社会的落后衰微难辞其咎。在这方面,从作为孔子亲授弟子的曾子、作为孔门战国"二伯"之一的荀子到西汉的刘歆、南宋的朱熹都被康有为视为孔学的罪人。相比之下,康有为评价董仲舒为"纯儒",便意味着康有为对董仲舒思想的认可。

不仅如此,查遍康有为勾勒的秦后的孔学史可以发现,宋明理学家没有被康有为冠以"纯儒"的,汉儒中被康有为誉为"纯儒"的也仅有两位:一位是"第一纯儒"董仲舒,另一位便是王充。在这个前提下尚须澄清的是,康有为尽管将董仲舒、王充都冠以"纯儒"(有时又称"醇儒"),然而,他却对两人区别对待:第一,对于王充,康有为并没有予以过多关注或思想阐释,而只限于王充对董仲舒的肯定,即"文王之文,传于孔子;孔子之文,传于仲舒"。这意味着说来说去,康有为对王充的肯定实质上都源于对董仲舒的褒奖。第二,就两汉来说,康有为称赞并且多次提及的孔子后学只有两位,除了董仲舒之外,便是司马迁,其中并没有王充的位置。康有为之所以称赞司马迁,是因为他认定司马迁是孔子后学,在力辟老学、墨学中弘扬孔学,而这一切都是通过《史记》完成的。鉴于司马迁的贡献和对《史记》的推崇备至,康有为将《史记》与《汉书》一起作为解读《春秋公羊传》的基本文本。于是,他写道:

> 《公羊》《繁露》所以宜专信者,为孔子改制之说在也。能通《春秋》之制,则"六经"之说莫不同条而共贯,而孔子之大道可明矣。《春秋》成文数万,其旨数千,皆大义也。汉人传经,皆通大义,非琐屑训诂名物也。故两汉四百年,君臣上下制度议论,皆出《公羊》,以《史记》《汉书》逐条求之可知也。苟能明孔子改制之微言大义,则周、秦诸子谈道之是非出入,秦、汉以来二千年之义理制度所本,从违之得失,以及外夷之治乱强弱,天人之故,皆能别白而昭晰之。[2]18-19

至此可见,如果说董仲舒、司马迁和王充是康有为推崇的汉代乃至整个汉唐时期的主要人物的话,那么,康有为给予董仲舒的至高地位则是司马迁和王充无法比拟的。

值得注意的是,康有为给予董仲舒的至高地位和评价与其说通过与司马迁、王充等人的比较反映出来,不如说通过他对刘歆的打击最突出地反映出来。这是因为,康有为对董仲舒与司马迁、王充的不同对待充其量只是量的问题,对董仲舒与王充的不同评价则是本质上的区别。事实上,康有为对董仲舒的褒扬与对刘歆的贬损恰成对立态势,因为他抨击刘歆的理由在某种程度上即是推崇董仲舒的理由。

通过对汉唐哲学的审视,康有为得出结论:孔学对汉代的影响是广泛的,故而后学众多;在孔子这一时期的后学中,既有正确阐发孔子之道的董仲舒以及司马迁等人,也有对孔子思想的歪曲和篡改者,依据《左传》解读孔子思想并以此攻击董仲舒公羊学的刘歆就是其中的典型代表。有鉴于此,康有为对董仲舒的顶礼膜拜即意味着对刘歆的深恶痛绝。为此,康有为一面作《春秋董氏学》对董仲舒的思想大加褒扬,一面作《新学伪经考》对刘歆予以批判。在复原孔教的过程中,康有为极力排斥以刘歆为代表的汉儒。对于刘歆的错误以及对孔教造成的巨大危害,康有为揭露说:

> 自刘歆以《左氏》破《公羊》,以古文伪传记攻今学之口说,以周公易孔子,以述易作,于是,孔子遂仅为后世博学高行之人,而非复为改制立法之教主圣王,只为师统而不为君统。诋素王为怪谬,或且以为僭窃。尽以其权归之人主。于是,天下议事者引律而不引经,尊势而不尊道。其道不尊,其威不重,而教主微;教主既微,生民不严不化,益顽益愚。皆去孔子素王之故。异哉!王

义之误惑不明数千载也！夫王者之正名出于孔氏。何谓之王？一画贯三才谓之"王"，天下归往谓之"王"。天下不归往，民皆散而去之，谓之"匹夫"。以势力把持其民谓之"霸"，残贼民者谓之"民贼"。夫王不王，专视民之聚散向背名之，非谓其黄屋左纛，威权无上也。后世有天下者称帝，以王封其臣子，则有亲王、郡王等名。六朝则滥及善书，渎及奴隶，皆为王。若将就世俗通达之论识言之，则王者人臣之一爵，更何足以重孔子？亦何足以为僭异哉？然今中国圆颅方趾者四万万，其执民权者二十余朝，问人归往孔子乎？抑归往嬴政、杨广乎？既天下义理、制度皆从孔子，天下执经、释菜、俎豆、莘莘皆不归往嬴政、杨广，而归往大成之殿、阙里之堂，共尊孔子。孔子有归往之实，即有王之实，有王之实而有王之名，乃其固然。然大圣不得已而行权，犹谦逊曰假其位号，托之先王，托之鲁君，为寓王为素王云尔。故夫孔子以元统天，天犹在孔子所统之内，于无量数天之中而有一地，于地上无量国中而为一王，其于孔子曾何足数！但考其当时，则事实同称，征以后世，则文宣有号，察其实义，则天下归往，审其通名，则人臣之爵，而上昧神圣行权偶托之文法，下忘天下归往同上之徽称，于素王则攻以僭悖之义，于民贼私其牙爪，则许以贯三才之名，何其舛哉！"[1]101

其实，《公羊传》《谷梁传》《左传》都是对《春秋》的注疏、解释，故而具有《春秋》三传之称。从这个意义上说，传播今文经和古文经都不脱儒家的经学范围，借用康有为的话语结构或表达方式便是都属于孔学。如此说来，董仲舒的今文经学和刘歆的古文经学都证明了孔学对汉代的影响。问题的关键是，康有为似乎并不这样看，因为他推崇今文经而贬黜古文经。更有甚者，康有为一面对董仲舒佩服得五体投地，一面对刘歆极尽贬损之能事。可以看到，与对刘歆不遗余力地打压形成强烈对比，康有为一再对董仲舒的贡献、地位予以夸大和拔高。沿着这个思路，康有为发出了如下断语："然大贤如孟、荀，为孔门龙象，求得孔子立制之本，如《繁露》之微言奥义不可得焉。董生道不高于孟、荀，何以得此？然则是皆孔子口说之所传，而非董子之为之也。善乎王仲任之言曰：文王之文，传于孔子；孔子之文，传于仲舒。故所发言轶荀超孟，实为儒学群书之所无。若微董生，安从复窥孔子之大道哉！"[2]307 依据这个说法，轻视董仲舒，便无法窥见孔子大道。这应了康有为关于董仲舒是"孔子之后一人"的判断，也使董仲舒的地位超越了其他孔子后学，《春秋繁露》的地位也随之超过了其他孔门经典。康有为这样做，是因为他认定董仲舒的思想不仅证明了孔学的辉煌，而且是孔学正宗。

二、以公羊学解读《春秋》

康有为推崇孔子旨在将孔子打造成托古改制的祖师爷,借助孔子的权威为变法维新提供理论辩护。特殊的目的和动机使康有为选择了以《春秋》而不是以《论语》为第一经典来解读孔子的思想,并且青睐擅长发挥微言大义、注重经世致用的今文经学。在这方面,董仲舒以公羊学解读《春秋》的范式和思路符合康有为的意趣诉求,董仲舒的公羊学尤其是对《春秋》三世三统的发挥让康有为如获至宝。

康有为指出,孔子在汉唐尤其是在汉代的影响得益于《春秋》,因而与《春秋》的传承密切相关。具体地说,康有为所讲的汉唐哲学与《春秋》的密不可分,主要指《春秋》对汉唐哲学的影响。对于康有为来说,这既印证了孔子所作六经以《春秋》为至贵,又证明了传孔子《春秋》并且深谙《春秋》微言大义的董仲舒在汉唐哲学中的显赫地位和决定影响。在康有为看来,孔子后学中解读《春秋》者不乏其人,只有董仲舒对《春秋》的解读深中肯綮,体悟到了孔子思想的精髓和奥义。于是,康有为写道:"书必有序,以发明其意。序或自作,或同时人作,或后学作《春秋》言微,孔子未能自序,赖后学发明之。后学明于《春秋》者,莫如董子。"[2]310 鉴于《春秋》在六经中的首屈一指和对于孔子思想的提纲挈领,康有为给予洞察《春秋》正义的董仲舒多高的礼遇也都可以理解了。

康有为认为,《春秋》对汉唐哲学的影响包括微言与制度——或者说,孔子之文与孔子之礼两个方面。事实上,康有为对孔学与汉唐哲学关系的追溯基本上是循着这两条线索展开的。按照他的说法,董仲舒对孔子之道无所不传,对《春秋》的阐发也包括微言与礼制两个方面。对此,康有为连篇累牍地声称:

> 故《春秋》专为改制而作。然何邵公虽存此说,亦难征信,幸有董子之说,发明此义,俾《大孔会典》《大孔通孔》《大孔律例》于二千年之后,犹得著其崖略。董子醇儒,岂能诞谬。若是,非口传圣说,何得有此非常异义耶?此真《春秋》之金锁匙,得之可以入《春秋》者。夫《春秋》微言暗绝久矣,今忽使孔子创教大义如日中天,皆赖此推出。然则此篇为群书之瑰宝,过于天球河图亿万无量数矣。王仲任曰:孔子之文,传于仲舒。呜呼!使董子而愚人也则可,使董子而少有知也则是,岂不可留意乎![2]365

> 孔子之作"六经",其书虽殊,其道则未尝不同条共贯也。其折衷则在《春秋》。故曰:志在《春秋》。《春秋》为改制之书,包括天人,而礼尤其改制之著者。故通乎《春秋》,而礼在所不言矣。孔子之文传于仲舒,孔子之礼亦在仲

舒。孔门如曾子、子夏、子游、子服、景伯，于小敛之东西方，立嫡之或子或孙，各持一义，尚未能折衷。至于董子，尽闻三统，尽得文质变通之故，可以待后王而致太平，岂徒可止礼家之讼哉？其单词片义，皆穷极元始，得圣人之意，盖皆先师口说之传，非江都所能知也，不过荟萃多，而折衷当耳。若其为《春秋》之大宗，今学之正传，熟而贯之，足以证伪礼者，犹其余事矣。[2]330-331

孔子创义，皆有三数以待变通。医者制方，犹能预制数方以待病之变，圣人是大医王而不能乎？三统、三世皆孔子绝大之义，每一世中皆有三统。此三统者，小康之时，升平之世也。太平之世别有三统，此篇略说，其详不可得闻也。后世礼家聚讼固有伪古之纷乱，而今学中亦多异同，如子服、景伯、子游争立子、立孙、立弟，《公羊》《谷梁》争妾母认子贵、不以子贵，《檀弓》争葬之别合，曾子、子夏争殡之东西，孟子、公羊爵之三等、五等，禄之三品、二品，皆今学而不同，后师笃守必致互攻。岂知皆为孔子之三统，门人各得其一说，故生互歧。故通三统之义，而经无异义矣。自七十子以来，各尊所闻，难有统一之者，虽孟、荀犹滞于方隅。惟董子乃尽闻三统，所谓孔子之文传之仲舒也。[2]370

依据康有为的分析，董仲舒对《春秋》的解读和传承是沿着微言与礼制两个方面进行的，故而能够尽显孔子的托古改制、三统三世之义。对《春秋》的这一解读表明，董仲舒没有像孔子后学那样对孔学各执一端，从而结束了自孔子亲授弟子以来——即使是孟子、荀子也不能幸免，对孔子大道"滞于一隅"并且由于各得一隅而聚讼纷纭的局面。基于这种认识，康有为对董仲舒的《春秋繁露》奉若神明，而这缘于他对《春秋》的奉若神明。具体地说，康有为在将六经都说成是孔子所作的前提下，强调《春秋》是六经之至贵，因而将《春秋》奉为解读六经和孔子思想的金钥匙。在这个前提下，他甚至强调，如果说《春秋》是解开六经的金钥匙的话，那么，董仲舒对《春秋》的解读即《春秋繁露》则是解开《春秋》的金钥匙。沿着这个思路，康有为得出了如下结论："《春秋公羊》之学，董子及胡毋生传之。董子之学，见于《繁露》，胡毋生之说，传于何休。故欲通《公羊》者，读何休之注、董子之《春秋繁露》。（吾有《春秋董氏学》）有义、有例、有礼，要皆孔子所改之制。分而求之，则《公羊》可通，而《春秋》亦可通矣。"[2]18 由此可见，康有为对董仲舒佩服得五体投地与董仲舒作的《春秋繁露》息息相关，从根本上说则缘于对《春秋》的情有独钟。

经过康有为的上述论证，无论《春秋》对于六经的至关重要，还是《春秋繁露》对于《春秋》的至关重要，都指向了董仲舒以公羊学的范式解读《春秋》对于孔学的至关重要。无论《春秋繁露》对于解读《春秋》和孔子微言大义的不可或缺，还是董仲舒开创的孔学一统局面,都使董仲舒在孔学中的地位首屈一指。与此相一致,康有为在考察孔学与汉唐哲学关系的过程中,极力推崇董仲舒,明确指出"董子穷理过于荀子,荀子过于孟子"[2]188。正是沿着这个思路,康有为将董仲舒誉为孔子之后的第一人和汉代的"第一纯儒"。

三、董仲舒与汉唐哲学

透过董仲舒视界中的汉唐哲学可以发现,他对汉唐哲学的描述服务于他的国学理念,带有明显的主观偏袒和主体倾向。这一点通过康有为对汉唐人物的侧重取舍直观地反映出来,对关注人物的臧否褒贬更是将他的主体好恶表达得淋漓尽致。正是由于这个原因,借助康有为对董仲舒的思想解读和态度评价,不仅可以透视他对汉唐人物的臧否取舍,而且可以直观领悟他对汉唐哲学的态度评价和历史定位。

首先,汉唐时期,群星璀璨,人才辈出。就康有为对汉唐人物的选择而言,存在明显乃至极端的主观好恶和偏袒。一个不争的事实是,汉唐时期的大家——从扬雄、王充、王弼、桓谭、郭象、向秀到柳宗元、刘禹锡等始终没有受到应有的重视,有些人物甚至没有被提及。之所以出现这种情况,根本原因在于:康有为始终以孔学为中心来选择人物,凡是与孔学无关者一概入不了他的法眼。他对待汉唐人物的取舍、态度也秉持这一原则,只提及与孔学相关的人物。例如,康有为对扬雄的提及就与孔子有关:"告子曾与墨子辨者,见于《墨子》。盖亦孔子后学,而为孟子前辈大儒。唯其言性曰无善无不善,类杨子(指扬雄——引者注)之善恶混,亦于孔子性近习远之说未为大谬。无善无不善,即可以为善、可以为不善也,皆就中人之姿言之,说亦相近。有性善,有性不善,则孔子所谓上智下愚不移。"[3]430 再如,康有为多次讲到刘歆之父——刘向,对刘向的态度也与对刘歆的态度形成强烈反差。这是因为,刘向倾向于今文经学,与康有为推崇的公羊学相近。与此类似的还有康有为对班固和《白虎通》的态度:"孔学之聚讼者,不在心性,而在礼制。《白虎通》为十四博士荟萃之说,字字如珠,与《繁露》可谓孔门真传秘本。赖有此以见孔学,当细读。"[2]19 公元79年,汉章帝刘炟在白虎观讲议五经同异,后来令史臣班固撰集成书,名曰《白虎通》。《白虎通》全称《白虎通义》或《白虎通德论》,汇集了东汉时期今文经内部的争议。尽管班固本人信守古文经,然而,《白虎通》是调和今古文经乃至统一今文经的著作,基本上继承了董仲舒的今文经学。正因为如此,尽管班固恪守古文经立场,并且与刘歆的思想一脉相承,然而,班固编撰的《白虎通》的今文经立场却是康有为所认同的。鉴于这种情况，康有为对《白虎通》予以肯定，甚至将之与他推崇备至的《春秋繁露》相提并论。与此相一致，康有为并没有对作为古文经学家的班固展开鞭挞，致使班固的命运在康有为的思想中与同样身为古文经学家的刘歆天差地别。

究而言之，康有为是以自己的孔学立场和思路来审视包括董仲舒在内的汉唐人物，并且梳理汉唐哲学的。因此，他提及的国学人物都与孔学有关，他重视的人物都是孔子后学，他推崇的人物则不只是孔子后学并且还要是孔学嫡传。明白了这一点，便可以理解康有为对汉唐人物的取舍偏袒和由此而来的态度评价以及对董仲舒的顶礼膜拜了。

其次，纵观康有为的全部思想可以发现，他关注最多的汉唐人物主要有四人，分别是董仲舒、司马迁、刘歆和韩愈。而康有为之所以选中并聚焦这四个人，可以从两个方面去理解：一方面，这四个人的共同点是推崇孔子，对孔子的思想予以传承和诠释。这符合康有为关注、选择国学人物的原则和标准。另一方面，董仲舒、司马迁与刘歆、韩愈在康有为那里绝不能等量齐观，四人被划分为两类，作为正反两方面的典型再现孔学在汉唐时期的一统辉煌与分裂并存的遭遇。这就是说，借助董仲舒、司马迁与刘歆、韩愈，康有为既证明了孔子在中国历史上的教主地位，又从源头上揭示了近代孔教衰微的历史根源。由此不难想象，基于自己对孔学的理解，康有为对董仲舒、司马迁与刘歆、韩愈的评价相去天壤：对董仲舒、司马迁的青睐与对刘歆、韩愈的敌视形成强烈反差。

在万木草堂授徒讲学时，康有为讲的唯一汉儒是董仲舒，并且对董仲舒的《春秋繁露》反复予以阐发，并在戊戌变法之前编撰《春秋董氏学》。《春秋董氏学》始编于1893年，1897年完成。通过对董仲舒超孟轶荀的地位提升与对《春秋繁露》的思想诠释，康有为把董仲舒推到孔子一人之下而孔门六万徒侣之上的位置。正是在这个意义上，康有为直接称呼董仲舒是孔后一人、汉代第一纯儒，并且多次借王充之口声称孔子之文传于董仲舒，连其间的孟子和荀子都省略了！至此，康有为对董仲舒的热捧达到了顶点。在推崇董仲舒的同时，康有为讲到了司马迁，对司马迁力辟异端的功劳给予了高度评价，对司马迁所作的《史记》尤其是其中的《儒林列传》的地位予以拔高。在康有为的视界中，司马迁不是史学家而是思想家——准确地说，是名副其实的孔子后学；当然，《史记》也不是史书而是司马迁的学术著作。这就是说，康有为之所以对司马迁和《史记》格外青睐，归根结底是由于司马迁的身份。而对于司马迁的身份，康有为的认定是护教有功的孔子后学。有了对司马迁的这一身份认定,康有为便开始了对《史记》别出心裁的解读。

与对董仲舒和司马迁的态度迥然相异,康有为对刘歆的排斥尽人皆知。作为康有为成名作的《新学伪经考》,写作的主要目的就是揭露刘歆篡改经书的"真相",证明刘歆是伪造经书的千古罪人。翻检康有为的著作可以看到,为了批判而不是像《春秋董氏学》《孟子微》《礼运注》《中庸注》《春秋笔削大义微言考》那样因为阐发、推崇而写的书,在康有为的一生中也只此一部,由此便可以想见康有为对刘歆是多么痛恨了。

如果说刘歆被康有为视为从内部破坏孔教的头号敌人的话,那么,韩愈对于孔教的内部破坏在康有为看来同样罪不可赦。韩愈以"唐宋八大家"之首名世,主要身份甚至第一身份是文学家。康有为自然深知这一点,然而,他不唯没有赞叹韩愈之文,反而攻击韩愈以文害理。据康有为本人在自传中披露:

> 先生(指康有为的老师朱次琦即朱九江,人称九江先生——引者注)甚称韩昌黎之文,因取韩、柳集读而学之,亦遂肖焉。时读子书,知道术,因面请于先生,谓昌黎道术浅薄,以至宋、明、国朝文学大家巨名,探其实际,皆空疏无有。窃谓言道当如庄、荀,言治当如管、韩,即《素问》言医,亦成一体。若如昌黎不过为工于抑扬演灏,但能言耳,于道无与。即《原道》亦极肤浅,而浪有大名。千年来文家颉颃作势自负,实无有知道者。[3]62

据此可知,在康有为看来,韩愈在为文方面负有盛名不假,究其实则属浪得虚名,充其量只不过是"为工于抑扬演灏,但能言耳,于道无与"。更为重要的是,在对韩愈之文不屑一顾的同时,康有为着重从思想家的角度对韩愈展开批判。可以说,康有为的这个举动孤立地看有些出乎所有人的预料,甚至有些惊愕和不解。这是因为,韩愈历来被视为捍卫孔子之道的代表,这是宋明理学家推崇韩愈的原因所在,韩愈的道统说更是被宋明理学家津津乐道。尽管如此,站在康有为的立场深入分析可以发现,他对韩愈展开批判却是顺理成章的。韩愈的道统说与康有为"百家皆孔子之学"的说法相去甚远,以他提倡的孔学来审视韩愈,韩愈对董仲舒的蔑视而导致的孔学衰微罪不容恕。于是,康有为成为将韩愈打入万劫不复深渊的近代第一人。此后,严复1895年在天津《直报》上发表《辟韩》一文,抨击韩愈的《原道》为君主专制张目,与自由、平等相悖。谭嗣同也在《仁学》中将批判的矛头指向韩愈,并且像康有为一样将刘歆与韩愈联系在一起。相对于严复、谭嗣同等近代哲学家的做法,康有为对韩愈的批判并没有与近代的价值理念相关联,显得有些离题甚远,然而却与他的孔教观一脉相承。在康有为那里,不仅对韩愈的态度如此,对整个汉唐哲学皆作如是观：从正面说，由于确信董仲舒得孔子大道之本，是孔学嫡传，便在汉儒中以董仲舒为中心，对司马迁、刘向、何休和王充等人的肯定也是如此；从反面说，由于认定刘歆、韩愈从内部破坏了孔子大道，便不遗余力地对两人大加鞭挞。

尚须提及的是，康有为对同为孔门后学的董仲舒、刘歆的不同态度除了与他的孔教观一脉相承之外，还取决于他对两人与先秦诸子——尤其是孟子和荀子思想的渊源关系的认定。依据康有为的分析，董仲舒传孟子的公羊学，深得孔子之微言大义；刘歆则是荀子后学，拘泥于古文经学的字句考证。沿着这个思路，素来"美孟而剧荀"（梁启超评价康有为语）的康有为自然在爱屋及乌的同时"恨"屋及乌，从而对董仲舒与刘歆分别看待和分别对待。不仅如此，伴随着康有为由早年主张今文经与古文经不可偏废而转向视二者形同冰炭，作为今文经大师的董仲舒与作为古文经大师的刘歆在他心目中的地位天悬地隔乃至不共戴天也就成为早晚的事了。

综上所述，康有为不仅对董仲舒顶礼膜拜，而且对董仲舒的《春秋繁露》奉若神明，两者之间内在关联。康有为对董仲舒的思想解读与地位提升互为表里，直接关涉他对整个汉唐哲学的认识和评价。正因为董仲舒在康有为那里拥有的"附加值"极高，因此，康有为视界中的董仲舒既呈现了他的汉唐哲学研究，又展示了他的孔学理念。

参考文献

[1] 康有为.康有为全集：第三集[M].北京：中国人民大学出版社，2007.

[2] 康有为.康有为全集：第二集[M].北京：中国人民大学出版社，2007.

[3] 康有为.康有为全集：第五集[M].北京：中国人民大学出版社，2007.

原载于《衡水学院学报》2018年第4期。

天人感应的发生机理与运行过程
——以《春秋繁露》、"天人三策"为文本依据

余治平
(上海交通大学 人文学院,上海 200240)

[摘 要] 董仲舒是中国古代感应思想的集大成者,提出了"天道类动""阴阳性情""人副天数""因五行而用事"系列的概念、观念,论述了感应的一般性原则,既有诸多命题的逻辑推演,也有"求雨""止雨"的实际应用,因而为天人感应的观念与信仰建构出一套完整的认知系统。在董仲舒这里,感应思想被推向了成熟的形态。文章揭示和呈现了董仲舒天人感应思想的发生机理与运行过程,以消除人们长期以来所作的神秘化误读,并克服学界研究对感应、天人感应只流于泛泛而说、停在表皮而不能深入内里的弊端。

[关键词] 董仲舒;天人感应;性情;类;阴阳;五行;《春秋繁露》

上古中国,天人感应观念起源于诸如《诗经》《尚书》《管子》《国语》《易传》《吕氏春秋》等先秦典籍中。但这些典籍中的感应思想显得很零散、驳杂,并且多属灵感迸发,呈现出感应意识萌发的初始状态,还没有在理论化、体系化和知识化背景下获得理解和阐释。中国古代感应思想的真正集大成者,非董仲舒莫属。董仲舒的感应思想在理论上起源于春秋公羊学,在现实中则得益于武帝的策问。"三代受命,其符安在?灾异之变,何缘而起?性命之情,或夭或寿,或仁或鄙,习闻其号,未烛厥理。"[1]1094-1095 "盖闻'善言天者必有征于人,善言古者必有验于今'。故朕垂问乎天人之应,上嘉唐虞,下悼桀、纣,浸微浸灭浸明浸昌之道,虚心以改。"[1]1103 经过

[作者简介] 余治平(1965—),男,江苏洪泽人,教授、博士生导师,哲学博士。

董仲舒在汉初时代的一番学术努力,感应,尤其是天人之间的感应,获得了完整而系统的建构,他提出了"天道类动""阴阳性情""人副天数""因五行而用事"系列的概念、命题,也论述了感应一般性的原则,有诸多命题的逻辑推演,也有"求雨""止雨"的实际应用,因而呈现出感应思想非常成熟的形态。根据清乾隆卢文弨校本《春秋繁露》和载于《汉书·董仲舒传》的"天人三策",董学从感通发生的一般性原则、物物相感(同类的和异类的)及天人应合三个层面展开了他的感应哲学思想。感应的发生机理在阴阳五行的流转而不在神性作用,其运行过程可解析、可证明,由此可以消解长期以来人们对董子之学所做的一切神学或神秘化误读①。

一、"天道各以其类动":感应的前提与条件

徐复观说过:"董氏非常重视类。他立论的大前提是'天人同类'。"[2]金春峰也说:"'类比''无类类比'是董仲舒认识方法的本质的特点。"[3]董仲舒的感应学说的一个核心概念就是"类",在语义学上它包含着象、似、类比、类推之意。中国古代思想中的感应,在对象、内容上有物与物的感应、人与物的感应、天与人之间的感应。董仲舒以为,物物相感、人与物相通、天与人相应的根据就在于:同类相动、以类度类。他说:"天道各以其类动。"[4]44"同者相益,异者相损。"[4]99 相同类型、相同性质的天下万物都可以互动,都可以彼此沟通,但只有相同的事物之间才会相互助益,而相异的事物之间却容易导致彼此损丧,这既是自然世界,又是人类社会的一条普遍法则,是感应现象发生的基本前提。"天道施,地道化,人道义。圣人见端而知本,精之至也。得一而应万,类之治也。"[4]99 "类"是世界存在者之间的可通约性,通过"类"我们才能建立起物与物之间的交汇。天、地、人三者之间在本体状态中是统一的,然而,在进入现象世界之后,它们之间则存在着性质、本质和品格上的

---

① 现代以来的许多论者都把董仲舒的天人感应思想做了神秘化的理解,其实在董仲舒那里,感应始终是有阴阳五行根据的,而没有丝毫的神秘因素。周辅成说:"董仲舒把先秦的这些半科学半神秘的东西聚集在一起后,把它放在先秦儒家思想的基础上,利用它来达到自己的政治目的,为君主集权提供理论根据。"见《论董仲舒思想》,上海人民出版社1961年版,第34页。冯友兰说,董仲舒的"这种作为'万物主'的'天',并不就是一般宗教所说的'上帝',而是被神秘化了的物质的天"。他甚至断言:"天人感应说是一种神秘主义的虚构。"分别见《中国哲学史新编》第三册,人民出版社1985年版,第53、69页。王永祥称:"正如董仲舒的目的论具有神学性质那样,他的'天人感应'论也常带有明显的神学色彩。"见《董仲舒评传》,南京大学出版社1995年版,第155页。钟肇鹏说,《易传》之类"古代关于自然感应之说",到了《吕氏春秋》则"已把它与人事祸福牵合,至董仲舒加以引申发展而成天人感应的神学目的论,作为他的哲学理论基础。至汉代谶纬更加泛滥"。见《春秋繁露校释》校补本下,河北人民出版社2005年版,第810页。而这些论述则都可以从反面说明,不懂阴阳五行,是读不懂董仲舒的感应学说的。

类似和相通。找到了这种类似和相通，也就找到了它们的"类"。人如果抓住了天、地、人之间的"一"，就有可能与万事万物建立起有效的感应关系。

以董仲舒撰作为主的传世文献《春秋繁露》第十三卷中有《同类相动》一篇专门阐述怎样通过"类"而实现感应①。在这篇非常重要的文献里，至少蕴含着董仲舒或其学派感应思想的五层基本内容：

首先，从事物的存在性质上看，"去所异""从所同"是万物生生于世的一种基本趋向。"以类相召"是现象事物身上都有的共同属性，是现存世界的一般规律。这在《易传·乾·文言》中已经早有揭示，平地注水则去燥就湿，均薪施火则去湿就燥，云皆从龙、风皆从虎之类。《说卦》中八卦取象的内容都具有类的性质，但都不可能诉诸清楚明晰的知性逻辑，很难经得起缜密的概念分析。在董仲舒看来，美好的事情一定可以生发美好的事情，而坏恶的事情则会唤引来坏恶的事情，同类之物事一定是可以相应合而生起的。"天地之符，阴阳之副，常设于身。身犹天也，数与之相参。……于其可数也，副数；不可数者，副类。皆当同而副天，一也。……以此言道之亦宜以类相应"[4]75。天与人之间在"数"和"类"双重意义上都可以比附、通合，可以用数目来表达的，则其数目一定是相同的；而不可以用数目来表达的，则可以类通。

其次，从感应的发生机制上看，因为气同则会、声比则应的原理，所以，阳之气当有益、有助于阳性的物事，而阴之气则一定会有益、有助于阴性的物事。人们可以从阴阳之气的沿袭、继接关系上明确推断出同类物事与异类物事的相互益、损情况。譬如，在琴瑟的一根弦上敲打出宫音，那么其他弦上的宫音也会有响应；而如果击以商音，那么其他弦也会发出商音。甚至，宫、商、角、徵、羽五音中，相近的音

---

① 凌曙注《同类相动第五十七》题名，引《春秋元命苞》曰："猛虎啸，谷风起，类相动也。"见凌曙注《春秋繁露》，中华书局1975年版，第444页。关于《同类相动》篇的作者及文献自身的可靠性，按照桂思卓（Sarah A. Queen）的观点，《同类相动》篇位于《春秋繁露》"阴阳编"的十九篇之中，既不在"解经编""黄老编""礼制编"中，也不在"五行编"中，所阐述的核心观点则是"统治者与阴阳四时之间存在的宇宙论上的关联性"。桂思卓通过对阴阳出入之位次、运行路线的统计而发现，阴阳编的各篇之间存在着区别。"最大的差异在于它们各自的宇宙论假设"，问题就在于各篇对"阴阳的季节性运行"的记录，是"互相矛盾"的。因而她质疑说："一个汉代学者能否使用数量如此之多而且观点各不相同的阴阳周年运行理论来证明自己的政治主张（君主应当将德教置于刑罚之上）呢？或者，这些各异的宇宙论能否表明，众多学者都试图以其论著独立而精细地构建一种最具说服力的宇宙论，并以此支持作为皇帝之恩惠的德教的运用呢？"引文参见《从编年史到经典：董仲舒的春秋诠释学》(From Chronicle to Canon: The Hermeneutics of the Spring and Autumn, According to Tung Chung-shu)，朱腾译，中国政法大学出版社2008年版，第110、112、113页。从桂思卓的论述则可推断，阴阳编的这十九篇不可能出自董仲舒之手，其作者则应该是后世董仲舒学派的诸多学者。至于《同类相动》篇的作者，只不过应该是其中的一位。

都可以引起共鸣,这并非有什么神灵在起作用,而是一种"数"的必然,或一种"类"的必然蕴藏于其中。显然,声学力学中的共振现象被汉初的董仲舒当作了阴阳之气差异作用的结果。"董仲舒在这里显然是明确反对了超自然的有神论解释"[5]158。在董仲舒的哲学里,感应的中介、媒介或感应发生的前提,都来自两个方面,一是阴阳之气,一是性情。但说到底,这两个方面又是统一而不可分的,如"阴阳之气,在上天,亦在人。在人者,为好恶喜怒;在天者,为暖清、寒暑、出入、上下、左右、前后平行而不止"[4]97。性情乃阴阳之气在人身上的表现和反映。正是因为有了阴阳之气,物、事、人的感通才是可能的,感通才会发生和兴起。经由性情而呼应,物、事、人之间的感通才能得以最终完成。不止人,物也可以有性情,由此而实现与人的应合。

至于阴阳之气、阴阳之行如何促使同类事物间的相动、"相报",《春秋繁露·阴阳终始》篇做了详细阐明:"天之道,终而复始。故北方者,天之所终始也,阴阳之所合别也。冬至之后,阴俯而西入,阳仰而东出。出入之处,常相反也;多少调和之适,常相顺也。有多而无溢,有少而无绝。春夏,阳多而阴少;秋冬,阳少而阴多。多少无常,未尝不分而相散也,以出入相损、益,以多少相溉济也。多胜少者,倍入。入者,损一;而出者,益二。天所起一,动而再倍,常乘反衡再登之势,以就同类,与之相报。故其气相侠,而以变化相输也。春秋之中,阴阳之气俱相并也。中春以生,中秋以杀。由此可见,天之所起,其气积;天之所废,其气随。故至春,少阳东出就木,与之俱生;至夏,太阳南出就火,与之俱暖。此非各就其类,而与之相起与?少阳就木,太阳就火,火木相称,各就其正。此非正其伦与?至于秋时,少阴兴,而不得以秋从金,从金而伤火功,虽不得以从金,亦以秋出于东方,俯其处而适其事,以成岁功,此非权与?阴之行,固常居虚,而不得居实,至于冬,而止空虚,太阳乃得北就其类,而与水起寒,是故天之道,有伦、有经、有权。"[4]70-71 观察由阴、阳二气所决定和主导的天体运行,就可以发现其基本轨迹和规则:在冬至以后,阴气开始入归于西方,阳气则开始从东方生出。到了春夏之时,阳气多而阴气少;到了秋冬之时,阳气少而阴气多①。阴、阳二气的出入与损益,与它们的同类物事之间存在着

---

① 桂思卓就曾因《阴阳终始》所描述的"秋时,少阴兴,而不得以秋从金,从金而伤火功,虽不得以从金,亦以秋出于东方",无法与《天辨在人》所载录的"少阴因金而起,助秋之成"相一致,少阴于秋的位处充满矛盾,而推断《春秋繁露》的阴阳十九篇非同一个作者。见《从编年史到经典:董仲舒的春秋诠释学》,第113、114页。但她的这个推断也有问题。顾颉刚曾说,"董仲舒是提倡儒术的",但"翻开他的书来,满纸是阴阳五行之说。要是依了司马谈《论六家要指》的话,把阴阳和儒家分成两家,那么,还是请他到阴阳家的队里去的好"。见《中国上古史研究讲义》,中华书局1998年版,第103、104页。但后世无数学者显然还是把他归入儒门,并且还是把《春秋繁露》的阴阳五行篇归入他的名下而将其视为研究董子思想的重要资料。

某种互相应就、彼此证验的关系。阴、阳之气一旦交合("侠")则产生万千事物的复杂更变。春、秋两季均位于阴阳运行的中正状态("合别"),所以,阴、阳二气便显得调和、适宜。天道运行至春之时,少阳从东方出而应就于木,它所带给世界万物的是生之性;至夏之时,太阳从南方出而应就于火,它所带给世界万物的是暖之性。少阳、春、东方、木之间有着类型、倾向、性质和本质上的接近,同样,太阳、夏、南方、火之间,少阴、秋、西方、金之间,太阴、冬、北方、水之间,各自也一定能够在构成、品格、功能、趋向等方面进行交汇与并合。这就叫"各就其类",也是世界存在者的一般规律,即人事物的"经""伦"或"正"之所在[6]229。

第三,感应不只是单向的、一维的,而是双向的、多维的。感应主体一般所面对的是一个性情化的存在者,所以,感应就总是在人、事、物之间进行的,而不可能是一方绝对地有而另一方则绝对地无,不可能是一方向另一方的强势颁布或硬性施予,如基督教的上帝对于人、康德的道德律令对于人。在《春秋繁露》里,天有阴阳,人亦有阴阳,物与事皆有阴阳。当天地的阴气生起,人的阴气也必然随之应出。同样的道理,当人的阴气生起,天地的阴气也会随之作出反应。人们一旦通晓了这种应合关系,要想求雨,就应当充分调动和凸显人身上的阴性因素,这样才可以感通天阴之雨而使之降临大地;而要想止雨,则必须积极调动、激活人身上的阳性因素,这样就可以感通于天并使之出现晴朗之阳。实际上,包括祸福、灾祥在内的世界上许多物事都是由阴阳之气的进退、交感、类动而产生的。

第四,感应如何能够被人所领会和确证?这是感应被认知并获得可传递性,走向社会交往领域的核心问题。"《诗》云:他人有心,予忖度之。此言物莫无邻。察视其外,可以见其内也"[4]14。董仲舒以为,应该借助于"度",相当于孔子恕道工夫中的一种,感应主体需要用心去思量、比拟、揣测对象。《韩诗外传》强调说:"圣人以已度人者也。以心度心,以情度情,以类度类,古今一也。类不悖,虽久同理。"[7]15 而又如何才能实现"度"呢?则应该依靠"内视反听"。"反听"为聪,"内视"为明,聪明既得,物我通达。而这一切都得凭借本己之心去领会和体认。于是,一方面,感应可以通向性情形而上学,与"气"一样,性情在理论上也便当然地成了物物感通不可或缺的媒介和中介。而在性情类同的情况下,以心才能度心,以情才能度情;而另一方面,感应往纵深方向演进则必然导致神秘化、个体化和心理化倾向的出现,于是,儒学的宗教性似乎已是感应观念中的应有之意。

第五,紧接着《易传》的学术传统,董仲舒在这里又强调了圣人在沟通物类过程中的重要作用。对于琴瑟奏宫、他宫鸣应这类事实,对于万物去其所异而从其所同、气同则会而声比则应这样的道理,人们似乎总以为肯定有某种神秘的东西在背后发生作用。实际上,此间并不存在任何神性因素与秘密成分,只不过是感应的缘故。董仲舒用阴阳五行的作用过程解构了感应的不可知性与神秘性。美物召美物、恶类引恶类,这种事情似乎都可以从感应的发生机理中找到缘由①。"天道各以其类动,非圣人孰能明之?"[4]44 一般人不以"心"去应合天地物事,不理解"类"相感通的必然性,所以便不得不相信命、神之类不可测因素的存在。

至于物与天之间,董仲舒认为,当然也可以相互感应。"物莫不应天化"[44]68。从发生学意义上看,世界万物的发生与形成都禀受于天、来源于天,因而也就都具有与天相感通、相应合的潜质。"故天地之化,春气生,而百物皆出;夏气养,而百物皆长;秋气杀,而百物皆死;冬气收,而百物皆藏。是故惟天地之气而精,出入无形,而物莫不应,实之至也"[44]92。天地阴阳之气在春天的时候开始发出,于是便有万物的产生;到了夏季,阴阳之气侧重于养,因而便有利于万物的成长;在秋季,阴阳之气呈现出一种肃杀的品性,便导致万物的死亡;而在冬令,阴阳之气偏于收、萎,所以万物就不得不开始敛藏起自己、守护住自己。尽管天地阴阳之气很精微,不太彰显,其运行出入似乎也没有可触、可辨的形迹,然而,它们却可以通过与每一个世界存在者的感通与应合而把自己透露或表现出来。天与物的互通、物与天的相应,并不玄虚、缥缈,而是非常确凿的事实。

"天道各以其类动",但异类事物之间是否也可感、可通呢?能否因"感"而"动"以及如何因"感"而"动"呢?这是董仲舒感应学说的又一方面重要内容,是"感应"能否获得普遍意义的关键所在。既然《易传·系辞上》说:"感而遂通天下之故。"感应是存在世界的一般法则或普遍规律,那么,感应就不可能只在同类事物之间发生,在异类事物之间也应该存在。《春秋繁露·郊语》篇提出了异类感应的观念:

> 人之言:醯去烟,鸱羽去眯,慈石取铁,颈金取火,蚕珥丝于室,而弦绝于堂,禾实于野,而粟缺于仓,芜荑生于燕,橘枳死于荆。此十物者,皆奇而可怪,非人所意也。夫非人所意而然,既已有之矣,或者吉凶祸福、利不利之所从生,无有奇怪,非人所意如是者乎。此等可畏也。[4]82

这里,醯,即醯,也就是醋,醋可以驱散烟味。鸱,为一种鹰类之鸟,其羽可以清除入

---

① 甚至,感应也可以分为有形的和无形的。周桂钿指出:"天人之间也可以有无形的相互感应。"见《董学探微》,北京师范大学出版社1989年版,第65页。感应因为无形,所以许多时候人们就会觉得很神秘,于是也便陡增了感应学说被曲解和误读的许多可能性。

眼的异物。磁石,可以吸引铁器。颈金,乃真金,聚焦于日光之下即可燃出火来。蚕之将老,腹中之丝,正黄,自外视之,犹如日月之晕,吐出后,非常干脆,而五声之中,商音最为细急,所以,蚕在作茧的时候,人们切忌弹奏商音之乐。谷物丰收了,说明田野里的杂草就不是太多。那种能够杀虫防蛀的芜菇,只适宜在燕北之地生长。而橘枳在荆楚地域成活的可能性,却不是太大。这里可见,董仲舒已经把现代光学物理学、声学物理学、植物地理学、农学、植物学等自然学科中的常识也拉进了他恢宏的哲学体系,以为他的感应思想提供进一步的客观依据,也不顾这些事实能否真正地有利于感应原理的论证和说明。董仲舒的结论是:"造化之性,陶甄之器,非为同类相感,亦有异类相感者,若慈石引针,琥珀拾芥,蚕吐丝而商弦绝,铜山崩而洛钟应,其类烦多,难一一言也。"[7]395 从同类相应,到异类相感,董仲舒这一步似乎跨得太大、太快,逻辑衔接有待加强和固化。如果说"天道各以其类动"能够从阴阳之气的运行角度得到一点证明,那么,"异类相感"就显得苍白、空乏而无说服力,"感"得未免太悬乎了,与天道哲学体系本身还有隔膜、不润之处①。

二、路径与机理:由阴阳性情而感通

感应并不神秘,而只由阴阳性情而生发、推动和作用。感应的中介或媒介在阴阳之气、在性情②。情与气,看似两件,但作为沟通天人或连接物物的桥梁,其实是一致而不相悖逆的。"夫喜怒哀乐之发,与清暖寒暑其实一贯也。喜气为暖而当春,怒气为清而当秋,乐气为太阳而当夏,哀气为太阴而当冬。四气者,天与人所同有也,非人所能蓄也。故可节而不可止也,节之而顺,止之而乱。人生于天,而取化于天。喜气取诸春,乐气取诸夏,怒气取诸秋,哀气取诸冬"[4]66。人从天出,人之神、形、气皆取法于天。人情之喜,为暖性,与少阳、春天相当;人情之怒,为清性,与少阴、秋天相而;人情之乐,与太阳、暑日相当;人情之哀,则与太阴、冬日相当。情与气,既在人,也在天;情与气,既通人,也可以通天。《春秋繁露·同类相动》篇曾论述过同类事物如何经由阴阳之气而实现感通。至于同类事物的应合如何由

---

① 相比于许多古代中国哲学家对许多哲学命题的论证都无法进入其核心,往往一到关键的地方就骤然而止、语焉不详,把剩下的疑难和问题全都留给读者去想象、去发挥,董仲舒的阐发还算是比较有分析品格和论证气质的。

② 许多研究者能够意识到感应的中介、媒介在于气,如周桂钿所说:"天与人中间充满着气,天人通过气这种中介进行信息交流,相互感应。"见《秦汉思想史》上,福建教育出版社 2015 年版,第 182 页。然而,这个气具体指什么呢,则往往又囫囵吞枣、语焉不详,而无法进行更为深入的探究。董仲舒把气落实到阴阳之气、五行之气,应该是一大学术进步,因为这样可以将其展开到更为细致、内在的层面作深化讨论,说得通透。可惜,至宋儒,许多学者又倒退到只笼统谈气而不分阴阳五行的泛泛而说。

"情"而发,董仲舒在《春秋繁露·天辨在人》篇中则以天人关系为例做了分析:

> 春,爱志也①;夏,乐志也;秋,严志也;冬,哀志也。故爱而有严,乐而有哀,四时之则也。喜怒之祸、哀乐之义,不独在人,亦在于天。而春夏之阳、秋冬之阴,不独在天,亦在于人。人无春气,何以博爱而容众?人无秋气,何以立严而成功?人无夏气,何以盛养而乐生?人无冬气,何以哀死而恤丧?天无喜气,亦何以暖而春生育?天无怒气,亦何以清而冬杀就?天无乐气,亦何以疏阳而夏养长?天无哀气,亦何以激阴而冬闭藏?故曰:天乃有喜怒哀乐之行,人亦有春秋冬夏之气者,合类之谓也。[4]69

在董仲舒看来,原本属于人的喜、怒、哀、乐之情,天也有。而原本属于天的春、夏、秋、冬之气,人也有。显然,情、气通贯天与人。一方面,人有春天少阳之气,才会去博爱、宽容;人有秋日少阴之气,才有可能立严、成功;人有夏时太阳之气,才可以盛养、乐生;人有冬令太阴之气,方能够哀死、恤丧。而另一方面,天如果没有喜气,也不可能生出暖阳而化育万物;天如果没有怒气,则不可能澄清世界而推动事物进行新陈代谢;天如果没有乐气,万物阳的属性就不可能得到舒展并获得养长;天如果没有哀气,万物阴的属性就不可能被激活并处于闭藏的状态。因之,天与人便都具备了感应活动本身所要求的同质性、双向性和多维性,这是感应发生所依据的前提条件。也正因为有了这样的条件,四时与人情之间才有了性质、品格、作用等方面的可比拟性和可通约性,诸如春与爱、夏与乐、秋与严、冬与哀都可以相配、相称。这样,天与人的"合类"才有可能实现②。

不同于逻辑推理或知性演绎对性情因素的一味拒斥,相反,感应一定要由"情"而发才能够产生和实现。同时,也只有由情而发才能够导致出至深、至内、至真、至切的感通与应合,董仲舒说:"故声发于和而本于情,接于肌肤,臧于骨髓。"[1]1096 唯有那种以情为本、动之以情、始出于情的"声"(或音乐,或语言,或诗歌,等等)才能爆发出震撼灵魂的力量,才能由感官、存在而直达本体的意境,才能入心入骨,达到"类"感应的最佳效果。所以,董仲舒才说:"孔子作《春秋》,上揆之天道,下质诸人情,参之于古,考之于今。"[8] 天道、人情与古今,贯通一气。没有了天道、没有了性情,参古考今无论如何都是不可能的。可见,情是天、人感通的枢纽与津梁。

---

① 于首奎校曰:"'志',意也,心之所主叫'志'。《论语·为政》:'吾十有五而志于学。'"见钟肇鹏主编《春秋繁露校释》,第750页。

② "合类",在《四时之副》篇中也被称为"通类","王者四政若四时,通类也"。于首奎校释曰:"'通类'犹'合类'。"见钟肇鹏主编《春秋繁露校释》,第751页。通、合皆系动词。通为贯穿、往来、交接、中无阻隔。合乃投契、融洽、符合、协同、会集、兼有。

如果承认天人合类而为一，那么，这个"一"的形式又是什么呢？二者是如何相"一"的？《阴阳义》篇说："天亦有喜怒之气、哀乐之心，与人相副。以类合之，天人一也。春，喜气也，故生；秋，怒气也，故杀；夏，乐气也，故养；冬，哀气也，故藏。四者，天人同有之，有其理而一用之。与天同者，大治；与天异者，大乱。故为人主之道，莫名于在身之与天同者而用之，使喜怒必当义而出，如寒暑之必当其时乃发也；使德之厚于刑也，如阳之多于阴也。是故天之行阴气也，少取以成秋，其余以归之冬；圣人之行阴气也，少取以立严，其余以归之丧。"[4]71 显然，春、秋、冬、夏之气，天具备，人同样也具备，这是一种人与天的类合与通贯。天、人本就属于同一类，春喜生、秋怒杀、夏乐养、冬哀藏，这四种属性和功能已为天与人所共同具有。正如《天辨在人》篇所说，喜怒哀乐的性情，不独为人所有，也同样为天所有，这是一种天与人的副和与符合。正因为如此，天与人才能够遵循一样的法则和规则，而实现真正的统一。这就解决了天、人相"一"的形式问题。

至于天与人如何相"一"，怎样实现感应，董仲舒以为，首要的一点就是，人道与天道的一致。《春秋繁露》中，董仲舒曾从"情法于天"、"治道"与"天道"、政制人事与天相应、"人副天数"等方面对感应问题进行了详尽论述。

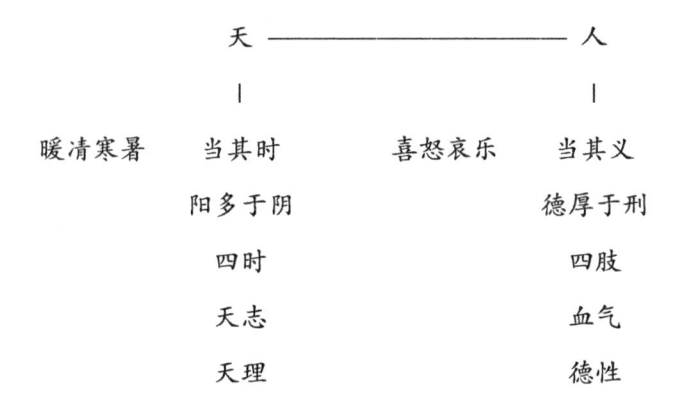

```
                天 ——————————————— 人
                │                    │
   暖清寒暑    当其时      喜怒哀乐    当其义
                阳多于阴              德厚于刑
                四时                  四肢
                天志                  血气
                天理                  德性
```

按照董仲舒的理解，人道与天道同合，则天下大治，诸事大吉；而与天道相异，天下则一定大乱，凶祸必至。涉及政治统御，人君国主则应当深明"身"与"天"相感通的基本道理，能够从四时有条不紊的天象运行中领悟出：自己的喜怒发出一定要符合"义"的原则，从而使得为政之策德教多于刑罚，如同天之阳气多于阴气。这样，天与人就可以实现贯通和统一。"天人之际，合而为一。同而通理，动而相益，顺而相受，谓之德道。诗曰：维号斯言，有伦有迹。此之谓也"[4]60。与人因为类同而都遵循着一致不悖的原则，两在于天、人的阴阳之气经由上下、左右、前后、出入路径而协调运行，交感互动，彼此相生、相授，于是便进入了真正的"天人合一"。

天与人的相合,是宇宙大道在天、人之际的表现、示出,所以也可称为"道"的具体落实和分有,即"德"。

三、人副天数:感应的表象与结果

董仲舒天人感应学说中的一个最为著名、非常重要而又经常被后人诟病的命题就是"人副天数"。既然"人生于天,而取化于天"[4]66,那么,个体人的形体结构、血气性情乃至群体社会的德教政制也必定与天有着许多相同或相似之处。"人生于天,而体天之节"[4]46。人为天所生,所以人的一切都必然要取法于天、效仿于天。"为人者,天也。人之(为)人,本于天。天亦人之曾祖父也。此人之所以乃上类天也。人之形体,化天数而成;人之血气,化天志而仁;人之德行,化天理而义;人之好恶,化天之暖清;人之喜怒,化天之寒暑;人之受命,化天之四时①。人生有喜怒哀乐之答,春秋冬夏之类也。喜,春之答也;怒,秋之答也;乐,夏之答也;哀,冬之答也。天之副在乎人,人之情性有由天者矣。故曰:受,由天之号也,为人生主也"[4]64-65。因为造设出人的是天,天是人之为人的源出,这就从根本基础上、从内在品性上决定了人与天的可比拟性、可通合性。尽管其他万物也由天所造设,但由于"唯人独能偶天地""所取天地多者"[4]75,所以只有人,才是天最接近的副本,最能够与天志、天意、天气相符合、相配称的,则非人莫属。因为"天人之征"是一个普遍有效的"古今之道"[1]1104,所以,天之数可以化育出人之形体,天之志经由人之血气而能够成就出仁,天之理被融进人的教化德行后所表出的则是义,天的暖清寒暑化入于人心则变为好恶喜怒的性情,人的受命当然也得禀承天之四时之气才能完成。

《春秋繁露·官制象天》篇说:"求天数之微,莫若于人。人之身有四肢,每肢有三节;三四十二,十二节相持而形体立矣。天有四时,每一时有三月;三四十二,十二月相受而岁数终矣。官有四选,每一选有三人;三四十二,十二臣相参而事治行矣。以此见天之数,人之形,官之制,相参相得也。人之与天,多此类者,而皆微忽,不可不察也。"[4]46 这里,董仲舒极为有效地把天数②、人体、官制纳入了一个近乎完整的系统结构中。

---

① 董天工引真德秀曰:"此即致中和,而天地位、万物育。仲舒之学,所以为纯。"见《春秋繁露笺注》,黄江军整理,华东师范大学出版社2017年版,第155页。
② 鲁惟一说:天数或指"十",或指"十个要素","天数也指天时"。见《董仲舒:"儒家"遗产与〈春秋繁露〉》(*Dong Zhongshu , a "Confucian" Heritage and the ChunqiuFanlu*),香港中华书局2017年版,第310页。

天数	四时	每时三月	十二月	岁数终
人体	四肢	每肢三节	十二节	形体立
官制	四选	每选三臣	十二臣	事治行

在这个系统结构中，一方面，人体、官制的形成以天为摹本，人自身以及由人组成的整个社会体制都从天那里获得存在根据和道义支撑。"此种天人关系，即天以自己的原则展示人形，颇有类西方《圣经》所主张上帝以自己形象造人之意"[9]。而另一方面，天、人、政制形式之间的"相参相得"、彼此感通，又构成、导致了整个系统结构的稳定与和谐。《春秋繁露·官制象天》篇的论述，于首奎说："天子建立官制取象于天，以天为法。"[10] 人与天的这种类合，经常可以从日常生活中的这些极容易被忽略的精微现象、不显之事中获得证验。

《人副天数》位于《春秋繁露》的第十三卷，是第五十六篇，具体生动地说明了人与天相副、相合的情况[4]75。这一段话尽管冗长繁复，但其所用的方法则无非两种："于其可数也，副数；不可数者，副类。"[5]162 为了能够对人与天相副和的情况有一个简捷、清晰的了解，这里不妨通过表式把董仲舒所认定的那种天人一一对应关系展示出来：

```
天 ——————————————— 人
|                    |
三百六十天 ——————— 三百六十节
日月 ——————————————— 耳目
川谷 ——————————————— 理脉
神气 ——————————————— 哀乐喜怒
阴阳 ——————————————— 文理
天容 ——————————————— 首：坌而员
星辰 ——————————————— 发
风气 ——————————————— 鼻口：呼吸
神明 ——————————————— 胸：达知
百物 ——————————————— 腹胞：实虚
天类之状 ——————————— 颈以上：精神尊严
```

土壤之比	颈而下:丰厚卑辱
地形之象	足布而方
阳:天气	礼带以上
阴:地气	礼带以下
五行	五脏
四时	四肢
昼夜	视瞑
冬夏	刚柔
阴阳	哀乐
度数	计虑
天地	伦理

在现代科学流行并昌明的今天,这些看来几乎没有一点根据甚至违背医学生理学常识的生硬比附,似乎已是相当荒唐可笑①。但在汉代中国人的心目中,这些比附却是上天造人事实的痕迹和标志,是人与天合信念的现象根据。无论是在形体、器官方面,还是在功能、属性、情感、数目方面,人与天的一一对应,都是人生来与俱的。人与天的比偶、弇合,在可数之处一般都会与天之数相等同;至于不可数之处,则在特征、性质、作用等方面保持与天的一致和类通。

实际上,作为天人感应学说的一个部分,天人相副的观念在汉代已经是相当流行,从《淮南子》到《黄帝内经》,直至东汉的大量纬书,没有一个不大讲特讲天人相应、人副天数,几乎已经完全成为当时人们的主流意识形态,董仲舒还只是其中的一个环节而已。相比之下,《淮南子》(主要反映在《天文训》《精神训》中)则偏于简略、粗放,只有单纯的物理类比,而不及精神心体;《黄帝内经》(主要集中在《灵枢·邪客》)则趋于细密、完备,但也只涉于医学现象学的直观描述;而到了谶纬泛

---

① 古代中国的类推思维、感应观念,不在现代科学的知识系统之内,因而便不受现代科学的知识系统的检验和约束。它们"在'有'与'无'之间,没有逻辑中的含蕴关系,而只能出之以想象","董氏以及两汉思想家所说的天人关系,都是通过想象所建立起来的",而"这种想象,不是具体与具体的连结,而是一端是'有',另一端是'无',通过想象把有形与无形,把人与天要在客观上连结起来,这中间便没有知识的意义"。可见,"想象",而非判断,才是古代中国思维最主要的方法与进路。汉人的这种思维方式尽管"都具备了哲学系统的形式;但缺乏合理的知识内容去支持此一形式。所以不仅是董氏,汉人的这类的哲学系统,不能受合理主义的考验"。见徐复观《两汉思想史》,第241页。既然类推、感应的"哲学系统的形式"与现代科学知识体系原本就不在一条道上发生与发展,所以就不能把"合理主义"当作唯一正当、有效的衡量标准。

滥的时期,人与天副则过多地掺入了主观想象或人为虚拟的因素,从而又被推向了迷信、偏执的极端。董仲舒在此间的作用和地位体现在:他把"人副天数"纳入了天人系统结构中加以消化和吸收,从而使人对天的"副"(或合、应、通、感、接等)具有了"宇宙本体和信念本体的双重性质"[6]229。

应该说,董仲舒的天不可能是纯粹的天空(Sky),也不可能是绝对的神(God),而是人——包括自然化的身体形状和社会性的伦理政制两个基本层面——心理信念的来源,并由此而成为人间治道的最高根据。董学中的"人副天数"已经扬弃了那种物理的、自然性的现象描述,已不再是一种纯粹知识论层面上的求证;是已渗进了心理学、宗教学、社会学的生动内容,成为一种本体论意义上的关怀。透过《春秋繁露》文本的那些无法经得起现代科学眼光审视的类比与副合,也可以看到董学体系与内容的矛盾。即,一方面,阴阳五行的结构框架要求人在自然形体直至社会政制方面有与天的绝对符合和无条件统一;而另一方面,无论是天的性情,还是人的性情,都有照顾情实、面对特殊的要求,随时都有可能突破这种结构框架中那些僵死原则乃至消解、砸碎这种结构框架本身的冲动。所以,仅仅通过"人副天数"的表面陈述而一味嘲笑董学的愚昧或无知,未免显得过于简单、粗暴①。

四、求雨、止雨之术:感应的检验与运行

天人感应学说的一个最为实际的用途,或说最有力的辅证,就是董仲舒的"求雨""止雨"之术。《史记》《汉书》都称其"行之一国,未尝不得所欲"[1]1108。董仲舒认为,雨、旱的形成原因就在于阴阳之序的颠倒或紊乱。"大旱者,阳灭阴也。阳灭阴者,尊厌卑也。固其义也,虽大甚,拜请之而已,敢有加也。大水者,阴灭阳也。阴灭阳者,卑胜尊也。日食亦然,皆下犯上。以贱伤贵者,逆节也。故鸣鼓而攻之,朱丝而胁之,为其不义也。此亦春秋之不畏强御也。故变天地之位,正阴阳之序,直行其道,而不忘其难,义之至也"[4]22。天地之位变更,阴阳之序失正,都会导致异常天气的出现。"禹水汤旱,非常经也。适遭世气之变,而阴阳失平"[4]73。天有大旱,是因为天之阳遮蔽、消灭了天之阴。天有大水,则是天之阴淹没、吞并了天之阳而造成的。阳灭阴,说明尊上之物已完全拒绝、排斥了卑下之物,是以上压下,以上

---

① 冯友兰曾批评指出,在董仲舒看来,"人是宇宙的缩影,是一个小宇宙。反过来也可以说,宇宙是人的放大,是一个'大人'。他实际上是把自然拟人化了,把人的各种属性,特别是精神方面的属性,强加于自然界,倒转过来再把人说成是自然的摹本。这是一种典型的唯心主义的拟人观的理论。在这种唯心主义的基础上,他宣传天人感应的迷信"。见《中国哲学史新编》第三册,人民出版社1985年版,第66、67页。

凌下。而阴灭阳,则意味着卑下之物完全超越、胜过了尊上之物,是以下犯上,以下僭上。

静态地看,阴与阳,都有其当出之时,但在什么时候出、在什么位置上出以及通过什么方式出,前提则必须是以对方的存在为依据,这才是阴阳之"常"。阴、阳互补的前提是,对方必须是合法的存在,阴或阳的任何一方都不可能自己与自己互补。无论阳灭阴,还是阴灭阳,都是阴阳之序的非正常状态,都是有害的,因而也都得避免和克服。所以,"求雨"和"止雨"的目的就是要纠天地之位、正阴阳之序,从而使阴阳之气直行其道而畅遂无阻,以至始终发生恰当的功能、作用。

《春秋繁露·同类相动》篇说:"天有阴阳,人亦有阴阳。天地之阴气起,而人之阴气应之而起。人之阴气起,天地之阴气亦宜应之而起,其道一也。明于此者,欲致雨,则动阴以起阴;欲止雨,则动阳以起阳。故致雨,非神也。而疑于神者,其理微妙也。"[4]76 显然,天、人在本性上是可以相互应合的,天、人同有阴阳。我们千万不能用实体化的思维去理解阴、阳,阴、阳类似于性质、倾向、元素、基因、关系。上古中国,人们经常把阴阳理解成一种气,但它又绝不只是被人可感可触的那么一点冷暖体认。天地的阴气升起,人的阴气也会应之而起;同样,人的阳气升起,天地的阳气也能应之而起。所以,要想求雨,就必须充分发挥出人的阴气以便调动起天地的阴气;而要想止雨,则必须充分发挥出人的阳气以便调动起天地的阳气。这是"求雨""止雨"的基本原理。《史记》《汉书》都记载,"仲舒治国,以《春秋》灾异之变推阴阳所以错行,故求雨,闭诸阳,纵诸阴,其止雨反是"[1]1108。明白了这一原理,就可以清楚地知道求雨、止雨并非神的作用的结果,而是因为人的操作所致①。

至于怎样"求雨""止雨",鲁惟一概括为三种方法:"一是控制阴阳,二是以土龙求雨,三是通过复杂的祈祷和舞蹈仪式,且必须符合五行原理。"[11] 实际上这"三种方法"并不是可以完全分开操作的,而是都掺杂、融合在一起。《春秋繁露》中的《求雨》《止雨》两篇专门谈论了一套类似于方士巫术、神祖祭祀或民间宗教的礼式与仪轨要求。

《求雨》篇中,春旱求雨,选择在水日,祈祷社稷山川,百姓设家祭,禁止砍伐林木②;八日之内,让所有的巫士都暴晒于光天化日之下,号召民众收聚蛇蟒勿使之

---

① 金春峰已经注意到了董仲舒求雨、止雨之术的"非神论"性质,"对求雨、驱旱等类似方士迷信的活动,董仲舒给予了非神论的解释,这对造神活动是不利的。董仲舒据以作出这种解释的理论根据,正是以气为中介、以道德为基础的机械感应这种唯心主义的天人感应思想"。见《汉代思想史》第二版,第170、171页。

② 鲁惟一指出,《睡地虎秦简·秦律》规定,禁止在春天的第二个月砍伐树木。《张家山汉简·简249》也禁止人们在春夏砍伐树木。见《董仲舒:"儒家"遗产与〈春秋繁露〉》,第182页。

外串;在城的东门外,筑八尺高的祭坛,用生鱼、玄酒祭天。巫士必须祝斋三天,穿青衣,并致以这样的祝词:"昊天生五谷以养人,今五谷病旱,恐不成实,敬进清酒膊脯。"至于夏旱求雨,也应选择在水日,所有的百姓都祭祀于灶前,任何人都不得开土动工,必须更换家中所藏之水,疏浚民用井眼,把炊具锅灶、舂米用的臼和杵都拿出来,暴晒七天。在南门之外,筑七尺高的坛,用赤雄鸡七只、玄酒、清酒膊脯,巫士祝斋三天,穿红衣。秋季和冬季两个时节的求雨之法,也各有一整套严格的规矩。

而"求雨"之法也要求人予以适当配合。《求雨》篇说:"四时皆以水日为龙,必取洁土为之。结盖,龙成而发之。四时皆以庚子之日,令吏民夫妇皆偶处。凡求雨大体,丈夫欲藏匿,女子欲和而乐。"[4]89-90 亦即,在求雨之日,无论官民,一律要行同房之事,通过男人女人的交合、偶欢可以使天有所感而应化降雨。求雨之日也是"开阴闭阳"之时,男人、丈夫都应该躲藏起来,不得出现在街市上,让所有妇女都出来放歌纵舞。

关于"止雨",董仲舒也有一套奇特的方法。如果雨太多,则应该选择在土日,封堵水沟,塞住渠道,盖上井口,不得让妇女出现于街市。让乡里百姓把土地神之位都打扫干净。县邑之中,如果县丞、令吏、啬夫的数目在三人以上的,就应该有祝巫一人。同样,在乡里,如果基层官吏的数目在三人以上、父老超过三人的,也应该有祝巫一人。让这些祝巫都行斋三日,各穿四时正色之衣,献上乳猪一只,以及黍、盐、酒、财等,祭祀土地神。击鼓三天之后,致祝词。先两拜,再跪着陈述祝词。完后,起而再拜,再起来。祝词的内容是:"嗟!天生五谷以养人,今淫雨太多,五谷不和,敬进肥牲清酒,以请社灵,幸为止雨,除民所苦,无使阴灭阳。阴灭阳,不顺于天。天之常意,在于利人。人愿止雨,敢告于社。"显然,与求雨的原则相反,董仲舒认为:"凡止雨之大体,女子欲其藏而匿也,丈夫欲其和而乐也。开阳而闭阴,阖水而开火。"[4]90 止雨之礼的关键就在于,"废阴起阳",即让充满阴性的人与物,不暴露于天庭之下,暂时使之回避、隐藏起来,甚至要求在十七县、八十乡范围之内,享受千石以下待遇的官吏,若有妇女在身边,则应该把妇女都预先遣送回家。

《求雨》《止雨》以及《治水五行》所描述的感应现象,保存有许多巫术、方术的痕迹。董仲舒的思想来自齐学,而齐学总是与方术、巫术纠缠在一起的。董仲舒在建构恢宏的儒学哲学体系的时候,未加精细处理就把方术、巫术的一些内容带了进来。这样做虽然有损于儒学的精湛性和纯洁性,但好在能够使那些至少在汉代还有影响的、关于天人的原始观念及其崇拜礼式较为完整地保存了下来。在今天看来,这些记录仍具有一定的人类学价值,譬如,可以进一步深挖出阴阳(五行)与晴雨、与男女生殖崇拜、与原始思维、与古人交往行为的方式之间的关系。儒学极有可能起源于早期的巫术,这可能就是儒学宗教性的根基所在。但《春秋繁露》中所援引的感应材料是否直接来自那种远古时代从事祭祀、连接神人之儒(即"巫")的实践活动,还有待于进一步考证和研究。

五、感应的非阴阳进路:"因五行而用事"

董学之中,切入感应的进路不只有一条,除了阴阳之气之外,还有五行之运转。如果只停留在阴阳之气这一步,则说明董仲舒对感应所做的建构工作远没有完成,他还应该再从五行运转的视角予以论证或确认。在董仲舒那里,人事行为与五行之间也存在着彼此感应的逻辑关联。《春秋繁露》中《治水五行》篇称①,一年三百六十日,从冬至日算起,以七十二日为单位,天时之主可分为木、火、土、金、水。

甲、从冬至到惊蛰,第一个七十二日,木主事,天地之气燥浊而青。人应该顺木性而行事,要具备温良、谨慎的品德。到了立春之时,解除桎梏,排去稽留污垢,打开门闾,清理障塞,怀念幼孤,同情寡独。注意:切不可砍伐林木。

乙、从惊蛰到小满,第二个七十二日,火主事,天地之气惨阳而赤。凡人所为应当取法火性,勘疆勒土,耕治田畴。到了立夏的时候,则选拔贤良,封赏那些有德有功之士,也可以派使节前往各国进行外交活动。此间,最忌讳纵火焚烈。

丙、从小满到大暑,第三个七十二日,土主事,天地之气湿浊而黄。人应该遵循土德,敬养长老,心存幼孤,情系寡独,行施孝弟,普施恩泽,但不可兴土动工。

丁、从大暑到寒露,第四个七十二日,金主事,天地之气惨淡而白。人应当依据金性行事,可以建城筑郭,修缮墙垣,饬养甲兵,警儆百官,诛杀不法之徒,行谨言慎,尊奉长老。注意:万不可焚烈金石。

戊、从寒露到冬至,第五个七十二日,水主事,天地之气清寒而黑。人之所为应当以水性为范则,关闭门闾,整顿内事,决断并实施刑罚,修饬关驿桥梁,禁止旅行迁徙。然而,绝不可开堤毁坝。

---

① 《治水五行第六十一》,见董仲舒《春秋繁露》,聚珍版影印本,第79、80页。关于《春秋繁露》"五行"九篇的真伪,曾有日本学者庆松光雄以《汉书·五行志》中董仲舒大讲阴阳而不讲五行为由而认定《春秋繁露》中的五行诸篇为伪作,是五行说盛行的前汉中期至南北朝时代之间的著作。但田中麻纱巳、邓红均予以批驳,而以为用《汉书·五行志》来否定《春秋繁露》的方法是不可取的。见邓红《董仲舒思想研究》,文津出版社2008年版,第178、179页。鲁惟一曾指出,《治水五行》"篇名的意思并不清晰,凌曙提到《尚书》注疏中说,如果水失去作用的话,其余四者均会受到影响,以此解释篇名的含义。黄震把篇名写作《治水五行》,或者可以印证这一说法。"见《董仲舒:"儒家"遗产与〈春秋繁露〉》,第268页。

这里,董学已经把包括人心、生活和社会政治在内的世界全部纳入五行构架之中了,"人在什么时候应该做什么",似乎一切早已被天所预设、所决定了,人自己所能做的则不允许跳出这个固定死板的框架。这样,人就不会是属于自己的,而是一种先天的产物。人不再是一种生成性(becoming)的存在者,而已变成为一种现成性(being)的物质存在。

这便难怪司马谈在评论阴阳家时曾一针见血地指出:"夫阴阳、四时、八位、十二度、二十四节,各有教令。顺之者昌,逆之者不死则亡。未必然也。故曰:使人拘而多畏。"[12]本来,在董学"中民之性"的性情理论中还给人留有能动、自主的空间和地盘,但到了五行感应说这里,却几乎完全置人于不顾。尽管感应是双向的,天、人是可以互感的,但这里所执着强调的还是人对天的复制、副合乃至绝对遵从。这不能不是董学思想的矛盾所在,是天学哲学体系乃至整个汉时代学说粗拙性的一个明显反映。

结　语

性情形而上学是董仲舒感应学说的基本前提。有性情才可以沟通,才能够感应。与性情一样,感应也是中国哲学乃至整个中国文化的一个不可忽略的大课题,甚至可以说是汉民族人文精神传统中屈指可数的重要家当之一。感应学说是董仲舒建构天道信念和天道哲学的神经中枢。在人们通常印象中,"天人感应"几乎就是董仲舒哲学的代名词。人是有性情地活在世上的,所以总得要信点什么,但怎样去信、怎样才能信得真实,这就要靠心把自我与"无限"、物与物、现象与本体、意义与存在做有益的连结、黏合或勾搭,而这便都与人心的感应功能密切关联。正是在感应思想的基础之上,董仲舒才能够走进天人相与之际,作为中国哲学重要命题的"天人合一"才得以有效地论证。可以说,没有感应的思想,天与人这两个在传统西方哲学看来是截然不同的世界存在,是根本不可能相遇并结合在一起的。然而,感应思维发展至极端,要么是宗教,要么是迷信。即,一方面可以产生出极为强烈的宗教性的信念、信仰,另一方面,也可以滋生出祥瑞、灾异之类的谶纬迷信,已大大游离出董子感应说有效限制王权、防止君上专制独裁的初衷。东汉时代谶纬之学甚嚣尘上的直接损失就是后世对感应问题的学术关注趋于淡漠,好像被打入了冷宫,甚至到了被遗忘的地步。董仲舒之后,感应思想几乎断了香火,没有人有兴趣在哲学的形上层次上做进一步的议论和发展。"禨祥灾祲之迷信深中于士大夫,智日以昏,而志日以偷,谁之咎也"[13],而这不能不说是中国思想史上的一大憾事。

参考文献

[1] 班固.汉书[M].陈焕良,曾宪礼,标点.长沙:岳麓书社,1994.
[2] 徐复观.两汉思想史:第二卷[M].上海:华东师范大学出版社,2001:241.
[3] 金春峰.汉代思想史[M].北京:中国社会科学出版社,1997:172.
[4] 董仲舒.春秋繁露[M].乾隆五十年卢文弨校武英殿聚珍版影印本.上海:上海古籍出版社,1989.
[5] 王永祥.董仲舒评传[M].南京:南京大学出版社,1995.
[6] 余治平.唯天为大:建基于信念本体的董仲舒哲学研究[M].北京:商务印书馆,2003.
[7] 苏舆.春秋繁露义证[M].北京:中华书局,1992.
[8] 王先谦.汉书补注[M].北京:中华书局,1983:1155.
[9] 冯树勋.阴阳五行的阶位秩序:董仲舒的儒学思想[M].新竹:台湾清华大学出版社,2010:133.
[10] 钟肇鹏.春秋繁露校释[M].石家庄:河北人民出版社,2005:843.
[11] 鲁惟一.董仲舒:"儒家"遗产与《春秋繁露》[M].香港:中华书局,2017:178.
[12] 司马迁.史记[M].长沙:岳麓书社,1988:941.
[13] 梁启超.古史辨:第五册下[M].上海:上海古籍出版社,1982:362.

原载于《衡水学院学报》2018年第5期。

儒家道德思想的实践
——董仲舒"仁义法"的人我内外之别

杨济襄

(中山大学 中文系,台湾 高雄 80402)

[摘 要] 董仲舒对先秦儒学的继承,除了内在心性仁义之外,强调"仁"与"义"的实践情境,董仲舒提出"仁义法"的主张,实承袭荀子由伦理身份的"分辨"去谈"义",亦从"道德典范"的建立,具象呈现"仁义"道德的实践样貌。董仲舒论仁义,是由《春秋》即事取义而来,他对于仁义道德的描述,不止于心性的探求,而是诉诸"外显行为"该如何落实仁义而作观察和检讨当事人行仁义却"不得其效"的症结,这是董仲舒对于先秦儒学以道德属性统言"仁义"所做的反省,也可见汉代经学入世用事的思潮特质。

[关键词] 董仲舒;儒家;道德;仁义法

一、先秦儒学所论述的"仁义道德"

代表先秦儒学之孔、孟、荀三家,都重视并且阐述作为道德价值的"仁义"观,例如,孔子以"仁"为人生至道,由己及人,表现为"仁爱"的情怀,在《论语》中多有抒发,"夫仁者,己欲立而立人,己欲达而达人。能近取譬,可谓仁之方也已"(《论语·雍也》),"惟仁者,能好人,能恶人"(《论语·里仁》)。除了推己及人,审辨好恶的仁心,孔子论"仁",亦有就实际行为而发者,例如,回答颜渊问仁,孔子以"非

[作者简介] 杨济襄(1969—),女,台湾彰化人,教授,博士生导师。

礼勿视,非礼勿听,非礼勿言,非礼勿动"(《论语·颜渊》)这些行为,作为"仁——克己复礼"的细目,使我们看到,以"仁"作为"具体化行为"时,依违与否,实际上与"礼"互为表里。可惜,孔子并未再针对道德心性之"仁"与循礼自约之"仁"有进一步之阐述。至于"义",孔子亦有注重,所谓"君子之于天下也,无适也,无莫也,义之与比"(《论语·里仁》),"义"是"当然""应该"之意。孔子认为,人的一切行为举止,都必须奉"义"而行,应该做的,即付诸实行,不应该做的,亦不可顾念一己私利而为之。在孔子来说,仁与义同为"道德的履行"。

孟子则发挥孔子的思想,以"仁"为人生第一原则,又极注重"义",仁义并举,以为生活行为之基本准衡。孟子论"仁义"同居于四端之心中,并援之为"性善论"之重要根据,所谓"君子所性,仁义礼智根于心""由仁义行,非行仁义",可见对孟子而言,"仁义"是道德主体的心性来源:

> 君子所性,仁义礼智根于心。其生色也,睟然见于面、盎于背。施于四体,四体不言而喻。(《孟子·尽心上》)

> 人皆有所不忍,达之于其所忍,仁也;人皆有所不为,达之于其所为,义也。人能充"无欲害人"之心,而仁不可胜用也。人能充"无穿窬"之心,而义不可胜用也。(《孟子·尽心下》)

> 人之所以异于禽兽者几希,庶民去之,君子存之。舜明于庶物,察于人伦;由仁义行,非行仁义也。(《孟子·离娄下》)

所谓"居仁由义",孟子所论之"仁义",虽然有"恻隐之心""羞恶之心"特质的不同,实质上仍以统概性的道德认知去描述"仁"与"义"。乃至于到了战国晚期的荀子,对"仁义"的描述,仍不出此道德认知的范围,所区别者,在于孟、荀二人对于"成圣成贤"之道有不同的看法:孟子以"扩充推恩之仁"为途径;荀子则以礼教辅性,勉励后天"人为",勤力不懈,终能致善:

> 圣人也者,本仁义,当是非,齐言行,不失毫厘,无它道焉,已乎行之矣。(《荀子·儒效》)

> 故尚贤使能,等贵贱,分亲疏,序长幼,此先王之道也。故尚贤使能,则主尊下安;贵贱有等则令行而不流;亲疏有分,则施行而不悖;长幼有序,则事业捷成而有所休。故仁者,仁此者也;义者,分此者也;节者,死生此者也;忠者,惇慎此者也。兼此而能之,备矣。(《荀子·君子》)

> 君子养心莫善于诚,致诚则无它事矣。唯仁之为守,唯义之为行。诚心守仁则形,形则神,神则能化矣;诚心行义则理,理则明,明则能变矣。(《荀子·

不苟》）

值得注意的是，荀子虽仍以道德概念看待"仁义"，却已凸显"义"不只是"心性道德"，而是和具有行为规范属性的"礼制"息息相关；荀子提出"仁之为守，义之为行"，从"尊卑、贵贱、长幼"的情境，设想道德实践必须透过"辨别""区分"，来决定"恰如其分"的适宜举止。在伦理架构中，"仁者，仁此者也；义者，分此者也"，荀子最终以"分"来诠解"义"，透过自我身份的辨明，"行礼如仪"地实践仁义。

董仲舒提倡"仁义法"，延续了荀子对于道德实践的情境设想，不只由伦理身份的"分辨"去谈"义"，且实体思考了"仁"与"义"在实践的情境上是否也应有所"区分"，"仁义"如何由道德的论述，排除言语空谈的辩论，落实为情境的可能。因此，他提出"仁义法"的主张，以《春秋》褒贬所陈之事迹，烁炼出道德仁义之范式，试图仰赖"道德典范"的建立，具象呈现"仁义"道德的实践样貌。

二、董仲舒秉"仁义"为区别人我内外之范式

董仲舒论仁义，是由《春秋》即事取义而来，"见诸行事"而非"载诸空言"，所以，他对于仁义道德的描述，不在于心性的探求，而是诉诸"外显行为"该如何落实仁义而作观察和检讨：

> 《春秋》之所治，人与我也。所以治"人"与"我"者，仁与义也。以仁安人，以义正我，故仁之为言，人也；义之为言，我也，言名以别矣。仁之于人，义之与我者，不可不察也。（《春秋繁露·仁义法》）

董氏由《春秋》义法所申论的"仁义"，一开始就从"道德"行之于"事实"所面临的困境而作"人、我"的反省，有别于先秦儒学在道德光环之下所统括的"仁义"，董仲舒所思考的"仁""义"，是如何在社会群体、人我之间作道德实践的要求。董仲舒主张"仁义法"，特别从"人我之别"去强调"治身"与"治民"二者不相同。"治身"是"正己"，从"义"做起；"治民"则重"爱人"，是"仁"的体现。

董仲舒从经典所彰显的"道德仁义"去肯定其价值，并进一步倡论道德仁义"致用于世"的主张和功效：

> 能说鸟兽之类者，非圣人所欲说也；圣人所欲说，在于说仁义而理之，知其分科条别，贯所附，明其义之所审，勿使嫌疑，是乃圣人之所贵而已矣。圣人思虑，不厌昼日，继之以夜，然后万物察者，仁义矣。……夫义出于经；经，传"大本"也。（《春秋繁露·重政》）

"义之所存"是董仲舒对于经典价值的定位，"义出于经，经传大本也"，圣人的经

典,绝非只是作为"能说鸟兽之类"的教科书。董氏认为,圣人说述的目的在"说仁义而理之""明其义之所审,勿使嫌疑",那么,圣人思虑察物的目的,显然就落在道德价值"仁义"的实践;因此,董仲舒在《春秋》义法上,便以之为宗旨而开展。

《春秋》记事多与政务相关,因此,由《春秋》经文所发凡的义法,其所论之道德内容,亦多由政事、礼制行为之讨论而得来。

> 孔子谓冉子曰:"治民者,先富之而后加教。"语樊迟曰:"治身者,先难后获。"以此之谓治身之与治民,所先后者不同焉矣。《诗》曰:"饮之食之,教之诲之。"先饮食而后教诲,谓"治人"也。又曰:"坎坎伐辐,彼君子兮,不素餐兮。"先其事,后其食,谓"治身"也。(《春秋繁露·仁义法》)

这里指出的"治身之与治民,所先后者不同",颇类似于《大学》所揭橥的思想:

> 物有本末,事有终始,知所先后,则近道矣。……古之欲明明德于天下者,先治其国;欲治其国者,先齐其家;欲齐其家者,先修其身;欲修其身者,先正其心;欲正其心者,先诚其意;欲诚其意者,先致其知;致知在格物。物格而后知至,知至而后意诚,意诚而后心正,心正而后身修,身修而后家齐,家齐而后国治,国治而后天下平。

由"内"而"外"、由"己"而"天下",即便是有先后本末之顺序,然而,一旦结合先秦儒学所倡论的"仁义道德",如何在事况情境里得到落实,才是此处董仲舒所关怀的。"治人"得"先饮食而后教诲","治身"则恰恰相反,严以律己、宽以待人,董仲舒对于儒学"仁义观"的实践,因此首重在"人我之别":"以义正己""以仁安人"。

"先富后教"是指"治民爱人"而非"持身奉己"。"先其事、后其食"则是指"治身"正己,而非"持以律人"。《荀子·大略》曾提到:

> 亲亲、故故、庸庸、劳劳,仁之杀也;贵贵、尊尊、贤贤、老老、长长,义之伦也;行之得其节,礼之序也。仁,爱也,故亲;义,理也,故行;礼,节也,故成。……君子处仁以义,然后仁也;行义以礼,然后义也;制礼反本成末,然后礼也。三者皆通,然后道也。

董仲舒认为"圣人所欲说,在于说仁义而理之""明其义之所审,勿使嫌疑",具体呈现仁义"用"世的精神,与《荀子》"义,理也,故行""行义以礼,然后义也"颇为类似。

"以仁安人,以义正我。故仁之为言,人也。义之为言,我也"。人我之别"不可不察"的原因,来自董仲舒以"务实致用"的态度去诠释《春秋》,站在叙事观点的立场,得以客观洞悉事件当事人行仁义却"不得其效"的症结,"《春秋》之所治,人与我也",这是董仲舒对于先秦儒学以道德属性统言"仁义"所做的反省。道德行为的要求,与道德心性的存在,是两个不同的命题。先秦儒学论及道德心性的存在,"人与我皆一"也;但是道德行为的要求,特别是落实在社会秩序的治理上,人我之别,却不可不察。"严以律己,宽以待人",儒学的道德观,在董仲舒的心目中,并不是曲高和寡的"阳春白雪"。因此,他透过《春秋》事例的观察,更具体地分析"仁""义"作为道德行为的实践,在人我关系的社会秩序里有不同的诉求:

> 以仁治人,义治我;躬自厚而薄责于外,此之谓也。且《论》已见之,而人不察,曰:君子攻其恶,不攻人之恶。不攻人之恶,非仁之宽与!自攻其恶,非义之全与!此谓之仁造人,义造我,何以异乎!故自称其恶谓之"情",称人之恶谓之"贼";求诸己谓之"厚",求诸人谓之"薄";自责以备谓之"明",责人以备谓之"惑"。是故以自治之节治人,是居上不宽也;以治人之度自治,是为礼不敬也。为礼不敬,则伤行而民弗尊;居上不宽,则伤厚而民弗亲。弗亲则弗信,弗尊则弗敬。(《春秋繁露·仁义法》)

董氏自谓"以仁治人,义治我,躬自厚而薄责于人",其见解本诸《论语》,孔子在《论语·卫灵公》云:"躬自厚而薄责于人,则远怨矣。"董仲舒由社会秩序的人我关系,去思考儒学所倡论的道德本体在实践时导致失败的原因。"君子攻其恶,不攻人之恶",同样的道德行为,施于人我,有截然不同的结果,"自称其恶"不等于"称人之恶","求诸己"不等于"求诸人","自责以备"不等于"责人以备"。道德理念行之于政治,不是操持着"统合的道德概念"就可以着成其效。以自治之节治人,将居上不宽;以治人之度自治,是"为礼不敬"。董仲舒由外显的道德实践,强调"义与仁殊",分析"仁"与"义"的不同:

> "义"与"仁"殊:仁谓"往",义谓"来"。仁大"远",义大"近"。爱在人谓之"仁",义在我谓之"义"。仁主"人",义主"我"也。故曰:"仁者,人也;义者,我也。"此之谓也。君子求仁义之别,以纪人我之间,然后辨乎内外之分,而着于顺逆之处也。是故内治反理以正身,据礼以劝福;外治推恩以广施,宽制以容众。(《春秋繁露·仁义法》)

由"人我、内外、顺逆"去分析"仁""义"的差异,显然是就"社会行为"去分析道德的实践。如此一来,"仁""义"就由抽象的道德品性成为具体的行为准则,也就是董氏所云的"仁义法":

> 人莫欲乱,而大抵常乱;凡以闇于人我之分,而不省仁义之所在也。是故《春秋》为仁义法,仁之法在爱人,不在爱我;义之法在正我,不在正人;我不自

正,虽能正人,弗予为义;人不被其爱,虽厚自爱,不予为仁。(《春秋繁露·仁义法》)

闇于人我之分,不省仁义之所在,这是道德行为不得成效的主因。董仲舒认为,《春秋》所昭示的"仁义法",为如何落实"仁""义"指出具体可循的方针:"仁之法在爱人,不在爱我;义之法在正我,不在正人。"

三、从褒贬《春秋》事例见"道德"之当行

"仁义法"之"法",是具体呈现道德准则的意思,并非秦政法家之"法"。在董仲舒的阐释下,"爱"能推于人,才叫作"仁",能"以身作则"要求自己端正才叫作"义"。对于"仁""义"有了"原则性"的施行方针而称为"法",以"法"来指称"仁义",并非始自董仲舒。实际上,以务实的态度正视道德履行的原则方针者,始自荀子。荀子以"行仁义"为"法正",所谓的"法",不是法家的"律法",而应该是指行为端正所塑造出来的"典范"。

> 凡禹之所以为禹者,以其为仁义法正也。然则仁义法正有可知可能之理。然而涂之人也,皆有可以知仁义法正之质,皆有可以能仁义法正之具,然则其可以为禹明矣。……今使涂之人伏术为学,专心一志,思索孰察,加日县久,积善而不息,则通于神明,参于天地矣。故圣人者,人之所积而致矣。(《荀子·性恶》)

董仲舒"仁义法",所思考的也是"如何'行仁义',方足称为'典范'"的问题。将"道德"视为"典范",不只是推崇,更是要依循奉行。以道德教化为核心价值,树立依循的典范,这是战国荀子以降,儒学实行道德具体化而体认出的"法",其根本精神为依礼行善,不同于法家以惩罚遏恶为主旨的"律法"。为此,董仲舒特别引用《春秋》事例加以说明:

> 知明先,以"仁"厚远;远而愈贤,近而愈不肖者,"爱"也。故王者爱及四夷,霸者爱及诸侯,安者爱及封内,危者爱及旁侧,亡者爱及独身。独身者,虽立天子诸侯之位,一夫之人耳,无臣民之用矣,如此者,莫之亡而自亡也。《春秋》不言伐梁者,而言梁亡,盖爱独及其身者也。故曰:仁者爱人,不在爱我,此其法也。(《春秋繁露·仁义法》)

董仲舒以僖公十九年经文记载"梁亡"为例,"王者,爱及四夷;亡者,爱及独身",指出,梁者灭亡,实为自取。可见,"爱独及其身"者,虽立于天子诸侯之位,也仅是"一夫之人",无臣民之用。

是否足以称为"仁",端视"爱"布行的远近,"爱"及四夷者为"王","爱"及诸侯者为"霸",执政者的气度,取决于仁爱所及之远近。以"仁"为法,不是将"仁"德条律化,而是思考"仁"者的行径,指出"仁者爱人,不在爱我"的方针。

> 义云者,非谓正人,谓正我;虽有乱世枉上,莫不欲正人,奚谓义?昔者楚灵王讨陈蔡之贼,齐桓公执袁涛涂之罪,非不能正人也,然而《春秋》弗予,不得为义者,我不正也。阖庐能正楚蔡之难矣,而《春秋》夺之义辞,以其身不正也。潞子之于诸侯,无所能正,《春秋》予之有义,其身正也;故曰:义在正我,不在正人,此其法也。(《春秋繁露·仁义法》)

董仲舒以四件事例来阐述《春秋》寓于行文微言中关于"正己"之义的看法。如果自身不得正,就算有"正人"之义,《春秋》仍然弗予认同。

关于"楚灵王讨陈蔡之贼",讨陈之贼:

昭公八年

经:春,陈侯之弟招杀陈世子偃师。陈人杀其大夫公子过。

经:冬,十月壬午,楚师灭陈,执陈公子招,放之于越,杀陈孔瑗。

以上二则经文,《公羊传》均无发论。

讨蔡之贼:

昭公十一年

经:夏,四月丁巳,楚子虔诱蔡侯般,杀之于申。

公羊传:楚子虔何以名?绝也。曷为绝之?为其诱封也。此讨贼也,虽诱之则曷为绝之?怀恶而讨不义,君子不予也。

昭公十一年

经:冬,十有一月丁酉,楚师灭蔡,执蔡世子有以归,用之。

昭公十三年

经:蔡侯庐归于蔡。陈侯吴归于陈。

公羊传:此皆灭国也,其言归何?不与诸侯专封也。

《公羊传》在昭公十三年表达了对于楚灵王讨陈蔡之贼,"不与诸侯专封"的看法。但是并没有董仲舒所言"《春秋》弗予,我不正也"之意。显然这是董氏在传文之外对于《春秋》经文义旨的发挥。经文在昭公八年、十一年"楚师灭陈""楚师灭蔡"的书写上,对于讨陈蔡之贼的楚灵王,的确看不出有嘉许的意味。那么,楚灵王何以自身不正而《春秋》弗予呢?关于楚灵王的事迹(前540—前529年,鲁昭公二年至昭公十三年),《谷梁传》有一段记载:

昭公四年

经：秋，七月，楚子、蔡侯、陈侯、许男、顿子、胡子、沈子、淮夷伐吴，执齐庆封，杀之。

（谷梁传：）灵王使人以庆封令于军中曰："有若齐庆封弑其君者乎？"庆封曰："子一息，我亦且一言，曰：'有若楚公子围弑其兄之子，而代之为君者乎？'"军人粲然皆笑。庆封弑其君，而不以弑君之罪罪之者，庆封不为灵王服也，不与楚讨也。《春秋》之义，用贵治贱，用贤治不肖，不以乱治乱也。孔子曰："怀恶而讨，虽死不服，其斯之谓与？"

由齐庆封临刑前对楚灵王的嘲讽"有若楚公子围弑其兄之子，而代之为君者乎？"可以得知，楚灵王自己也是弑君自立之人，又怎能有正当理由去讨伐别国的弑君之贼呢？《公羊传》对于昭公四年这一则事件的描述着重在庆封之罪，对于楚王并没有多言①。关于楚灵王其人的看法，董仲舒显然援用《谷梁传》"《春秋》之义，用贵治贱，用贤治不肖，不以乱治乱也"之说，《谷梁传》引用孔子之语："怀恶而讨，虽死不服"，正与董仲舒言"义在正我，不在正人"，对楚灵王"不得为义者，我不正也"的评论完全一致。值得注意的是，楚灵王怀恶而讨的事迹，其实在昭公四年经文"执齐庆封"的记事，就已经表露。为什么董仲舒在《春秋繁露·仁义法》中不提"执齐庆封"这件事，而以"讨陈蔡之贼"为例呢？董仲舒在《春秋繁露·楚庄王》里曾表示对昭公四年"执齐庆封"经文以楚子称呼楚灵王的看法：

《春秋》之用辞，已明者去之，未明者著之。今诸侯之不得专讨，固已明矣。而庆封之罪未有所见也，故称楚子以"伯讨"之，著其罪之宜死，以为天下大禁。

与《公羊传》发论重点在"庆封之罪"相一致，董仲舒对昭公四年经文的书写方式，也是"著庆封之罪"去诠释，所以完全未讨论楚灵王个人出身背景如何的问题。董氏认为，经文以"楚子"行文，是借"伯讨"来突显庆封之罪宜死。也就是说，昭公四年经文对于楚灵王的出身不正，并没有"弗与"的意思。既然在这则事件上，董氏曾表露这样的看法，以"楚子"行文书写的昭公四年"执齐庆封"这件事，显然不适合在《春秋繁露·仁义法》援引作"不得为义者，我不正也"的例证。

此处除了可以见识到董仲舒援举《春秋》事例的考究与功力之外，董仲舒评论人事，阐发《春秋》褒贬"善无细而不举，恶无细而不去"的精神，就事论事，是非善

---

① 《公羊传》："此伐吴也，其言执齐庆封何？为齐诛也。其为齐诛奈何？庆封走之吴，吴封之于防。然则曷为不言伐防？不与诸侯专封也。庆封之罪何？胁齐君而乱齐国也。"

恶条分缕析的作风,我们也同时一览无遗。

关于"齐桓公执袁涛涂之罪":

> 僖公四年
>
> 经:齐人执陈袁涛涂。
>
> 公羊传:涛涂之罪何?辟军之道也。其辟军之道奈何?涛涂谓桓公曰:"君既服南夷矣,何不还师滨海而东,服东夷且归?"桓公曰:"诺。"于是还师滨海而东,大陷于沛泽之中。顾而执涛涂。执者曷为或称侯?或称人?称侯而执者,伯讨也。称人而执者,非伯讨也。此执有罪,何以不得为伯讨?古者周公东征则西国怨,西征则东国怨。桓公假涂于陈而伐楚,则陈人不欲其反由己者,师不正故也。不修其师而执涛涂,古人之讨,则不然也。

董仲舒对"齐桓公执袁涛涂"这件事的看法,与《公羊传》一致,《公羊传》发论说明"此执有罪,何以不得为伯讨""桓公假涂于陈而伐楚",陈人袁涛涂为了避免齐师回返时再度入境于陈而献假策于齐。袁涛涂欺齐之三军,于齐而言,固然有罪。然而,齐"师不正",非伯讨,所以,尽管齐桓公所执之袁涛涂有罪,经文却以"齐人"来贬抑齐桓。"师不正",所以"执有罪"亦不得称"伯讨",董仲舒将这一段事理,连贯及"'行为'何以为'义'?"这个道德问题的反省。对于儒学所倡导的——"义"的道德行为,更明确地指出,"义"这项道德的履行,其核心价值在于"正我",而不在"正人"。

关于"阖庐正楚蔡之难":

> 定公四年
>
> 经:冬,十有一月庚午,蔡侯以吴子及楚人战于伯莒,楚师败绩。
>
> 公羊传:吴何以称子?夷狄也而忧中国。其忧中国奈何?伍子胥父诛乎楚,挟弓而去楚,以干阖庐。阖庐曰:"士之甚!勇之甚!将为之兴师而复仇于楚。"伍子胥复曰:"诸侯不为匹夫兴师,且臣闻之:事君犹事父也。亏君之义,复父之仇,臣不为也。"于是止。蔡昭公朝乎楚,有美裘焉,囊瓦求之,昭公不与,为是拘昭公于南郢,数年然后归之。于其归焉,用事乎河,曰:"天下诸侯苟有能伐楚者,寡人请为之前列。"楚人闻之怒。为是兴师,使囊瓦将而伐蔡。蔡请救于吴,伍子胥复曰:"蔡非有罪也,楚人为无道,君如有忧中国之心,则若时可矣。"于是兴师而救蔡。

定公四年经文记载吴楚之战的叙事方式很特别,经文以蔡侯为主辞,而写作"蔡侯以吴子及楚人战于伯莒"。这一次的吴楚之战,事实上是吴国为蔡侯出气。蔡侯朝于楚,却因为美裘而引起楚国囊瓦的觊觎,导致被囚数年方得归。三传传文对事件的叙述皆一致。但是董仲舒却有独到的看法,在《春秋繁露·俞序》认为:"霸王之道,皆本于仁。……故蔡得意于吴,鲁得意于齐,而《春秋》皆不告。"吴国为蔡而与楚战,董仲舒认为,吴帮助蔡并不是以"仁"为动机,从传文就可以看出,吴国伺机挑战楚国已有一段时日。所以,尽管吴为蔡国向楚讨回公道,经文在书写时的叙事观点,凸显的却是蔡国利用吴,而战胜于楚。《春秋繁露·仁义法》中,董仲舒再度提及此事,以吴王阖庐为讨论对象,明白指出"阖庐能正楚蔡之难矣",而《春秋》夺之义辞,以"其身不正也"。

关于"潞子其身正,《春秋》予之有义":

宣公十五年

经:六月癸卯,晋师灭赤狄潞氏,以潞子婴儿归。

公羊传:潞何以称"子"?潞子之为善也,躬足以亡尔。虽然,君子不可不记也。离于夷狄,而未能合于中国。晋师伐之,中国不救,狄人不有,是以亡也。

董仲舒以"之于诸侯,无所能正"的潞子作为"义以正己"的典范,强烈地凸显"义在正己,不在正人"的诉求;"潞子之为善也,躬足以亡尔"是《公羊传》对潞子的看法,潞子欲行诸夏之道,"离于夷狄,而未能合于中国",致使存亡关头孤立无援终至绝灭。《公羊传》对潞子事迹的诠释,是源自经文以"子"称呼其人的书写方式而来。董仲舒则借由《公羊传》所书写的事迹,再进一步推阐"其身正",符合"正己之义",所以《春秋》予以嘉许。

然而,潞子终究面临了灭绝的结果,对于这样一位人物,董仲舒以之作为"义"的典范,显示出董仲舒重视过程之合"义",不以成败论英雄的价值观。

抒发"治身"与"治民"不同,在政治思想中,提醒所有在位者,必须清楚认知自己的立场,掌握正确的"治身"与"治民"的分寸和原则,这是董仲舒在儒学"德教"的政治主张中,于先秦儒学德教思想有所超越、发明的地方。也使得董仲舒由《春秋》义法而抒发政治理念时,不是仅止于上位者"修身持德"的抽象泛论而已,更是由"安人、爱人"的"治民"眼光,具体呈现王者应操持的政治理念和实际作为。

四、"仁义"与"功利"的抉择:正其道不谋其利,明其理不急其功

子曰:"志士仁人,无求生以害人,有杀生以成仁。"(《论语·卫灵公》)将道德的完成视为比生命更可贵。孔子说"杀身成仁",孟子亦云"舍生取义":

鱼,我所欲也;熊掌,亦我所欲也。二者不可得兼,舍鱼而取熊掌者也。

生,亦我所欲也;义,亦我所欲也。二者不可得兼,舍生而取义者也。生亦我所欲,所欲有甚于生者,故不为苟得也。死亦我所恶,所恶有甚于死者,故患有所不辟也。(《孟子·告子上》)

事实上,董仲舒以为《春秋》就是一部"仁义法","仁之法在爱人""义之法在正我","孔仁孟义"在董氏的思维里皆属于"正己之义","以仁安人""爱人之仁"则是他对在位者的殷盼。生死关头的取舍,董氏秉承孔孟以生命彰显道德的传统,对于孟子所言之"所欲有甚于生者""所恶有甚于死者",董氏在《春秋》记事里找到答案:

> 祭仲见贤、逢丑父见非:"逢丑父杀其身以生其君,何以不得谓知权?丑父欺晋,祭仲许宋,俱枉正以存其君。然而丑父之所为,难于祭仲,祭仲见贤而丑父犹见非,何也?"
>
> 曰:"是非难别者在此。此其嫌疑相似而不同理者,不可不察。夫去位而避兄弟者,君子之所甚贵;获虏逃遁者,君子之所甚贱。祭仲措其君于人所甚贵,以生其君,故《春秋》以为知权而贤之。逢丑父措其君于人所甚贱,以生其君,《春秋》以为不知权而简之。其俱枉正以存君,相似也,其使君荣之与使君辱,不同理。故凡人之有为也,前枉而后义者,谓之中权,虽不能成,《春秋》善之,鲁隐公、郑祭仲是也。前正而后有枉者,谓之邪道,虽能成之,《春秋》不爱,齐顷公、逢丑父是也。夫冒大辱以生,其情无乐,故贤人不为也,而众人疑焉。《春秋》以为人之不知义而疑也,故示之以义,曰国灭君死之,正也。正也者,正于天之为人性命也。天之为人性命,使行仁义而羞可耻,非若鸟兽然——苟为生、苟为利而已。"(《春秋繁露·竹林》)

丑父欺晋①、祭仲许宋②,都是"枉正以存君",逢丑父甚至牺牲自己的生命以存活齐

---

① 成公二年经:秋,七月,齐侯使国佐如师。己酉,及国佐盟于袁娄。公羊传:君不行使乎大夫,此其行使乎大夫何?佚获也。其佚获奈何?师还齐侯,晋郤克投戟逡巡再拜稽首马前。逢丑父者,顷公之车右也。面目与顷公相似,衣服与顷公相似,代顷公当左。使顷公取饮,顷公操饮而至,曰:"革取清者。"顷公用是佚而不反。逢丑父曰:"吾赖社稷之神灵,吾君已免矣。"郤克曰:"欺三军者,其法奈何?"曰:"法斮。"于是斮逢丑父。己酉,及齐国佐盟于袁娄,曷为不盟于师而盟于袁娄?前此者,晋郤克与臧孙许同时而聘于齐。萧同侄子者,齐君之母也,踊于棓而窥客,则客或跛或眇,于是使跛者迓跛者,使眇者迓眇者。二大夫出,相与踦闾而语,移日然后相去。齐人皆曰:"患之起必自此始!"二大夫归,相与率师为鞍之战,齐师大败。

② 桓公十一年经:秋,七月,葬郑庄公。九月,宋人执郑祭仲。公羊传:祭仲者何?郑相也。何以不名?贤也。何贤乎祭仲?以为知权也。其为知权奈何?古者郑国处于留。先郑伯有善于郐公者,通乎夫人,以取其国而迁郑焉,而野留。庄公死已葬,祭仲将往省于留,涂出于宋,宋人执之,谓之曰:"为我出忽而立突。"祭仲不从其言,则君必死、国必亡;从其言,则君可以生易死,国可以存易亡。少辽缓之,则突可故出,而忽可故反,是不可得则病,然后有郑国。古人之有权者,祭仲之权是也。权者何?权者反于经,然后有善者也。权之所设,舍死亡无所设。行权有道,自贬损以行权,不害人以行权。杀人以自生,亡人以自存,君子不为也。

顷公,《公羊传》称许祭仲有经权之贤,对于逢丑父却仅书其被斩而未有只字嘉许。董仲舒认为这两起事件,"嫌疑相似而不同理",不可不察。祭仲存活其君的方式是"去位而避兄弟",逢丑父存君的处境,却是"大辱身,几亡国,为天下笑"(《春秋繁露·竹林》),齐国先是屈辱晋之来使,而后两军交阵,齐顷公临将被虏,逢丑父驱之若下人,始获逃遁。"使君荣"与"使君辱",其理不同。逢丑父之所以见非,董仲舒认为,并非以存君之成败定功过,"前枉而后义,谓之中权,虽不能成,《春秋》善之","前正而后有枉,谓之邪道,虽能成之,《春秋》不爱"。我们由董氏所举鲁隐公、祭仲、齐顷公、逢丑父的事例可以看出,"前"是指当事人先前的处境,"后"是指面对处境之后,所采取的作为。《公羊传》隐公元年"春,王正月"载:"桓幼而贵,隐长而卑……隐长又贤,诸大夫扳隐而立之。隐于是焉而辞立,则未知桓之将必得立也。且如桓立,则恐诸大夫之不能相幼君也。"在这种处境之下,"隐代桓立"是"枉",但是隐公一直有还位于桓公的打算①,这是"义";虽不能成,《春秋》善之。至于齐顷公,其位居"正":"亲齐桓公之孙,国固广大而地势便利矣,又得霸主之余尊,而志加于诸侯。"(《春秋繁露·竹林》)结果竟"难使会同,易使骄奢,卒大辱其身",这是"枉"。虽然逢丑父成功存活其君,却得不到《春秋》的嘉许。董仲舒的诠释是"《春秋》之用辞,已明者去之,未明者著之","《春秋》以为人之不知义而疑也,故示之以义,曰'国灭君死之',正也"(《春秋繁露·楚庄王》)。也就是说,对于逢丑父之"舍生取义",人固许之,所以《春秋》不再着墨。而把焦点集中在齐顷公,贵为桓公之孙,却沦落到这种地步,逢丑父身为国佐,难辞其咎。董氏明言指出,顷公"冒大辱以生,贤人不为",言下之意,"荣辱"比"死生"更重要,这也就是《孟子》所说的"所欲甚于生""所恶甚于死"的"荣辱观"。那么,董氏对于"荣辱"的阐发又如何呢?《春秋》借齐顷公与逢丑父之事,欲有所"正":"正也者,正于天之为人性命也。"董仲舒明白指出:"天之为人性命,使行仁义而羞可耻,非若鸟兽然,苟为生、苟为利而已。""行仁义"与"羞可耻"是指道德行为的实践。董仲舒所言之"荣辱",其实是借着道德的彰显,示现人之所以贵于万物,"非若鸟兽之苟为生、苟为利"。成功的结果难道不令人心动?董仲舒却认为,成功的"结局"并非首要。真正应该凸显的是达到成功的方式以及过程中的"合理性"。所采取的手段,是否合于"义","义"的抉择更胜于功利成败之上。更何况,人事的成败祸福很难论定,只

---

① 隐公四年经:宋公、陈侯、蔡人、卫人伐郑。秋,翚师师会宋公、陈侯、蔡人、卫人伐郑。公羊传:翚者何?公子翚也。何以不称公子?贬。曷为贬?与弑公也。其与弑公奈何?公子翚谄乎隐公,谓隐公曰:"百姓安子,诸侯说子,盍终为君矣。"隐曰:"吾否,吾使修涂裘,吾将老焉。"公子翚恐若其言闻乎桓,于是谓桓曰:"吾为子口隐矣。"隐曰:"吾不反也。"桓曰:"然则奈何?"曰:"请作难,弑隐公。"于钟巫之祭焉弑隐公也。

有求得过程中的合于"义",明辨事理之所宜,才是"人超然万物之上,而最为天下贵"(《春秋繁露·天地阴阳》)的展现。

祭仲见贤,逢丑父见非。董仲舒认为《春秋》所要凸显的,是道德荣辱与生死义利的经与权,"冒大辱以生,贤人不为",这是董仲舒的道德抉择。但是,若只是在"逢丑父揢其君于人所甚贱,以生其君"这件事上,定位董氏在"荣辱、生死"上的道德抉择,是"国灭君死之,正也",对董仲舒务实的道德实践观,恐怕就会产生偏颇的认识。事实上,我们不能忘记,董仲舒之于《春秋》史事,是站在评论与诠释的立场,齐顷公为霸主桓公之孙,若非逢丑父代他以死,顷公将身辱敌虏。董仲舒因此谓"得志有喜,不可不戒,此其效也"。但是,齐顷公与逢丑父的史事,并没有在逢丑父被斩之后就结束。齐顷公终于返回齐国,董仲舒在《春秋繁露·竹林》篇写出回到齐国之后的顷公:

> 自是之后,顷公恐惧,不听声乐,不饮酒食肉,内爱百姓,问疾吊丧,外敬诸侯。从会与盟,卒终其身,国家安宁。是福之本生于忧,而祸起于喜也。呜呼!物之所由然,其于人切近,可不省邪?

自是之后,顷公愤发图治,卒终其身,国家安宁。就评论者的立场,董氏抒发了他对事件的看法:"福之本生于忧"。"物之所由然,其于人切近,可不省邪?"透过反省的功夫,每个人都可以从史事中得到启示。《左传》载逢丑父并未被斩,齐顷公而后三进三出,寻之未得。我们姑且不论逢丑父的生或死,顷公总归是因丑父而得存。从事件的结局,我们看到了在教训中觉醒的齐顷公,董仲舒的道德抉择,终究又回到了史事的反省。"《春秋》以为人不知义而疑也,故示之以义",在当时生死关头的场景里,"国灭,君死之为正"。行"邪道"而存活的顷公,终身励精图治,"内爱百姓,外敬诸侯"。正因为"福之本生于忧,而祸起于喜",人事的祸福成败,难以骤下定论,所以,董仲舒的道德抉择并不是先预测结局的成败义利而作过程的取舍。正因为人事成败祸福的难测,所以,他讲究的是,过程的当下即是"天之为人性命"——"义"的实现。"行仁义而羞可耻",不因为预期某种不可知的结果,就对过程中的道义打折扣。

董仲舒在《春秋繁露·对胶西王①越大夫不得为仁》中提到:"仁人者,正其道不谋其利,修其理不急其功,致无为而习俗大化,可谓仁圣矣。"董氏所说的"仁",是"以仁安人"之"仁",以"仁"厚远,爱及四夷的"王者之仁"(《春秋繁露·仁义

---

① "越大夫不得为仁"这段文字,在《汉书·董仲舒传》中,所对为"江都王"而非"胶西王"。本文在此是以董氏的思想为讨论主题,因此不作"江都王"或"胶西王"人物之考证。

法》)。所谓"正其道不谋其利,修其理不急其功",指的是权力决策过程中的"道德抉择","正其道""修其理",正确的决策在位者应该加以贯彻,不因权力决策者自身功利结果的考虑,而影响决策过程,改变仁义的履行和道德抉择的态度。

> 孔子曰:"殷有三仁。"今以越王之贤,与蠡、种之能,此三人者,寡人亦以为越有三仁。其于君何如?
>
> 越本无"一仁",而安得"三仁"?仁人者,正其道不谋其利,修其理不急其功,致无为而习俗大化,可谓仁圣矣。三王是也。《春秋》之义,贵信而贱诈。诈人而胜之,虽有功,君子弗为也。是以仲尼之门,五尺童子,言羞称五伯。为其诈以成功,苟为而已也,故不足称于大君子之门。五伯者,比于他诸侯为贤者,比于仁贤,何贤之有?(《春秋繁露·对胶西王越大夫不得为仁》)

越是否有"三仁"?这个问题,董仲舒以"仲尼之门,五尺童子,言羞称五伯"作出婉转的回答:勾践、范蠡、文种以奸诈之计而胜吴,连五霸都未能称及,又何能及于"仁"?"诈以成功,苟为而已",追求成功的过程,采取了不光明的方法,所以,纵使"成功",也因为方法不磊落而被视为苟且的行径。

"王""霸"的差别在于"仁"。《春秋繁露·仁义法》云:"仁之法在爱人,不在爱我","王者爱及四夷,霸者爱及诸侯,安者爱及封内,危者爱及旁侧,亡者爱及独身"。王者与霸者的差别,就在于"仁爱"普及的远近。《春秋繁露·俞序》也提到"霸、王之道,皆本于仁",但是,"霸"与"王"终究不同:"爱人之大者,莫大于思患而豫防之,故蔡得意于吴,鲁得意于齐,而《春秋》皆不告。"

"思患而为之豫防",才是真正的"王者之仁"。董氏所举出的吴国和齐国,只是为自己的利益在诸侯之间排难解纷,未能事先弭平战事,而待事后以战事解决蔡、鲁二国的困难①,《春秋》并不以"王者之仁"相与。

道德的抉择,落实在治道上,就是以"为天下兴利"为要务。《春秋繁露·考功名》里有云:

> 天道积聚众精以为光;圣人积聚众善以为功;故日月之明,非一精之光也;圣人致太平,非一善之功也。……量势力权,因事制义。故圣人之为天下兴利也,其犹春气之生草也,各因其生小大而量其多少;其为天下除害也,若川渎之泻于海也,各顺其势倾侧而制于南北;故异孔而同归,殊施而钧德,其趣于兴利

---

① "蔡得意于吴,鲁得意于齐",凌曙、苏舆皆未有注。本文由上下文意认为,"蔡得意于吴"应是指"定公四年经:冬,十有一月庚午,蔡侯以吴子及楚人战于伯莒,楚师败绩"这件事。而"鲁得意于齐",则尚未能详,或指"庄公八年经:夏,师及齐师围成,成降于齐师"这件事。

除害一也。是以兴利之要,在于致之,不在于多少;除害之要,在于去之,不在于南北。

董氏提到"圣人积聚众善以为功",此"善"即是为天下兴利除害。"不谋其利,不急其功"是轻"私利"而以"公利"为义:

天常以爱利为意,以养长为事,春秋冬夏皆其用也。王者亦常以爱利天下为意,以安乐一世为事,好恶喜怒而备用也。然而主之好恶喜怒,乃天之春夏秋冬也,其俱暖清寒暑而以变化成功也。天出此物者,时则岁美,不时则岁恶。人主出此四者,义则世治,不义则世乱。(《春秋繁露·王道通三》)

董氏之所谓"义",是执政者正己"好恶喜怒"之私欲。以天下公利为目的,正仁之道,修仁之理,推及"爱人"之仁于四夷。"正其道不谋其利,修其理不急其功"这句话,在《汉书·董仲舒传》写作"正其谊不谋其利,明其道不计其功"。董仲舒在《春秋繁露·竹林》谈到"行仁义而羞可耻"时,曾谓祭仲与逢丑父"是非难别者在此。此其嫌疑相似而不同理者,不可不察",董仲舒行文叙事常论及"理",如"天下无二道,故圣人异治同理也"(《春秋繁露·楚庄王》),"名伦等物不失其理,公心以是非,常善诛恶而王泽洽"(《春秋繁露·盟会要》)。《春秋繁露》"正其道不谋其利,修其理不急其功"的文辞,应是董氏原文,而《汉书》所云"正其谊不谋其利,明其道不计其功"者,应是班固修润过的文句。班固的修润,是就董氏学术思想的精神而统言之,将"正其道"更具体指出是"正其谊",将"不急其功"改作"不计其功";董氏此处的"利""功"都是指执政者好恶喜怒之私欲,班固修润所言之"正其谊""不计其功",文义与董氏原句相差不大,却把董氏行文的惯用语"修其理"之"理"给摘除了。

原载于《衡水学院学报》2018年第6期。

董仲舒思想历史作用之我见*

李宗桂

(中山大学 哲学系,广东 广州 510275)

[摘　要]　董仲舒思想的历史作用主要有如下方面:第一,构建了以三纲五常为核心的价值体系,为封建社会的长期稳定发展创造条件;第二,构建了礼法结合的治国方略及其思想传统;第三,完成了思想统一的历史重任;第四,铸造了思想家与政治家合作的传统;第五,董仲舒思想在历史上起的主要是正面作用。

[关键词]　董仲舒;价值体系;治国方略;思想统一

关于董仲舒思想的历史作用,学术界评价分歧很大。在深化包括儒家文化在内的中华优秀传统文化研究的当今,如何看待董仲舒思想,实际上涉及历史观和方法论的问题,也涉及如何看待中华优秀传统文化的问题,因而有进一步深入探讨的必要。我觉得,董仲舒思想的历史作用或者说他在中国政治史、中国思想文化史上的贡献,主要有如下方面:

第一,构建了以三纲五常为核心的价值体系,为封建社会的长期稳定发展创造条件。无论如何改朝换代,无论朝廷是谁家的,刘家的汉朝、李家的唐朝、赵家的宋朝、朱家的明朝,都得按照礼治的要求办事,都得按照仁义一体的价值准则来实行礼治,而这个是由董仲舒奠定的[1]。

[作者简介]　李宗桂(1952—　),男,四川眉山人,教授,博士生导师。
* 本文为2018年6月23日李宗桂教授在"2018中国·衡水董仲舒与儒家思想国际学术研讨会"上发表的主题演讲。根据录音整理,并有所补充完善。

第二，构建了礼法结合的治国方略及其思想传统。从历史文献和历史事实来看，就治国理政的基本方略而言，董仲舒思想的直接来源是荀子。先秦孔孟儒家倡导的治国方略是礼治追求下的道德仁义，所谓孔曰仁、孟曰义，本质上都是仁礼结合而以思想感化和道德熏陶为路径的治理模式。荀子深刻阐释了他的礼论，创造性地转化了孔孟的仁义学说，创新性地发展了儒家的礼治思想，这就是引进了法的思想。所谓隆礼重法，所谓"礼者，法之大分，类之纲纪也"[2]12，"礼义生而制法度"[2]438，便是他的认识基点。荀子认为，礼法各有其功用，对士人以上者，要"以礼乐节之"；而对庶民百姓，则只能"以法数制之"[2]178。因此，荀子劝学，要化性起伪，就逻辑地要求人们学习的内容只能是礼法，他明确宣称："故学也者，礼法也。"[2]34正是基于这些认识，荀子在治国方略上提倡礼法并重，这就与往昔的孔孟颇为不同。当然，从根本上讲，荀子是纳法于儒、以礼统法、以法辅礼、法为礼用，本质上他还是儒家，是创新性发展孔孟思想的儒家。在我看来，荀子开启了儒家"以礼为体、以法为用"的礼法结合的礼治模式。这个模式由董仲舒在西汉中期的新的历史条件下，创造性地继承发展为天人合一思维模式下的德主刑辅（阳德阴刑）的政治哲学模式，成为此后历代统治者治国理政的基本方略[3]。可以说，礼法结合的治国方略的创生，来自荀子；而礼法结合模式的系统构成及其完善，并最终具有实践的操作性，则归于董仲舒。董仲舒援引阴阳五行思想到儒家思想系统之中，把宇宙、人类以及社会政治生活乃至日常生活，都用阴阳加以类分，用五行相生相胜的原理阐释其运行机理和规则，所谓天阳地阴、君阳臣阴、男阳女阴、德阳刑阴，而阳尊阴卑、阳主阴次，故天尊地卑、君尊臣卑、男尊女卑等等，都是为其德主刑辅、儒表法里的礼法合用的政治哲学服务，为新时期的治国方略贡献政治智慧[4]。汉宣帝自称的"汉家自有制度，本以霸王道杂之"[5]195，既是刘汉王朝的内心直白，也是对董仲舒构建礼法合用治国模式的肯定。从中国政治制度史和中国政治思想史的发展历程看，董仲舒构建的礼法合用的治国方略，不仅在西汉中期以后到清末成为历朝历代统治者前后相继的基本模式，而且演变为一种思想传统。

我们研究儒家必须结合中国社会历史的发展进程、国力的发展、人民生活的质量、社会的制度来谈。谭嗣同在其《仁学》中有一句很有名的话："二千年来之政，秦政也，皆大盗也；二千年来之学，荀学也，皆乡愿也；惟大盗利用乡愿，惟乡愿工媚大盗，二者交相资，而罔不托之于孔。"[6]谭嗣同是从变革中国社会的角度对传统文化进行批判性解构，揭示传统文化的弊端。但从历史发展文化继承的连续性看，从秦汉以后社会运行的体制机制看，我觉得可以从谭嗣同这话引申出新的看法：两千年之政,汉政;两千年之学,董学。道理很简单,一方面是汉承秦制,另一方面后世的儒家思想本是经过汉代新儒学改造孔孟儒学之后发展起来的。特别重要的是,礼法合用、德主刑辅的治国方略,是由董仲舒奠基的。当然,这样一讲以后,评价问题将会更加复杂,容当日后另文论说。

第三,完成了思想统一的历史重任。从春秋时期周王朝政治权威崩解而出现的思想解放,到战国时期的百家争鸣,再到西汉中期"罢黜百家,独尊儒术"的出现,及至东汉时期《白虎通义》的编订,中国社会的思想文化经历了由合到分、再由分到合的历程。其间,伴随着从战国到西汉武帝时期的由军事统一到政治统一再到思想统一的进程。董仲舒根据时代需求,创造性地构建了天人合一的思想体系,以先秦孔孟荀儒家的思想为主导,吸纳了道家、法家、阴阳家、名家、墨家诸家的思想,以性善情恶的人性论为基础,大力推行以三纲五常为核心的价值观教化,形成了适应当时国情民性的新型价值系统,完成了思想统一。思想统一的完成,促进了作为一个实体的多元一体的中华民族的发展,促成了多元一体的中华文化的发展。统一的国家,统一的民族,统一的文化,在西汉中期以后成为现实。

历史事实证明,思想家是推动历史前进的。在秦汉之际朝野上下要求思想统一的社会思潮推动下,董仲舒顺应社会政治、经济发展的历史要求,为巩固统一的封建王朝而完成了思想统一的历史重任,这是不可抹杀的历史功绩。董仲舒开创了有汉一代以来的思想文化面貌和新型的经世致用的学术风气。尽管思想统一的进程可以上溯得比较远,而且董仲舒一整套主张中的各种要素都在历史上有迹可循,不算他的发明创造,但是,正如著名人类学家狄克逊所说:"对于文化发展来说,传播的作用确实要比独立发明大得多。"[7]董仲舒的贡献在于,他把前人探讨过而没有实现的王霸之道和思想统一的理想,具体落实为社会制度和行为规范,完成了思想统一的最后乐章,真正实现了天下一统[8]。

需要特别指出的是,思想统一的完成,其标志性事件,是"罢黜百家,独尊儒术"的提出和实现。关于"罢黜百家,独尊儒术"的问题,学术界已有很多辨析,基本事实是董仲舒并没有使用这样八个字来表述,此乃后人的概括。不过我觉得,从董仲舒对汉武帝的策问中的建议来看,说他是要"罢黜百家,独尊儒术"也未尝不可,因为这在一定意义上应是比喻的说法,是要把儒家思想突出来、抬起来,其他各家的思想不能和它有同等地位。《汉书·董仲舒传》记载的原文是:"春秋大一统者,天地之常经,古今之通谊也。今师异道,人异论,百家殊方,指意不同,是以上亡以持一统;法制数变,下不知所守。臣愚以为诸不在六艺之科孔子之术者,皆绝其道,勿使并进。邪辟之说灭息,然后统纪可一而法度可明,民知所从矣。"[5]1918 显而易见,从原文来看,董仲舒提出这个建议是为了思想统一的完成,使国家社会在未来的发展中,指导思想明确,价值导向正确,使民知所守、所从。质言之,是要把儒家思想文化作为国家意识形态,而作为全社会指导思想的国家意识形态,只能一元,不能多元,否则就会上难以持一统,下不知所守、所从,导致思想混乱,行为失范。值得注意的是,这段话里并没有要罢黜其他诸家学说的提法,而只是说不能让其他学说与儒家思想一样发展,所谓"勿使并进"而已,存在是可以的,发展也行,但不能与儒家思想平起平坐。以大一统思想为指导,以大一统目标为追求,天经地义,统纪一,法度明,民知所守所从,天下太平,很好啊!因此,我认为,说董仲舒的建议是要独尊儒术,那是事实,就是只能让儒家思想成为官方思想,成为国家意识形态。但如果说是要消灭、摒弃其他诸家思想,那就不符合实际。罢黜百家,独尊儒术,只是为了思想统一,是为了新型文化价值体系的构建,而它本身并不是要消灭百家。过去不少人批判专制制度、思想独裁、霸道,往往借题发挥,有时随意引申。从历史事实来看,它是为了彰显那个时代的指导思想,也就是国家意识形态只能一元不能多元。在这个前提下百家并存,万物并育而不相害,道并行而不相悖。因此后世社会才有大家所看到的道家、法家、墨家、阴阳家、名家、杂家等诸子思想的继续存在。如果是要消灭,而且真正消灭了,那我们是看不到的。事实上,我们看到的是佛教在两汉之际传入中国,道教在东汉形成,玄学在魏晋产生,佛学在隋唐兴盛,甚至唐代还有基督教中的景教在中国流行,伊斯兰教在北宋都城遍地开花,及其后来儒释道三教合一而形成的宋明理学,这些都是"罢黜百家,独尊儒术"以后的事情,这些都证明了"罢黜百家,独尊儒术"并不是要消灭其他思想、其他流派。

第四,铸造了思想家与政治家合作的传统。董仲舒作为有汉一代伟大的思想家,秉承了先秦孔孟荀儒家淑世济民的思想传统,以及努力与政治家合作的传统。但是,我们都知道,由于历史条件的客观限制和孔孟荀思想的某种局限,儒家匡时济世的理想并没有能够实现。儒家仅仅是百家争鸣中的一家,是与墨家并列的显学而已。董仲舒适应西汉中期的历史需求,与汉武帝这样的政治家合作,努力把儒家思想变成国家意识形态,成为全社会的指导思想,然后通过制度建设和核心价值观的构建,通过行政系统的中介,把儒家思想落到了实处,使先秦儒家孔孟荀的理想在汉代变成了现实。董仲舒三次对策汉武帝,提出的以天人感应为核心的天人合一思想体系,特别是极具创意的三纲五常一体的思想文化建设构想,以及德主刑辅礼法合用的治国方略,期盼建立"正心以正朝廷、正朝廷以正百官"的皇帝行为规范,以德化民以正风气以升境界的人文理想,最终实现天经地义的"大一统"理想,都与政治家的治国安邦宏愿相契合,与汉武帝"永惟万世之统"的理念相一致,从而使得儒家思想在社会政治实践中取得了空前的成效。这些,都彰显了那个时代的文化自信和文化自觉,形成了思想家与政治家的合作传统。诚然,思想家与政治家的政治合作传统,从源头看,并不起于董仲舒,但真正将其落到实处,并且锻铸为后世认可并践行的文化传统的,是董仲舒。西汉刘向之所以推崇董仲舒为"群儒首",便是因为董仲舒在"遭汉承秦灭学之后,六经离析,下帷发愤,潜心大业,令后学者有所统一"[5]1920。宋代司马光对董仲舒对策朝廷也高度肯定,认为董仲舒"发策登汉庭,百家始消伏"[9]。

前文谈到,董仲舒完成了思想统一的历史重任。其实,董仲舒只是设计了一整套统一思想的方案及其实施路径,真正要落到社会政治和经济发展的现实中,要变成治国安邦的实践方略,还需要政治家的认可和合作。西汉中期思想统一的完成,是依靠思想家董仲舒们和政治家汉武帝们的双方合作才实现的,缺少了任何一方,都不可能完成。正如汉代礼治的形成一样,从高祖立国到文景时期,是礼治孕育阶段;从武帝到昭帝宣帝时期,是礼治确立阶段;东汉章帝时期,是礼治成熟阶段。这几个不同阶段,始终有着思想家和政治家的合作,而且并不仅仅是某一个思想家与某一个政治家的偶尔合作,而是思想家群体和政治家群体的长期合作,所以我使用"董仲舒之类的思想家们"和"汉武帝之类的政治家们"的提法,是用复数而不用单数,以彰显实现思想统一大任的艰巨漫长。据我对汉代礼治形成的研究,这个时期有着鲜明的思想文化特征,即:思想家(们)与政治家(们)合作;皇帝参与讨论并裁决是非;儒学独尊而又有文化包容;礼治的形成和儒学独尊的实现相一致;专制政治日益巩固和完善;天人合一思想贯穿始终;崇古、征圣、宗经的思维方式和价值取向分外强烈,成为影响后世的重要思想基因[10]。

董仲舒和汉武帝的合作问题,曾经长期有人给予激烈的批判。有人批判董仲舒为封建统治卖命,给封建帝王献策,钳制人民的思想。但也有人认为,董仲舒一生的所作所为,体现了中国传统知识分子的一个重要传统,这就是政治合作的传统。其实,在漫长的中国古代社会中,知识分子特别是思想家们既有政治批判的传统、精神独立的传统,也有政治合作的传统。此外,还有文化保守的传统、文化变革的传统。而政治合作的传统、文化保守的传统以及文化变革的传统要实现,要由思想方案转化为现实社会的力量和具体现实,就必须得到政治家的理解和支持,双方协同,方能完成[11]。而"董仲舒们"这些汉代思想家和"汉武帝们"这些汉代政治家,他们的合作形成了两汉时期的盛况。所以今天要比较开放地看合作,不能一讲最高统治者就是要对抗、要灭掉、要革命。既要有批判精神也要有合作精神,二者相互发明,相得益彰,不可偏废。多年前,针对学界有人宣称"新的时代呼唤新的孔子"的观点,我曾经提出,如果从系统的思想文化和制度文化建设的战略理论高度来考虑,我认为与其呼唤当代孔子,不如期盼当代董仲舒。如果有一个董仲舒似的思想家群体出现,与政治家群体有效合作,根据时代要求,统一思想,规范人心,建构新型文化价值体系,那应该是当代中华一大幸事!当然,在统一思想的同时要注意建构精神自我,更新自我,调适内在机制,避免僵化守旧,既要守成,又要创新,在守成中创新,用创新促进守成。知识分子的价值和地位,应该符合时代要求,与时俱进,成为社会发展和文化价值认同的重要标识[12]。

第五,董仲舒思想在历史上起的主要是正面作用。五千年的中华文明,有文字可考的大约是三千年,其中两千年是我们习惯上称为封建社会的时期,也就是秦汉到清末。而我们所讲的所谓灿烂的古代文明,主体是这个时期,如果我们承认中国古代有灿烂的文明,就必须承认董仲舒的历史贡献。

秦汉时期具体说主要是西汉时期,是我们作为一个独特形态的、整体的、多元一体的中华民族,多元一体的中华文化实体的形成、成熟时期。而董仲舒所做的统一思想、整合价值工作,对于国家统一的巩固,民族文化的认同,以及中华民族凝聚力的形成,具有不可否认的积极作用。

关于汉代封建社会、封建主义、专制政治、专制社会的问题,近些年有人主张重新界定、重新诠释封建制度的内涵。他们认为中国没有历史唯物论所讲的五种社会形态意义上的封建社会时期。他们认为只有西周才是真正的封建社会,而这个所谓"封建"是封邦建国。这个问题,从学术的层面当然可以讨论。但我觉得很多语言文字、概念范畴乃至思想观念都是约定俗成的,荀子就说过"约定俗成谓之宜"。数十年来,学界都把秦以后到清末这样一个中国古代社会的历史时期称作封建社会,在事实判断的层面,没有误解。经过改革开放40年来的思想解放、拨乱反正,封建社会已经不是一个价值判断,而是对特定历史时期的一个现象表述,一个特定阶段的统称。当我们说到封建社会的时候,未必就是否定的。人所共知,封建社会产生了大量流传至今值得光大的灿烂文化,汉赋、唐诗、宋词、元曲、明清小说,《黄帝内经》《九章算术》《天工开物》《本草纲目》,无一不是在所谓的封建社会形成的。1935年1月,王新命、陶希圣、黄文山、萨孟武等十教授联名发表的《中国本位的文化建设宣言》,明确宣布"反帝反封建"是民族文化创造性发展的"必然使命"。连本位文化宣言的倡议者们都使用了社会制度和观念形态意义上的"封建"一词,可见这个概念至少是"五四"以来约定俗成的。我觉得,反帝反封建意义上的"封建",是指封建主义、专制主义、封建制度,是批判性质的,是价值评判。而我们这些年来所讲的封建社会,则是一个中性概念,是事实判断,二者不可混淆。有鉴于此,我们对于董仲舒思想在封建社会所起的历史作用,就应该平实地给予承认。

参考文献

[1] 李宗桂. 董仲舒道德论的文化剖析[J]. 孔子研究,1991(3):58-65.

[2] 王先谦. 荀子集解[M]. 北京:中华书局,1988.

[3] 李宗桂. 荀子对中国文化的贡献[J]. 中华文化论坛,2005(1):91-94.

[4] 李宗桂. 相似理论、协同学与董仲舒的哲学方法[J]. 哲学研究,1986(9):45-50.

[5] 班固. 汉书[M]. 北京:中华书局,1999.

[6] 谭嗣同. 仁学:谭嗣同集[M]. 沈阳:辽宁人民出版社,1994:70.

[7] 李约瑟. 中国科学技术史:第2卷[M]. 北京:科学出版社,1990:513.

[8] 李宗桂. 董仲舒:秦汉思想的统一者[G]//《中国人文社会科学硕士博士文库》编委会. 中国人文社会科学硕士博士文库:哲学卷(下). 杭州:浙江教育出版社,1998:1469-1514.

[9] 司马光. 司马温公文集:第4册[M]. 北京:中华书局,1985:283.

[10] 李宗桂. 汉代礼治的形成及其思想特征[J]. 哲学研究,2007(10):46-53.

[11] 李宗桂. 思想家与文化传统[J]. 哲学研究,1993(8):39-47.

[12] 李宗桂. 由董仲舒谈思想家群体建设[J]. 社会科学报,1993-11-04(04).

原载于《衡水学院学报》2019年第2期。

董仲舒五行关系论的多重模式及其对相生相克的超越

崔锁江,代春敏

(衡水学院 董子学院,河北 衡水 053000)

[摘 要] 董仲舒首创了五行关系论的多重模式,包含了"五行相胜""五行相生""五行相干""五行相助""五行相和"等多种内容。这种思想不断被后世学者坚持、丰富与发展。但是,相生相克最终成为占据主流的通俗模式。而相和相助虽然屈居次要位置,但更符合现代公民社会的伦理需求。通过在恶与善、差异与平等、单向性与双向性、生化性与稳定性、斗争性与同一性、约束性与自由性等多重维度上比较两种模式,可以得到相和相助优越于相生相克的结论。相和相助模式更符合儒家的仁爱精神、马克思主义有关人类解放的学说、建设社会主义和谐社会与人类命运共同体的需要,可以为人们处理多元复杂关系提供中国智慧,有助于实现五行关系论的现代化。

[关键词] 董仲舒;五行;相生相克;相和相助

学界大多把相生相克奉为五行关系论的圭臬。尤其是中医学者更是把"生克"作为其重要的理论基础,提出"五行生克制化律是保持生命整体稳定有序的唯一的独特模式"[1]的观点。但是,有的学者认为:"五行学说所揭示的相胜和相生的事物运行模式而言,它本身还有着不可克服的局限性。"[2]有的学者提出了"促进相

[基金项目] 教育部人文社会科学重点研究基地"价值与文化研究中心"重大项目(16JJD720004);河北省社会发展研究课题(2019030602006)

[作者简介] 崔锁江(1977—),男,河北无极人,讲师,法学博士;代春敏(1973—),女,河北衡水人,讲师。

生,减少相克,人类社会才能实现和谐有序的发展"[3]的命题。与此不同的是董学研究者已经注意到董仲舒首创了五行关系论的多重模式。周桂钿先生总结董仲舒五行关系中的"相胜相生的循环系统"[4],并且认为:《洪范》只讲五行,没有讲它们之间的关系。"[5]周先生把董仲舒五行论概括为四个要点:以相生的次序排列五行;五行土为贵说;用五行相胜来说明封建政府内部权力互相制约;用五行相克来充实天人感应的内容。周先生认为五行在运行过程中会出现"五行顺逆"的情况,这就需要君主通过修养自身道德进行"变救",进而实现天人之间感应与互动。余治平教授指出:"现存文献中,《春秋繁露》第一次详尽阐述出木、火、土、金、水五行的位次、相互关系及其推演的逻辑与过程。"[6]他在肯定传统的相胜相生之后,把"一旦五行没有按照序次运行,则就会产生'逆''乱'或'干'的情况称为董仲舒的"五行有变"思想,这就需要人君以相应的政事调整与道德修养进行相应的"救助"。笔者在此基础上进一步探究董仲舒五行关系论的多重模式并突出相和相助的现实价值。

一、五行关系模式不断丰富的发展过程

《尚书·洪范》提出:"五行:一曰水,二曰火,三曰木,四曰金,五曰土。水曰润下,火曰炎上,木曰曲直,金曰从革,土爰稼穑。润下作咸,炎上作苦,曲直作酸,从革作辛,稼穑作甘。"[7]这里只是列出五种元素及其各自的属性,尚未对五行关系作出论述。最早出现的五行关系论是西周末年的"五行相和"。《国语·郑语·史伯为桓公论兴废》提出"和实生物,同则不继"的时候就以五行作为说明。他提出:"以他平他谓之和,故能丰长而物归之;若以同裨同,尽乃弃矣。故先王以土与金木水火杂,以成百物,是以和五味以调口,刚四支以卫体,和六律以聪耳,正七体以役心,平八索以成人,建九纪以立纯德,合十数以训百体。"[8]史伯在这里言说的重点是"和实生物"的思想,而不是五行思想。以土杂和其他四元素仅仅是举例。

五行相胜的观念在春秋战国时代流行开来。《左传》提出了"火胜金"[9]974"水胜火"[9]1078的说法。《管子·四时》与《礼记·月令》更是强调了五行依据四时更替而"主运"。邹衍提出了"五德终始"的说法。五行相胜是五行更替的背后动力。《吕氏春秋·有始览·应同》依次提出了"土气胜""木气胜""金气胜""火气胜""水气胜"的说法。这种顺序暗合了五行相胜的思想,趋向于形成五行关系论。

董仲舒提出:"五行者,五官也,比相生而间相胜也。"[10]487 他的《五行相生》与

《五行相胜》突出了相生相胜的主干地位,而五行相胜演化为五行相克。董仲舒就提出:"以子而迎成养,如火之乐木也;丧父,如水之克金也;事君,若土之敬天也。可谓有行人矣。"[10]405 董仲舒的五行相生与五行相克结合在一起最终成为相生相克模式,在五行关系论当中长期居于主流地位。但是,董仲舒的五行关系论并不局限于相生相克,而是开创了多重模式。

从董仲舒开始,五行论被广泛地运用于政治、军事、命理、堪舆、中医、建筑、养生等各个方面,五行关系论也得到了进一步的丰富。古代中医学者不断探究五行关系的复杂性,提出了"相乘相侮"等一系列新模式。"五行相乘"就是指五行之间的过度克制,而"五行相侮"则是五行之间的反向克制。这是对"五行相克"认识不断深化的表现。隋朝萧吉的《五行大义》一书在五行配干支的基础上探讨了五行之间的复杂关系。其中有"论相生""论配支干""论五行相杂""论德""论合""论扶抑""论相克""论刑""论害""论冲破"[11]等内容。其中的"相克""刑""害""冲破"就相当于"相胜"。"相杂""德""合"包含了五行相和的思想。"扶抑"则相当于相助相干。这就充分说明五行关系论具有多重模式与复杂性的特点。讨论董仲舒五行关系论的多重模式有助于进一步推动五行论这一古老思想的现代化,进而破除人们对相生相克传统模式的执着与束缚。

二、董仲舒首创五行关系的多重模式

《春秋繁露》中有九篇文章以五行为题,隐藏着董仲舒五行论的基本脉络。其中《五行对》《五行之义》《五行相生》阐释了五行相生,还包含了"五行授受""五行主四季之气"等思想。《五行相胜》是董仲舒对战国以来"五德终始"的继承,又开启了五行相克的通俗说法。学者们也一直在争论相生相克哪个更早出现。周桂钿先生认为"将五行相生与相克结合成完整的体系"是董仲舒在五行学说上的创新之一[5]35。接下来的《五行顺逆》则描述了五行关系紊乱的现象。其内在根据则是《治水五行》里的五行依据四时分别用事的思想。五行关系紊乱进一步引发五行相干。《治乱五行》就分析了五行之间相互干扰的现象。这就需要人们进行"救助"与干预。接下来的《五行变救》主要是从政事角度进行"救助",《五行五事》则从修养角度进行了"救助"。由此可见,董仲舒的五行论是一个既包含着世界观又包含着方法论的完整思想体系。董仲舒分析五行现象、进行五行变救已经触及五行关系论的多重模式与复杂性。笔者就对五行相胜、五行相生、五行相干、五行相和、五行相助等进行讨论。

1. 五行相胜

董仲舒在《五行相胜》中采取了不同于《管子·四时》或者《礼记·月令》以自然变化之理说明人事行为的次序，而是直接以社会历史为材料说明自然之理。他把"司农、司徒、司寇、司马、司营"等五种社会职能比喻为"木、金、水、火、土"。进而，他以司农为木、以司徒为金，用"司徒诛杀司农"说明"金胜木"；以司马为火、司寇为水，用"司寇诛杀司马"说明"水胜火"；以君为土，以民为木，用"民叛君穷"说明"木胜土"；以司徒为金，认为司徒骄傲，最终被军士（司马）所杀，进而以此说明火胜金；以司寇为水，认为"司寇为乱，足恭小谨，巧言令色，听谒受赂；阿党不平，慢令急诛，诛杀无罪"[10]500，这个时候司营就出来诛杀司寇，进而以此说明"土胜水"。这完全不同于"水曰润下，火曰炎上，木曰曲直，金曰从革，土爱稼穑"的形象思维。司农、司徒、司马、司寇、司营五个职位之间的相杀已经带有了很强的"五行相克"的意味。这种"相杀""相害""相克"甚至成为一种真实的政治斗争场景。因此，五行相胜有其"恶"的一面。

2. 五行相生

董仲舒在《五行相生》中列举了东西南北中五种方位、司农司马司徒司寇司营五种官职、仁义礼智信五种德目与五行相配，进而按照东南中西北的顺序，论述了木火土金水的相生次序。董仲舒以"召公入南亩"说明"木生火"，以"周公辅成王"说明"火生土"，以"太公威武强御"说明"土生金"，以"子胥执权而伐"说明"金生水"，以"孔子折旋中矩、无有所阿"说明"水生木"。《五行之义》当中也同样表达了五行相生的思想，把火受木、土受火、金受土、水受金看作是"子继父"的差异秩序。他认为"诸授之者，皆其父也；受之者，皆其子也"，这就意味着五行相生的关系恰如父子相传，有差异、不平等的一面。而如果要论述五行的平等性伦理则需要借助于五行相和、五行相助、五行相干的思想。《五行相生》中提道："本朝者火也，故曰木生火。南方者火也，本朝。"[10]490 董仲舒以汉朝起源于南方汉水而认为"汉主火德"。由此可见，五行相生成为探究"主德"的一个重要方法。

3. 五行相干

董仲舒创造性地提出"五行相干"的思想，为五行关系向复杂性演变提供了基本依据。他的《治乱五行》篇就提出："火干木，蛰虫蚤出，蚿雷蚤行。土干木，胎夭卵殰，鸟虫多伤。金干木，有兵。水干木，春下霜。土干火，则多雷。金干火，草木夷。水干火，夏雹。木干火，则地动。金干土，则五谷伤有殃。水干土，夏寒雨霜。木干土，倮虫不为。水干土，则大旱。水干金，鱼不为。木干金，则草木再生。火干金,则草木秋荣。土干金,则五谷不成。木干水,则冬蛰不藏。土干水,则蛰虫冬出。火干水,则星坠。金干水,则冬大寒。"[10]516 董仲舒看到了五行相干造成的混乱,然后为了救治这种混乱,提出了自己的干预措施。这种"救治"包含了"五行相助"的思想。他认为五行之间的相互干犯是绝对的、充分的。五行之间一共有二十种干犯关系,分别是:火干木、土干木、金干木、水干木;土干火、金干火、木干火、水干火;金干土、水干土、木干土、火干土;水干金、木干金、火干金、土干金;木干水、土干水、火干水、金干水。五行相干既不同于相生,也不同于相胜,而具有复杂性与不确定性。其中最为极端的归纳就是阻碍与促进两种作用。阻碍就相当于相胜相克,而促进则相当于相生相助。五行相互干扰就意味着五行关系的复杂化,而不再是单纯的相生相克模式,进而使得多重模式成为必然。

4. 五行相和

董仲舒在《五行之义》中提道:"土兼之也。金、木、水、火虽各职,不因土,方不立,若酸、咸、辛、苦之不因甘肥不能成味也。"[10]408 五行之中的"金木水火"并不是孤立存在的,而是以"土"为基础。在现实生活中,金木水火都需要大地的承载,都是大地的组成部分。由此可见土的重要性与尊贵性。董仲舒就以土为贵,在《五行之义》的最后提出:"是故圣人之行,莫贵于忠,土德之谓也。"[10]408 这说明董仲舒已经继承了《国语》里史伯"以土与金木水火杂,以成百物"的思想。他的五行之和是合于"中土"。土代表着"五行之和",五行在中央土的位置上实现了融合。董仲舒的"以土兼金木水火"与史伯的"以土与金木水火杂"当中都包含了"五行相和"的思想。任何二行都能相和,从而把"土兼四行"扩大化到五行之间。

5. 五行相助

董仲舒在论述"王道三纲可求于天"的时候,利用"天地阴阳春夏秋冬"比喻君臣、夫妇、父子的关系。其中就提到了"阳为夫而生之,阴为妇而助之"[10]465。五行相助类似于这种阴阳互助。《天辨在人》中提道:"如金木水火,各奉其所主以从阴阳,相与一力而并功。其实非独阴阳也,然而阴阳因之以起,助其所主。故少阳因木而起,助春之生也;太阳因火而起,助夏之养也;少阴因金而起,助秋之成也;太阴因水而起,助冬之藏也。"[10]433 董仲舒在这里宣扬了以阴阳助四时的思想。四时是五行的理论基础。这里实际存在着一个以阴阳变化助推五行的内涵。尽管这还不是五行之间的相互助推,但是"五行相助"是五行相生、五行相和、以阴阳助推五行的应有之义。董仲舒的"五行授受"思想可以被理解为五行相助的一个层面。董仲舒在《五行之义》里提道:"木生火,火生土,土生金,金生水,水生木,此其父子也。木居左,金居右,火居前,水居后,土居中央,此其父子之序,相受而布。是故木受水而火受木,土受火,金受土,水受金也。诸授之者,皆其父也;受之者,皆其子也。常因其父以使其子,天之道也。"[10]405 其中的"授"与"受"分别指称相生关系当中的"生"与"所生"。五行授受既可以被看作五行相生,也意味着五行相助。就此而言,相生即是相助。但是,相生类似于差异关系,而相助更倾向于平等关系。因此,五行相助是一种从五行相生推演出来的模式。

三、五行关系多重模式的多重维度比较

从董仲舒相生相胜发展来的相生相克成为最为普遍的关系模式,可以被称为通俗模式。该模式尽管具有巨大的优越性,却存在着自身局限。笔者认为相和相助虽然在董仲舒五行关系论当中处于次要地位,但更符合现代公民社会的需要。笔者在多重维度上对这两种模式进行比较分析。

1. 从善恶的视角进行分析

从伦理学角度而言,任何两个主体之间的关系都具有价值属性。其中包括正价值、负价值以及价值中立等三种情况。价值中立往往很难长时间保持,有时候会趋向正价值的相和相助,有时候会趋向于负价值的相克相干。五行相干尽管在表面上而言属于"可善可恶",是多重模式的总根源,但就本质而论则属于"干扰""干犯""相害"的负价值成分居多。所以从善恶的视角进行分析,相生、相助、相和属于善的模式,相克、相害、相干属于恶的模式。

按照辩证法的观点来看,五行关系的善恶属性在一定的条件下可以转换。首先,相克、相害、相干、相胜并不是绝对的恶。正如伦理学上讨论"必要的恶"在某种程度上甚至形成一种"手段恶、结果善"的复杂态势。中医上就以"相克相胜"来调节人体平衡。"相克"尽管代表着矛盾的斗争性,但并不走向"相害"这种斗争的绝对性。相克甚至代表着一种有效的不可或缺的制衡作用。这时的"相克"作为善的工具,已经接近于"相助"。其次,相生并不是绝对的善。相生相当于"毫不利己、专门利人"或者是"付出自我牺牲、成就他人幸福"的"至善"。但这种至善并不能为民众普遍奉行。相生造成了五行之间的服从、依赖与权威的关系。这种关系必然导致严重的后果。因此,笔者认为虽然相和相助作为有限度的"中等之善",但却具有更广泛的应用价值。

2. 从差异性与平等性的视角进行分析

人们在一般情况下对五行关系的理解不是生就是克,时刻存在着比权量力的

心态。董仲舒就以"父子"关系比喻"五行相生",也以五行相生说明孝道的形上根据。这往往意味着权威主义。五行相胜产生了权力制衡形态的差异秩序。其中作为司营的土占据君位,能够制裁司寇,只有代表民的"木"能够克制君权。木的克制在于革命与反抗,而君权制衡臣民则是历史常态。从总体而言,董仲舒的伦理思想与其大一统思想相适应,呈现出注重差异秩序的特点。董仲舒还设计了"天、天子、百官、万民"的伦理秩序。董仲舒的阴阳论思想同样存在贵阳贱阴、阳尊阴卑的倾向。这种差异秩序反映在董仲舒五行思想当中就是以土为贵、五行差等的思想。与上述情况不同的是,五行之间的两两相和、两两相助具有普遍性与平等性。五行的相和相助是一种更为温和的"伙伴"关系,而不是父子相生般的权威与服从的关系,因此更接近于一种纯粹的善,而没有相克所带有的斗争性与相害的可能性。五行相和相助在董学体系当中尽管无法与五行相生相胜相抗衡。但是在现代化过程中,相和相助更符合以平等为主体的现代价值观。

3. 从单向性与双向性视角进行分析

相生相克的通俗模式具有强烈的单向性特点。相生容易造成前一元素灭亡转化为后一元素,"相生"也意味着"死亡"。木生火之后,木化为灰烬;火生土之后,火也不存在了;土生金之后,土丧失了存在价值;金生水之后,金也不存在了;水生木之后,水被木所吸收,进而也丧失了自性。同样地,木克土、土克水、水克火、火克金、金克木都指向了相杀相害的单向性。与之相反,相和、相助、相干都是两两相和、两两相助、两两相干的双向度模式。相助、相干、相和因为是双向度的关系模式,总共有五十组关系。在排除五行相干这种特殊情况之后,相和相助的双向度关系使得以五行组成的结构更为平衡与稳定。

4. 从生化性与稳定性视角进行分析

相生相克的通俗模式强调了"生化性",更在意于新事物的诞生与旧事物的灭亡,因而难以保持稳定性与独立性。与此相反,五行相和相助并不强调斗争性,更多地承担事物的独立性、稳定性与自足性,符合现代和谐共生的理念。按照"和实生物"的观点,五行相杂自会生物,五行相和就会导致生生不息,而五行相助也是助其生生不息。五行相和相助只是淡化了生化性,而不是丧失了生化性,避免了单纯陷入事物生灭链条之中。而相生相克对事物之间的平衡互动缺乏足够的说明。通过对比可以发现稳定性是五行相和相助的优势所在。

5. 从同一性与斗争性视角进行分析

矛盾的斗争性是绝对的,矛盾的同一性是相对的。相克是斗争性的重要体现。

尽管相生可以说明同一性,但恰如前面分析的那样,相生却带有了生化性,进而在说明两事物和谐相处方面远逊于相和相助。在处理社会关系的时候,人与人之间的关系很难说是"相生"关系,而只能说是"相和相助"关系。中国哲学发明"中和"说明事物之间最佳的关系状态。五行相和代表了相生、相助、相救等一切有关"善"与"同一性"的内容,具有比相生而言更大的包容性。相生则仅仅是一种极其密切的生成关系,而不是同时存在的和谐关系。相和的生化性远远小于相生。因此,相和比相生更能代表矛盾的同一性一面。相和是事物和谐相处。而相助则是事物在"和谐"的基础上更进一步有了相互协助之意。相助比相和更带有价值赋予的现实性,而相和则更多是一种关系上的默契,远远超越了现实功利意义的付出与收获。总之,人在社会关系法方面更多地倾向于"和谐",而非"克敌制胜"。五行相和也符合和平主义的时代潮流。相和相助比相生相克更适合现代社会伦理秩序与价值需求。

6. 从自由性与约束性视角进行分析

相和相助模式为人类的自由提供了空间与可能。而相生对于独立个体而言是不自由的。"相生"导致强大的依赖心理与权威心理。万物都处在一个新陈代谢的过程之中,相生是一个纵向的、历史的、普遍的历史形态。而相和相助则是横向的、同期的考察结果。相和相助更能显示出自由的状态。《史记·管晏列传》提道:"生我者父母,知我者鲍叔也。"现实生活中的知遇之恩与养育之恩往往容易造成人的依附心理。这种人的依附性往往意味着一种私人关系上的愚忠。相克则往往发展为一种权力斗争,把人与人的关系当作绝对的斗争关系,进而无限扩大斗争性,引起普遍的动荡与不安。无论是相生的权威性与依附性,还是相克的斗争性都意味着自由度的降低与约束成分的增加,都对实现人的自由而全面发展造成障碍。因此,现代社会更宜提倡五行相和相助的关系模式。

四、相和相助模式的当代价值

相和相助的现代模式是对相生相克通俗模式的颠覆、超越与辩证否定,是实现五行关系论现代转化的一种常识。相和相助模式的优点有如下几点。

1. 相和相助更符合儒家的仁爱精神

相生尽管符合古代"大德曰生"的理念,但并不是持续的相和相助,而是"一时生"。一旦双方都已经存在,彼此的利害关系更加现实,竞争性的相克关系更为突出。相生相克因为偏重于斗争性,而最终成为仁爱的对立面。仁爱早已成为现代公民社会所接受的儒家核心价值观,充分体现在五行相和相助之中。倡导相和相助的现代模式更有利于弘扬儒家仁爱精神。所以,相和相助的现代模式在不否定相生相克的真理性与合理性的前提下更值得推崇。

2. 相和相助更符合马克思主义有关人类解放的学说

相生相克更多地应用于自然哲学领域。董仲舒的《五行相胜》与《五行相生》尽管基于自然哲学,但其指向是社会历史领域与历史哲学。就其源流而言,《洪范》与史伯论"和实生物"主要还停留在自然哲学领域,而自《左传》开始的《吕氏春秋》《管子》《礼记》和五德终始都用五行关系论证朝代更替合法性。五行相克与五行相生先后成为最主流的两个解释模式。按照马克思主义原理而言,人类社会最终要走向共产主义与人类解放。这个时候就消除了战争与阶级分化,国家开始消亡。恩格斯曾经精彩地论述道:"人们自身的社会结合一直是作为自然界和历史强加于他们的东西而同他们相对立的,现在则变成他们自己的自由行动了。至今一直统治着历史的客观的异己的力量,现在处于人们自己的控制之下了。这是人类从必然王国进入自由王国的飞跃。"[12]这必然导致"相生相克"的阶级斗争历史的终结。每个人的自由而全面的发展成为一切人自由而全面发展的前提。就此而言,相和相助将成为人类的主流价值,相和相助的无阶级社会必然取代相生相克的阶级社会。

3. 相和相助更符合建设社会主义和谐社会的需要

马克思在《〈政治经济学批判〉序言》中提出:"无论哪一个社会形态,在它所能容纳的全部生产力发挥出来以前,是决不会灭亡的;而新的更高的生产关系,在它的物质存在条件在旧社会的胎胞里成熟以前,是决不会出现的。"[13]马克思生动地把旧的社会形态比喻为新社会形态的胎胞,实际蕴含了五行相生的思想。每个社会形态内部的社会主要矛盾与阶级矛盾以及人类历史上的战争状态与阶级斗争状态都可以形象地以五行相克做比喻。马克思主义者认为:"资产阶级的灭亡和无产阶级的胜利是同样不可避免的。"[14]这被归结为"两个必然"的思想。社会主义必然最终战胜资本主义是马克思主义的坚定理想信念。人类社会从低级社会形态向高级社会形态发展的进化过程都可以形象地以五行相胜做比喻。因此,五行相胜可以看作是中国朴素唯物主义在社会历史领域的一种大胆猜测。尽管有上述合理性,相生相克模式却不利于形成多元包容的现代伦理思维,使得人们陷入非善即恶、非黑即白、简单粗暴的分类之中,进而导致严重的零和游戏,也缺乏足够的弹性。就此而言,相生相克模式阻碍了辩证、对立统一的运用,完全忽视了现代化建设的复杂性、长期性,而走向了教条主义与形式主义。与此相反,相和相助在社会主义建设过程中具有独特的作用。五行相和可以看作是社会和谐的一种思想渊源。而有关统一战线的思想则可以被看作是五行相助。五行相助类似于一个社会之中的各种阶级、各种社会职能能够相互协助,共同维护整体利益。每一种社会存在都发挥自己的应有作用。资本、劳动、权力、文化、暴力都能够相互促进彼此的发展,进而增进社会的繁荣。在此基础上,一个社会实现了深度的和谐,实现了一种和谐发展的美好局面。

4. 相和相助更符合建设人类命运共同体的需要

五行相克象征着事物之间的斗争性。五行相干也意味着事物之间相互干犯。这种干犯虽然没有达到相克、相胜、相害的地步,但已经影响了五行各自的独立性与圆满性。这种相互干扰在国际政治上极其有害。人类近现代史上的帝国主义列强往往粗暴打断广大亚非拉地区的社会演变进程,强行介入其他国家的内部事务,甚至发动战争消灭其他文明形态,乃至于掠夺殖民地的各种资源为己所用。这种帝国主义姿态阻碍了后发国家的现代化进程,是五行相干的典型例证。与此相反,相和相助更符合中国人倡导的"和平共处五项原则",与中国人民的和平外交宗旨具有强烈的一致性。中国人民在中国共产党带领下正在通过经济、政治、文化的交流交往,为各国人民谋福祉,进而以合作共赢的模式推动人类命运共同体与一带一路建设。从人类命运共同体与帝国主义的对比而言,相和相助的现代模式远远比相干相克的斗争模式更符合道义,更有利于中国人民与世界人民一道在全球化过程当中实现和平与发展的共同福祉。

5. 相和相助是处理多元复杂关系的中国智慧

倡导五行相和相助的现代模式并不是要简单地否定相生相克的通俗模式,而是在承认相生相克通俗模式具有存在合理性前提下真正把五行关系论推向前进,从而使得中国朴素唯物主义实现创造性转化与创新性发展,进而获得新的生命。提倡五行相和相助有利于人们增强文化自信,在处理诸如国际战略、社会存在等领域的多元复杂关系时能够从中华优秀传统文化之中汲取智慧,避免陷入非此即彼的争斗与混乱之中。

参考文献

[1] 俞天印,李国春.论五行之不可废[J].南京中医药大学学报(社会科学版),2015(3):146-150.

[2] 赵润琦."五行"学说是朴素的系统论:兼论"五行"学说的基本内容[J].西北大学学报(哲学社会科学

版),1998(2):44-48.

[3] 王锟.从分到合:五行学说的系统结构及其现代启示[J].人文杂志,2017(3):16-20.

[4] 周桂钿.董学探微[M].北京:北京师范大学出版社,1989:61.

[5] 周桂钿.董学续探[M].福州:海峡出版社,2015:51.

[6] 余治平.董仲舒五行学说论[J].衡水学院学报,2009(5):19-24.

[7] 佚名.尚书[M].王世舜,王翠叶,译.北京:中华书局,2012:145.

[8] 左丘明.国语[M].陈桐生,译.北京:中华书局,2014:318.

[9] 左丘明.左传[M].郭丹,程小青,李彬,译.北京:中华书局,2014.

[10] 董仲舒.春秋繁露[M].张世亮,钟肇鹏,周桂钿,译注.北京:中华书局,2012.

[11] 刘国忠.《五行大义》研究[M].沈阳:辽宁教育出版社,1999:147.

[12] 马克思,恩格斯.马克思恩格斯选集:第3卷[M].北京:人民出版社,2012:671.

[13] 马克思,恩格斯.马克思恩格斯选集:第2卷[M].北京:人民出版社,2012:3.

[14] 马克思,恩格斯.马克思恩格斯选集:第1卷[M].北京:人民出版社,2012:413.

原载于《衡水学院学报》2019 年第 5 期。

论董仲舒与张载的天人之学

林乐昌

(陕西师范大学 哲学学院,陕西 西安 710062)

[摘 要] 西汉董仲舒与北宋张载是各自时代的儒学代言人。在儒学史上,西汉董仲舒最早提出系统的天人之学,而北宋张载则第一次使用"天人合一"这四个字,将其作为一个思想命题明确地提了出来,并建构了"天人合一"的理学体系。天论和天道论,是董、张天人之学的重要内容。因此,在探究董、张的天人之学时,有必要分别考察他们二人的天论、天道论及其特色,然后梳理儒家天人合一观念从董仲舒到张载的演变脉络。

[关键词] 董仲舒;张载;天人之学;天论;天道论;天人合一

本文的论题,是对西汉董仲舒(前197—前104年)与北宋张载(1020—1077年)的天人之学进行比较研究。之所以把他们二人联系在一起进行研究,主要基于以下考虑。

第一,董仲舒与张载二人都高度关注儒家的天人之学。司马迁提出,史学家的职志是"究天人之际"[1-2]。其实,"究天人之际"也是儒家哲学乃至整个中国古代哲学的主题。董仲舒与张载的天人之学各具特色。他们二人站在各自时代的思想制高点,为儒学代言。在儒学史上,西汉董仲舒最早提出系统的天人之学,而北宋张载则第一次使用"天人合一"这四个字,将其作为一个思想命题明确地提了出来,并建构了"天人合一"的理学体系。我们需要把董仲舒与张载的天人之学置于思

[基金项目] 国家哲学社会科学基金重点项目(18AZX012)
[作者简介] 林乐昌(1949—),男,山东威海人,教授,博士生导师。

想史的发展过程中,进行比较研究,揭示他们二人天人之学的特色,并梳理他们二人天人之学的演变趋势。

第二,西汉董仲舒对北宋张载有过某些思想影响,而且张载对董仲舒也做过评价。《西铭》是张载著名的短篇。其第一句强调"乾称父,坤称母"[3]62。现代海外新儒家的代表方东美曾指出,这个说法是"根据汉儒董仲舒所讲的'父天母地'的思想,再追溯到《尚书·周书·泰誓》'惟天地万物父母'"而来的[4]。无论"乾称父,坤称母",还是"父天母地",二者之间的联系是显而易见的。这表明,董仲舒对张载的天人之学有过一定的影响。此外,张载在比较汉儒扬雄与董仲舒时曾指出:"雄(指扬雄——引者注)所学虽正当,而德性不及董生之博大,但其学差溺于公羊谶纬而已。"[3]251虽然张载评价董仲舒的言论不多,但他认为董仲舒的道德学问"博大",因而对他是很推崇的。

第三,董仲舒与张载二人的生平活动都长期依托于关中地域。张载15岁时,其父张迪病故于四川涪州(今重庆涪陵)。张载与母亲、弟弟扶父亲灵柩经过陕西郿县,将父亲安葬于终南山北麓之后,遂定居于郿县横渠。张载38岁登进士第,除短暂到外地为官之外,主要生活和讲学于关中,并创建了关学。清初,关中理学家王心敬编撰《关学续编》,其卷二新增"汉儒二人",第一人便为"江都董先生"。在叙述董仲舒"凡相两国"之后,王心敬指出:

> 自武帝初立,魏其、武安侯为相而隆儒矣。及仲舒对策,推明孔氏,抑黜百家,立学校之官,州郡举茂材孝廉,皆自仲舒发之。武帝晚年,以仲舒对问皆有明法,乃赐仲舒第,令居长安。凡朝廷建置兴革,多使使就问,或使廷尉张汤就家问之。年七十余,以寿终长安。

在这段话之后,王心敬加按语说:"仲舒先生原籍广川(今河北衡水——引者注),晚以时应帝问,就家长安,卒也遂葬京兆(今陕西西安——引者注)。今长安城中所传下马陵者即其处。其后子孙乃徙茂陵。则是仲舒老关中,卒关中,并葬关中也。"① 王心敬把董仲舒纳入关学谱系并不妥当,但他指出董仲舒终老关中并安葬于关中,与关中地域渊源深厚,则是事实。

无论是西汉的董仲舒,还是北宋的张载,他们二人都是各自时代的儒学代言人,天论和天道论都是他们二人宇宙论哲学和天人之学的重要内容。因此,本文在

---

① 王心敬《关学续编》卷二《汉儒·江都董先生》,见王美凤《关学史文献辑校》(西北大学出版社2015年版,第81页,并参见该书第66页)。笔者按:一般认为,董仲舒墓在西安南城墙和平门内以西600米处的下马陵。另据北宋《太平寰宇记》卷二十七记载:"董仲舒墓,在(兴平)县东北二十里。"是武帝刘彻茂陵的陪葬墓。

探究董仲舒与张载的天人之学时,将分别考察他们二人的天论、天道论及其特色,然后梳理儒家天人合一观念从董仲舒到张载的演变脉络。

一、董仲舒的天论、天道论及其特色

(一)董仲舒的天论及其特色

多数研究汉代儒学的学者都承认,"天"是董仲舒儒学体系的最高原则[5]。甚至有学者主张,在中国思想史上,董仲舒的特别之处就在于,他"第一次建构出天的本体系统","天,是董仲舒思想体系运转的轴心所在","董仲舒之学是天学"[6]3。

董仲舒说:"天者,百神之君也,王者之所最尊也。"(《春秋繁露·郊义》)从这句话不难看出,"天"在他的学说体系中是居于至高无上的地位的。对于董仲舒所论"天"之含义,究竟应当怎样理解,学术界有两种影响比较大的解释:一是徐复观的"天"之"一义"说,二是金春峰的"天"之"三义"说。

先看徐复观的"天"之"一义"说。徐复观认为,董仲舒完成了"天"哲学的大系统。他认可《汉书·五行志叙》用"始推阴阳,为儒者宗"评价董仲舒。徐复观强调,按照董仲舒的意思,天之端来自《春秋》之元,而元实际是元气之元[7]218-219;董仲舒把阴阳五行四时之气,认作"天"的具体内容;而且他还认为,阴阳二气是天的基本作用[7]182。

再看金春峰的"天"之"三义"说。金春峰把董仲舒讲天之意义,归结为三个方面:神灵之天、道德之天、自然之天[8]122。其一,"天"是指神灵之天。金春峰认为,这里所谓天,是有目的有意志的主宰一切的人格神。这种说法,源自先秦以来的传统天命观。其二,"天"是指支配宇宙的道德原理。金春峰引董仲舒《春秋繁露·王道通三》的话来说明"天"的这一意义:"人之受命于天也,取仁于天而仁也。"[8]123但准确地说,董仲舒这句话说的是作为道德价值的"仁"是以天为根源的。其三,"天"是指作为宇宙的总称及自然运行的规律,简称自然之天。董仲舒论自然之天的突出特点是,揭示了天的"十数"。在《天地阴阳》篇中,董仲舒指出:"天、地、阴、阳、木、火、土、金、水,九,与人而十者,天之数毕也。"最后的"天",指包括前面十种基本成分在内的宇宙的总称。这样的天,包含万物,广大无极,是万物的总根源。其结构表现为由阴阳、四时、五行相配合而组成的神秘的图式,而这一图式的基础是"气"或"元气"。关于"元"指"元气",金春峰的看法与徐复观是一致的。金春峰认为,董仲舒所讲的气,是神秘化了的,但其基本性质则仍是一种物质实体。关于董仲舒"天"之三义之间的关系,金春峰指出,三种"天"在原则上是可以统一的,但实际上却存在着矛盾,例如,自然之天既然是由气构成的,那么,它何以会具有道德的属性?[8]129 值得注意的是,后来余治平比较重视董仲舒以"天"作为道德价值根源的意义。他引用的董仲舒这方面的言论主要有:"人之德行,化天理而义。""仁之美者,在于天。天,仁也。"[6]289

综上所述,与徐复观的"天"之"一义"说相比,金春峰的"天"之"三义"说比较全面。徐的说法突出了董仲舒的自然之天,这与孔孟儒学之间发生了很大的差异。余治平则强调董仲舒对"天"的道德价值的根源意义。这是对金春峰论说董仲舒道德之"天"的重要补充。

(二) 董仲舒的天道论及其特色

在董仲舒之前,儒家绝少讲阴阳五行,绝少讲阴阳之气,也没有把阴阳之气与天道联系在一起。董仲舒是儒家重视讲阴阳五行或阴阳之气的开端,其《春秋繁露》关于阴阳五行的论述是春秋战国以来儒家著述中最为系统、最为详尽的。说董仲舒哲学体系的特点是以阴阳五行为基础的,可能也不为过[6]4,[8]4。就董仲舒的天道论而言,可以说也是以阴阳之气为基础的。董仲舒指出:"天道之大者在阴阳。"[1]2502 可见,他主要是以阴阳说天道的。徐复观曾对《春秋繁露》各篇的要义做过仔细的分析。他认为,自《离合根》篇第十八起,以下的四十一篇,"皆以天道的阴阳四时五行,做一切问题的解释、判断的依据"[7]192。首先,关于天道与阴阳的关系。董仲舒认为天道与阴阳之间有很密切的关系,包括阴阳对立、阴阳消长、阴阳转化、阴阳中和等四个方面①。其次,关于天道与四时、五行的关系。众所周知,孔子最早以四时言天道之运行,但未言及四时与阴阳的配合;《易传》以阴阳言天道之变化及其机制,但未言及阴阳与四时的配合;至邹衍,在其有关阴阳五行的言论中,还看不出阴阳五行与四时的关系。直到《吕氏春秋·十二纪·纪首》,才开始以四时为中心,并把阴阳、五行与四方配合成一个完整的有机体。而董仲舒则综合孔子、《易传》、邹衍、《吕氏春秋》之说,把阴阳、四时、五行与四方构造成更紧密的整体[9]。

二、张载的天论、天道论及其特色

有明确的"理学纲领"作为强有力的支持,是张载天论和天道论的重要特色。

---

① 陈福滨对天道与阴阳之间四个方面的关系,分析得很细致。参见陈福滨《董仲舒的天道思想与天人关系》(陈福滨《智与思:陈福滨哲学论文自选集》,台北辅大书房2016年版,第250—254页)。

在《正蒙·太和篇》中，张载提出："由太虚，有天之名；由气化，有道之名；合虚与气，有性之名；合性与知觉，有心之名。"[3]9 可以把这四句话简称作"《太和》四句"。朱熹高度评价"《太和》四句"，指出："'由太虚，有天之名'至'有心之名'，横渠如此议论，极精密。"[10]1432

多年前，笔者曾提出以"《太和》四句"作为张载的"理学纲领"[11-12]，但当时尚缺乏支持这一判断的文献依据。随着张载理学新文献的发现及整理，问题得到了解决。中华书局版《张载集》外佚著《礼记说》辑本，是张载理学新文献之一。依据《礼记说·中庸第三十一》，"《太和》四句"原来是对《中庸》首章前三句的解说[13]。朱熹认为，"读书先须看大纲"，如《中庸》首章前三句，便是"大纲"[10]1480。朱熹所谓"大纲"，与这里所谓"纲领"语义相同。作为解说《中庸》纲领的张载理学新文献《礼记说》，为还原"《太和》四句"的语境提供了具有关键意义的文献资料，使"《太和》四句"作为张载"理学纲领"的性质和地位得到确证。同时，"《太和》四句"中所涉及的"天""道""性""心"四大概念排列有序，界定清晰，能够充分展现张载天人之学体系的特征。任何一种学说中的纲领性论述，远比其一般性论述重要，因而在研究中应当格外倚重其纲领性论述。

（一）张载的天论及其特色

对于《中庸》首章前三句"天命之谓性，率性之谓道，修道之谓教"，古今学者多看重其中由"性""道""教"三个概念组成的序列。而张载却特意把《中庸》首章第一句第一个字"天"纳入其概念序列，并置于首位，将《中庸》由"性""道""教"三个概念组成的序列，改造为由"天""道""性""心"四个概念组成的序列。后来，朱熹解读《中庸》首章前三句说："此先明'性''道''教'之所以名，以其本皆出乎'天'。"[14]这与张载的思路若合符节。张载以道家"太虚"概念释"天"，是为了纠正秦汉以来儒者"知人而不知天"的"大蔽"[15]，重建儒家"天"观。"由太虚，有天之名"句中的"由"字，有"自""从""因"等义，其引申义为依据、凭借。在此句中，当以"借用"释"由"字[16]。在张载看来，秦汉以来儒者把原本形而上的超越之"天"有形化、实然化、经验化了；而道家的"太虚"概念则具有非实然性、超验性、无限性等优点，因而有必要借用道家的"太虚"概念以改造被汉儒实然化和经验化了的"苍苍之天"，从而使"天"重返超越和神圣的本体地位①。

---

① 张载为何以道家"太虚"释"天"，如何诠释"天"或"太虚"的意涵，参见林乐昌《论张载理学对道家思想资源的借鉴和融通——以天道论为中心》(《哲学研究》2013年第2期，第38—40页)。

（二）张载的天道论及其特色

张载"理学纲领"的第二句是"由气化，有道之名"。此"由"字，与第一句"由太虚，有天之名"的"由"字一样，也是借用的意思。古今不少学者都把"由气化，有道之名"这句话中"道"的意涵归结为"气"或"气化"。张载对"道"的界定，的确借助了阴阳家和道家的气或气化。问题在于，借用气化的主体是谁？只能是上一句的"天"。《中庸》第二十章曰："诚者，天之道。"认为"道"是归属于"天"的。《正蒙》的第三篇的篇名为"天道"，也正是此意。认为"天"高于"道"，这是儒家天、道关系理论的传统①。朱熹解释"由气化，有道之名"说，"道""虽杂气化，而实不离乎太虚"[10]1430。可见，"道"既不可单独归结为"气"或"气化"，也不可单独归结为"天"或"太虚"，它是"太虚"与"气"的统一体。就张载的"天道"概念看，它具有一本（以天或太虚为本体）、两层（宇宙本体论和宇宙生成论两个层次）、三合（天或太虚与阴气、阳气三者整合）的特征[12]45。可见，在张载理学纲领"天""道""性""心"四大概念序列中，"气"仅仅是辅助性概念，不宜将其拔高为张载天道论的首要概念。把"气"视作张载哲学体系中的本体概念或最高概念，无法从张载的"理学纲领"或其他理论学说中获得支持。

张载综合了儒家之"天"与阴阳五行家、道家、汉儒之"气"，为儒家天道论注入了气论内容。孔子、子思、荀子曾言及自然天道，但却都不曾言及自然生成之气。张载重构儒家天道论，除借鉴道家思想资源之外，所依据的儒家经典资源主要有两种。一是《中庸》所谓"天之道"。张载依照《中庸》"道"归属于"天"的定位，在其理学"四句纲领"中明确将"道"置于"天"之下。二是《易传·系辞》所谓"一阴一阳之谓道"。据此，张载以阴阳及其作用机制说道，并兼以道家和汉儒的"气化"说道，从而提出"由气化，有道之名"。所谓"阴阳"，起于西周晚期，是数术的别名，属后世堪舆地形家之事，其基本含义是光明和黑暗[17-18]。至战国时期，开始讲求天之气，而不再讲求地之形。这是"阴阳"的另一套说法[19]。汉儒普遍受阴阳家影响，喜用"气"解释一切。傅斯年指出，阴阳之教，五行之论，渊源于战国晚期的齐国，后来这一派在汉代达到极盛[20]。余英时也指出，"'气'这一概念并非汉代思想家的发明"，但"'气'的观念在思想史上扮演特别重要的角色则是在汉代"[21]。清儒皮锡瑞针对汉儒指出，孔子"删定六经，以垂世立教，必不以阴阳五行为宗旨"。并

---

① 李泽厚认为："儒道两家的差异在一定意义和范围内表现在'天''道'这两个范畴的高低上。"在道家，"'道'高于'天'；儒家则相反，'天'高于'道'"。参见李泽厚《荀易庸纪要》（李泽厚《中国古代思想史论》，人民出版社1985年版，第131页）。

据此认为,汉儒只是孔子儒学的"别传",而非"正传"[22]18。从历史脉络看,无论是先秦孔子儒学,还是北宋张载理学,都必不以阴阳五行或阴阳之气为宗旨;其间唯汉儒之学作为孔学的别传则是例外,后来还成为明清气学的理论源头之一。

张载继承《中庸》和《易传·系辞》的天道论,并兼取阴阳五行家和道家的气论,明确地把阴阳气化纳入儒家的天道理论。张载虽然综合"天"与"气"以说"道",但他并没有把"天"和"道"都归结为"气"。在张载的话语系统中,"气"只是用以表述宇宙动能、自然元素、生物禀赋、生命活力等意涵的经验性词语,只是在生成之道的表现形式的意义上才加以使用的;"气"并不具有价值意义,更无法作为宇宙本体。清儒皮锡瑞指出:"《汉书·艺文志》'阴阳''五行'分为二家。其后二家皆窜入儒家。"但这只是儒家的别传,而非正传。皮氏强调,孔子儒学与汉儒不同,"必不以阴阳五行为宗旨"[22]18。同理,北宋的张载理学也必不以阴阳五行或阴阳之气为宗旨。

三、天人合一:从董仲舒到张载

(一) 董仲舒的天人合一观念

对于天人合一观念,董仲舒曾提出"天人之际,合而为一"(《春秋繁露·深察名号》)的说法。虽然他还没有明确使用"天人合一"这四个字,但天人合一观念在其学说中已经形成了一个比较完整的系统。按照徐复观的分析,董仲舒把历史、人事与天连接在一起,是通过两条线索实现的:一是夸大"元"的观念,二是加强灾异的观念[7]217。在董仲舒那里,实现天人合一的机制是"感应"。有学者正确地指出,董仲舒是感应思想的集大成者,在其学说中已经建立起一套完备的天人感应系统[6]5。天人以感应相合,其中包括以类相合、人副天数等方式。董仲舒还用"祥瑞""灾异"作为天人感应在实际生活中的应用。在此意义上,可以说董仲舒天人之学的特点是灾异论的天人感应,或天人感应的灾异论[5]27,80。当然,董仲舒所谓灾异论的天人之学是有其政治目的的,就是要限制君权,把权力运作纳入正轨。他说:"国家将有失道之败,而天乃先出灾害以谴告之;不知自省,又出怪异以警惧之;尚不知变,而伤败乃至。以此见天心之仁爱人君,而欲止其乱也。"[1]2498

曾经有学者把古代天人合一的模式归纳为三种:第一种是天人合德型,这是儒家的模式。第二种是天人为一型,这是道家的模式。第三种是天人感应型,这是阴阳家及董仲舒以气化之天为主,杂以传统的神性之天乃至世俗的神秘信仰揉而为一[23]。

把董仲舒的天人合一观念纳入以上第三种"天人感应型",大体是不错的,但这并不等于说他的天人合一观念就完全没有"天人合德"的内涵。董仲舒说过:"人之血气,化天志而仁;人之德行,化天理而义。"(《春秋繁露·为人者天》)他还说:"人之受命于天也,取仁于天而仁也。是故人之受命天之尊,父兄子弟之亲,有忠信慈惠之心,有礼义廉让之行,有是非逆顺之治,文理灿然而厚,知广大而博,惟人道为可以参天。"(《春秋繁露·王道通三》)董仲舒的这些论述,就应当属于"天人合德型"的天人合一观念①。

(二) 张载的"天人合一"命题及其思想

轴心时期(孔子时代)的天人合一观念开始从王权垄断向个人转型,从而使这一观念向所有追寻精神价值和生命意义的个人开放[2]119,138。与转型期的方向一致,张载在历史上第一次使用"天人合一"这四个字,将其作为一个思想命题明确地提了出来,并对这一命题做了明确的界说。在张载理学纲领中,他首先确定"天"在宇宙中具有至高无上的超越地位,从而为儒家重塑天观;同时,他还为自己的理学纲领引入"心"这一概念,强调人的精神能动作用,从而激活了人体悟"天"这一宇宙最高存在的心灵活动。这就为他所明确提出的"天人合一"和"事天诚身"境界的实现,提供了可能性。

在《正蒙·乾称篇》中,针对佛教"诚而恶明"的倾向,张载强调指出:"儒者则因明致诚,因诚致明,故天人合一。"[3]65 这一界说,着重从道德修养和精神境界的角度为儒者提出实现"天人合一"的方法。值得注意的是,张载"天人合一"思想所依据的经典除了《周易》经传之外,显然对《中庸》更加倚重。不难理解,《中庸》对张载的学术生涯曾经产生过特别的影响,也包括对张载"天人合一"思想的影响[24]。上引张载所说"因明致诚,因诚致明",来源于《中庸》二十一章"自诚明""自明诚"的学说。此外,张载依据《中庸》二十五章所谓"诚"者"性之德也,合内外之道也"的表述,将"合内外"确立为实现"天人合一"的基本模式。仍与《中庸》有关,张载还从另一角度对"天人合一"思想做了重要的补充说明。他说:"天人异用,不足以言诚;天人异知,不足以尽明。"[3]20 这表明,张载强烈反对在"用"和"知"这两个向度上使天人关系发生背离。这就启发我们,应当从"用"和"知"这两个向度全面考察张载的"天人合一"思想。

---

① 周辅成、余治平都承认,董仲舒的天人之学当中含有道德的天人合一成分。参见周辅成《论董仲舒思想》(上海人民出版社1961年版,第98—99页)和余治平《唯天为大:建基于信念本体的董仲舒哲学研究》(商务印书馆2003年版,第289页)。

第一,从"知"的向度考察张载"天人合一"思想及其特色。《宋史》张载本传说他"以为知人而不知天,求为贤人而不求为圣人,此秦汉以来学者大蔽也"。张载在论述天道性命相贯通时指出:"故思知人不可不知天。""知人知天与穷理尽性以至于命同意。"[3]21,234 清初理学家冉觐祖注解"天人异知"说:"知人而不知天,是谓'天人异知'。"[25] 如果人能够"知天",便意味着天人不再"异知"。在张载看来,"知天"比"知人"更根本。张载批评秦汉以来儒者"不知天",是指他们对"天"的理解出现了偏误。这表现为,把原本超越的宇宙本体之"天"实然化、经验化了。张载反对"姑指日月星辰处,视以为天"[3]177,他批评说:"'日月得天',得自然之理也,非苍苍之形也。"[3]12 强调不能把"天"理解为苍苍之天,而应当理解为支配自然界的义理之天。他还告诫学者:"气之苍苍,目之所止也;日月星辰,象之著也。当以心求天之虚。"[3]326 这是说,已少有儒者能"以心求"超越的宇宙本体之天了,更多的情形是以耳目感官把握由气构成的"苍苍"之天。

第二,从"用"的向度考察张载"天人合一"思想及其特色。广义地看,"知天"也包括"知天道"。张载曾说,他撰写《西铭》的意图,就是"只欲学者心于天道"[3]313。张载批评佛教"不知本天道为用",主张"得天而未始遗人"。如何"本天道为用"?考察张载的有关论述可知,这需要经由个人修养的实践、社会治理的实践和人类参与自然生成过程的实践等多种途径。

总之,"天人合一"是张载天人之学体系的总体性命题,既具有道德修养实践意义和精神境界意义,也蕴含了对社会秩序和自然伦理的诉求,是儒学史上天人之学的重要理论源头。当然,张载所谓"天人合一",不可能自发地在个人修养、人间社会和自然生态中变为现实。因此,这一观念主要昭示人们:只有经由不懈的修为和实践,人类才能够在精神领域、社会领域和自然领域逐步趋近这一理想境界。

结　语

董仲舒与张载的天人之学既有共同之处,也各具特色。他们二人思想体系的共同之处主要表现在,都使用了"天-人"框架,也都有突出的天人合一观念,并程度不同地坚持了儒家的道德价值。他们二人都使儒学形态发生了很大改变。在此意义上,可以把他们的学说称为"新儒学"。虽然二人的学说都可以被称为"新儒学",但他们二人的儒学思想又的确具有多方面的差异。

第一,董、张二人各自倚重的经典不同。董仲舒倚重的经典是《春秋》,而张载倚重的经典则是《易》《礼》。

第二,董、张二人的天论不同。董仲舒的天论,主张"天之数"为十,其天具有复杂的结构。而张载所谓天,是宇宙之间的最高实在,是"至一"[3]325的主导力量。"至一",亦即唯一。张载之天,作为宇宙间唯一的最高存在,是没有内在结构的。董仲舒的天论,更强调的是天的自然意涵,气的意味比较重;张载突出的则是天对宇宙的主导作用,以及天是一切道德价值的终极根源。

第三,董、张二人的天道论不同。他们二人的天道论,都重视阴阳之气,但阴阳之气在二人各自的天道当中的地位不同。董仲舒主张"天道之大者在阴阳",而张载则提出"太虚即气"命题,认为天道是由太虚(天)本体与阴阳二气这三方面构成的统一的宇宙生成力量。与董仲舒不同,张载主张,天道之大者在天,而不在阴阳。

第四,董、张二人的天人合一观念不同。董仲舒的天人合一观念是以阴阳五行为理论基础的,强调以"感应"而合。因而,张亨将其归结为"天人感应型"的天人合一。这种"天人感应型"的天人合一主要是政治论的,亦即灾异论和天谴论的,其用意是制约王权。正如本文前面所分析的,董仲舒的天人合一观念除了有其政治性质之外,其实也含有道德的天人合一的成分。董仲舒这种天人合一主要是通过"感应"机制发挥作用的。在天人合一观念上,张载则回避自然"感应"论,强调道德工夫论,主张天与人必须经由主体的诚明工夫才有相合的可能。除了工夫论之外,张载的天人合一观念也涵盖精神境界论以及信仰论和政治论的意涵。张载天人合一的信仰论和政治论的意涵,主要表现为他对"事天爱民"[3]76的诉求。天人之学当中的天论与天道论,是一种宇宙观。对于宇宙观的形成能够起关键性作用的,是掌握抽象知识和思维方式的能力[26]。张载的抽象思维方式,显然超越了汉儒偏于感性的阴阳五行思维方式。

总之,从西汉的董仲舒到北宋的张载,他们的天人之学都对儒家学说做出了巨大的贡献。但是也应当看到,他们二人的天人之学毕竟存在比较大的差异,这导致了儒家天人之学的一次大的历史转折。

参考文献

[1] 班固.汉书[M].北京:中华书局,1983.

[2] 余英时.论天人之际:中国古代思想起源试探[M].北京:中华书局,2014.

[3] 张载.张载集[M].章锡琛,点校.北京:中华书局,1978.

[4] 方东美.新儒家哲学十八讲[M].台北:黎明文化事业公司,1993:302.

[5] 周辅成.论董仲舒思想[M].上海:上海人民出版社,1961:1.

[6] 余治平.唯天为大:建基于信念本体的董仲舒哲学研究[M].北京:商务印书馆,2003.

[7] 徐复观.两汉思想史:第二卷[M].上海:华东师范大学出版社,2001.

[8] 金春峰.汉代思想史[M].增订第3版.北京:中国社会科学出版社,2006.

[9] 陈福滨.智与思:陈福滨哲学论文自选集[M].台北:辅大书房,2016:255-259.

[10] 黎靖德.朱子语类[M].北京:中华书局,1986.

[11] 林乐昌.张载两层结构的宇宙论哲学探微[J].中国哲学史,2008(4):78-86.

[12] 林乐昌.论张载理学对道家思想资源的借鉴和融通:以天道论为中心[J].哲学研究,2013(2):38-46,108.

[13] 张载.张子全书[M].林乐昌,编校.西安:西北大学出版社,2015.

[14] 朱熹.朱子全书:第6册[M].黄坤,点校.上海:上海古籍出版社,安徽教育出版社,2002:46.

[15] 脱脱.宋史:第36册[M].北京:中华书局,1985:12724.

[16] 王夫之.读四书大全说:卷2[M].北京:中华书局,1975:69.

[17] 李零.兰台万卷:读《汉书·艺文志》[M].北京:生活·读书·新知三联书店,2011:183.

[18] 李零.死生有命,富贵在天:《周易》的自然哲学[M].北京:生活·读书·新知三联书店,2013:26.

[19] 饶宗颐.中国史学上之正统论[M].上海:上海远东出版社,1996:285-287.

[20] 傅斯年.战国子家叙论·史学方法导论·史记研究[M].上海:上海古籍出版社,2012:67.

[21] 余英时.东汉生死观[M].上海:上海古籍出版社,2005:81.

[22] 皮锡瑞.经学通论[M].北京:中华书局,1954.

[23] 张亨.思文之际论集:儒道思想的现代诠释[M].台北:允晨文化实业股份有限公司,1997:279-280.

[24] 林乐昌.论《中庸》对张载理学建构的特别影响[J].哲学与文化,2018(9):13-39.

[25] 林乐昌.正蒙合校集释:上册[M].北京:中华书局,2012:287.

[26] 伦纳德·蒙洛迪诺.思维简史:从丛林到宇宙[M].龚瑞,译.北京:中信出版集团,2018:48-49.

原载于《衡水学院学报》2019年第5期。

董仲舒与中国"文"化
——王充"孔子之文在仲舒"说诠说

杨朝明

(中国孔子研究院,山东 曲阜 273100)

[摘　要] 在对于董仲舒的历史文化地位的评述中,以王充《论衡》所言"文王之文在孔子,孔子之文在仲舒"最为确切精妙。孔子推崇以周文王为核心代表的周代文明,留存周代文明命脉,整理周代经典文献,系统阐发了周代的礼乐文明并以此教谕弟子,构筑了儒家的思想文化体系。至于董仲舒,则适应了汉代新的历史环境,将儒家学说通过制度建设、核心价值观构建真正落实于政治与社会实践之中,进而塑造了帝制时代中国政治文明的面貌。王充"文王-孔子-董子"之说,更准确地说明了董仲舒在中国文化史上的重要地位。

[关键词] 董仲舒;王充;文;中国文化

在董仲舒与儒家思想研究愈加深入的今天,从整个中国文化的视野去审视董仲舒的历史地位,窃以为东汉思想家王充《论衡·超奇》中的话值得注意:"文王之文在孔子,孔子之文在仲舒。"此言内涵丰富,值得细细品味。这一评价从孔子思想来源说起,涉及以往人们注意不够的周文王,这启示我们要以更加广阔的视野,准确把握董仲舒的历史地位。

一、王充心目中的董仲舒

王充(27—约97年)出生在董仲舒(前179—前104年)去世130年之后,他的

[作者简介] 杨朝明(1962—),男,山东梁山人,研究员,博士生导师。

《论衡》是他用毕生精力写成。到王充时,汉代学术文化经过了200多年的发展,出现了很多优秀的学者和思想家,王充通晓百家,学识渊博,从而能独抒己见,批古论今。在《论衡》中,王充"铨轻重之言,立真伪之平",对往古与当时的学术思潮、思想学说进行衡评,"折衷以圣道,析理于通材",定其是非,攻击虚妄。

王充对历史人物、事迹的评价鞭辟入里,与他自身成长经历关系密切。据说,他小时候逛书店,就阅读那里的书籍,后来回到乡里教书。王充善于思考,不死记章句。他擅长辩论,认为庸俗治学往往失去儒家本质。他曾闭门思考,谢绝一切俗礼和仪节,专心研究写作。故所著《论衡》解释万物异同,纠正了当时的不少疑惑。

从王充对自己家族渊源的叙述中,可以看出他思想中的特立独行之处。在《论衡·自纪篇》中王充记载了个人祖上的"家丑"。当然,王充的本意是为凸显自己出身贫贱,说明"宗祖无淑懿之基",成功靠的是自己。但也印证了王充"疾虚妄"而禀实直言的人生信条。在那个格外崇尚孝道的年代,他的做法难免会令人误解,如唐代的刘知几就认为不合纲常,说他"历诋其祖父之恶,恐难称孝"。我们今天看,王充不为祖上讳,自抖"家丑",显现了王充对于前人评价中的笃实、中肯、可信。

王充对包括董仲舒、司马迁、扬雄等人在内的汉代不少名家都有评价。例如,王充尤其赞赏和推崇桓谭(约前40—32年,字君山),他把桓谭与董仲舒进行比较,说:"仲舒之文可及,君山之论难追。"(《论衡·案书》)他还把孔子称为"素王",而称桓谭为"素丞相"。就像孔子从来未曾做王一样,桓谭也从来没有做过丞相,可王充认为桓谭可与孔子相配,将桓谭作《新论》与孔子作《春秋》类比。在王充看来,桓谭评定世事,讨论疑难,无人能出其右。与桓谭一样,王充反对神学迷信等虚妄之言,所以他的《论衡》才能"解释世俗之疑,辨照是非之理"(《论衡·对作》)。

王充反对虚妄,所以称道董仲舒为"孔子之文"的落实者。那时,章句之学炽盛,他反对章句之儒只知信守师说。很多儒生拘泥于家传,师徒相传,不敢改变,故所知有限。王充认为,既然"六经之作皆有据",那就说明"书亦为本,经亦为末。末失事实,本得道质"(《论衡·书解》),既然如此,诸子也各有其长。王充认为"初为章句者,非通览之人也"(《论衡·书解》),所以他说:"知屋漏者在宇下,知政失者在草野,知经误者在诸子。"王充广涉经子,所见亦深,他形象地比喻说:"涉浅水者见虾,其颇深者察鱼鳖,其尤深者观蛟龙。"(《论衡·别通》)

在王充的视野里,董仲舒是一位博学的"鸿儒"。王充把儒学之士分为"儒生""通人""文人""鸿儒"四等:"能说一经者为儒生,博览古今者为通人,采掇传书以上书奏记者为文人,能精思著文连结篇章者为鸿儒。"又说:"儒生过俗人,通人胜儒生,文人逾通人,鸿儒超文人。"(《论衡·超奇》)儒生托身儒门,治圣人之经,学圣人之道,自然胜过不学无术的俗人。但儒生仅守一经,不知世务,不通古今,不离师法,辞说虽多,也不能称博;通人则博览群书,识古通今,但知识丰富,却未必了解世事。如果学而不能用,知道再多也没有益处。王充"贵其能用",主张文人要能"抒其意指",反对"信师是古",文人草章属文,损益博通而能用世。如果在此基础上连缀篇章,成一家之言,那就成为非常理想的鸿儒。王充最贵鸿儒,就在于其为"世之金玉","超而又超""奇而又奇",在王充那里,董仲舒、司马迁、扬雄、刘向、刘歆、桓谭等人都属于"鸿儒"。

在王充心目中,无论董仲舒的治学精神,还是他的道德政治论述,都值得充分肯定。周桂钿先生说,王充《论衡》提到董仲舒62次,大都是正面评价或推崇[1]。例如,他说董仲舒论"君臣政治得失,言可采行,事美足观""虽无鼎足之位,知在公卿之上",评价他的对策"策既中实,文说美善""虽古圣之言,不能过增",如此等等。在我们看来,王充对于董仲舒的评价是颇值得玩味的。除此之外,他在《论衡·超奇》中把董仲舒与文王、孔子并提,说"文王之文在孔子,孔子之文在仲舒"。王充的这句话也许在当时并非郑重其事的评论,却很能表达董仲舒在中国文化史上的地位。

二、"文王之文"与"孔子之文"

那么,"文王之文"说的是什么,王充何以说"文王之文在孔子",关键是怎样理解这个"文"。

孔子周游列国,经历过很多困厄。一次,他和弟子们在匡地被围困数日,《论语·子罕》记:"子畏于匡,曰:'文王既没,文不在兹乎?天之将丧斯文也,后死者不得与于斯文也;天之未丧斯文也,匡人其如予何?'"在这样的困厄中,孔子的担当与使命感充分体现出来。在此,孔子自谓为"后死者",以传承中华文明、继承文王之道为己任。孔子极力推崇文、武、周公之道,《中庸》说他"宪章文武",《论语·子张》记子贡曾说孔子学修"文武之道"。孔子一生求道,他以文、武、周公之道的继承者自居。他渴望道的实现,希望社会具有正确的价值与信仰。他在匡地的淡定和从容,正源自他内在的信仰与生命追求,他要传承周文礼乐,继承发扬以周文王为创立者的周文化。孔子说,文王死后,礼乐文化遗产不都在我这里吗?上天要消灭这种文化,那就不会让我掌握这种文化了;如果上天不灭亡这种文化,匡人又能把我怎么样呢?

正如后来许多文庙"斯文在兹"的匾额所提示的,孔子所说的那个"文"指的是斯文、文化,也可以指文献,指蕴含文武之道的六艺典籍,孔子正是用这些文献传授弟子。这个"文",不可简单地理解为"文章"而已。古代教育有小学、大学之分,朱子《大学章句序》说:"人生八岁,则自王公以下,至于庶人之子弟,皆入小学,而教之以洒扫、应对、进退之节,礼、乐、射、御、书、数之文。及其十有五年,则自天子之元子、众子,以至公、卿、大夫、元士之适子,与凡民之俊秀,皆入大学,而教之以穷理、正心、修己、治人之道。"所以黄震《黄氏日钞》说:"所谓文者,又礼、乐、射、御、书、数之谓,非言语文字之末。"金履祥《论语集注考证》引何北山曰:"所谓文者,正指典章文物之显然可见者。盖当周之末,文王、周公之礼乐悉已崩坏,纪纲文章亦皆荡然无有,夫子收入散亡,序诗书,正礼乐,集群圣之大成,以昭来世,又作《春秋》,立一王之法,是所谓得与斯文者也。"这个说法更为准确!

孔子推崇周文化,还在于周文化本身,在于它继承了夏商以来中华民族所创造的文化成果。《论语·八佾》记载说:"子曰:'周监于二代,郁郁乎文哉!吾从周。'"所谓"郁郁",形容事物盛美、繁多,这里是指富有文采。孔子斯言体现了他对周代文化的整体认识。在他看来,夏商周三代文化是损益发展的,周代礼乐文明并非全然新创,而是在夏、商基础上有所借鉴、有所损益发展而成。在对夏商周三代文化进行比较的基础上,孔子认识到周文化继承了夏、商的主体结构与基本精神而更加充实灿烂,故而他才对周文化非常向往,明确表示"从周"。

"文王之文在孔子"不仅在于孔子对周文化的体认,还在于他对周文化的发扬光大。周文化"郁郁乎文哉",故孔子之口常常不离"周道""周训""文武之政",他还时常"梦见周公"。孔子信仰周代的文化,希望恢复这样的礼乐之治。他意念坚定,表现在时时处处。例如,途经宋国时,他与弟子们在大树下习礼,"宋司马桓魋欲杀孔子,拔其树",《史记·孔子世家》曰:"孔子去,弟子曰:'可以速矣。'孔子曰:'天生德于予,桓魋其如予何?'"《论语·述而》也记载了孔子的这句话。这样的情形与他在匡地被困正相仿佛。对自己的文化使命,孔子似乎有一种神圣体认和自觉意识。此种近乎宗教般的精神,正是古今中外伟人应对危难、创造伟业的动力与支柱。有人说此不过是"壮胆的话",则失之浅矣。

周文王代表文、武、周公,文、武、周公之道在孔子那里得到了充分继承与阐发、完善。文武之政、周公礼乐,从而得到了充分的展开。如果对文、武、周公之道进行历史解读,就会发现孔子对周代礼乐文明的系统化。《淮南子·要略》说:"孔子修成康之道,述周公之训,以教七十子,使服其衣冠,修其篇籍,故儒者之学生焉。"武王、周公作为"文王之子",他们自然要大力发扬文王之道,不忘"文考"遗训。所以,不论"成康之道",还是"周公之训",皆"文王之文"也。王充说的"文王之文在孔子",说的就是孔子对他以前历史文化的继承和发展。

总之,孔子"宪章文武",以"斯文在兹"的使命担当,发扬光大周文化,系统阐发周朝礼乐文明,形成了他的博大思想体系。正如"文王之文"得到了武王、周公、成王、康王的阐发与弘扬那样,孔子思想也被包括孔子弟子、子思、孟子、荀子等在内的早期儒家进一步发扬光大,"孔子之文"由此更加光彩夺目。

三、董仲舒与中国"文"化

孔子儒家的学说是治世的学说,所追求的是人心和顺、社会和谐、天下和平。儒学绝不仅仅停留在认知的层面,绝不仅仅是空洞的理论,孔子和早期儒家都关注现实。不仅孔子和他的弟子们栖栖惶惶到处奔走,子思、孟子、荀子也与孔子一样周游列国,希望说服当政者行教化、施仁政、兴礼乐。然而,孔子儒家的治世学说真正具体落地而变为现实,却是从董仲舒开始的。

从春秋末年的孔子时代开始,社会持续动荡不安。孔子去世到董仲舒出生的整整300年间,可以说一直处在孔子所言的"天下无道"状态。春秋末年,礼坏乐崩;战国时期,征伐不断;秦朝短暂统一,实行暴政,二世而亡;楚汉战争以后,西汉虽然建立,但经济凋敝,民不聊生。对于如何治理天下,汉初君臣都不得不去探索、去思考。他们总结秦朝灭亡的教训,认识到"仁义不施"是秦朝灭亡的重要原因,也看到了儒家"难与进取,可与守成"(《史记·刘敬叔孙通列传》)的特点,明白骑在马上可以打天下而不能治天下的道理。无奈受制于西汉之初的经济状况,只能采取与民休息的基本国策。于是,黄老之学兴盛一时,儒家思想依旧黯然不彰。

这种状况,到了董仲舒时发生改变。《汉书·董仲舒传》说:"自武帝初立,魏其、武安侯为相而隆儒矣。及仲舒对策,推明孔氏,抑黜百家,立学校之官,州郡举茂才、孝廉,皆自仲舒发之。"

孔子学说的特点在于经国济世,董仲舒阐发了孔子思想,并且将这一学说具体落实在政治与社会实践中。班固所说"推明孔氏",正是王充推崇董仲舒的原因所在。

孔子一生追寻,希望天下有道。他周游列国,晚年回到鲁国,在迟暮之年根据鲁国的历史作了《春秋》。《春秋》寄寓了孔子的微言大义,寄寓了孔子的政治理想。孟子说:"晋之《乘》,楚之《梼杌》,鲁之《春秋》,一也:其事则齐桓晋文,其文则史。孔子曰:'其义则丘窃取之矣。'"(《孟子·离娄下》)孔子痛心于礼崩乐坏、诸侯恣行、名分淆乱的现实,感叹道:"弗乎弗乎,君子病没世而名不称焉。吾道不行矣，吾何以自见于后世哉？"（《史记·孔子世家》）他认为"载之空言不如见诸行事深切著明"（《史记·太史公自序》），于是与左丘明入周，论史记旧闻，删烦去重，制定书法义例，借史明义，以期救世。这本是王官之事，而孔子以布衣身份代行天子赏罚，为后世垂教立法，所以他说"知我""罪我"，其惟《春秋》！

孔子之"文"，从某种意义也可以理解为"道"，是人之所以为人、社会之所以为社会的和谐、和顺之道，其中包含了文、武、周公所聚合起来的三代圣王治世理念，这个"道"又为孔子所接续、所传承、所发扬。另一方面，所谓"文"，也是"事"，即事功，"文"不是不着边际的空洞遐思，而是需要落实和践行。在此基础上，董仲舒"推明孔氏"，他所做的工作就是具体"文化"社会。

孔子作《春秋》，"其文则史"，借史明义，经过董仲舒的切实努力，《春秋》大义又得以明于汉世。《春秋》通过鲁国历史表达孔子的政治理想，董仲舒则推动这种思想在汉代社会现实中具体落实。他在汉代确立以三纲五常为核心的价值体系，构建礼法结合的治国方略及思想传统，都具有极其重要的价值意义。董仲舒关注社会现实，就像前人指出的，董仲舒的许多做法，如"限民名田塞并兼""天不重与""有大俸禄亦皆不得兼小利、与民争利业"等，有利于缩小贫富差距，弥合官民对立，"调均"社会资源分配。

王充说"孔子之文在仲舒"，其所指应该就是孔子的治世理论到董仲舒这里成为政治管理的实践，这其实也是孔子当年所孜孜以求的。董仲舒的历史功绩在于他适应西汉中期的历史需求，与汉武帝这样的政治家合作，努力把儒家思想变成国家意识形态，成为全社会的指导思想，然后通过制度建设、核心价值观构建，通过行政系统的中介，把儒家思想落到实处，使先秦儒家孔孟荀的思想在汉代变成现实。所以，李宗桂先生说，这种"思想家与政治家的政治合作传统，从源头看，并不起于董仲舒，但真正将其落到实处，并且将其锻铸为后世认可并践行的文化传统的，是董仲舒"[2]。

董仲舒对孔子思想的继承和弘扬，使孔子之道深入人心。如果把董仲舒思想与孔子学说放在中国文化大背景中，进行深入研究和细致比较，就会更加有助于对董仲舒思想的认识。孔子思想和儒家文化的形成有一个广阔的文化背景，我们对孔子儒学以及董仲舒思想的认识，不应该过于简单化。例如"三纲五常"思想，人们对此讨论虽多，但它毕竟是属于"天地秩序"范畴的纲纪，没想到在帝制时代发生了那么大的变异与扭曲。还有被认为董仲舒"政治思想两大武器"的祥瑞说、灾异谴告，其实算不上董仲舒的创造发明，在孔子整理的《尚书》中就有这样类似的事例，如《金縢》篇里的"大雷电以风"、《归禾》篇所谓"异亩同颖"（《史记·鲁周公世家》亦载)都是。其实,祥瑞说、灾异谴告就是《中庸》所说"国之将兴,必有祯祥;国之将亡,必有妖孽",这里所说是国家兴亡与社会民情直接相关,假如悖情违理的事情不断出现,难道还不应该引起重视和警觉!

董仲舒受到世人称赞,其实是他在"正其谊""明其道"的社会意识与价值信仰方面的切实努力。他在《贤良对策》的最后说:"《春秋》大一统者,天地之常经,古今之通谊也。今师异道,人异论,百家殊方,指意不同,是以上亡以持一统,法制数变,下不知所守。臣愚以为诸不在六艺之科孔子之术者,皆绝其道,勿使并进。邪辟之说灭息,然后统纪可一,而法度可明,民知所从矣。"统一国家要有统一的思想意识,古今皆然。董仲舒强调要统一到六艺、孔子之术,这就是后人所概括的"罢黜百家,独尊儒术"。历史上,很多学者都看到了董仲舒的杰出贡献,纷纷对他加以称赞和表彰。《汉书》称董仲舒"为群儒首""为儒者宗",王充《论衡·案书》说:"孔子终论,定于仲舒之言。"这与班固的"推明孔氏"相同,而康有为《春秋董氏学·天地人》则说:"赖有董子,而孔子之道始著矣。"这些其实都与"孔子之文在仲舒"的表述一致。

对于董仲舒的历史定位,以前学者们多认为:董仲舒是一个伟大的思想家,与孔子、朱子并称儒学三大巨擘。依今天看,我们更应当把眼光放大、放宽,从而站在中华文化五千多年创造与发展的广阔视野里,更多关注中华文化形成的漫长过程。如果将中华文化比喻为大树,那么其主干是儒家文化,根脉是孔子之前的"文王之文",而董仲舒则使儒家思想和现实相结合,才使中华文化的大树有了这样的姿态,伸展出枝条,开结出花果。

窃以为,王充所说"文王之文在孔子,孔子之文在仲舒",可以很好地诠释董仲舒在中国文化史上的地位。王充处在东汉时期的中国,他对于孔子儒学形成的历史应该看得更为真切。可以说,孔子继承了他以前的中国文化,奠定了中国的价值观念基调,董仲舒则通过汉代的社会政治实际进行了有效铺染。与"孔子-董子-朱子"的论说框架相比,似乎"文王-孔子-董子"更能说明董仲舒在中国文化史上的重要地位。

参考文献

[1] 周桂钿.我的学术历程(三):三次定性董学[EB/OL].[2019-06-12].http://m.sohu.com/a/196820453_99916795.

[2] 李宗桂.董仲舒思想历史作用之我见[J].衡水学院学报,2019(2):10-13.

原载于《衡水学院学报》2019年第5期。

董仲舒"更化则可善治"探析
——西汉立国七十年的历史反思与理论探索

李英华

(海南大学 马克思主义学院,海南 海口 570288)

[摘 要] 董仲舒回顾和反思西汉立国七十年的发展历程,对治国之道进行了艰辛探索,提出了著名的"更化则可善治"这一命题。"更化"的基本内涵是更而化之,需要遵循三条原则,即"奉天""法古""爱民"。"更化"主要从三个方面展开,即意识形态的更替、政治制度的改良与文教政策的调整。"更化"是"善治"的先决条件,"善治"则是"更化"的必然结果。"善治"是通过德治而使社会和谐、风俗淳美。应该遵循三条原则,即"承天意""明教化""正法度"。"善治"的主要方式表现在三个方面:加王心、修法度;尊贤能、重教化;抑兼并、倡调均。要言之,"更化"的精神实质是顺应时代潮流、反映人心向背,对治国策略做出重大调整;"善治"的本质体现了一种"心系苍生,不怀私意"的精神理念,在政制设计上确保"众圣辅德,贤能佐职",实现"教化大行,万民安乐"。一言蔽之,"更化则可善治"旨在更新和完善西汉王朝的治国理念与方法,这对于促进当代中国国家治理体系与治理能力的现代化,仍具有重要的启发意义和参考价值。

[关键词] 董仲舒;更化;善治;西汉;国家治理

习近平总书记指出,历史是最好的老师。我国古代主张"民为邦本""为政以

[基金项目] 国家社会科学基金项目(13XKS033)
[作者简介] 李英华(1970—),男,广东兴宁人,教授,历史学博士。

德""礼法合治""德主刑辅""改易更化"等,这些思想观念都能给后人以重要启示。要治理好今天的中国,需要对我国古代治国理政的探索和智慧进行积极总结,"为推进国家治理体系和治理能力现代化提供有益借鉴"[1]。

这段话虽然没有提及"董仲舒"的名字,但所列举的治国思想观念都与董仲舒的政治思想有着密切联系。而董仲舒的政治思想浓缩于"更化则可善治"这一命题之中。这一命题的提出,正是西汉立国七十年①之际。这一特殊的历史关节点,使得这个命题不仅具有丰富的历史内涵,而且具有深刻的现实意义。

一、"更化"的历史背景及其实质内涵

元光元年(前134年),汉武帝下诏举贤良。董仲舒在其对策中严厉批判秦朝时期的社会政治背景:"(秦)重禁文学,不得挟书,弃捐礼谊而恶闻之,其心欲尽灭先圣之道,而颛为自恣苟简之治,故立为天子十四岁而国破亡矣。自古以来,未尝有以乱济乱,大败天下之民如秦者也。其遗毒余烈,至今未灭,使习俗薄恶,人民嚚顽,抵冒殊扞,孰烂如此之甚者也。"(《天人三策·第一策》)董仲舒认为,秦朝沿袭了战国时期的法家政策,不仅没有及时调整国策,反而"又益甚之",主要表现为"重禁文学""不得挟书""弃捐礼谊""尽灭先圣之道"等。其结果不仅导致秦朝的暴亡,而且,它的"遗毒余烈,至今未灭"。

继而,董仲舒回顾和反思西汉立国七十年的发展历程。对于当时西汉的社会状况,董仲舒批判说:"今汉继秦之后,如朽木粪墙矣,虽欲善治之,亡可奈何。法出而奸生,令下而诈起,如以汤止沸,抱薪救火,愈甚亡益也。"(《天人三策·第一策》)这段话主要反映了武帝执政初期的社会问题。经过七十年的休养生息,此时西汉社会经济繁荣、国力昌盛,但在繁荣昌盛的外表之下,潜伏着日趋严重的社会政治问题。主要表现在四个方面:一是"黄老无为"作为一种国家意识形态,已经失去以往那种积极作用,蜕化为一种阻碍革新的顽固、保守的思想观念。二是地方诸侯与豪强并不完全服从中央朝廷政策与法规,他们大肆兼并土地,导致阶级矛盾日益激化。这不仅削弱了朝廷的权威,而且也影响了国家的稳定。三是在思想文化方面,先秦诸子百家遗风犹存,各执一词,不利于统一思想和加强中央集权。另外,由于国家不重视文化教育,导致民众道德水平低下、社会风俗败坏。四是匈奴时常入侵,两越不断制造事端,弄得边境不宁。正是由于这些方面的

---

① 元光元年(前134年),汉武帝下诏举贤良。此时,上距刘邦于公元前206年灭秦被封"汉王"为72年,上距刘邦于公元前202年战胜项羽、建立西汉王朝为68年。取其整数,正好是70年。

综合作用,造成武帝执政初期呈现一种所谓"虽欲善治",却竟然"亡可奈何"的困窘局面。

为了打破这种困窘局面,董仲舒提出了"更化"论。他说:"故汉得天下以来,常欲善治而至今不可善治者,失之于当更化而不更化也。"(《天人三策·第一策》)那么,何谓"更化"?董仲舒对此并没有作出简明扼要的解释。因此,这给后人的理解带来了较大的歧异。从字面上说,"更"包含更新、更替、更张等意思,"化"则意味教化、化育等含义。合而言之,"更化"是指更而化之。董仲舒说:"圣王之继乱世也,扫除其迹而悉去之,复修教化而崇起之。教化已明,习俗已成,子孙循之,行五六百岁尚未败也。"(《天人三策·第一策》)所谓"扫除其迹",即更张之意;所谓"复修教化",即化育之义。由此可见,董仲舒所谓"更化",并不只是简单地更改、改变,而是包含了"更"与"化"两重含义。

那么,如何进行"更化"?董仲舒认为,必须遵循三条根本原则。他提出:"春秋之道,奉天而法古。"(《春秋繁露·楚庄王》)又说:"爱施兆民,天下归之。"(《天人三策·第二策》)要言之,"奉天""法古""爱民"构成了董仲舒关于"更化"的三条基本原则。根据这三条原则,并针对上述汉初社会的困窘局面,"更化"主要从以下三大方面展开:

第一,意识形态的更替。也就是治国指导思想的更新。要求彻底抛弃秦汉以来"以吏为师"和"黄老无为"的治国之策,转而采用儒家学说。董仲舒在对策中郑重地提出:"《春秋》大一统者,天地之常经,古今之通谊也。今师异道,人异论,百家殊方,指意不同,是以上亡以持一统;法制数变,下不知所守。臣愚以为诸不在六艺之科孔子之术者,皆绝其道,勿使并进。邪辟之说灭息,然后统纪可一而法度可明,民知所从矣。"(《天人三策·第三策》)这种治国理念的更新可谓是"更化"的核心内容①。

第二,政治制度的改良。这涉及所谓"新王改制"的问题。董仲舒说:"今所谓新王必改制者,非改其道,非变其理,受命于天,易姓更王,非继前王而王也。……故必徙居处,更称号,改正朔,易服色者,无他焉,不敢不顺天志,而明自显也。若夫大纲,人伦道理,政治教化,习俗文义尽如故,亦何改哉!故王者有改制之名,无易道之实。"(《春秋繁露·楚庄王》)从表面看,董仲舒所谓"改制",只是改变诸如国

---

① 需要说明,董仲舒这一建议的提出,并不是出于一时的决定,而是经过了长期的艰辛探索。特别是,自汉武帝于建元元年(前140年)执政以来,董仲舒又经历了6年的期待与努力。董仲舒在其《士不遇赋》中所谓"正身俟时"和"心之忧兮"等词句即表明了这一点。只有待到元光元年汉武帝下诏策问时,董仲舒才迎来抒发自己政见的机会。

都、国号、正朔、服色等形式上的东西，从而给人一种"改制"并不怎么重要的感觉。但是，如果深入考察，就会发现"新王改制"其实是蕴含了深刻的实质内容的变革。这是因为董仲舒强调"继乱世者其道变"，并特别指出："今汉继大乱之后，若宜少损周之文致，用夏之忠者。"(《天人三策·第三策》)所以，董仲舒的"新王改制"思想，反映了一种"继乱世者其道变"(《天人三策·第三策》)的改革精神。为此，董仲舒提出了"强干弱枝""德主刑辅""调均安民"等诸多施政建议，这些建议都属于"新王改制"(即制度变革)的重要内容。

第三，文教政策的调整。在董仲舒看来，秦朝所实行的法家政策是反教化的。他批判说："师申商之法，行韩非之说，憎帝王之道，以贪狼为俗，非有文德以教训于下也。诛名而不察实，为善者不必免，而犯恶者未必刑也。是以百官皆饰虚辞而不顾实，外有事君之礼，内有背上之心；造伪饰诈，趣利无耻；又好用憯酷之吏，赋敛亡度，竭民财力，百姓散亡，不得从耕织之业，群盗并起。是以刑者甚众，死者相望，而奸不息，俗化使然也。"(《天人三策·第二策》)这段话把秦朝所实行的法家政策批得一无是处。尽管不完全符合历史事实，但反映了董仲舒希望变革文教政策的强烈愿望。汉初实行黄老无为，虽然在刑罚方面有所减轻，但在文教政策方面并没有多少改观。他对汉武帝指出："今陛下贵为天子，富有四海，居得致之位，操可致之势，又有能致之资，……然而天地未应而美祥莫至者，何也？凡以教化不立而万民不正也。"(《天人三策·第一策》)为此，董仲舒主张"兴太学""置明师""养贤士"(《天人三策·第二策》)。这些建议都属于"更化"的重要内容，后来都被汉武帝所采纳，转化为汉武帝治国理政的文教政策。

为了促进汉武帝对"更化"内涵及其意义的认识，董仲舒举了个例子，他说："夫周道衰于幽厉，非道亡也，幽厉不繇也。至于宣王，思昔先王之德，兴滞补弊，明文武之功业，周道粲然复兴，诗人美之而作，上天佑之，为生贤佐，后世称诵，至今不绝。此夙夜不解、行善之所致也。"(《天人三策·第一策》)在董仲舒看来，周宣王之所以能够"复兴"西周，关键就在于他能够及时"更化"，也即不再重蹈周厉王的衰亡轨迹，而是及时改弦更张，对治国策略做出重大调整，从而实现史家所谓"宣王中兴"的盛况。可见，"更化"的精神实质是顺应时代潮流、反映人心向背。

二、"更化"与"善治"的内在联系

董仲舒提出"更化则可善治"(《天人三策·第一策》)这个命题，表明"更化"

与"善治"有着密切的内在联系。在阐述它们的内在联系之前,首先有必要说明所谓"善治"的基本内涵。可是,正如董仲舒没有对"更化"做出明确的定义一样,他也没有明确界定"善治"的基本内涵。这需要后人通读《天人三策》及《春秋繁露》中的相关内容,熟读精思,然后才有可能做出比较合理的概括说明。这就难免仁者见仁智者见智。

董仲舒提出"更化则可善治"命题之后,他接着说:"《诗》云:'宜民宜人,受禄于天。'为政而宜于民者,固当受禄于天。夫仁、谊、礼、知、信五常之道,王者所当修饬也;五者修饬,故受天之祐,而享鬼神之灵,德施于方外,延及群生也。"(《天人三策·第一策》)这段话可视为董仲舒对"善治"内涵的解释之一。由此可见,"宜民宜人"是"善治"的核心目标,"五常之道"是"善治"的主要方式,至于"德施于方外,延及群生",则是"善治"的理想境界。此外,董仲舒还说:"上下和睦,习俗美盛,不令而行,不禁而止,吏亡奸邪,民亡盗贼,囹圄空虚,德润草木,泽被四海,凤皇来集,麒麟来游。"(《天人三策·第三策》)这段话也可视为董仲舒对"善治"的描述。要言之,"善治"就是通过德治而使社会和谐、风俗淳美。至于所谓"凤皇来集,麒麟来游",显然也是一种理想境界。比较而言,董仲舒更重视在现实政治中所能实施的"善治"方式,及可能达到的"善治"目标。这也是董仲舒论述"善治"内涵的重点内容。笔者将在本文的后面三节给予更详细的阐述。

董仲舒认为,要实行"善治",应该遵循三条基本原则。他在写给汉武帝的对策中说道:"天令之谓命,命非圣人不行;质朴之谓性,性非教化不成;人欲之谓情,情非度制不节。是故王者上谨于承天意,以顺命也;下务明教化民,以成性也;正法度之宜,别上下之序,以防欲也;修此三者,而大本举矣。"(《天人三策·第三策》)这段话的要旨可概括为"承天意""明教化""正法度"。这与上述"更化"的三条原则(即"奉天""法古""爱民")的文字表述虽有不同,但精神实质却是一致的。因为,"承天意"即是"奉天";"明教化"则是"法古"的具体化,因为,"法古"的实质是尊奉孔子之道,而尊奉孔子之道,自然就致力于"明教化";"正法度"则是"爱民"的制度保障,因为,所谓"防欲",主要是限制权贵阶层私欲膨胀、与民争利。

在上述这三条原则中,第一条原则是最根本、最重要的。因为,"天"在董仲舒思想体系中处于核心地位,所谓"天者,百神之君也,王者之所最尊也"(《春秋繁露·郊义》)。他认为"天常以爱利为意",所以"王者亦常以爱利天下为意"(《春秋繁露·王道通三》),即帝王必须以"爱民"为本。他指出:"夫古之天下亦今之天下,今之天下亦古之天下。"(《天人三策·第三策》)同样是这个天下,古代圣王敬天顺命,所以大治,而今乃不治,所以应该"法古"。总而言之,正是由于"奉天",决定了必须"法古"和"爱民"。同理,也正是因为应当"承天意",决定了必须"明教化"和"正法度"。

"善治"的三条原则(即承天意、明教化与正法度)和"更化"的三大内容(即意识形态的更替、政治制度的改良与文教政策的调整)存在密切联系。从本质上说,"更化"也是"承天意"的内在要求,董仲舒说:"国家将有失道之败,而天乃先出灾害以谴告之,不知自省,又出怪异以警惧之,尚不知变,而伤败乃至。以此见天心之仁爱人君而欲止其乱也。"(《天人三策·第一策》)为了止乱救败,必须顺承"天心"而及时"更化"。"更化"与"善治"体现了"顺天心"(实即人心)的内在要求。这反映了"更化"与"善治"之间的本质联系。不过,由此不能认为"更化"与"善治"是同义、等价的。董仲舒认为,"更化"是"善治"的先决条件。他说:"为政而不行,甚者必变而更化之,乃可理也。当更张而不更张,虽有良工不能善调也;当更化而不更化,虽有大贤不能善治也。故汉得天下以来,常欲善治而至今不可善治者,失之于当更化而不更化也。"(《天人三策·第一策》)这说明"更化"是"善治"的首要前提,而"善治"则是"更化"的良好结果。

那么,只要统治者实行"更化"政策,就一定会带来"善治"效果吗?董仲舒对此充满信心,他说:"古人有言曰:'临渊羡鱼,不如退而结网。'今临政而愿治七十余岁矣,不如退而更化;更化则可善治,善治则灾害日去,福禄日来。"(《天人三策·第一策》)既然"善治"能够带来这么好的成效,进而追问:究竟应该如何治理,才称得上"善治"?这就需要明了"善治"的如下几种主要方式。

三、"善治"要旨之一:加王心、修法度

汉武帝在策问中提出:"朕获承至尊休德,传之亡穷,而施之罔极,任大而守重,是以夙夜不皇康宁,永惟万事之统,犹惧有阙。"又说:"性命之情,或夭或寿,或仁或鄙,习闻其号,未烛厥理。"(《天人三策·第一策》)还说:"故朕垂问乎天人之应,上嘉唐虞,下悼桀纣,寖微寖灭寖明寖昌之道,虚心以改。"(《天人三策·第三策》)一般认为,汉武帝是中国历史上一位雄才大略、开疆拓土的帝王,但在身心修养方面则不无欠缺。可是,从这几段策问中可以看出,汉武帝为了治理好国家,对于心性修养问题还是有所留意的。

董仲舒作为西汉大儒,很重视引导帝王进行心性修养。他在对策中对汉武帝直言:"今陛下并有天下,海内莫不率服,……然而功不加于百姓者,殆王心未加

焉。"(《天人三策·第二策》)所谓"王心",即实行王道的仁心。这颗仁心必须通过平时认真、刻苦的修炼才能呈现出来。对于汉武帝所谓"性命之情",董仲舒解释说:"臣闻命者天之令也,性者生之质也,情者人之欲也。或夭或寿,或仁或鄙,陶冶而成之,不能粹美,有治乱之所在,故不齐也。孔子曰:'君子之德风,小人之德草,草上之风必偃。'故尧舜行德则民仁寿,桀纣行暴则民鄙夭。"(《天人三策·第一策》)董仲舒对人性问题具有深入研究,主要认为人性中蕴含善质,但尚未能称得上"善"。并且,人性还隐含"仁"(属阳)"贪"(属阴)两重性质。因此,有待圣王教化,同时也需个人自身的努力,才能逐渐完善人性而使之向善。

对于汉武帝所谓"寖微寖灭寖明寖昌之道",董仲舒做了详细的阐发,他说:"臣闻众少成多,积小致巨,故圣人莫不以晻致明,以微致显。是以尧发于诸侯,舜兴乎深山,非一日而显也,盖有渐以致之矣。言出于己,不可塞也;行发于身,不可掩也。言行,治之大者,君子之所以动天地也。故尽小者大,慎微者著。《诗》云:'惟此文王,小心翼翼。'故尧兢兢日行其道,而舜业业日致其孝,善积而名显,德章而身尊,此其寖明寖昌之道也。"(《天人三策·第三策》)尧舜兢兢业业,谨小慎微,言行不苟,最终"善积而名显,德章而身尊"。这就为汉武帝指明了一条由量变至质变的振兴之道。

董仲舒接着说:"积善在身,犹长日加益,而人不知也;积恶在身,犹火之销膏,而人不见也。非明乎情性、察乎流俗者,孰能知之?此唐虞之所以得令名,而桀纣之可为悼惧者也。夫善恶之相从,如景乡之应形声也。故桀纣暴谩,逸贼并进,贤知隐伏,恶日显,国日乱,晏然自以如日在天,终陵夷而大坏。夫暴逆不仁者,非一日而亡也,亦以渐至,故桀纣虽亡道,然犹享国十余年,此其寖微寖灭之道也。"(《天人三策·第三策》)桀纣独裁暴虐,肆意妄为,导致逸奸并进,贤良隐伏,最终"陵夷而大坏"。从而给汉武帝阐明了一条由量变至质变的衰亡之途。

所以,董仲舒所谓"加王心",首先是指帝王要重视内心修养,要以身作则、做好表率。他说:"故为人君者,正心以正朝廷,正朝廷以正百官,正百官以正万民,正万民以正四方。"(《天人三策·第一策》)其次,为了更深入地启迪汉武帝的"王心",以便实行"王道",董仲舒把"王心"与"天意"联系起来论述,强调帝王必须效法天道。他说:"故圣人法天而立道,亦溥爱而亡私,布德施仁以厚之,设谊立礼以导之。春者天之所以生也,仁者君之所以爱也;夏者天之所以长也,德者君之所以养也;霜者天之所以杀也,刑者君之所以罚也。"(《天人三策·第三策》)又说:"臣谨案《春秋》之文,求王道之端,得之于正。正次王,王次春。春者,天之所为也;正者,王之所为也。其意曰,上承天之所为,而下以正其所为,正王道之端云尔。"(《天人三策·第一策》)"天意"是"王心"的本源,也是"王道"的根据。董仲舒之所以重视"天意",目的是让帝王感到一种强有力的外在约束,从而增强修习"王心"、实行"王道"的自觉性。第三,"加王心"表现为实行德治。董仲舒批评指出:"废德教而任刑罚。刑罚不中,则生邪气;邪气积于下,怨恶畜于上。上下不和,则阴阳缪盭而妖孽生矣。"(《天人三策·第一策》)所以,董仲舒认为,"加王心"最终一定要落实于"德教"之中。

为什么需要"修法度"? 董仲舒比较分析了古今治国之效的差异,他说:"古者修教训之官,务以德善化民,民已大化之后,天下常亡一人之狱矣。今世废而不修,亡以化民,民以故弃行谊而死财利,是以犯法而罪多,一岁之狱以万千数。"(《天人三策·第三策》)可见,西汉的政治制度并不符合董仲舒的德治标准,所以需要改良制度(即"修法度")。改良制度的主要内容,就是调整德刑的主次关系,把现实中重刑轻德(或重刑废德)的制度调整为德主刑辅。

董仲舒所谓"德主刑辅",是以天道为依据的。他说:"王者欲有所为,宜求其端于天。天道之大者在阴阳。阳为德,阴为刑;刑主杀而德主生。"在董仲舒看来,天意任德不任刑,所以,"王者承天意以从事,故任德教而不任刑"(《天人三策·第一策》)。值得注意,不宜由此以为董仲舒完全否定了"刑"的作用及其价值。董仲舒说:"天之志,常置阴空处,稍取之以为助,故刑者,德之辅,阴者,阳之助也。"(《春秋繁露·天辨在人》)他认为刑德就像天有阴阳一样,阳为德,阴为刑,两者相辅相成,不可偏废。不过,天是以阳为主,以阳统阴,因此,董仲舒主张"德主刑辅",即以实行德政为主,辅之以刑罚制裁,主张"庆赏以立其德,刑罚以立其威"(《春秋繁露·威德所生》)、"爵禄以养其德,刑罚以威其恶"(《天人三策·第二策》)。总之,董仲舒的"德主刑辅"论反映了儒家治国理政的基本方略。

四、"善治"要旨之二:尊贤能、重教化

汉武帝在策问中提出:"伊欲风流而令行,刑轻而奸改,百姓和乐,政事宣昭,何修何饬而膏露降,百谷登,德润四海,泽臻草木,……施乎方外,延及群生?"(《天人三策·第一策》)要想解决这个问题,除了帝王自身需要"加王心"之外,还必须尊贤能、举贤才。这也是上述"修法度"题中应有之义。

董仲舒批评指出:"夫人君莫不欲安存而恶危亡,然而政乱国危者甚众,所任者非其人,而所繇者非其道,是以政日以仆灭也。"(《天人三策·第一策》)他以殷纣

王为例,批判说:"逆天暴物,杀戮贤知,残贼百姓。伯夷、太公皆当世贤者,隐处而不为臣。守职之人皆奔走逃亡,入于河海。天下耗乱,万民不安,故天下去殷而从周。"(《天人三策·第二策》)然后,董仲舒又批评指出,当今的郡守、县令也很不称职,他说:"今之郡守、县令,民之师帅,所使承流而宣化也;故师帅不贤,则主德不宣,恩泽不流。今吏既亡教训于下,或不承用主上之法,暴虐百姓,与奸为市,贫穷孤弱,冤苦失职,甚不称陛下之意。"(《天人三策·第二策》)董仲舒进而分析,这些官吏之所以不称职,主要原因在于当时的用人制度存在严重问题。他批评指出:"夫长吏多出于郎中、中郎,吏二千石子弟选郎吏,又以富訾,未必贤也。且古所谓功者,以任官称职为差,非谓积日累久也。故小材虽累日,不离于小官;贤材虽未久,不害为辅佐。是以有司竭力尽知,务治其业而以赴功。今则不然。累日以取贵,积久以致官,是以廉耻贸乱,贤不肖浑淆,未得其真。"(《天人三策·第二策》)

为了进用贤能同时淘汰冗官,董仲舒提出了一种新的用人制度,他说:"臣愚以为使诸列侯、郡守、二千石各择其吏民之贤者,岁贡各二人以给宿卫,且以观大臣之能;所贡贤者有赏,所贡不肖者有罚。夫如是,诸侯、吏二千石皆尽心于求贤,天下之士可得而官使也。遍得天下之贤人,则三王之盛易为,而尧舜之名可及也。毋以日月为功,实试贤能为上,量材而授官,录德而定位,则廉耻殊路,贤不肖异处矣。"(《天人三策·第二策》)应该肯定,董仲舒所谓"贡举制"在当时历史条件下是一种颇为先进的用人制度。这种制度的基本精神在于"量材而授官,录德而定位"。这有利于促使社会形成一种尊崇和重用贤能的良好风尚。

为了实现"风流而令行,刑轻而奸改"的政治目标,董仲舒认为,最根本的还在于重教化。他分析指出:"夫万民之从利也,如水之走下,不以教化堤防之,不能止也。是故教化立而奸邪皆止者,其堤防完也;教化废而奸邪并出,刑罚不能胜者,其堤防坏也。"(《天人三策·第一策》)基于此,董仲舒向汉武帝提出了"以教化为大务"的建议,他说:"古之王者明于此,是故南面而治天下,莫不以教化为大务。立太学以教于国,设庠序以化于邑,渐民以仁,摩民以谊,节民以礼,故其刑罚甚轻而禁不犯者,教化行而习俗美也。"(《天人三策·第一策》)董仲舒不仅从理论上阐明了教化的重要性,而且实实在在地提出了"立太学"这一建议。这一建议后来被汉武帝所采纳,从而在中国古代教育史上产生了重要作用与影响。董仲舒认为,太学不仅可以教化民众、改良风俗,而且还可以培育人才、储备贤能。他指出:"故养士之大者,莫大乎太学;太学者,贤士之所关也,教化之本原也。今以一郡一国之众,对亡应书者,是王道往往而绝也。臣愿陛下兴太学,置明师,以养天下之士,数考问

以尽其材,则英俊宜可得矣。"(《天人三策·第二策》)

董仲舒认为,加强文化教育,有助于全社会树立正确的义利观;如果民众没有接受文化教育,就不能明辨义利关系。他说:"故物之于人,小者易知也,其于大者难见也。今利之于人小而义之于人大者,无怪民之皆趋利而不趋义也,固其所闇也。"(《春秋繁露·身之养重于义》)那么,董仲舒所谓"正确的义利观"是什么含义?董仲舒认为,无论是谁,他的生存与发展都必须具备两个基本条件,即"义"与"利"。他说:"天之生人也,使人生义与利。利以养其体,义以养其心。心不得义,不能乐;体不得利,不能安。义者、心之养也;利者、体之养也。"(《春秋繁露·身之养重于义》)这表明一个人的生存和发展,必须同时具备"义"(道德)与"利"(物质),"义"与"利"各有价值,不可偏废。董仲舒进而说:"体莫贵于心,故养莫重于义,义之养生人大于利。夫人有义者,虽贫能自乐也;而大无义者,虽富莫能自存;吾以此实义之养生人大于利而厚于财也。"(《春秋繁露·身之养重于义》)这说明,比较而言,"义"对于人的意义要比"利"更重要一些。因此,一个人在平时生活中必须重视道德修养,体现出一种人之为人应当具有的精神品质,而不能见利忘义、心为物役,否则,就与一般动物没有什么区别了。董仲舒接着指出:"民不能知,而常反之,皆忘义而殉利,去理而走邪,以贼其身,而祸其家,此非其自为计不忠也,则其知之所不能明也。"(《春秋繁露·身之养重于义》)因此,董仲舒认为,统治者应该担负教化百姓、培育民智的责任,以使民众能够树立正确的义利观[2]。

五、"善治"要旨之三:抑兼并、倡调均

汉武帝在策问中感慨地指出:"今阴阳错缪,氛气充塞,群生寡遂,黎民未济,廉耻贸乱,贤不肖浑淆。"(《天人三策·第二策》)应该肯定,武帝在策问中并没有粉饰太平,而是比较客观、比较理性地指出问题,并希望文学贤良们能够积极提出应对之策。

西汉前期,在经济繁荣的外衣之下,隐藏着一个严重的经济问题,这就是土地兼并严重,出现贫富两极分化现象。董仲舒尖锐地指出:"富者田连阡陌,贫者亡立锥之地"(《汉书·食货志》)。他认为,这种两极分化现象的根源在于统治者"与民争利",主要表现为"重以贪暴之吏,刑戮妄加"(《汉书·食货志》),以及整个社会"弃其度制,各从其欲"(《春秋繁露·调均》)。为了解决这个问题,董仲舒主张抑制兼并、实行调均,他说:"故其制人道而差上下也,使富者足以示贵而不至于骄,贫者足以养生而不至于忧,以此为度而调均之。"(《春秋繁露·调均》)这就是著名的

"调均"论。其基本目的是为了达到"上下相安,故易治也"(《春秋繁露·调均》)。可见,所谓"调均",不是那种简单的、一刀切的"平均主义",而是把贫富差距调控在一定的范围内,使社会各阶层处于一种相对和谐的状态。应该肯定,这种"调均"思想是比较可取的①。

为了强化"调均"思想,反对统治者"与民争利",董仲舒在写给汉武帝的对策中作了长篇论述。他首先指出:"夫天亦有所分予,予之齿者去其角,傅其翼者两其足,是所受大者不得取小也。古之所予禄者,不食于力,不动于末,是亦受大者不得取小,与天同意者也。夫已受大,又取小,天不能足,而况人乎!此民之所以嚣嚣苦不足也。"继而严厉批判:"身宠而载高位,家温而食厚禄,因乘富贵之资力,以与民争利于下,民安能如之哉!是故众其奴婢,多其牛羊,广其田宅,博其产业,畜其积委,务此而亡已,以迫蹴民,民日削月朘,浸以大穷。富者奢侈羡溢,贫者穷急愁苦;穷急愁苦而不上救,则民不乐生;民不乐生,尚不避死,安能避罪!此刑罚之所以蕃而奸邪不可胜者也。"最后,董仲舒提出应该遵循的原则,说:"故受禄之家,食禄而已,不与民争业,然后利可均布,而民可家足。此上天之理,而亦太古之道,天子之所宜法以为制,大夫之所当循以为行也。"(《天人三策·第三策》)由此可见,董仲舒旗帜鲜明地反对统治者"与民争利",表明了他的民本思想立场。徐复观先生指出:"他(指董仲舒)的起心动念,都是为人民着想。"[3]这个论断可谓如实反映了董仲舒的民本情怀。

值得指出,董仲舒这种反对统治者"与民争利"的思想观念不是一时兴起,而是一贯的思想原则。因为,在《春秋繁露》一书中也有类似的表述。他说:"天不重与,有角不得有上齿,故已有大者,不得有小者,天数也。夫已有大者,又兼小者,天不能足之,况人乎!故明圣者象天所为为制度,使诸有大奉禄,亦皆不得兼小利、与民争利业,乃天理也。"(《春秋繁露·度制》)在董仲舒看来,上天派生万物,原本各得其所,也即各有度数,此即所谓"天数"。这种天数便是圣人创制立法的客观依

---

① 董仲舒还提出了关于"调均"的一些具体措施。这里就不展开论述了。有学者指出:"董仲舒经济思想中最有价值的部分是他对土地兼并的揭露和批判。他是中国经济思想史上最先论述了土地兼并问题的根源及其危害,并且为限制土地兼并而提出了限田主张的思想家。""董仲舒的限田论,和孟轲的井田思想,以及后来出现的均田思想,是中国封建时代田制思想的三个基本模式。在长期的封建社会里,每当封建土地兼并趋于剧烈的时候,都会有限田呼吁发出,而后代的限田论者,实际上都不过是以这种、那种方式把董仲舒的限田思想加以具体化。"参见赵靖主编《中国经济思想通史》(修订本)第1卷(北京大学出版社2006版,第536、539页)。"限田论"只是董仲舒"调均论"中的一个要点而已。仅从这一要点就可以看出董仲舒"调均论"的重要意义。而周桂钿先生则从宏观角度对董仲舒"调均"思想作了整体性的精辟评论。参见周桂钿《董学探微·续探》(北京师范大学出版社2008版,第453页)。

据。如果有谁(主要表现为"大者")不安本分,僭越天数,就是违背了"天理"。要言之,这段话的精神旨在强调,如果统治者"与民争利",就是违背了"天理"。董仲舒认为:"天之生民,非为王也;而天立王,以为民也。"(《春秋繁露·尧舜不擅移、汤武不专杀》)这句话鲜明地反映了董仲舒的民本思想立场。董仲舒主张抑制兼并、实行调均,实质上就是他的民本思想精神的体现。

董仲舒的"调均"论主要是从制度角度约束统治者"与民争利"。此外,董仲舒还从思想角度告诫统治者,要端正自己的思想动机,要遵循"道义"原则,而不要总是为自己"谋利"。他说:"《春秋》之所治,人与我也。所以治人与我者,仁与义也。以仁安人,以义正我。故仁之为言人也,义之为言我也。……是故《春秋》为仁义法,仁之法在爱人,不在爱我;义之法在正我,不在正人。我不自正,虽能正人,弗予为义;人不被其爱,虽厚自爱,不予为仁。"(《春秋繁露·仁义法》)可见,"仁义法"主要是针对统治者而言。董仲舒提醒统治者:(1)仁的法度在于爱人,不在爱己。只有爱人,才叫"仁"。(2)义的法度在于正我,不在正人。只有自正,才是"义"。要言之,"仁"的精神在于爱人,"义"的实质在于律己。这就是说,董仲舒旨在告诫统治者要实行仁政,不要只为自己考虑,以权谋私,也不要光用大道理去说教百姓,而自己却置身事外。

在写给汉武帝的对策中,董仲舒对统治者提出了更高的要求,他说:"天子大夫者,下民之所视效,远方之所四面而内望也。近者视而放之,远者望而效之,岂可以居贤人之位而为庶人行哉!夫皇皇求财利常恐乏匮者,庶人之意也;皇皇求仁义常恐不能化民者,大夫之意也。"(《天人三策·第三策》)董仲舒希望,身居大夫以上的统治者要有严格的自律精神,要有较高的思想觉悟,而不要把自己等同庶民,孜孜求利。

为了让汉武帝更深刻地理解"善治"内涵及其意义,董仲舒还举了个例子,他说:"臣闻尧受命,以天下为忧,而未以位为乐也,故诛逐乱臣,务求贤圣,是以得舜、禹、稷、契、咎繇。众圣辅德,贤能佐职,教化大行,天下和洽,万民皆安仁乐谊,各得其宜,动作应礼,从容中道。"(《天人三策·第二策》)可见,"善治"之为"善",首要前提在于帝王"以天下为忧,而未以位为乐",也即需要一种"心系苍生,不怀私意"的精神理念。其次,必须在制度设计上确保"众圣辅德,贤能佐职"。再次,必须在全国范围内做到"教化大行"。这样才能实现天下和洽,万民安乐。

结语:更化则可善治

综上所述,基于西汉立国七十年的经验教训,董仲舒提出"更化则可善治"这个命题。所谓"更化",主要包括意识形态的更替、政治制度的改良与文教政策的调整,其精神实质是顺应时代潮流、反映人心向背,及时改弦更张,对治国策略做出重大调整。董仲舒所谓"善治",体现了一种"心系苍生,不怀私意"的精神理念,在政制设计上确保"众圣辅德,贤能佐职",最终实现社会和谐、风俗淳美。董仲舒认为,"更化"是"善治"的先决条件,"善治"则是"更化"的必然结果。概而言之,"更化则可善治"旨在更新和完善西汉王朝的治国理念与方法。

如今,恰逢新中国成立七十周年。"更化则可善治"这个命题所蕴含的历史经验与智慧值得我们高度重视。从20世纪90年代以来,学界探讨"善政"与"善治"的关系。其中,俞可平先生认为,善政是对政府治理的要求,善治则是对整个社会的要求。善政一般包括四个要素:严明的法度、清廉的官员、很高的行政效率、良好的行政服务;善治则包括了十个基本要素:合法性、法治、透明性、责任性、回应、有效、参与、稳定、廉洁、公正[4]。他还指出:"善政是通向善治的关键。"[5]应该说,这些观点有助于促进中国国家治理体系与治理能力的现代化。基于此,我们在肯定董仲舒"更化则可善治"这个命题所蕴含的精神理念的基础上,赋予其一种新的时代内涵,即把"更化"视为"善政",把董仲舒所谓"善治"理解为现代意义的"善治"。这样,董仲舒"更化则可善治"对于促进当代中国国家治理体系与治理能力的现代化,仍具有重要的参考价值和借鉴意义。

参考文献

[1] 习近平.牢记历史经验历史教训历史警示,为国家治理能力现代化提供有益借鉴[N].人民日报,2014-10-14(01).

[2] 李英华.董仲舒对西汉初年时代问题的思想探索[J].中国当代价值观研究,2016(5):76-90.

[3] 徐复观.两汉思想史:第2卷[M].上海:华东师范大学出版社,2001:187.

[4] 俞可平.论国家治理现代化[M].北京:社会科学文献出版社,2014:3,59,61.

[5] 俞可平.走向善治:国家治理现代化的中国方案[M].北京:中国文史出版社,2016:250.

原载于《衡水学院学报》2019年第6期。

《春秋繁露》论"心"

何善蒙

(浙江大学 哲学学院,浙江 杭州 310028)

[摘 要] "心"在《春秋繁露》中是一个使用极其频繁的观念,共出现133次。对于董仲舒思想系统的建构,心具有非常独特的意义。董氏对"心"的论述大致可分为:作为道德价值、道德判断基础的心,作为喜怒哀乐等情感表现的心,作为认知判断基础的心,作为身体主宰的心以及作为身体器官的血肉之心。董仲舒思想对于"心"的讨论十分丰富,具有非常重要的思想史价值。尤其是董仲舒对于心的道德属性的阐释,非常直接地表明了董仲舒对于儒家精神价值的继承,也直接影响到了后来在思想史的传统中以道德来言心的儒家基本理路。

[关键词] 董仲舒;《春秋繁露》;道德之心;情感之心;认知之心;主宰之心

在我们通常的观念中,董仲舒的儒学是侧重于政治制度构建的,更加强调的是如何为大一统的政治提供制度的保证。若从这个角度来说,董仲舒的儒学更多是具有类似荀子的风格特征[①]。但是,从"心"作为中国哲学的一个基源性观念来说[②],董仲舒对于儒学的重新阐发和构建,是不可能离开"心"的。只是长期以来,

---

[作者简介] 何善蒙(1977—),男,浙江天台人,教授,博士生导师,哲学博士。

① 事实上,董仲舒无论从儒学的制度建构,或者从对于人的性情的讨论来说,都是荀子式的。牟宗三先生曾判定董仲舒的人性论是属于荀子的气性论的路数,大致是不错的。其实荀子对于"心"也是有诸多涉及的,拙文《天君之心、大清明心和诚心:荀子心论的三个维度》[《武汉科技大学学报(社会科学版)》2020年第1期]对此有比较详细的讨论,可供参考。

② 关于心作为中国哲学的基源性观念,拙著《先秦诸子导读》(商务印书馆2015年版)中有涉及,可以参考。

由于受制度性儒学的影响,对于董仲舒如何论"心"的问题,没有引起更多的重视。

如果我们去翻阅《春秋繁露》,就会发现在董仲舒的论述中,"心"是一个使用极其频繁的观念,在《春秋繁露》全文中,总共出现了133次①。那么,在这么多的"心"的使用中,所呈现出来的董仲舒的"心学"②又是怎样的一种状况呢?本文试图从《春秋繁露》原文出发,来梳理并讨论董仲舒关于"心"的论述。

一般来说,我们对于"心"的认识,大体是从心的特征及其所具有的功能设定而来的。从心的特征来说,心首先是一个血肉之心,这是心最为基础的含义。由此血肉之心,及其在人身上的特殊位置("中"的位置),产生了心的几种比较特殊的含义,这些特殊的含义主要是就心所具有的功能来展开的,这些对于心的描述方式,在先秦就已经形成并且具有相当普遍的影响③。就心所具有的功能意义而言,比如说道德之心,这是在后来儒学的传统中一再被提及的,也是我们对于心的比较普遍的理解形式,孟子言"恻隐之心,仁之端也;羞恶之心,义之端也;辞让之心,礼之端也;是非之心,智之端也"(《孟子·公孙丑上》),这里很明显就是从人的道德属性来谈论心的,孟子所谓的"良心"(《孟子·告子上》)就更清楚是一种具有道德属性的含义了;又比如,作为情感基础的心,这是同人的基本特征密切相关的,人是具有喜怒哀乐等诸种情感表达的存在物,换而言之,我们甚至可以说,人就是情感的存在物,而这些情感,则是源于心的,所谓"哀、乐,其性情相近也,是故其心不远"(《性自命出》),这里的心很直接就是跟哀乐之情联系在一起的,表达的是心作为人之情感的基础(依据)的含义;再比如,作为认知判断意义的心,这是强调心对于人的行为所具有的现实选择的意义,这种认识的功能,是心最为基本的能力之一,也是人之为人的特征所得以确立的基础,荀子所言"所以知之在人者谓之知,知有所合谓之智。所以能之在人者谓之能,能有所合谓之能"(《荀子·正名》),也正是在心的这种认知判断能力的基础上,荀子对于人的特殊性有了不同的阐发;最后,由于心在人身上的特殊地位,即"中"的位置,使得心具有了决定人的行为的主宰意义,作为主宰的心,在先秦的文献中也是常见的,比如"心术者,无为而制窍者

---

① 这个数字是从文本检索统计而来,可能存在一定误差,但是,从中也可见董仲舒对于"心"的使用之大概。

② 其实用"心学"是不妥的,因为"心学"是需要以"心"为中心来构建一个哲学系统(这也是后来我们通常以"心学"来指称陆王之学的主要原因所在),董仲舒的思想系统中,虽然"心"被频繁使用,但是,"心"作为一个核心概念的地位尚不具备,所以,称"心学"恐怕是欠妥当的,本文仅讨论董仲舒对于"心"的使用和诠释,从而呈现出"心"在董仲舒思想系统中的特殊意义。

③ 虽然作为本体的心是后起的,但是,它也是和心的功能意义密切相关的,主要来说,就是心的"中"的位置以及心具有主宰全身的功能。

也"(《管子·心术上》),或者"心居中虚,以治五官,夫是之谓天君"(《荀子·天论》)等等,都是在强调心对于人的身(亦即行为)所具有的决定性意义。心之主宰义,实际上强调的是人对于自我行为的掌控能力,是人之为人的一种属性。由此,从以上的简单梳理中,我们可以看到心在中国早期思想传统中所具有的丰富内涵。从这个角度来说,我们可以讲中国哲学就是关于心的哲学,离开了心,中国哲学的特殊性可能会受到很大的冲击。

董仲舒对于心的讨论,自然也是承继着先秦以来这种重视心的传统,其对于心的意义的阐发,从总体上来说,也是在上述范围之内的。如果把《春秋繁露》中出现的133次对于心的使用,跟上面所提到的心的几种意义相对照,我们可以得到表1:

表1 《春秋繁露》中"心"的使用情况

心的意义	出现的次数
道德之心	55
情感之心	30
认知之心	17
主宰之心	27
血肉之心	4

从这个表格中,我们可以很清楚地看到董仲舒对于心的使用情况,也就是说,心不仅在董仲舒的作品中得到了非常广泛的使用,而且董仲舒对于心的使用,有着他自己的侧重。当然,这样的侧重必然是跟他所要阐发的思想本身有着极为密切的关联。因为,对于中国传统来说,或者从中国人关于心的认识来看,中国人很少把心作为一个血肉之心的存在而进行一个学理的探讨,在谈论到血肉之心的时候,也仅仅是作为一个客观事实之描述而已,并无思想之深刻内涵,所以,我们对于董仲舒所论及的四个作为血肉之心含义的心不做深入分析,而是主要集中在道德之心、情感之心、认知之心以及主宰之心四个层面展开,来具体讨论心与董仲舒思想之间的内在关联。

一、道德之心:董仲舒"心"的基本内涵及其价值设定

对于董仲舒及其天人感应之学,我们通常都习惯于从政治哲学的角度去解读,尤其是侧重在关注其对于政治架构的意义。这样的看法大体是不错的,但是,如此一来有一个很直接的后果,就会把董仲舒思想的丰富性给掩盖了,似乎除了一种非

常有效的、简单粗暴的制度设计之外,董仲舒的思想别无长处。实际上,作为一个思想者①,董仲舒的思想有着丰富的内涵,政治哲学的设计,是其思想的重点,但显然不是全部。

从前面所列举的表1来看,董仲舒对于心的阐释,主要继承的就是儒家(尤其是孟子一系)以道德来言心的思路,所坚持的基本立场,就是儒家的道德立场,是站在心具有道德教化意义的角度来强调人心之功能的,这是值得注意的地方。如果说在后来儒学的传统中,对于心的这种讨论是一个基调的话,那么,董仲舒在这里的讨论,应当也是非常重要的,尤其是考虑到董氏对于经学传统树立所产生的深远影响。那么,从这个角度来说,我们应该怎么理解心呢?在《深察名号》篇,董仲舒很直接地说:

> 栣众恶于内,弗使得发于外者,心也。故心之为名,栣也。人之受气苟无恶者,心何栣哉?吾以心之名得人之诚,人之诚有贪有仁,仁贪之气两在于身。(《深察名号第三十五》)

《深察名号第三十五》是董仲舒做的关于一些重要概念的辨名析理的"正名"工作,可以视为是董氏对于这些概念的基本理解。这段话是对于心的辨名析理,可以看作是董仲舒对于心的内涵的基本阐发。在董仲舒看来,把人软弱的、众多的丑恶留在内心,不使它表现在外,这就是心的作用。因此,从这个角度来说,心作为一个名称就是软弱的意思。如果人在接受自然之气而生的时候是纯粹善的、没有恶的话,那么心又为什么会软弱呢?我们用心的名字可以获得他人的实质,人的本质是有贪婪有仁爱(即有善有恶),仁爱和贪婪两种属性是一起在人身上表现出来的。从董仲舒的这段描述来说,他主要说了两层意思:首先,从人的角度来说,人天生具有善恶两种属性(仁贪之气两在于身),这就说明,对于人来说,善恶的可能性在其一出生的时候就是相伴而来的,这就是本性,董仲舒所谓"如其生之自然之资谓之性。性者质也"(《深察名号第三十五》))。其次,针对人的这种天生的本性,董仲舒认为人心的作用就是栣,而栣就是把恶的一面掩盖在内,不表现出来。这种对于恶的"栣",对于个体来说,无疑也是一种道德修养的过程,是一种抑恶显善的过程,这是人之为人的行为要求。换句话说,董仲舒希望通过教化的方式,来使得人不断放弃恶(即情欲)的一面来实现善,所谓"天有阴阳禁,身有情欲栣,与天道一也。是

---

① 由此,董仲舒和公孙弘有着根本的差异。在笔者看来,公孙弘是制度的制定者和实行者,更多是对汉代制度的实质性的构建;董仲舒则是一个思想者,他不仅仅在理念上构建了汉帝国的制度形态,而且,在思想层面影响着中国传统社会。

以阴之行不得干春夏,而月之魄常厌于日光。乍全乍伤,天之禁阴如此,安得不损其欲而辍其情以应天。天所禁而身禁之,故曰身犹天也。禁天所禁,非禁天也。必知天性不乘于教,终不能栣。察实以为名,无教之时,性何遽若是。故性比于禾,善比于米。米出禾中,而禾未可全为米也。善出性中,而性未可全为善也。善与米,人之所继天而成于外,非在天所为之内也。事在性外,而性不得不成德"(《深察名号第三十五》),从这个说法来看,心解释为栣,其具有的道德教化的意义是十分明显的,或者我们可以直接说,在董仲舒这里,心的意义就是出于道德教化之需要的,道德教化是心所具有的首要功能。

在这样对心的基本设定之下,我们可以很明显地感觉到董仲舒的道德立场。而在董仲舒的论述中,还有两个非常明显的、值得关注的对于心的表述:

> 今我君臣同姓适女,女无良心,礼以不答,有恐畏我,何其不夷狄也!(《楚庄王第一》)

> 《春秋》之道,大得之则以王,小得之则以霸。霸王之道,皆本于仁。仁,天心,故次之以天心。(《俞序第十七》)

在这两段话中,分别提到了良心和天心,很明显是具有道德属性的心。良心的概念无须做太多的诠释,自孟子言良心,"虽存乎人者,岂无仁义之心哉?其所以放其良心者,亦犹斧斤之于木也"(《孟子·告子上》),很直接就是一个道德的概念,即如朱子所言"良心者,本然之善心,即所谓仁义之心也"(朱熹《孟子章句集注》)。在中国传统的文献中,对于良心的理解,大体是如此,董仲舒这里也不例外,用良心一词,实际上也就强化心所具有的这种道德含义。而第二段话则是很直接地把仁爱之道与心联系在一起,而且,这里的提法是"仁,天心",这就意味着仁爱是天心的本质,或者说,就是天心的象征,这跟儒家传统中所言的天是纯粹至善,基本的理路是一致的,也就是说,在董仲舒这里,天无疑是具有道德属性,天心就是仁,由此,副天数而来的人心,必然也是具有仁爱的本性的。而无论是王道或者霸道,即无论政治上的成就如何,都与仁爱具有直接的联系,这样,也就在道德与政治之间建立了直接的联系。

从董仲舒对于道德之心的强调,我们可以很清晰地感受到董仲舒思想的基本价值立场,那就是儒家的精神价值。虽然董氏的系统极其庞杂和烦琐,但是,究其价值底色,依旧是在儒家的精神立场上来展开的。董仲舒对于心的这种道德属性的阐释,其意义大体上有两个:首先,非常直接地表明了董仲舒对于儒家精神价值的继承;其次,董仲舒的这种继承,也直接影响到了后来在思想史的传统中以道德来言心的儒家基本理路。

二、情感之心:天人相应之表征

董仲舒的思想,我们通常都会以天人感应来界说①,这也是董仲舒在传统社会中(尤其是政治哲学中)产生的最为深远的影响,在回答汉武帝的策问中,董仲舒就很直接地说:

> 臣谨案《春秋》之中,视前世已行之事,以观天人相与之际,甚可畏也。国家将有失道之败,而天乃先出灾害以谴告之,不知自省,又出怪异以警惧之,尚不知变,而伤败乃至。以此见天心之仁爱人君而欲止其乱也。(《汉书·董仲舒传》)

> 及至后世,淫佚衰微,不能统理群生,诸侯背畔,残贼良民以争壤土,废德教而任刑罚。刑罚不中,则生邪气;邪气积于下,怨恶畜于上。上下不和,则阴阳缪盭而妖孽生矣。此灾异所缘而起也。(《汉书·董仲舒传》)

> 《春秋》深探其本,而反自贵者始。故为人君者,正心以正朝廷,正朝廷以正百官,正百官以正万民,正万民以正四方。四方正,远近莫敢不壹于正,而亡有邪气奸其间者。是以阴阳调而风雨时,群生和而万民殖,五谷孰而草木茂,天地之间被润泽而大丰美,四海之内闻盛德而皆徕臣,诸福之物,可致之祥,莫不毕至,而王道终矣。(《汉书·董仲舒传》)

> 臣闻天者群物之祖也。故遍覆包函而无所殊,建日月风雨以和之,经阴阳寒暑以成之。故圣人法天而立道,亦溥爱而亡私,布德施仁以厚之,设谊立礼以导之。春者天之所以生也,仁者君之所以爱也;夏者天之所以长也,德者君之所以养也;霜者天之所以杀也,刑者君之所以罚也。繇此言之,天人之征,古今之道也。孔子作《春秋》,上揆之天道,下质诸人情,参之于古,考之于今。故《春秋》之所讥,灾害之所加也;《春秋》之所恶,怪异之所施也。书邦家之过,兼灾异之变;以此见人之所为,其美恶之极,乃与天地流通而往来相应,此亦言天之一端也。(《汉书·董仲舒传》)

虽然对于《汉书·董仲舒传》,尤其是关于《天人三策》问题,目前学界尚存在诸多

---

① 谢遐龄在新近的文章中认为董仲舒的天人感应实际上是以天道来约束天子的宗教学说,谢也认为董仲舒提供的儒学宗教性显著,但本身不是宗教,而是神学(参见谢遐龄《董仲舒给儒家的定位:宗教还是神学?》,《衡水学院学报》2019年第3期)。笔者一直认为,董氏的思想为一神学政治的形态,这适合秦汉以来大一统帝国的基本需求。

的争议,但是,笔者认为如果就思想的实质来说,《天人三策》是可信的,因为首先它跟董仲舒的《春秋繁露》不存在抵牾之处,也就是说,在思想上是具有一贯性的;其次,从汉代的制度建构,以及秦汉以来对于"安宁之术"①构建的基本需求来说,是合情合理的。当然,我们只需要将《天人三策》的文本做一个简要的分析,就可以看出董仲舒在这里所强调的政治制度建构的基本特点,我们通常把这种架构称为"天人感应,君权神授",这在大体上是不错的。当然,需要指出的是,董仲舒在上引文字中亦涉及了"心",而这两处(天心、正心)无疑都是道德立场的,由此我们也似乎可以说,董仲舒的政治神学是从儒家的立场出发,对于天人关系所做的一种重构,这种重构主要的立足点在于政治统治的需求、适应大一统帝国的需要②。

董仲舒在《天人三策》中的这种立场,在他的《春秋繁露》中也可以说是比比皆是。比如在《阴阳义第四十九》中,董仲舒就明白地说:

> 天地之常,一阴一阳,阳者,天之德也,阴者,天之刑也,迹阴阳终岁之行,以观天之所亲而任,成天之功,犹谓之空,空者之实也,故清漻之于岁也,若酸咸之于味也,仅有而已矣,圣人之治,亦从而然;天之少阴用于功,太阴用于空,人之少阴用于严,而太阴用于丧,丧亦空,空亦丧也。是故天之道以三时成生,以一时丧死,死之者,谓百物枯落也,丧之者,谓阴气悲哀也。天亦有喜怒之气,哀乐之心,与人相副,以类合之,天人一也。春,喜气也,故生;秋,怒气也,故杀;夏,乐气也,故养;冬,哀气也,故藏;四者,天人同有之,有其理而一用之,与天同者大治,与天异者大乱,故为人主之道,莫明于在身之与天同者而用之,使喜怒必当义而出,如寒暑之必当其时乃发也,使德之厚于刑也,如阳之多于阴也。是故天之行阴气也,少取以成秋,其余以归之冬;圣人之行阴气也,少取以立严,其余以归之丧,丧亦人之冬气。故人之太阴不用于刑而用于丧,天之太阴不用于物而用于空,空亦为丧,丧亦为空,其实一也,皆丧死亡之心也。

这里很明显,董仲舒就是从天地的阴阳属性出发,来讨论人事与天道之间的关联,而天人之间的感应(或者说合一),就是因为天和人是同类的,人是依照天的原则

---

① "安宁之术"是在秦始皇二十六年,丞相王绾等人奏请始皇分封诸子的时候,面临采取郡县制还是分封制的争议时提出的。秦始皇下令讨论此事,李斯力挺郡县制,并认为"天下无异意,则安宁之术也"(见《史记·秦始皇本纪》)。安宁之术,可以被视为是大一统帝国对于制度和思想构建的一种期待,无论是秦还是汉初,都必须解决的问题。

② 如果单纯从思想的层面来说,对于天人关系的这种神学性的重构,明显是对于孔子儒学精神的一种后退。但是,对于大一统帝国的制度和思想重塑来说,又无疑具有积极的意义。从这个角度来说,我们似不能以进步或者退步来评论孔子和董仲舒对于天人关系的重塑。因为,事实上两者是从不同维度来思考问题,必然呈现出不同的理论样态。

形成的,所以,阴阳的原则既然是天运行的基本原则,必然也就是人事的行为模式,所以,"故为人主之道,莫明于在身之与天同者而用之"。而这种天地之道,具体来说,就是"天亦有喜怒之气,哀乐之心,与人相副,以类合之,天人一也。春,喜气也,故生;秋,怒气也,故杀;夏,乐气也,故养;冬,哀气也,故藏;四者,天人同有之,有其理而一用之,与天同者大治,与天异者大乱",这段话的重要之处,就在于董仲舒在论证天人相应的时候,是用喜怒哀乐这种情感的属性来说的,将春夏秋冬的四季变化与喜怒哀乐的情感变化联系在了一起。当然,我们可能会说,这是一种牵强附会的方式而已。但是,我们仔细思考一下,如果想要在天和人之间建立一种直接的对应关系,我们需要解决的最为棘手的问题是什么?那就是人是具有喜怒哀乐的,即人是一种情感动物,如果天人相应,那么,必然,人的情感也是源于天的。所以,在这个意义上来说,董仲舒从阴阳消长出发,将春夏秋冬对应于喜怒哀乐的情感,不能不说是一种创意,由此,情感就成了天人相应的直接表征。这样的描述,在董仲舒的《春秋繁露》中也是非常普遍的。

> 人生于天,而取化于天,喜气取诸春,乐气取诸夏,怒气取诸秋,哀气取诸冬,四气之心也。(《王道通三第四十四》)
>
> 心有哀乐喜怒,神气之类也。(《人副天数第五十六》)

情感之心的阐述,在董仲舒论"心"中,首先是基于人是一种情感的动物,这一点是一个自明的事实。董仲舒要讨论人、谈论人事,自然是离不开对于人的情感性的注意。而人的情感性,究其根源来说,在于天,所以,把喜怒哀乐跟天的春夏秋冬连接在一起,实际上是从最为普遍的经验现象(情感)中找到了天人相应的根据。

三、认知之心:人对天意判断的根据

人具有认识和判断的能力,这是人区别于动物的一种非常本质性的能力,至少在早期的传统中,我们就对于人的这种能力,具有非常直观和深入的把握,比如在荀子那里。而且,如果从中国早期的思想传统来看,人的这种认识和判断的能力,不仅是人之为人的一个基础能力,而且这种认识和判断,更多指向是对于天意(或者道)的认识与判断。在董仲舒这里,如果我们强调董仲舒所构建出来的系统是天人感应,那么,有一个很直接的问题就会产生,那就是,人如何可以知道天意?人对于天意的认识和判断,在董仲舒所构建的整个天人关系系统中处于非常基础的地位。从某种意义上来说,如果不存在人的认识与判断,就无法形成天人感应这一理论的完满形态,即天人之间无法形成双向的互动关系①。

在董仲舒《春秋繁露》中,有一个非常特别的词组,叫作"知心",从字面的意思来说,这很明显是一种认知和判断之心的表述,在《春秋繁露》中,"知心"出现了两次。

> 《春秋》之道,奉天而法古。是故虽有巧手,弗修规矩,不能正方圆;虽有察耳,不吹六律,不能定五音;虽有知心,不览先王,不能平天下;然则先王之遗道,亦天下之规矩六律已!(《楚庄王第一》)

> 天之道,出阳为暖以生之,出阴为清以成之。是故非薰也,不能有育,非溧也,不能有熟,岁之精也。知心而不省薰与溧孰多者,用之必与天戾。与天戾,虽劳不成。(《暖燠常多第五十二》)

《楚庄王第一》的这段话,有着值得深思的地方,尤其是对于"知心"的这个描述。首先,从词汇本身来看,"知心"是与"巧手""察耳"并提的,这说明,"知心"是对于人的能力的一种极高的肯定;其次,这种"知心"就是人所具有的聪明才智,这种智慧内在于心,其功能就是对于先王之道的认识和判断。董仲舒认为,《春秋》之道就是奉天法古,而这个事情先王(圣人)通过对天道的理解,早就形成了一套应对现实经验世界的规矩和法则,后世的统治实际上需要解决的问题就是如何有效地理解圣人的制度和规范,所谓"故圣者法天,贤者法圣,此其大数也"(《楚庄王第一》),而理解圣人的制度、规范,其根本重要的一点即在于"知心"。从这个意义上来说,"知心"就是现实政治有效展开的保障。在《暖燠常多第五十二》中,"知心"的含义虽然和《楚庄王第一》略有不同,但实际上也是指的对于天之道的理解和把握。根据董仲舒的说法,天的规律就是阳气上升带来温暖从而使万物生长,阴气出现带来清爽并使万物成熟。因此,没有阴阳的相互熏染就不能生育万物,果实不饱满就不能成熟,这就是年岁的精华(天道的精华)。知道遵从天道这个道理,但是现实中却不清楚熏染与饱满哪一个更多,那么,必然会和天道相违背。与天道相违背的行为,即便很辛苦,也是很难成功的。

从董仲舒上述两处关于"知心"的描述来看,"知心"实际上指的就是对于天地之心的理解和判断,即对于天地之道的理解,这在董仲舒的天人感应系统中是非常重要的。人能够遵从天意,就是因为人有认识和判断的能力,所以,董仲舒也很明

---

① 笔者认为董仲舒的天人感应是对于天人之间双向互动关系的一种描述,所谓双向互动指的是,从天的角度来说,是天意对于人事的决定性作用;从人的角度来说,是人对于天意的理解和遵循。天的决定性意义在于构建一种政治权力的有效性(政治的合法性来源),人对于天意的遵从则保证的是现实政治的有效展开。就这两个方向而言,前者实际上是一种政治理念的设计(政治形态的架构),而后者则是现实政治的保证。

确地说:"心有计虑,副度数也。"(《人副天数第五十六》)人的这种判断和认识的能力,就是用来副天数(遵从天道)的,这是天人感应的基础。

> 灾异以见天意,天意有欲也、有不欲也,所欲、所不欲者,人内以自省,宜有惩于心,外以观其事,宜有验于国。故见天意者之于灾异也,畏之而不恶也,以为天欲振吾过,救吾失,故以此报我也。(《必仁且智第三十》)

这段描述中,董仲舒就很直接地说明了人心的认识和判断能力,在于天人感应的政治系统中的作用形式。所有的灾异的出现,都是天意的一种表达。天意有其所期望的和不期望的,而哪些是期望的、不期望的,则要人通过内心的反省和判断,然后通过外在的国家和社会事件的验证,才能采取正确的行为方式。因此,对于天意所表达的灾异来说,我们人应当采取一种敬畏的态度而不是厌恶的态度。上天想要制止我们的错误,所以用灾异来警告我们。在这里,很清楚,人的认识和判断的能力,是在人的意义上对于天意的一种判断和理解,也是天人感应的系统得以现实展开的基础。因此,在董仲舒这里,由于心所具有的这种认知和判断的能力,对于政治的现实展开具有根本重要的意义,所以,他也把这种意义上的心称为"本心"。

> 天有阴阳,人亦有阴阳,天地之阴气起,而人之阴气应之而起,人之阴气起,天地之阴气亦宜应之而起,其道一也。明于此者,欲致雨,则动阴以起阴,欲止雨,则动阳以起阳,故致雨,非神也,而疑于神者,其理微妙也。非独阴阳之气可以类进退也,虽不祥祸福所从生,亦由是也,无非己先起之,而物以类应之而动者也,故聪明圣神,内视反听,言为明圣内视反听,故独明圣者知其本心皆在此耳。(《同类相动第五十七》)

如果说阴阳二气是董仲舒所找到的人与天之间相应的根本所在的话,那么,对于所有自然、社会现象的判断,都是从这样的道理出发的,而圣人之所以是圣人,其所明了的道理也就是这样的道理。所以,所谓的本心,就是对于天道的认识和把握,而这在董仲舒的系统中具有最为根本的意义和深远的影响,这也是董仲舒思想系统本身的要求。换而言之,如果在董仲舒这里要保证天人感应的有效运作,人心对于天道的判断和遵从就成为一个极为关键的因素,由此,本心的存在即是这种思想(制度)有效性的直接保障①。

---

① 本心,最早见于孟子,所谓"乡为身死而不受,今为宫室之美为之;乡为身死而不受,今为妻妾之奉为之;乡为身死而不受,今为所识穷乏者得我而为之,是亦不可以已乎! 此之谓失其本心"(《孟子·告子上》),孟子的本心重在对道德本性的一种描述,这与董仲舒的"本心"是不同的,董仲舒的本心重在对于认知和判断能力的一种强化,这是由于两者在思想构建上的差异而导致的。当然,从本心的提法来看,无论是孟子的思路,还是董仲舒的思路,实际上都要在人心的最本质意义上找到根据。

四、主宰之心:"君"之地位的确立与政治架构

在董仲舒对于"心"的使用中,还有非常重要的一类就是作为主宰之心。主宰之心来源于何?从早期的传统来看,这主要是跟人心在人身上的特殊位置有密切关系,荀子很直接地解释过,所谓"心居中虚以治五官,夫是之谓天君"(《荀子·天论》),"心"的这种特殊地位,使得它在人身之中居于主宰和掌控的地位,"心也,形之君也,而神明之主也","心不使焉,则黑白在前而目不见,雷鼓在侧而耳不闻"(《荀子·解蔽》),离开了心,人的种种行为就会失去根据,种种问题都会由之而产生。

董仲舒对于心的这种主宰能力的接受和阐发,也是非常直接的,因为从前文的讨论来说,如果本心是一种认知和判断之心的话,这种本心对于人的行为毫无疑问具有决定性的意义,从这个角度来说,由认识和判断之心延伸至主宰意义的心,是逻辑的必然[①]。董仲舒对于心的这种主宰能力的认识,是非常直接的。

> 故君子道至气则华而上,凡气从心。心,气之君也。何为而气不随也,是以天下之道者,皆言内心其本也。故仁人之所以多寿者,外无贪而内清净,心和平而不失中正,取天地之美,以养其身,是其且多且治。(《循天之道第七十七》)

> 故养生之大者,乃在爱气,气从神而成,神从意而出,心之所之谓意,意劳者神扰,神扰者气少,气少者难久矣。(《循天之道第七十七》)

这是董仲舒在《循天之道第七十七》里面所提出的两段说法,在前段文字中,最为重要的就是"凡气从心。心,气之君也",这话很直接地表明心在董仲舒思想系统中的主宰意义。如果说董仲舒对于天人感应的描述,实际上是一种气化宇宙论的路径的话,那么,在天人关联的意义上最为直接的作用就是阴阳二气,所以,对于君子之道的描述,董仲舒是从气的角度来阐发的,气的"华而上"就是君子之道的实现。但是,气只是一种外在的状态,或者说,气对于人来说,是被给予的。而人之为人的价值是要在整个宇宙生命的大化流行中占据主导的意义,这就是"凡气从心"的必要性,只有从心,才能体现出人的主导意义,而作为"气之君"的心,由此具有

[①] 作为认知和判断的心,如果要对人的行为具有真正有效的作用,就必须是具有主宰意义的,因为这种决定性的作用才能真正表达心的认知和判断的意义。荀子对于心的讨论,很清楚也是这样一个脉络,我们在谈论荀子的心的时候,肯定不会忽视其对于认识和判断方面的阐发,但是,荀子也很直接地说:"心也者,道之主宰也。"(《荀子·正名》)所以,从这个角度来说,主宰之心和认知、判断的能力是直接相关的,换而言之,认知和判断的能力实际上就是主宰义的直接表达。

了无可争议的主导意义。在后一段文字中,"心之所之谓意"也是一种非常关键的定位,如果说前文确立的是心在整个气化宇宙论中的核心地位的话,那么,这里讨论的是在人作为一个既定事实的前提下,人若要养生(养身),应该怎么做?这就必须要落实到心上来,但是,心可能是一个相对抽象的观念(尤其是作为主宰的存在),这个时候就必须从心的外在表现来入手,那就是意,于是对于意念的平复,就是从心的主宰意义出发的方式,就是对于人的精神的调适,也是养身的最为直接、有效的方式。

当然,在董仲舒这里,这种具有主宰意义的心,必须是唯一的,因为,只有是唯一的,才能是真正主宰,也才能真正对现实的社会、政治行为是有效的。

> 是故古之人,物而书文,心止于一中者,谓之忠;持二中者,谓之患;患,人之中不一者也,不一者,故患之所由生也,是故君子贱二而贵一。人孰无善,善不一,故不足以立身;治孰无常?常不一,故不足以致功。诗云:"上帝临汝,无二尔心。"知天道者之言也!(《天道无二第五十一》)

这是董仲舒一段比较有趣的对于主宰之心的讨论。董仲舒的讨论是集中在"忠"和"患"字上,从文字的形式来看,"心止于一中者,谓之忠;持二中者,谓之患",这是两个字在字形上所具有的差别,但是,这种差别不仅仅具有形式的意义,而且具有深刻的义理上的内涵。在董仲舒看来,"患"之所以为"患"的关键就在于人的中心不一,不专一故而有患的产生。由此,董仲舒引申到了君子之道,君子之道的可贵就在于专一,而对于所有有二心的行为方式,君子都是予以鄙视的,《诗经》所言,恰好表达了内心之专一对于人所具有的根本性的意义。而且,这种专一,不仅是道德(善)得以实现的根据,也是社会治理得以维系的根本。所以,在这里,其实董仲舒对于作为主宰意义的心给出了非常直接的限定,那就是必须是专一的。心之专一,也是心之主宰力的最有效的表达形式。而这在董仲舒的政治架构中,具有更为直接的意义。

> 为人君者,居无为之位,行不言之教,寂而无声,静而无形,执一无端,为国源泉,因国以为身,因臣以为心,以臣言为声,以臣事为形,有声必有响,有形必有影,声出于内,响报于外,形立于上,影应于下,响有清浊,影有曲直,响所报,非一声也,影所应,非一形也。故为君,虚心静处,聪听其响,明视其影,以行赏罚之象。(《保位权第二十》)

> 气之清者为精,人之清者为贤,治身者以积精为宝,治国者以积贤为道。身以心为本,国以君为主。(《通国身第二十二》)

> 君者，民之心也，民者，君之体也；心之所好，体必安之；君之所好，民必从之。故君民者，贵孝弟而好礼义，重仁廉而轻财利，躬亲职此于上而万民听，生善于下矣。故曰：先王见教之可以化民也。此之谓也。（《为人者天第四十一》）

在这里，董仲舒对政治进行了一种非常直观化的描述，即用身体来比喻政治。在这样的视角中，"君者，民之心也，民者，君之体也"，这就意味着，在政治结构中的君和民，实际上就是人的心和身的关系。这样的设定对于政治结构来说，有什么意义？从最为直接的角度来说，心君同构的这种政治建构①，为秦汉以来的大一统政治形式找到了最佳的论证、解决方案，政治的有效性（或者说君主的权威性）在心君一体的背景下可以得到非常有效的解决，后来传统时代的大一统政治，之所以是以董仲舒的儒学作为基础，从这个架构的角度来说，是非常直接的结果。从上述所引的几段论述来看，董仲舒主要讨论几个关键的问题。首先，心在身上的主宰义，决定了君在政治中的绝对权威性，董仲舒所言"为人君者，居无为之位，行不言之教，寂而无声，静而无形，执一无端，为国源泉，因国以为身，因臣以为心，以臣言为声，以臣事为形"，无疑是对这种政治统治有效性的一个直接的描述②；其次，如果君是心，民是身，那么，政治的有效性即在于心所要采取的具体方式，这也是教化之所以能够产生作用的原因所在。

从这个角度来说，我们甚至可以说，董仲舒对于政治统治的架构，事实上就是建立在以心身关系为隐喻的背景之上所构建出来的心君一体的政治形态。这种政治形态之所以是非常高效的，就是因为，它的基点就是心具有主宰身的功能。由此，一个政治制度的形式，实际上就是对于身体的运行机制的模仿，关于这个，董仲舒其实作了非常深入、详细的描述。

> 一国之君，其犹一体之心也。隐居深宫，若心之藏于胸；至贵无与敌，若心之神无与双也。其官人上士高清明而下重浊，若身之贵目而贱足也；任群臣无所亲，若四肢之各有职也；内有四辅，若心之有肝肺脾肾也；外有百官，若心之

---

① 心君同构的政治架构形式，从先秦以来就是一种非常普遍的尝试、探索。在《管子》《荀子》那里实际上都有非常明显的表述。在笔者看来，如果从先秦两汉的思想史来看，从先秦时代对于心君的讨论，到董仲舒对于心君同构的政治系统的架构，大致可以说是有三个很重要的理论源泉：儒家对于心的中心地位的讨论、黄老对于君心一致的设定以及董仲舒最后在政治架构上的完成。关于此话题的讨论，尤其集中在秦汉之间，包括黄老在内的很多思想资源，都涉及了这一话题。从历史的脉络来看，心君一体的政治结构，可能对于大一统的政权来说，是最为恰当的选择。

② 当然，很清楚的是对于君的特点的描述，董仲舒在很大意义上采用了黄老的观念，以黄老对于君的描述，来作为其思想系统对于作为"心"之君的表述。

有形体孔窍也;亲圣近贤,若神明皆聚于心也;上下相承顺,若肢体相为使也;布恩施惠,若元气之流皮毛腠理也;百姓皆得其所,若血气和平,形体无所苦也;无为致太平,若神气自通于渊也;致黄龙凤皇,若神明之致玉女芝英也。君明,臣蒙其功,若心之神,体得以全;臣贤,君蒙其恩,若形体之静而心得以安。上乱下被其患,若耳目不聪明而手足为伤也;臣不忠而君灭亡,若形体妄动而心为之丧。是故君臣之礼,若心之与体,心不可以不坚,君不可以不贤;体不可以不顺,臣不可以不忠。心所以全者,体之力也;君所以安者,臣之功也。(《天地之行第七十八》)

这就是一种很完备的心君一体的政治结构的描述,也是董仲舒政治架构中非常具有特色的和影响力的内容。我们也完全可以视为心君一体政治形态的最为典范的样本,如果就其在传统政治社会中的影响来说,这样的判断,应该是不为过的。

小　结

从上述对于董仲舒在《春秋繁露》中关于"心"的使用来看,我们可以很清楚地知道,不仅心在董氏的作品中屡屡出现,而且,对于董氏思想系统建构来说,心具有非常独特的意义。

从董仲舒对于"心"的使用来看,有几个层面需要注意。首先,董仲舒对于心的使用,大体上是延续着儒家以道德来论心的传统,这可以很直观地表明董氏之学的儒家立场;其次,在情感、认知与判断以及主宰之心的意思上,虽然这些提法在董仲舒之前就比较普遍,但是董氏仍然做了非常有独特意义的发挥,这是我们在理解董氏思想的时候不能忽视的地方。

而心这个观念的使用,对于董氏思想建构来说,有着非常重要的两个方面意义。首先,对于董氏天人感应的思想系统来说,心具有关键性的影响,心的情感维度是天人沟通的基础、表征,也就是说,我们何以能够谈论天人相应,那最为直接的就是一种情感的相应表达;而心的认知和判断的能力,则是董氏天人感应思想之所以可以成为一个双向互动结构的关键所在,也就是说,正是在人心对于天道的认知和判断上,这个思想系统才能够积极有效地落实于现实社会。其次,如果从传统政治形式的架构来说,董氏对于心的主宰义的强调,具有非常重要的意义,正是在心的主宰义之上,董仲舒对于心君一体的政治形态作了最为完善的架构,而这对于传统政治来说,具有根本性影响。

所以,从对于心的使用来看,董氏之学无论从哪个层面来看,都是和心有着密切关联的,当然,这本身就是中国传统思想的一个极为深刻的维度。董氏对于从功能意义上来使用心,可以说,在中国思想史上作了最为完备的论述。当然,之所以强调董氏对于心的使用是功能意义的,是希望跟宋明(尤其是阳明)以来对于心的那种本体意义的使用区分开来。这样的区分也是必要的,因为功能之心更多侧重于形而下的制度性构建和现实生活的引导,而本体之心则更多是侧重在形上学意义上的拓展,心学之成立,也是在这个角度上说的。从这个意义上来说,不存在董仲舒的心学,而存在董仲舒对于心的阐释和使用①。但是,对于董仲舒关于心的讨论和使用,是学界非常忽视的一个话题,这倒是值得注意的。我们常常关注董仲舒从天人感应的角度对整个政治哲学的架构,而忽视了两个重要方面的问题。首先是,中国传统思想对于心的讨论是密切的、频繁的,作为中国思想史上的重要环节,董仲舒理应不会忽视心;其次是,董仲舒文献中有大量围绕心展开的论述,而这些论述,实际上对于董氏思想系统来说,具有非常直接的意义。

因此,本文对于董仲舒思想系统中心的问题的讨论,实际上是想以这样的方式来呈现董仲舒思想的丰富性和创造性。在此基础上,也可以呈现出中国古代思想传统中对于心的问题关注的维度的丰富性和复杂性。

原载于《衡水学院学报》2020年第3期。

---

① 张丰乾曾提出董仲舒的"心学"这个说法,而从其讨论的形式来看,主要侧重的还是心在董氏思想中的功能性意义。(参见张丰乾《董仲舒的心学:以其引〈春秋〉与〈诗〉为基础的探讨》,《衡水学院学报》2017年第6期)

从建构"社会共同体"看"三纲五常"的批判继承

金春峰

(人民出版社 哲学编辑室,北京 100706)

[摘　要]　"三纲五常"是儒学的核心观念,是构成"社会共同体"的基础。汉代以前,由"纲常"所组成的"社会共同体"尚未形成和建立。正式将"君臣、父子、夫妇"称为"三纲"的是董仲舒。董仲舒以"罢黜百家,独尊儒术"和"奉天法古"为"三纲"做了新的理论论证。经过董仲舒的论证,"三纲五常"具有了神圣性和权威性,奠基于此的"社会共同体"也真正建立起来了。"三纲五常"批判继承之所以可能,是因为它所面对和解决的是人性和社会性的问题,是建立"社会共同体"的基本问题。今天应该继承,但要赋予如民主、自由、权利等新的内涵,须符合时代变化的要求。

[关键词]　董仲舒;三纲五常;社会共同体;民主;自由

"纲常"——"三纲五常"是儒学的核心观念。张之洞倡"中学为体,西学为用"。"中学"即指"三纲五常"。曾国藩《讨太平天国檄文》以毁灭"纲常名教"为最大罪行。朱熹讲"天理",即"张之为三纲,纪之为五常"。"三纲五常"在今天究竟应如何看待,确是一值得深入研究的问题。冯友兰、贺麟、韦政通、李锦全先生等都对此进行过探讨,近年李存山、方朝晖先生也进行了讨论。本文从"建构共同体"的角度对"三纲五常"的批判继承谈一些补充性的意见。

[作者简介]　金春峰(1935—),男,湖南邵阳人,编审。

系,只有韩非正式提出是如同君臣父子一样的性质,孔子、孟子、荀子都未明言。

"五伦"中,"父子以仁亲",这是天然如此的。"君臣以义合","义"有合宜的意思,双方觉得合宜,关系就成立了,一方觉得不合宜,雇佣关系就解除了。陆贾《新语·道基》引《传》曰:"仁者以治亲;义者以利尊。"点出了君臣关系的实质。出仕要有合适的报酬,这就是"利"。俸禄多了君主不给;少了,出仕一方不愿意。孔子见齐景公,双方没有谈成,孔子只好离去了。"子贡曰:'有美玉于斯,韫椟而藏诸?求善贾而沽诸?'子曰:'沽之哉!沽之哉!我待贾者也!'"确是实情。"义"也有道义的方面,所谓"君子之仕,行其义也,道之不行已知之矣","大臣者,以道事君,不可则止"(《论语·先进》)。出仕是为了行道,是应尽的义务。

"君臣以义合",这一点非常重要,孟子用它来界定君臣关系的性质,这对我们了解整个封建社会君臣关系的实质是很重要的。

概括起来,先秦的"三纲"指三种重要的人伦关系,带有封建宗法制的特点。规范三种关系的道德,带有学说——一家之言的特点,不是公认的,不具神圣性和权威性。墨子所谓"一人则一义,十人则十义",看法各有不同。墨子非儒,否定孔子君臣父子之说。老子讲"六亲不和有孝慈"。庄子非毁仁义。法家讲"儒以文乱法"。荀子猛批孟子。社会上子弑其父,臣弑其君,兄弟相残,情况相当普遍。由"纲常"所组成的"社会共同体"尚未形成和建立,"法尧舜""法先王"亦未成为人们的共识。故孟子"五常"之说到汉代才具有"常"的特点。

二、董仲舒的"三纲"说

秦朝大统一,许多国和封建宗法之"巨室"被消灭了。君臣关系、中央地方关系成为政治关系。"亲亲"情恩大为削弱了。法家排斥宗法仁恩,一律诉诸法,导致了秦朝兄弟骨肉相残,迅速土崩瓦解。这也是"社会共同体"尚未真正建立的结果。建立一真正的社会共同体,为"三纲五常"建立新的理论根据,是摆在汉人或汉儒面前的迫切而重要的任务。董仲舒以"罢黜百家,独尊儒术"和"奉天法古"为"三纲"做了新的理论论证。经过董仲舒的论证,"三纲五常"就具有了神圣性和权威性,不是一家之言,也非钦定的法令,而是"奉天"与"法古"的产物,成了神圣、权威、超越于世俗人群学说之上的道德与人伦关系了,奠基于此的"社会共同体"也真正建立起来了。

董说"王道之三纲,可求于天","天不变,道亦不变"。所谓"可求于天",其意义即是把"三纲"上升为"天道"。"三纲"和君权神授一样,成为天授的神圣不可侵犯的伦理大纲。但所谓"天",亦包含两个方面。从地位说,是阳尊阴卑,阳主阴从,阴为阳之合。从道义说,是阳为德,阴为刑,阳仁阴义,所谓"丈夫虽贱皆为阳,妇人虽贵皆为阴。……上善而下恶,恶者受之,善者不受。土若地,义之至也。是故《春秋》君不名恶,臣不名善,善皆归于君,恶皆归于臣。臣之义比于地,故为人臣者,视地之事天也。为人子者,视土之事火也。……是故孝子之行,忠臣之义,皆法于地也。地事天也,犹下之事上也。……是故天以阴为权,以阳为经。……先经而后权,贵阳而贱阴也"(《春秋繁露·阳尊阴卑》),"阴者,阳之合;妻者,夫之合;子者,父之合;臣者,君之合。……君臣、父子、夫妇之义,皆取诸阴阳之道。君为阳,臣为阴;父为阳,子为阴;夫为阳,妻为阴。阴道无所独行,其始也不得专起,其终也不得分功。……阳之出也,常县(悬)于前而任事;阴之出也,常县于后而守空处。此见天之亲阳而疏阴,任德而不任刑也"(《春秋繁露·基义》)。在强调尊卑上下的绝对性的同时,也强调在上位的要以仁爱为怀,德化为先,这是继承了封建宗法(法古)的精神。"合"有配合、耦合、合作,即和合之义。

"凡善皆归于君,恶归于臣"。政策取得成绩或建立大功时,要归功于君主的英明;有过失则由臣下担责。这是维护政权稳定的需要,是封建社会一直通行的规则。

"可求于天"的另一意义是"取法于天"。董说:"仁,天心。""察于天之意,无穷极之仁也。""天覆育万物,既化而生之,又养而成之,事功无已,终而复始。凡举归之以奉人。"(《春秋繁露·王道通三》)"莫精于气,莫富于地,莫神于天。天地之精所以生万物者,莫贵于人。"(《春秋繁露·人副天数》)这是"取法于天"的总的精神。具体展开,如:《春秋》之法:以人随君,以君随天。……故屈民而伸君,屈君而伸天,《春秋》之大义也。"(《春秋繁露·玉杯》)一方面皇权是神圣的,这是"屈民而伸君";另一方面,亦"屈君而伸天","天"有"屈君"的权能,如"天出灾异谴告",皇帝要改过自新。"天之生民非为王也。天之立王以为民也","故其德足以安乐民者,天予之;其恶足以残害民者,天夺之"(《尧舜不擅移汤武不专杀》),"汤武革命,顺乎天而应乎人"。对黄生"冠虽敝,必加于首;履虽新,必关于足"这种只讲"名"不讲"实"的绝对尊卑观,明确加以否定。

在"法天"思想指引下,董提出"罢黜百家(非罢黜百家之书),独尊儒术(王道仁政)",立太学,除专杀之威,官府不得与民争利等仁民主张,这是法"天"的兼爱无私,公平正义,是人君应该效法的。

当时辽东高庙发生火灾,董借机提出应对刘氏诸侯王之违法行为进行严厉打击。《汉书·眭两夏侯京翼李传》记眭孟说:"先师董仲舒有言,虽有继体守文之君,不害圣人之受命。汉家尧后,有传国之运。汉帝宜谁差天下,求索贤人,禅以帝位,而退自封百里,如殷、周二王后,以承顺天命。"这是"法天"的内容,亦是董仲舒"君臣"一伦的政治理想。眭孟为此而献出了生命。

董仲舒称阴阳五行的运行为"天次之序",非人力所可左右和安排。"天意"是通过其运行所体现的道德——仁义礼智信而显现的。"天人相副""天人同类",这种以自然运行规律为人伦道德建立超越根据的理论,是一种哲学目的论思想,在宋明理学中演变为"天理"论,对于巩固封建统治起了莫大的作用,亦为"社会共同体"的真正建立奠定了价值观基础。

董仲舒还提出"名号以达天意"的理论,给予"君臣、父子、夫妇"等"名分""名义""名理"以超越的根据,说:"君者,元也;君者,原也;君者,权也;君者,温也;君者,群也。"故"德不温,则众不亲安;众不亲安,则离散不群;离散不群,则不全于君"(《春秋繁露·深察名号》)。就是说君是元首,有权者(权亦可释为始)应该如冬之温,是仁爱的,能团结人群的,不如此就不配称为君。"王者,皇也;王者,方也;王者,匡也;王者,黄也;王者,往也"(《春秋繁露·深察名号》)。意思是,王的政策应普大、正直,恩德周遍,能使四方归心。不如此,"四方不能往,则不全于王",董仲舒的这种说法也是所谓"名教"。一个族群的语言(声)是天定的,不以族群的意志为转移。华夏语言单音节、同音字特多,文字亦多假借,故董以谐音法为"君"与"王"下上述定义而以之为"天意"。依此定义,"故夏无道而殷伐之,殷无道而周伐之,周无道而秦伐之,秦无道而汉伐之,有道伐无道,此天理也。所从来久矣"(《春秋繁露·尧舜不擅移汤武不专杀》)。无道之君不合于"君""王"的定义,即违背天意天理,可以伐而代之。"独身者,虽立天子诸侯之位,一夫之人耳"(《春秋繁露·仁义法》),继承与发挥了孟子的思想而把它提到体现天意天理的高度,变孟子的一家之言为绝对普遍的公理。与韩非及后世片面强调"忠君",不论君个人是什么样的人都要"忠",两者的精神大有不同。

东汉的《白虎通义》及《礼纬·含文嘉》继承和发挥了董仲舒的这种名号论思想。《白虎通义》卷八《三纲六纪》说:"三纲者何谓也?谓君臣、父子、夫妇也。……故《含文嘉》曰:'君为臣纲,父为子纲,夫为妻纲。'……纲者,张也。纪者,理也。大者为纲,小者为纪。所以张理上下,整齐人道也。……若罗网之有纪纲而万目张也。""君臣者,何谓也?君,群也,群下之所归心也;臣者,繵坚也,厉志自坚固也。……父者,矩也,以法度教子也;子者,孳也,孳孳无已也。……夫者,扶也,以道扶接也;妇者,服也,以礼屈服也。"凸显了温情和道德的意义。"纲"是主导的意思,强调上下都要以道德、以礼对待对方。李锦全先生指出,"君为臣纲"的思想,实际上孔孟早就有了,就是"要求国君做出好的榜样。如孔子说:'其身正,不令而行;其不正,虽令不从。''苟正其身矣,于从政乎何有?不能正其身,如正人何?'(《论语·子路》)这是说,国君先要正己才能正人。因为国君的一言一行都为臣下所遵循,即以之为'纲'。所以孔子和鲁定公对话时,就说:'如知为君之难,不几乎一言而兴邦乎?……如不善而莫之违也,不几乎一言而丧邦乎?'(《论语·子路》)……国君决策性的一句话,就可以为臣'纲'","孟子亦说过:'上有好者,下必有甚焉者矣。'(《孟子,滕文公上》)'君仁,莫不仁;君义,莫不义;君正,莫不正。一正君而国定矣。'(《孟子·离娄上》)"[1],这就是"纲"的意思。《白虎通义》继承了这种精神。

"妇人无爵何?阴卑无外事。是以有三从之义:未嫁从父,既嫁从夫,夫死从子"(《白虎通义》卷一《妇人无爵》)。"无外事",即不能在社会上独立活动、任职,故只能"三从","既嫁从夫,夫死从子",这一方面使妇女常要在夫死后守寡,但也使其得到子女照顾,财产继承有所保障,不致被家族强占和驱逐。故亦有基于经验而通情达理的方面。纬书之强调"君为臣纲",虽有进一步强化等级服从关系的作用,但在有君臣关系的地方,这是事实上的必然,而《白虎通义》《礼纬·含文嘉》所强调的不是这一面,而是道德的一面。这是"法古"——重返儒学古老传统的体现。

要之,经过董仲舒,中国的"纲常名教"真正建立了起来,为"社会共同体"建立了理论基础,贯注于尊卑等级秩序中的基本精神,仍是孔子倡导的人本主义和人文主义思想。宋明理学以"三纲五常"为"天理",一方面强调尊卑等级秩序,所谓"饿死事小,失节事大";另一方面则更强调"民胞物与""万物一体"。张载的《西铭》重新把皇权的大一统国家讲成大家族的亲亲尊尊关系,要求复井田,废肉刑,尊高年,在民间推行"乡约"自治。朱熹写《增损吕氏乡约》(《朱子文集》卷七十四),提出"德业相劝,过失相规,礼俗相交,患难相恤",进一步落实"复三代"的民间共同体思想,这把"三纲"的尊卑绝对性大为消解和冲淡了。

三、由汉至清"三纲"的情况

鉴于秦的失败教训,汉代大力提倡"孝弟力田",皇帝以孝治天下。孔孟时代的"巨室"和农民小家庭又在城乡遍布起来。支配它的伦理原则仍是先秦宗法的老套,并未有什么改变。

封建社会，"三纲"之"纲"的地位，实际是由权力及财产的所有权决定的。所谓"普天之下，莫非王土"。王掌握了土地这主要的生产资料，天下的人就全都要臣属于他！君权号称得自天命，实则由武力夺取而来。家族中，父亲不仅掌控财产，儿女的生命亦为其所有。故"君要臣死，臣不得不死。父要子亡，子不得不亡"，确是可以如此的。君父的绝对权力，并非由"名教""名分"决定的。

秦汉以后，皇权越来越专制可怕，但"君臣以义合"这一原则并没有改变。"义"，从君主方面说包括恩义、情义、道义，从臣下方面说则是忠义；也有双方自愿建立君臣关系的义蕴。合乎"义"则出仕，不合乎义亦可辞职他去。刘邦做了皇帝，张良立刻辞别，作赤松子游。商山四皓被他的儿子请动，刘邦以为人心归附，太子地位得以巩固。陆贾以儒术说汉高祖，为太中大夫。吕后当权，立即辞职不干。武帝时，汲黯面折廷争，是有名的"社稷之臣"，罢官后家居数年，武帝欲任其为淮阳相，他面辞不就，经讲明道理才肯赴任。汉代，"名士"常屡拒征召，抬高身价。辕固生被汉武安车驷马请来，年已九十。董仲舒写《士不遇赋》："观上古之清浊兮，廉士亦茕茕而靡归。殷汤有卞随与务光兮，周武有伯夷与叔齐。卞随务光遁迹于深渊兮，伯夷、叔齐登山而采薇。使彼圣贤其繇周邅兮，矧举世而同迷。若伍员与屈原兮，固亦无所复顾。亦不能同彼数子兮，将远游而终慕。"东汉严陵，光武故人，清高不仕，历史上享有盛名。陶渊明不为五斗米折腰，成为历史佳话。其《感士不遇赋》云："世流浪而遂徂，物群分以相形。密网裁而鱼骇，宏罗制而鸟惊。彼达人之善觉，乃逃禄而归耕。山嶷嶷而怀影，川汪汪而藏声。望轩唐而永叹，甘贫贱以辞荣。"和董精神共鸣。宋代，文彦博、王安石提"皇帝与士大夫共治天下"，以"道"事君成为大臣风范。程颢从容教诲神宗："陛下奈何轻天下士？"神宗恭谨答对："何敢如是？"程颐以布衣侍讲哲宗，春天，哲宗随手折了一根柳枝，程立即正词告诫："方春发生，不可无故摧折！"朱熹写诗："仕非其地宁无仕，此事还他德行人。彼以势邀吾自逝，丈夫无欲气常伸。"（《朱子文集》卷九《汶上》）故其《文集》中有不少是辞呈。晚年朱被打成"伪学"，这"伪"的罪状之一就是屡辞不受，抬高身价。明初吴与弼躬耕力食，弟子从游者甚众，皇帝遣人聘请为东宫教席，吴固辞，帝遣人从其还乡（《明儒学案》卷一《崇仁学案》）。顾炎武《日知录》说："有亡国，有亡天下。"[2]亡国——改朝换代，大臣有责，因为食君禄，必须忠于职守，匹夫没有责任。"亡天下"是亡文化，则"匹夫有责"，表明君臣是雇佣、契约之道义关系。黄宗羲《明夷待访录》讲君臣是义合互帮关系，是有历史根据的。

这种"义合"所以可能，是因为"臣"中许多人有田土财产，可以不吃皇家饭而养活自己与家人。这些财产是皇帝不能随意剥夺的。

就皇帝言,打天下靠一帮人和他齐心协力,坐天下如同拥有了一艘大货船,一座大庄园,一个大公司,必得招揽合格的"臣工"帮忙经营。故君臣之间首先是利禄雇佣关系,然后是靠道义维系;只靠利禄或强迫威胁,不能使为臣的尽心竭力。

汉以后,家族伦理中,父虽为严君,但亲亲之爱,父慈子孝,从来是社会的常态。"父慈"是普遍(天经地义)的,"子孝"则有许多例外。贫困家庭,凶年饥岁,做儿子的常以自己子女优先,而让父母挨饿。《红楼梦·好了歌》感叹:"痴心父母古来多,孝顺儿孙谁见了。"这是实情。"三纲"能在汉以后通行,先秦宗法情谊精神仍起很大的作用。

贺麟先生在1940年发表《五伦观念的新检讨》,指出:"由五伦的相对关系,进展为三纲的绝对关系。……五伦的关系是自然的、社会的、相对的。……例如,君不尽君道,则臣自然就会(是)不尽臣道,也应该不尽臣道(闻诛一夫纣矣,未闻弑君也)。父子、夫妻关系也是如此。……故三纲说要补救相对关系的不安定,进而要求关系者一方绝对遵守其位分。……所以三纲说的本质在于要求君不君,臣不可以不臣;父不父,子不可以不子;夫不夫,妇不可以不妇。换言之,三纲说要求臣、子、妇尽单方面的忠、孝、贞的绝对义务,以免陷入相对的循环报复,给价还价,不稳定的关系之中。"[3]147 这是事情的一方面,但君臣仍有"义合"的方面,妇女常常在夫死后改嫁,这是不能否认的。

四、"三纲""五常"的批判继承

贺麟先生论"五伦"的现实意义,谓:"不能以经济状况、生产方式的改变,作为推翻五伦说的根据。因为即使在产业革命、近代工业化的社会里,臣更忠,子更孝,妻更贞,理论上、事实上都是很可能的。换言之,我并不是说,五伦观念不应该批评,我乃是说,要批评须从本质着手。表面的、枝节的批评,实在搔不着痒处。既不能推翻五伦观念,又无补于五伦观念的修正与发挥。"[3]142 又说:"五伦又是五常的意思。五伦观念认为人伦乃是常道,人与人之间这五种关系,乃是人生正常永久的关系(按:五常有两种意义,一指仁义礼智信之五常德,一指君臣、父子、夫妇、兄弟、朋友之五常,此处系取第二种意义)。换言之,以五伦观念为中心的礼教,认为五种人与人的关系,是人所不能逃避、不应逃避的关系,而且规定出重道德信条教人积极去履践、去调整这种关系,使人'彝伦攸叙',而不许人消极地无故规避。这就是说人不应规避政治的责任,放弃君臣一伦;不应脱离社会,不尽对朋友的义务;不应抛弃家庭,不尽父子、兄弟、夫妇应尽之道(自然,儒家也有其理论基础,如人性皆善,故与人发生关系,或保持正常永久的关系有益无害,人生的目的在于修齐治平,脱离人与人的关系,就不能达到修齐治平的目的等说法)。总而言之,五伦说反对人脱离家庭、社会、国家的生活,反对人出世。"[3]143 这话从一般原则与方向上是应予肯定的。

在《〈论语〉——中国哲学人学的原创》[4]一文中,笔者曾说:现在是封建帝制被推翻的新时代了,作为封建制度的"'三纲'已不存在了,也没有君臣的称谓了",但从君臣两字内涵的一般意义说,社会上仍然有这两种人。《说文》:"君,尊也,从尹发声,故从口。"甲骨文"君"是手握权杖而以口发号施令者。故家臣直称其主子曰君。《仪礼》说:"君,至尊也。"郑玄解释为:"天子、诸侯及卿大夫有地者皆曰君。""君"也可以用作封号,如"孟尝君、信陵君"等。主宰者也叫作"君",如《荀子·解蔽》:"心者,形之君也。"心灵是形体的主宰者。"君"还可以用作敬称,如《战国策·齐策四》:"狡兔有三窟,仅得免其死耳。今君有一窟,未得高枕而卧也。"《左传》庄公十一年,斗廉语屈瑕曰:"君次于郊郢,以御四邑。""君"的抽象一般意义泛指有权的领导者。甲骨文"臣"字像竖目形。郭沫若谓:"以一目代表一人,人首下俯时则横目形为竖目形,故以竖目形象屈服之臣仆、奴隶。"[5]朱熹作《仪礼经传通解》引《白虎通义》:"君,群也,群下之所归也;臣,牵也,事君也,象屈服之形也。"《说文解字》:"臣,牵也,事君,象屈服之形。""臣"的一般意义指受人约束、领导与指使以任事的人。

1957年冯友兰先生提出文化道德遗产的"抽象继承法",认为《论语》中许多命题如"仁者爱人"等,其具体意义是爱贵族,不包括被统治的小民,不能继承。但把具体意义抽象掉,其一般意义可以作为思想资料而为今天所用。这种说法,冯先生以后自己修正了。在《三松堂自序》中他指出,所谓"具体意义"是各时代的人对于"一个规律"的了解,不是命题原来既具的[6]。但许多人仍然讲抽象继承。这造成的结果,好像《论语》讲道德的许多话,本义真正是封建性的。实际上,《论语》中的"子曰",当成了"文本"在社会流传时,就是以普遍一般性形式出现的。"仁者爱人",本来不指爱贵族,是泛指称为"人"的所有人。"爱"也是这个名词所具有的一般意义。具体意义则是新使用者赋予的。礼、义、智、忠、信等话语,也都如此。孔子对鲁定公讲的"君使臣以礼,臣事君以忠"(《论语·八佾》),这"话语"也是以普遍性形式出现的。"礼"表尊重,"忠"表忠于职守。今天没有"君臣"一伦了,但社会上仍然有领导与被领导或统治与被统治这两种人。如政府、机关与企业单位中之上级与下级,存在于这两种人之间的关系,从地位上讲仍应是下级对上级尊敬服从;从道德上讲,应是上对下有"礼",下对上赋予之职责尽"忠"。家庭伦理更是一直延续到今天,不过处在新旧变革之中而已。梁启超说:"君字不能专作王侯解。凡社会组织总不能无长属关系。长即君,属即臣。例如学校,师长即君,生徒即臣。工厂经理即君,厂员即臣。师长对生徒,厂长对厂员宜止于仁。生徒对师长所授学业,厂员对厂长所派职守,宜止于敬。不特此也。凡社会皆以一人兼受君臣两役,师长对生徒为君,对学校为臣。乃至天子对天下为君,对天为臣。儒家所讲君臣应作如是解。"[7]这说法也很好。

孙中山先生提出忠、孝、仁爱、信、义、和平作为"中华民国"的道德。这些道德的内涵就是原来这些名词涵有的一般意义。忠是尽己。孝是对父母"生,事之以礼;死,葬之以礼,祭之以礼"。礼是礼让、礼敬。具体仪式、节目随时代变了,土葬变成了火葬,祭礼变成了清明扫墓,但基本一般的意义还是"孝"这名词原有的。

韦政通先生讲"传统伦理的价值及其转化",对家庭伦理应如何现代化做了精辟分析。试图重回老传统是不可能的。韦先生指出,唯有在其中贯彻自由民主人权的新观念,才能走上健康发展的大道。这是很正确的[8]。对"君臣"一伦,韦先生取废弃的态度,未予论述。但上下级关系在今天仍然存在,同样应该贯彻自由民主人权的新观念,才能走上健康发展的大道。基本点是上与下都要尊重个人的人格自尊与独立,尊重个人享有的天赋人权。唯有经过这新观念的洗礼,上下关系之"礼"与"忠"才能适应时代,达到否定之否定,而重获新的肯定。

以军队为例,国民党时代的旧军队,上下级关系、官兵关系几乎完全是绝对服从之尊卑等级关系。南昌起义、秋收起义后建立的人民军队则对之作了全新的改造。上下级的领导与服从关系是依然确立的,但官兵人格平等,相互关爱,连队有士兵委员会,发扬民主。这使军队之精神面貌焕然一新。它的示范意义是适用于对传统"三纲"之继承与扬弃的。

君臣一伦,根本问题是政权合法性问题。辛亥革命后的新政权有不同于历史上旧政权的性质。它的权力来源是革命。在"革命"一词的一般意义上,它和汤武革命的"革命"并无不同,仍是在这个名词的普遍意义上使用的。它也是"顺乎天而应乎人"。人民政权更是如此,它的合法性根据是代表历史规律和广大人民的根本利益。过去"君"就是国家政权,现在不同了,"天地君亲师"的牌位应改为"天地国亲师"。孙中山先生说忠君的观念过去了,但忠于国家是要提倡的,而且要把忠提到孝的前面。他说,中国人过去只知有家,全国一盘散沙,现在要大大加强国的观念。爱国要放在第一位,忠要放在第一位。有了国才有家。经过抗日战争的惨痛教训,中国人"国"的观念大大加强了。血的教训使大家知道,国亡了,家也不会有了。做了亡国奴,什么权利自由都谈不上了。过去,"君"即是国家政权,现在领导人——元首代表国家,但并不就是国家与国家政权。国家政权采取何种形式最好,仍要诉诸民意。人民才是政权的合法性来源。忠于国家和忠于人民是一致的。

政权如何民授民享民有,是近代政治学的根本问题。我国继四十年前经济改革以后,政治改革亦在日益深入。解决了国家政权的合法性问题后,政权行使中的上下级关系,过去中国文化传统中长期积累的"勿欺也,而犯之"和"君臣以义合"原则,仍可以批判地借鉴和继承。

五、"三纲五常"的人性及时代性

"三纲五常"批判继承之所以可能,是因为它所面对和解决的是人性和社会性的问题,这是建立"社会共同体"的基本问题。"类不悖,虽久同理"。今天的人性还是孔子时代的人性,今天的人际关系之社会性还是孔孟时代的"五常关系"。由人性和人的社会性为前提的道德和行为准则,其基本点是与时并存的,不存在现代性的问题。所不同的只是社会的具体形态及人所面对的社会环境的变化及由之而来的道德价值之具体内容及实践方式的变化。这是应时代而增损改变的。

基督教讲的人之为人之道德教诫,自古至今对信徒都是合适而不须改变的。孔孟仁义礼智信的教诲亦是如此。但它的内涵及具体表现方式今天当然要大加改变和发展。

封建宗法社会,个人生活于宗族氏族之中,一切由宗族氏族保佑与庇护,个人不是独立的。现代社会,宗族氏族解体,个人大多远走他乡,进入市场,健全的个人观念变得十分重要。唯有建立起健全的个人观念,自尊自立自强,才能有助于建立自强的集群,有益于国家和社会。全球村的时代,自主创新才能在世界立足。这非有健全的个人观念,是不可能成功的。《弟子规》之所以不宜在小学推广,就是它太强调灌输顺从,而抹杀了建立健全的个人观念的重要性。

封建农业社会,安土重迁,"自由"不是那么必要的。今天,市场社会,"自由"则是人生存所必需的。"生命诚可贵,爱情价更高。若为自由故,两者皆可抛",这首先是争民族国家的自由,但也是争个人的自由,凸显了"自由"的重要。这种自由意识本是人性的内涵。人天生对"不自由"就是反感的。朋友关系比"三纲"自由,所以中国歌颂朋友情谊的诗极多,极显光彩。"自由"亦具政治社会性内涵,但农业封建社会,它的重要性不是很突出的;现代社会则十分重要了。维护个人自由,尊重他人的自由,成为"爱人""仁"的必不可少的重要内涵,亦是国家政权的重要职责。

以往"五常"皆是义务关系,梁漱溟先生所谓"义务优先",没有权利意识贯注其中,现代社会则必须贯注权利意识。"爱人"首先要尊重自己与他人的权利。"义"的内涵,自古以来即与财产权相联系,道德上是个人的道义品德,社会上是公义、公平正义。维护这种公义、正义,是"义"的基本内涵。但对"义"之权利意识在古代是不自觉的。现代社会,则"义"的这种内涵往往以全民意志之"法律"形式加以确定。伸张公义,首先要求立法和遵守法律。守法,也是从上至下人人应具有的品德。

礼、智、信的内涵也较往昔大为不同了。这是对"三纲五常"的批判继承所应注意的。

总之,要建构牢固的社会共同体,法律(全民意志或天意)所确定的社会等级秩序及人际关系准则具有神圣性、权威性是十分重要的,但仅有这一面不够,必须有以仁爱、互爱、互尊为中心之价值观念贯注其中,使之成为凝聚剂,使社会成为张载所讲的新式大家族,才可以成功。价值观念之具体表现,则须符合时代变化的要求。

参考文献

[1] 李锦全.李锦全文集[M].广州:中山大学出版社,2018:49-50.

[2] 顾炎武.日知录[M].陈垣,校注.合肥:安徽大学出版社,2007:739.

[3] 贺麟.贺麟选集[M].长春:吉林人民出版社,2005.

[4] 金春峰.中国文化书院八秩导师文集:金春峰卷[M].北京:东方出版社,2016:109.

[5] 郭沫若.郭沫若全集:历史篇3[M].北京:人民出版社,1984:409.

[6] 冯友兰.三松堂自序[M].北京:生活·读书·新知三联书店,1984:294.

[7] 梁启超.梁启超讲国学[M].长春:吉林人民出版社,2008:9.

[8] 韦政通.传统的突破[M].北京:中国人民大学出版社,2005:2-22.

原载于《衡水学院学报》2020年第3期。

董仲舒的批判精神与王道构建

韩 星

(中国人民大学 国学院,北京 100872)

[摘 要] 在《史记·太史公自序》中,董仲舒告诉司马迁"贬天子,退诸侯,讨大夫",这代表了《春秋》及公羊学精神,目的是批判现实,拨乱反正,重建王道秩序。董仲舒解释王参通天地人,能使天下万民归往。王道核心是仁义,主体是礼义。董仲舒提出"王道四纲",由天之阴阳之道,推衍到夫妇、君臣、父子三大人伦关系;通过天人感应理论论证"天为王纲",形成了天子受命于天、受命之符、灾异理论等,以天的权威限制君权;盛赞古代圣王之治,高扬王道理想,试图使汉武帝效法古代圣王,建太平之道。

[关键词] 董仲舒;《春秋》精神;批判现实;"王道四纲";王道理想;太平之道

汉代今文经学中以春秋公羊学影响最大,而在治春秋公羊学的汉儒中又以董仲舒成就最高,影响最大。"汉兴至于五世之间,唯董仲舒名为明于《春秋》,其传公羊氏也"(《史记·董仲舒传》)。据《汉书·儒林列传》载,董仲舒与胡毋生是汉初传授公羊学的两位大师。《公羊疏》引《孝经说》曰:"子夏传与公羊氏,五世乃至汉胡毋生、董仲舒。"说明董仲舒与胡毋生都是子夏的六传弟子,二人都传授公羊学。《汉书·五行志》也说:"汉兴,承秦灭学之后,景武之世,董仲舒治《公羊春

[基金项目] 国家社会科学基金重大项目"董仲舒传世文献考辨与历代注疏研究"(19ZDA027)
[作者简介] 韩星(1960—),男,陕西蓝田人,教授,博士生导师,历史学博士。

秋》,始推阴阳,为儒者宗。"北宋楼郁《春秋繁露序》云:"其微言至要,盖深于《春秋》者也。然圣人之旨在经,经之失传,传之失学,故汉诸儒多病专门之见,各务高师之言,至穷智毕学,或不出圣人大中之道,使周公、孔子之志既晦而隐焉。董生之书,视诸儒尤博极闳深也。"[1]500 清代学者凌曙认为董仲舒独得《春秋》精义:"识礼义之宗,达经权之用,行仁为本,正名为先,测阴阳五行之变,明制礼作乐之原。体大思精,推见至隐,可谓善发微言大义者已。"[1]507 皮锡瑞说:"《春秋》之学,孟子之后,亦当以董子之学为最醇矣。"[2]4

一、贬天子,退诸侯,讨大夫

《春秋》的主旨在于批评现实政治,重建王道理想。徐复观说:"孔子作《春秋》,意在借批评二百四十二年的历史事实,以立是非的标准……分明反映出对以宗法为中心的封建贵族政治的批评,而要求推向一个政治上更有自由活动机会的时代。"[3]202《史记·太史公自序》云:

> 上大夫壶遂曰:"昔孔子何为而作《春秋》哉?"太史公曰:"余闻董生曰:'周道衰废,孔子为鲁司寇,诸侯害之,大夫壅之。孔子知言之不用,道之不行也,是非二百四十二年之中,以为天下仪表,贬天子,退诸侯,讨大夫,以达王事而已矣。'子曰:'我欲载之空言,不如见之于行事之深切著明也。'夫《春秋》,上明三王之道,下辨人事之纪,别嫌疑,明是非,定犹豫,善善恶恶,贤贤贱不肖,存亡国,继绝世,补敝起废,王道之大者也。"

说明孔子生活在"周道衰废"的时代,他有志于改变现实,然而干七十余君,不为所用,"道之不行",于是退而作《春秋》,"贬天子,退诸侯,讨大夫",通过社会政治批判,目的是"达王事",即构建王道思想体系。孔子在《春秋》中上明三王之道,下辨人事之纪,对历史上的人物事件、是非善恶有着清醒的评判,目的是存亡国,继绝世,补敝起废,这体现了王道的大旨。金春峰先生引用《史记·太史公自序》中董仲舒"是非二百四十二年之中,以为天下仪表,贬天子,退诸侯,讨大夫,以达王事而已矣"一段话,认为是"《春秋》和《公羊春秋》的基本精神"[4],确是精辟之论。与司马迁所记大致相同的文字亦见于《春秋繁露·俞序》:"仲尼之作《春秋》也,上探正天端王公之位,万民之所欲;下明得失,起贤才,以待后圣。故引史记,理往事,正是非,见王公。史记十二公之间,皆衰世之事,故门人惑。孔子曰:'吾因其行事而加乎王心焉。'以为见之空言,不如行事博深切明。……孔子明得失,见成败,疾时世之不仁,失王道之体,故缘人情,赦小过。《传》又明之曰:'君子辞也。'孔子曰:'吾因行事,加吾王心焉。'假其位号以正人伦,因其成败以明顺逆。"说明董仲舒之说不虚。《汉书·艺文志》所谓"《春秋》所贬损大人当世君臣,有威权势力,其事实皆形于传,是以隐其书而不宣,所以免时难也。及末世口说流行,故有《公羊》《谷梁》《邹》《夹》之传",这是《春秋》"贬天子,退诸侯,讨大夫"的传承过程。

但到了《汉书·司马迁传》,班固则将"贬天子"删去,成为"退诸侯,讨大夫",这就造成了《史记·太史公自序》"贬天子"背离《春秋》大义的印象,其实"是儒家思想因专制之压制而堕退的标志"[5]。"贬天子"当然不是太史公个人的见解,实际上是承继董仲舒的。不过,在董仲舒那里是"讥天王",《春秋繁露·王道》列举诸多具体事例加以说明:"讥天王,……天王使宰喧来归惠公仲子之赗,刺不及事也。天王伐郑,讥亲也。会王世子,讥微也。祭公来逆王后,讥失礼也。刺家父求车,武氏毛伯求赙金。王人救卫。王师败于贸戎。天王不养,出居于郑。杀母弟,王室乱,不能及外,分为东西周,无以先天下。召卫侯不能致,遣子突征卫不能绝,伐郑不能从,无骇灭极不能诛。""讥",《说文》:"讥,诽也。"《公羊传》隐公二年载:"此何以书讥?"注:"犹谴也。""讥"就是指责、非议、谴责等意思。从其中所言各种"讥天王"现象可以看出,"贬天子"不过是《春秋》"讥天王"的另一种表达而已,是符合《春秋》精神的。如"天王不养,出居于郑",是指《春秋》僖公二十四年载:"冬,天王出居于郑。"《公羊传》曰:"王者无外,此其言出,何?不能乎母也。鲁子曰:是王也,不能乎母者,其诸此之谓与!"《礼记·曲礼下》曰:"天子不言出。"郑玄注曰:"天子之言出,诸侯之生名,皆有大恶。君子所远,出名以绝之。"《春秋》传曰:"天王出居于郑,卫侯朔入于卫是也。"意思很明确,本来天王不论到哪里都不能叫"出",但是周襄王不能事母,故而圣人因其不孝贬之,用了一个"出"字。

据学者考证,《公羊传》旧文还有"天子僭天"一语。《公羊传》昭公二十五年载昭公将弑季氏,告子家驹曰:"季氏为无道,僭于公室久矣,吾欲弑之,何如?"子家驹曰:"诸侯僭于天子,大夫僭于诸侯,久矣!"而《续汉书·五行志》刘注引《春秋考异邮》则有:"天子僭天,大夫僭人主,诸侯僭上。"阮元《十三经注疏校勘记》曰:"唐石经、诸本同。《考工记》'画缋之事其象方天时变'注引子家驹曰'天子僭天',今何本无。"查《周礼·考工记·画缋》:"土以黄,其象方,天时变。"郑注:"古人之象,无天地也。为此记者,见时有之耳。子家驹曰'天子僭天',意亦是也。"贾疏:"按《公羊传》云:'昭公谓子家驹云,季氏僭于公室久矣,吾欲杀之,何如?子家驹曰:天子僭天,诸侯僭天子。'彼云僭天者,未知僭天何事,要在古人衣服之外,别加此天地之意,亦是僭天,故云意亦是也。"《汉书·贡禹传》元帝初即位,禹为谏大夫,上疏曰:"鲁昭公曰:'吾何僭矣?'今大夫僭诸侯,诸侯僭天子,天子过天道者,其日久矣!""天子过天道"与"天子僭天"意近。"天子僭天"是春秋时天下无道、礼崩乐坏的根源。

天王不正,进一步导致的结果是诸侯、大夫僭越、篡弑,纲纪荡然,礼法崩坏,以下犯上,天下大乱。于是《春秋》就"退诸侯,讨大夫"。杨树达先生在《春秋大义述》卷四《尊尊》中一方面从《春秋》三传及其他文献中搜罗许多尊天子的资料,另一方面也搜罗"贬天子,退诸侯,讨大夫"的事例,故将"贬天子,退诸侯,讨大夫"也看成是《春秋》大义的应有之义,故"知《春秋》固不以尊尊没是非善恶之公矣"[6]。"尊尊"与"贬天子"都是《春秋》大义,二者同时并存并不矛盾,是符合《春秋》常变观的。《春秋繁露·竹林》云:"《春秋》之道,固有常有变,变用于变,常用于常,各止其科,非相妨也。"苏舆注:"《春秋》有变科,有常科,各因时地而用之。不可以常而概变,亦不可骛变而忽常。"[1]53-54 可以说"尊尊"是《春秋》之"常"义,而"贬天子"是《春秋》之"变"义。

《春秋》"贬天子,退诸侯,讨大夫"的目的是对现实批判,拨乱反正,重建王道秩序。《公羊传》哀公十四年云:"君子曷为《春秋》?拨乱世,反诸正,莫近诸《春秋》。则未知其为是与?其诸君子乐道尧、舜之道与?末不亦乐乎尧、舜之知君子也?制《春秋》之义,以俟后圣,以君子之为,亦有乐乎此也。"这就是说,孔子作《春秋》是为了拨乱反正,即以尧舜之道批判、匡正现实政治,立王道理想,期待圣王出现。《孟子·滕文公下》:"世衰道微,邪说暴行有作,臣弑其君者有之,子弑其父者有之,孔子惧,作《春秋》。《春秋》,天子之事也。是故孔子曰:'知我者其惟《春秋》乎!罪我者其惟《春秋》乎!'"赵岐注曰:"世衰道微,周衰之时也,孔子惧正道遂灭,故作《春秋》,因鲁史记,设素王之法,谓天子之事也,知我者谓我正纲纪也,罪我者谓时人见弹贬者。言孔子以《春秋》拨乱也。"孙奭疏云:"孟子又言至周世之道衰于是微灭,邪说暴行之人又有起作,于是臣弑其君者有之,子弑其父者有之,惟孔子于此时乃恐惧正道遂灭,而害人正心,故因鲁史记而作《春秋》之经。盖《春秋》者,乃设素王之道,皆天子之事迹也。孔子云:知我正王纲者,其惟以《春秋》知我矣;罪我以谓迷乱天下者,其亦惟以《春秋》罪我矣。"孟子述孔子作《春秋》动因及其目的,是世衰道微,邪说暴行,孔子忧患恐惧,于是以布衣身份作《春秋》,行天子之权,立素王之道,其历史功绩堪与"禹抑洪水而天下平;周公兼夷狄、驱猛兽而百姓宁"相提并论。孟子认为孔子作《春秋》是在王道衰微、霸道兴起之时对上古王道政治的传承。《孟子·离娄下》又云:"王者之迹熄而《诗》亡,《诗》亡然后《春秋》作。晋之《乘》,楚之《梼杌》,鲁之《春秋》,一也:其事则齐桓、晋文,其文则史。孔子曰:'其义则丘窃取之矣。'"赵岐注:"孔子自谓窃取之,以为素王也。孔子人臣,不受君命,私作之,故言窃,亦圣人之谦辞尔。"孙奭疏:"孟子言自周之王者风化之迹熄灭而《诗》亡,歌咏于是乎衰亡,歌咏既以衰亡,然后《春秋》褒贬之书于是乎作。……盖王者迹熄,则所存者但霸者之迹而已。言其霸,则齐桓、晋文为五霸之盛者。故其所载之文,则鲁史之文。而孔子自言之曰:其《春秋》之义,则丘私窃取之矣。盖《春秋》以义断之,则赏罚之意于是乎在,是天子之事也,故曰其义则丘窃取之矣。窃取之者,不敢显述也,故以赏罚之意寓之褒贬,而褒贬之意则寓于一言耳。"春秋之世,王道衰微,霸道兴起,礼崩乐坏,学绝道丧,歌咏之《诗》衰亡,于是孔子作《春秋》,以褒贬寓赏罚之意。此本为天子之事,而孔子以布衣之身,行素王之事,故以微言传其大义,以道统重整政统,构建王道理想。

董仲舒认为,《春秋》的批判精神和王道构建集中在"《春秋》作新王"上:"《春秋》应天作新王之事,时正黑统。王鲁,尚黑,绌夏,亲周,故宋。""《春秋》曰:'杞伯来朝。'王者之后称公,杞何以称伯?《春秋》上绌夏,下存周,以《春秋》当新王。《春秋》当新王者奈何?曰:王者之法,必正号,绌王谓之帝,封其后以小国,使奉祀之。下存二王之后以大国,使服其服,行其礼乐,称客而朝。故同时称帝者五,称王者三,所以昭五端,通三统也。""《春秋》作新王之事,变周之制,当正黑统。而殷、周为王者之后,绌夏改号禹谓之帝,录其后以小国,故曰绌夏存周,以《春秋》当新王。"(《春秋繁露·三代改制质文》)"《春秋》作新王"说是董仲舒构建王道理想的创新之处。《公羊传》哀公十四年:"君子曷为为《春秋》?拨乱世,反诸正,莫近诸《春秋》。则未知其为是与?其诸君子乐道尧、舜之道与?末不亦乐乎尧、舜之知君子也?制《春秋》之义,以俟后圣。"晋杜预《春秋经传集解序》说孔子"感麟而作"《春秋》。孔子应天之嘉瑞,以尧舜之道为理想,禀受天命继承商、周二统之后,作《春秋》拨乱世,反王道之正,以王道传统匡正现实政治,以《春秋》大义为未来圣王确立新王道,奠定治国平天下的大纲大法。后来,何休在《文谥例》进一步提出"三科九旨者,新周,故宋,以《春秋》当新王",这显然是传承董仲舒的《春秋》作新王说而来。《春秋》新王说以"新王"为理想,批判当下的现实,体现了强烈的批判精神,"《春秋》登新王之位,行新王之权,贬天子,退诸侯,讨大夫,立一新王之法拨乱世反之正,对《春秋》二百四十二年的历史(代表整个人类历史)进行了批判,在天下无王的时代标出了新的王道,行使了新的王权,恢复了历史中的公正。孔子以《春秋》代周,即是以新王批判旧王;孔子加王心作《春秋》,即是以圣王批判俗王,这在君主专制时代确实是一非常异义,具有强烈的批判精神"[7]100。

陈柱《公羊家哲学》甚至指出:"《公羊传》之说《春秋》,甚富于革命思想。汉何休注《公羊》,复立《春秋》'新周王鲁'之说,革命之义益著。"[8]熊十力也认为,《史记·太史公自序》"贬天子,退诸侯,讨大夫"一句,"乃董生私授予马迁,而不敢写出为书者",并注释云:"贬者贬损,犹言损去之也。退者绌废之也。讨者诛灭之也。古训,王者往义。王事,谓天下人所共同向往之事,如《易》之《比卦》明万物互相比辅而生,《同人》之卦明人伦当去私而归大同。《礼运》言天下一家。人群事变无穷,毕竟向天下为公之大道而趋,是谓王事。"[9]117 就是说,《春秋》贬损天子,绌废诸侯,诛灭大夫,是要实现"大道之行,天下为公"的大同理想,也就是王道理想。进而认为:"《春秋》之道,归于去尊以伸齐民,贬天子,退诸侯,讨大夫,是不容有统治阶级也。人民皆得自治自由自尊自主,所以致天平。"[10]《春秋》"拨乱世者,革命之事。拨者拨去。拨去据乱世之乱制,非革命而何?……反之于正者,明天下为公之道,创天下一家之规,为人类开万世太平之治。"[9]127-128熊十力因此提出"贬天子,退诸侯,讨大夫"是要推翻帝制,不要统治阶级,实现人民自治自由自尊自主的太平世;拨乱反正是通过革命为人类开万世太平之治。这种解读有过度诠释之嫌,未必是孔子、董子的本意,兹不深论。

二、王道大义

《公羊传》发挥孔子王道大义,僖公四年肯定夷狄"亟病中国,南夷与北狄交,中国不绝若线,桓公救中国而攘夷狄,……此为王者之事也",齐桓公称霸,但"尊王攘夷",所行实为王者之事。《春秋》哀公十四年"春,西狩获麟",《公羊传》传达了孔子"麟为孔子受命之瑞"之意:

> 麟者,仁兽也。有王者则至,无王者则不至。有以告者曰:"有麕而角者。"孔子曰:"孰为来哉!孰为来哉!"反袂拭面,涕沾袍。颜渊死,子曰:"噫!天丧予。"子路死,子曰:"噫!天祝予。"西狩获麟,孔子曰:"吾道穷矣。"

麒麟为仁兽,是圣王出现的嘉瑞之兆。而孔子时无明王而遇获麟,且麟现而死,因伤周道不兴,感嘉瑞无应,"有王者则至,无王者则不至"和"吾道穷"这两句话说明"麟为孔子受命之瑞"。董仲舒深研春秋公羊学,对孔子心有戚戚焉,也认为"西狩获麟"是孔子的"受命之符",并提出孔子于受命之后乃作《春秋》以"明改制之义"(《春秋繁露·符瑞》)。《春秋繁露·王道》载孔子见当时天下无道,礼崩乐坏,伦理紊乱,社会失序,灾异频现,于是作《春秋》,所书不论得失、贵贱、大小、善恶之事,是在褒贬书法之中寓含着王道之本,明治乱得失,区分尊卑贵贱,讥刺天子,通过批判当世君王,最终是为了返回王道之本,达致太平之世。《春秋繁露·俞序》说:"孔子明得失,见成败,疾时世之不仁,失王道之体。"《春秋繁露·玉杯》云:"《春秋》论十二世之事,人道浃而王道备。法布二百四十二年之中,相为左右,以成文采。其居参错,非袭古也。是故论《春秋》者,合而通之,缘而求之,五其比,偶其类,览其绪,屠其赘,是以人道浃而王法立。"《春秋》的精神在于明王道。《春秋》经以人道为本,把王道政治讲得很完备,确立了王道政治的大纲大法。

董仲舒还指出《春秋》重视除天下之患:"圣人者贵除天下之患。贵除天下之患,故《春秋》重,而书天下之患遍矣。以为本于见天下之所以致患,其意欲以除天下之患,何谓哉?天下者无患,然后性可善;性可善,然后清廉之化流;廉之化流,然后王道举,礼乐兴,其心在此矣。"(《春秋繁露·盟会要》)苏舆注:"见天下之所以致患,示鉴而已,欲以除患,则拨乱反正之义。"[1]141《春秋》对当时天下之患难记录详尽,试图通过展示祸患分析导致祸患的原因,提供借鉴,消除祸患之源,最后要达到的目标是重建社会伦理秩序,实现王道政治理想。

董仲舒对"王"字解释说:"古之造文者,三画而连其中,谓之王。三画者,天地与人也,而连其中者,通其道也。取天地与人之中以为贯而参通之,非王者孰能当是?"苏舆的《春秋繁露义证》在《王道通三》一开始就引凌云《说文通论》:"王者则天之明,因地之义,通人之情,一以贯之,故于文贯三为王。王者,居中也,皇极之道也。三者,天地人也。"在该段下引《尚书大传》:"天地人道备,而三五之运兴矣。"又引《尸子·仁意》:"尧问于舜曰:'何事?'舜曰:'事天。'问:'何任?'曰:'任地。'问:'何务?'曰:'务人。'"并注曰:"此亦王者参通天地人之意。盖上世帝王初起,皆以道德学术过人,故造文如此。秦汉以后,而其局一变矣。"[1]328-329 这就是说,"王"字的三横是天地人的象征,贯穿其中的一竖"丨"则表示出王者参通天地人,乃一以贯之的职能。这一解释不仅仅是从文字学角度诠释"王"的原意,还是对王的政治职能的一种哲学隐喻。后来《说文》解"王"字就沿用了董仲舒的说法,并引孔子曰"一贯三为王"来强调"王"贯通天、地、人的职能。董仲舒进一步界定王、王道云:"王者,民之所往。君者,不失其群者也。故能使万民往之,而得天下之群者,无敌于天下。"(《春秋繁露·灭国上》)王能够使天下万民归往,天下无敌。"深察王号的大意,其中有五科:皇科、方科、匡科、黄科、往科。合此五科,以一言谓之王。王者皇也,王者方也,王者匡也,王者黄也,王者往也。是故王意不普大而皇,则道不能正直而方;道不能正直而方,则德不能匡运周遍;德不能匡运周遍,则美不能黄;美不能黄,则四方不能往;四方不能往,则不全于王。故曰:天覆无外,地载兼爱,风行令而一其威,雨布施而均其德,王术之谓也"(《春秋繁露·深察名号》)。《说文》:"术,邑中道也。"《广雅》:"术,道也。""术"的本义是城邑中的道路,所以这里的"王术"也就是王道。当代学者概括"王"字的意思主要有二:一是天下归往之义(音训),是指人心向背问题,凡是天下的民心都归向的人才能称为王。就是说王者必须以德服人,为民谋利,必须表达生民的愿望和要求,必须爱民如子,与民同乐,必须建立起人民所乐求的治世功业。二是参通天地人之义(形训),就是说王还要在内在生命上参天地之化育,打通天地人的隔阂,作为人类的代表,既要上达高明的天道,又要下通博厚的地德,使自己的生命成为天地人的贯通者。总的来说,王者不仅在社会政治上负有使天下归往的外王使命,并且要在个体生命上负有代表人类与天地参的内圣责任[7]116-117。

董仲舒认为,《春秋》王道的精义是仁义。《春秋繁露·仁义法》:"《春秋》为仁义法。"《春秋》这部书就是要建立仁义的法度,以此来治理社会。康有为说:"《俞序》得《春秋》之本有数义焉。以仁为天心,孔子疾时世之不仁,故作《春秋》,明王道,重仁而爱人,思患而豫防,反覆于仁不仁之间。此《春秋》全书之旨也。"[11]说明《春秋》王道的内在精神是仁义。董仲舒把先秦孔孟基于血缘亲情的仁义加以转换,针对当时人们经过春秋战国和秦汉之际的战乱,缺乏对天的敬畏感,缺乏基本的道德感,把"天"提到"百神之君"的地位,又把先秦儒家的仁义投射到了"天"上,使之神圣化。《春秋繁露·天地阴阳》:"天志仁,其道也义。"《春秋繁露·俞序》:"仁,天心,故次以天心。"苏舆注曰:"《春秋》之旨,以仁为归。仁者,天之心也。"[1]161 天之所以永不停歇地化生、养成天地万物,是因为天有"仁","仁"也就是"天心"。显然,在董仲舒这里,"天"的意义和本质就是"仁",换句话说,"仁"乃是天最高的道德准则。这种道德准则又是天的意志的体现:"察于天之意,无穷极之仁也。""天常以爱利为意,以养长为事,春秋冬夏皆其用也。"(《春秋繁露·王道通三》)董仲舒心目中的"王"是这样的:"王者唯天之施,施其时而成之,法其命而循之诸人,法其数而以起事,治其道而以出法,治其志而归之于仁。……人之受命于天也,取仁于天而仁也,是故人之受命天之尊,父兄子弟之亲,有忠信慈惠之心,有礼义廉让之行,有是非逆顺之治,文理灿然而厚,知广大有而博,唯人道为可以参天。"(《春秋繁露·王道通三》)"仁"为天心,王者通天地人,受命于天,故要取仁于天而行仁政,重建社会伦理秩序。徐复观指出:"《公羊传》没有把仁凸显出来;但既重视人民,礼义必以仁为基底,不言仁而仁行乎礼义之中。仲舒则特别把《春秋》中的'仁'凸显出来。"[3]227

王者取仁于天而行仁政，才能"以德配天"，"为人主者，予夺生杀，各当其义，若四时；列官置吏，必以其能，若五行；好仁恶戾，任德远刑，若阴阳。此之谓能配天"（《春秋繁露·天地阴阳》）。王者配天，乃是王道。"王者配天，谓其道。天有四时，王有四政，四政若四时，通类也，天人所同有也。庆为春，赏为夏，罚为秋，刑为冬。庆赏罚刑之不可不具也，如春夏秋冬不可不备也。庆赏罚刑，当其处不可不发，若暖暑清寒，当其时不可不出也。庆赏罚刑各有正处，如春夏秋冬各有时也。四政者，不可以相干也，犹四时不可相干也。四政者，不可以易处也，犹四时不可易处也。故庆赏罚刑有不行于其正处者，《春秋》讥也"（《春秋繁露·四时之副》）。王者配天，就要按照天之四时行政，庆赏罚刑对应春夏秋冬四时，应各有正处；庆赏罚刑如果不行于其正处，《春秋》就会非议。古代三王就是因"仁"而成"圣"："仁人者正其道不谋其利，修其理不急其功，致无为而习俗大化，可谓仁圣矣。三王是也。"（《春秋繁露·对胶西王越王大夫不得为仁》）因此，董仲舒强调仁义为王道的精义，"是为了把汉代思想家们所总结出来的秦亡经验，把儒家一贯讲的'仁义'，提升和放大到宇宙论的层次上来制约绝对君权"[12]。

董仲舒认为，《春秋》王道的主体是礼义。《春秋》乃"礼义之大宗"，"孔子之时，上无明君，下不得任用，故作《春秋》，垂空文以断礼义，当一王之法"（《史记·太史公自序》）"《春秋》之序道也，先质而后文，右志而左物。故曰：'礼云礼云，玉帛云乎哉？'推而前之，亦宜曰：'朝云朝云，辞令云乎哉？''乐云乐云，钟鼓云乎哉？'……是故孔子立新王之道，明其贵志以反和，见其好诚以灭伪，其有继周之弊，故若此也"（《春秋繁露·玉杯》）。孔子面对礼崩乐坏的现实，所立新王之道，以礼义为主体，贵志以返和，好诚以灭伪，以强调礼乐的内在精神价值。

三、王道四纲

董仲舒提出"王道三纲"，《春秋繁露·深察名号》云："循三纲五纪，通八端之理，忠信而博爱，敦厚而好礼，乃可谓善。此圣人之善也。"这里并没有说明"三纲五纪"的具体内容。《春秋繁露·基义》又云："阴阳二物，终岁各壹出。壹其出，远近同度而不同意。阳之出也，常县于前而任事；阴之出也，常县于后而守空处。此见天之亲阳而疏阴，任德而不任刑也。是故仁义制度之数，尽取之天。天为君而覆露之，地为臣而持载之；阳为夫而生之，阴为妇而助之；春为父而生之，夏为子而养之，秋为死而棺之，冬为痛而丧之。王道之三纲，可求于天。"这一段话由天之阴阳之道，推衍到夫妇、君臣、父子三大人伦关系，将三者提高到人伦关系的"三纲"高度，并强调这是王道三纲，根源于天。这就将"三纲"也神秘化、神圣化、永恒化和普遍化了。当然，这里的"三纲"还不是为后人所诟病的"君为臣纲，父为子纲，夫为妻纲"。为后人所诟病的"三纲"最早见于法家的《韩非子》一书。《韩非子·忠孝》说："臣之所闻曰：臣事君，子事父，妻事夫，三者顺，则天下治，三者逆，则天下乱，此天之常道也。"这里虽无"三纲"之名，却有"三纲"之实，是"三纲"的最初表述。从这段话前面所言"臣之所闻曰"看，这不是韩非子的发明，而是他引用当时一种流行的说法而已。类似说法在战国到秦汉并不罕见，如《吕氏春秋·似顺论·处方》云："凡为治必先定分，君臣、父子、夫妇。君臣、父子、夫妇六者当位，则下不逾节而上不苟为矣，少不悍辟而长不简慢矣。"《礼记·哀公问》中，哀公问孔子："敢问为政如之何？"孔子对曰："夫妇别，父子亲，君臣严。三者正，则庶物从之矣。"《礼记·乐记》引用子夏的话说："圣人作为父子君臣以为纪纲，纪纲既正，天下大定。"《孟子·滕文公上》："圣人……教以人伦，父子有亲，君臣有义，夫妇有别。"董仲舒主要是以天道为本源，用阴阳观念对"三纲"进行论证，"凡物必有合。……阴者阳之合，妻者夫之合，子者父之合，君者臣之合。物莫无合，而合各有阴阳。阳兼于阴，阴兼于阳，夫兼于妻，妻兼于夫，父兼于子，子兼于父，君兼于臣，臣兼于君。君臣、父子、夫妇之义，皆取诸阴阳之道。君为阳，臣为阴；父为阳，子为阴；夫为阳，妻为阴。阴道无所独行，其始也不得专起，其终也不得分功，有所兼之义。是故臣兼功于君，子兼功于父，妻兼功于夫"（《春秋繁露·基义》）。"合"，《说文解字》："合，合口也。从亼从口。""合"字甲骨文象盛饭的食器，上部是盖子，下部是食器底。一盖一底即为一合。金文、小篆都与甲骨文形似。"合"字的本义是"闭合"，引申为会合、融合、匹配、配偶，有不违背，一事物与另一事物相应或相符之意。"兼"，《说文解字》："兼，并也。从手禾，兼持二禾也。"本义是一手执两禾，引申为同时兼顾的意思。在天之阴阳之道下，万物都以阴阳和合，人类的夫妻、父子、君臣也顺应阴阳之道而和合，但这种和合又不是简单的相加，而是有主有次，有主导和顺从，为君、为父、为夫者是表率和领导，臣、子、妇事前不能自作主张，事后不能划分出自己独有的一份成果，必须统属于前者。但董仲舒并没有把这种主从关系绝对化、教条化，而是认为阴阳有相互消长、转化，他以男女关系为例："男女之法，法阴与阳。阳气起于北方，至南方而盛，盛极而合乎阴。阴气起乎中夏，至中冬而盛，盛极而合乎阳。不盛不合，是故十月而一俱盛，终岁而乃再合。天地久节，以此为常。"（《春秋繁露·循天之道》）君臣关系也是这样，君行君道，臣行臣道，阴阳和合。如果君失道，上天有灾异警戒，臣也可以有相应的谏诤；如果君成为独夫民贼，臣也可以有道伐无道，而不算弑君。

后来《白虎通义·三纲六纪篇》说："三纲者，何谓也？谓君臣、父子、夫妇也。六纪者，谓诸父、兄弟、族人、诸舅、师长、朋友也。故《含文嘉》曰：'君为臣纲，父为子纲，夫为妻纲。'……何谓纲纪？纲者，张也。纪者，理也。大者为纲，小者为纪。所以张理上下，整齐人道也。人皆怀五常之性，有亲爱之心，是以纲纪为化，若罗网之有纪纲而万目张也。""君臣，父子，夫妇，六人也，所以称三纲何？一阴一阳谓之道，阳得阴而成，阴得阳而序，刚柔相配，故六人为三纲。三纲法天、地、人，六纪法六合。君臣法天，取象日月屈信，归功天也。父子法地，取象五行转相生也。夫妇法人，取像人合阴阳，有施化端也。""纲"原意是指提网的总绳。《说文》："纲，维纮绳也。"《尚书·盘庚》："若网在纲，有条而不紊。"《诗经·大雅·卷阿》："四方之纲。"孔安国《尚书序》："举其宏纲，撮其机要。"引申为事物的关键部分，事理的要领。所以，纲纪，就是大纲大法，是整齐人道的基本规则。纲纪之所以必要是基于人之常性与亲爱之心，需要通过纲纪教化，维持社会基本伦理关系。《白虎通》虽然引了《礼纬·含文嘉》的"君为臣纲，父为子纲，夫为妻纲"，但进一步则是以天地人三才和阴阳、刚柔来解释的，强调"六人为三纲"，是基于阴阳刚柔相配，没有一方绝对服从另一方的含义。实际上，《白虎通》的"纲"用在人伦关系上，一方面强调君臣、父子、夫妇在所有人伦关系中是最重要的三种，另一方面说明人君、人父、人夫在人伦关系中的地位和作用，有榜样、表率的意思。认为凡是为人君、为人父、为人夫者，要为臣、子、妻作表率作榜样，以身作则，来保证人道的平安。与《论语》孔子说的"其身正，不令而行；其身不正，虽令不从""苟正其身矣，于从政乎何有？不能正其身，如正人何？"（《论语·子路》）和孟子说的"君仁莫不仁，君义莫不义，君正莫不正，一正君而国定矣"（《孟子·离娄上》）可以相互发明。朱熹在给皇帝的奏折中也说："人主之心正，则天下之事无一不出于正；人主之心不正，则天下之事无一得由于正。"（《朱文公文集·戊申封事》）谚语"上梁不正下梁歪"，也从反面道出了三纲的真义。当然，秦汉以降，三纲的本义被统治者扭曲，为人君父者，往往自己专横放纵，而反责臣子以忠孝；为人夫者，往往自己奸盗邪淫，而反责其妻以贞节。如果为君者能够先尽君道，就可以成为群僚的表率；如果为父者能够先尽父道，就足以为子女的模范；如果为夫者能够先尽夫道，就足以为妻室所敬仰。这样，"纲举目张""上行下效"，一切善良政治、美好风俗就会由此而生，社会就会不断走向文明。

应该看到,在董仲舒的王道体系中,王权受天道制约,王道之三纲之上还有更为根本的一纲:天为王纲。于是就有四纲,"在这四纲中,君、臣、民都是被规范和制约的对象,而'天为王纲'则是纲中之纲"[13]。

如果说"天子僭天"是对天子反面的批判,"以天正王"则是对天子正面的要求,是"天为王纲"的要求。《春秋繁露·二端》云:"《春秋》之道,以元之深正天之端,以天之端正王之政,以王之政正诸侯之即位,以诸侯之即位正竟内之治,五者俱正而化大行。"《汉书·董仲舒传》载《天人三策》云:"臣谨案《春秋》之文,求王道之端,得之于正。正次王,王次春。春者,天之所为也;正者,王之所为也。其意曰,上承天之所为,而下以正其所为,正王道之端云尔。……故为人君者,正心以正朝廷,正朝廷以正百官,正百官以正万民,正万民以正四方。四方正,远近莫敢不壹于正,而亡有邪气奸其间者。"后来何休《公羊解诂》进一步发挥说:"即位者,一国之始。政莫大于正始,故《春秋》以元之气正天之端,以天之端正王之政,以王之政正诸侯之即位,以诸侯之即位正竟内之治。诸侯不上奉王之政,则不得即位,故先言正月而后言即位;政不由王出,则不得为政,故先言王而后言正月也。王者不承天以制号令则无法,故先言春而后言王;天不深正其元,则不能成其化,故先言元而后言春。五者同日并见,相须成体,乃天人之大本,万物之所系,不可不察也。"这样层层推进,乃是王道展开的逻辑。

其中需要辨析的是"屈民而伸君,屈君而伸天"。"《春秋》之法,以人随君,以君随天。……屈民而伸君,屈君而伸天,《春秋》之大义也"(《春秋繁露·玉杯》),苏舆注:"屈民以防下之畔,屈君以警上之肆。夫天生民而立之君,此万古不敝之法也。圣人教民尊君至矣,然而盛箴谏以纠之,设灾异以警之,赏曰天命,刑曰天讨,使之罔敢私也。视自民视,听自民听,使之知所畏也。"[1]32 所以,天生民必然要有个首脑,故圣人教民尊君,但同时也说"天下有道,则庶人不议"(《论语·季氏》),天下无道,庶民自然可以非议,"开天下之口,广箴谏之路"(《汉书·路温舒传》)。天有天命、天罚,有灾异、祥瑞,且"天视自我民视,天听自我民听"(《尚书·泰誓》),《尚书·泰誓上》:"民之所欲,天必从之。"孔安国传:"言天除恶树善与民同。"天意即民意,圣人使君主知道敬畏上天,也就是敬畏人民。"五帝三王之治天下,不敢有君民之心"(《春秋繁露·王道》),苏舆注:"王者抚有天下,不敢自谓君民,敬畏之至也。"[1]101 所以徐复观认为:"推论董仲舒之意,盖欲把君压抑(屈)于天之下,亦即是压抑于他所传承的儒家政治理想之下,使君能奉承以仁为心的天心,而行爱民之实。在他所承认的大一统专制皇帝之下,为了要使他的'屈君而伸天'的主张得到皇帝的承认,便先说出'屈民而伸君'一句,……即是先迎合统治者的心理,再进而说出自己的真正主张。所以站在仲舒的立场,'屈民而伸君'一句是虚,是陪衬;而'屈君而伸天'一句才是实,是主体。"[3]212 这一论断颇有道理。今天有学者从"君权神授"的视角讨论说:"董仲舒君权神授论的后一半又同法家大相异趣,变成了君权神制论,而实际上是君权民制论。在这里,君主不能独裁,他的意志必须服从天的意志,他的权威来自天的权威。而'天意'实际上便是民意。所以'屈君而伸天',无异于'屈君而伸民'。这样,由'屈民而伸君'到'屈君而伸天(=民)'便形成了一个逻辑上的圆圈,前者是对现实的承认,后者是对现实的改良。所以,'君权神授'既是对君权的神化,又是对君权的限制。"[14]这里"君权神授"也不是很恰当,应该是"君权天授"。也有学者论曰:"《春秋繁露》通过'以人随君''屈民而伸君'来充分保障帝王的政治权力;同时,又通过'以人随天''屈君而伸天'将儒家思想传统的德治、民本转化为'天'的权威以限制君权。"[15]尽管这种限制从实效上看很有限,但与今日西方国家总统就职以手按《圣经》宣誓则有异曲同工之妙,是以天(上帝)约束王(总统)。"儒家一直想抬出一个更高的力量来约束君权,汉儒的'天'和宋儒的'理'都显然具有这样的含义。同时儒家又不断企图用教育的方式来塑造皇帝于一定的模型之中。这些努力虽然都不曾发生决定性的效果,但多少也起了一些驯化权势的作用"[16]。

　　董仲舒还通过天人感应理论论证"天为王纲",形成了天子受命于天、受命之符、灾异理论等。《春秋繁露·玉杯》说:"人受命于天。"《春秋繁露·三代改制质文》说:"德侔天地者,称皇帝;天佑而子之,号称天子。"《春秋繁露·顺命》:"天子受命于天,诸侯受命于天子,子受命于父,臣妾受命于君,妻受命于夫。诸所受命者,其尊皆天也,虽谓受命于天亦可。天子不能奉天之命,则废而称公。"《春秋繁露·深察名号》说:"受命之君,天意之所予也。故号为天子者,宜视天为父,事天以孝道也。"《春秋繁露·楚庄王》说:"受命之君,天之所大显也。事父者承意,事君者仪志,事天亦然。"君王既已受天之命,则其所作所为就须符合天意,就像子承父意,臣受君命一样。受命之天子能否保住天命,则又在其德行。"天子命无常,唯命是德庆"(《春秋繁露·三代改制质文》),"故其德足以安乐民者,天予之;其恶足以贼害民者,天夺之"(《春秋繁露·尧舜不擅移汤武不专杀》),君主是为民而立的,如果其德行能够使民众安居乐业,上天就赋予其天命;其恶行残贼伤害民众,上天就会夺去其天命。显然,这是以民为本,用"天命"来对君王的意志进行限制。

　　汉武帝在策问中提出,只要累德行善,天下归心,就会召至天降祥瑞符命;反之,如若残贼百姓,人民离散,诸侯背叛,即会召至灾异。可见,灾异的出现乃是"天"对君王失道的一种警告,这就是"天谴说",是董仲舒在前人基础上提出的对君主的失道行为加以约束的一种思想。他认为,天是一种超人间的支配力量,君权由天授,但天生民为之立君,应是"以君随天",以天抑君,"屈君伸天"。"天之生民,非为王也;而天立王,以为民也"(《春秋繁露·尧舜不擅移汤武不专杀》),所以,"王者承天意以从事""欲有所为,宜求其于天"(《汉书·董仲舒传》),法天而行:"为人主者,法天之行,是故内深藏,所以为神;外博观,所以为明也;任群贤,所以为受成;乃不自劳于事,所以为尊也;泛爱群生,不以喜怒赏罚,所以为仁也。故为人主者,以无为为道,以不私为宝。立无为之位而乘备具之官,足不自动而相者导进,口不自言而摈者赞辞,心不自虑而群臣效当,故莫见其为之而功成矣。此人主所以法天之行。"(《春秋繁露·离合根》)君王要取象于天,把握天道,坚其阳刚,来进行其政治活动。如果君主失道,上天就会以灾异警诫君主:"刑罚不中则生邪气。邪气积于下,怨气蓄于上。上下不和,则阴阳缪盭而妖孽生矣。"(《汉书·董仲舒传》)上天先是降下来一些灾害提醒君主,使君主警觉,主动地加以改正和补救。"天地之物有不常之变者,谓之异,小者谓之灾。灾常先至而异乃随之"(《春秋繁露·必仁且智》),灾异是天地之间的变故,灾异的出现说明君主有失道之处。"天下和平,则灾害不生。今灾害生,见天下未和平也。天下所未和平者,天子之教化不政也"(《春秋繁露·郊语》),所以,君主一旦发现灾害,就主动检讨自己的行为,"救之以德,施之天下,则咎除。不救以德,不出三年,天当雨石"(《春秋繁露·五行变救》),如果君主无动于衷,不能救之以德,上天就会降下怪异来使他警戒恐惧。所谓怪异是指日食、月食、降雨石、山崩、地裂等,"国家将有失败之道,而天乃先出灾害以谴告之。不知自省,又出怪异以警惧之。尚不知变,而伤败乃至"(《汉书·董仲舒传》)"灾常先至而异乃随之。灾者,天之谴也;异者,天之威也。谴之而不知,乃畏之以威"(《春秋繁露·必仁且智》)。在这种情况下,君主应该忧惧、害怕,全面深刻地反省自己,检查自己治理国家的失误和过错,痛改前非,从"貌、言、视、听、思"各方面修省自己,调正治国理民之道。"五事:一曰貌,二曰言,三曰视,四曰听,五曰思,何谓也?夫五事者,人之所受命于天也,而王者所修而治民也"(《春秋繁露·五行五事》)。五事如有不当,就会引起五行的变化和四季的失常:"王者与臣无礼,貌不肃敬,则木不曲直,而夏多暴风。……王者言不从,则金不从革,而秋多霹雳。……王者视不明,则火不炎上,而秋多电。……王者听不聪,则水不润下,而春夏多暴雨。……王者心不能容,则稼穑不成,而秋多雷。"

(《春秋繁露·五行五事》)建元六年庙宇宫殿失火,他以《春秋》对武帝说:"《春秋》之道,举往以明来。是故天下有物,视《春秋》所举与同比者,精微眇以存其意,通伦类以贯其理,天地之变,国家之事,粲然皆见,亡所疑矣。"(《汉书·五行志》)并举《春秋》中宫观庙社遭火灾的类似事例,阐明其中所包含的上天惩戒的政治道德意味;然后转到当前的灾情上,指明时敝之所在,并顺势推出刷新政治的举措。所以,王充说:"董仲舒作道术之书,颇言灾异政治所失。"(《论衡·对作》)这样的思想后来被纳入了官方意识形态的法典——《白虎通》,其《灾变篇》云:"天所以有灾变何?所以谴告人君,觉悟其行,欲令悔过修德,深思虑也。"因此,"天谴说"以天道对统治者构成一定的威慑。

如何认识和评价以董仲舒为代表的汉儒言灾异?皮锡瑞说:"当时儒者以为人主至尊,无所畏惮,借天象以示儆,庶使其君有失德者犹知恐惧修省。此《春秋》以元统天、以天统君之义,亦《易》神道设教之旨。汉儒借此以匡正其主。其时人主方崇经术,重儒臣,故遇日食地震,必下诏罪己,或责免三公。虽未必能如周宣之遇灾而惧,侧身修行,尚有君臣交儆遗意。此亦汉时实行孔教之一证。后世不明此义,谓汉儒不应言灾异、引谶纬,于是天变不足畏之说出矣。近西法入中国,日食、星变皆可豫测,信之者以为不应附会灾祥。然则,孔子《春秋》所书日食、星变,岂无意乎?言非一端,义各有当,不得以今人之所见轻议古人也。"[2]69 在皮锡瑞看来,汉儒言灾异乃是以天人感应,"借天象"对君王失道的一种警告,使失德的君主知道恐惧,自我修省。后世有儒者以天人相分,遂言"天变不足畏",以及近代西来科学以为天象乃可以预测,与人世灾祥无关,其实是遗失了汉儒本意。"天谴说"尽管不是一种科学理论,但在当时君权至上的时代,以天灾来警告统治者的失职行为,在君权之上树立起天的权威,对肆无忌惮的皇权还是有一定的威慑和制约作用。因为"在董仲舒的观念中,《春秋》对既往灾异所蕴含的记录正是理解现时之天意的指南,而对君主来说,《春秋》作为天人交感的现实记载则是必不可少的参考书。君主倘若能结合灾异所蕴含的道德原理来思考《春秋》中的各种类似灾异,就能发现自己的道德过错的来源,修正自己的行为并最终保住天命"[17]。"天谴说"是董仲舒"为了给官僚们提供一种向皇帝进谏的精神武器,也是论证皇帝必须加强修身和为政以德的理由和根据"[18],对后世也产生了深远影响,历代帝王往往在灾异频发时会下"罪己诏"。据黄仁宇先生统计,在二十五史中约有二百六十份帝王的"罪己诏",主要是对灾异、政过的自我批评和反省。

董仲舒还提出"有道伐无道"的历史变革观。他认为,历史的变革,起支配作用的是道,有道之圣人伐无道之暴君,由此推动了历史的变革和发展,并将此称为天理。他说:"夏无道而殷伐之,殷无道而周伐之,周无道而秦伐之,秦无道而汉伐之。有道伐无道,此天理也,所从来久矣,宁能至汤、武而然耶?"(《春秋繁露·尧舜不擅移汤武不专杀》)这就是说,无道之君被有道之人所取代,是天经地义的事,其所从来已久,而不仅仅是汤、武所为。也就是说,"道"是历史发展的最高原则,社会变革的动因在于统治者是否有"道"。正因为夏桀王和殷纣王无道,被汤王和武王革其命;秦始皇无道,被汉所取代,完成了改朝换代的易姓革命。董仲舒以对民的态度来区分圣君和暴君,认为残害民众的桀、纣是"残贼""一夫",人人可得而诛之。汤、武讨伐之,是有道伐无道,这是顺天应人之举。可以看出,董仲舒以是否有道作为评判历史人物的标准,而不是以是否居于君主之位作为是非的标准。这与孟子盛赞"汤武革命"、荀子"从道不从君"的思想比较接近,体现了以儒家道统思想限制君权的基本出发点。

四、王道理想

《春秋繁露·王道》说:"五帝三王之治天下,不敢有君民之心。什一而税。教以爱,使以忠,敬长老,亲亲而尊尊,不夺民时,使民不过岁三日。民家给人足,无怨望忿怒之患,强弱之难,无谗贼妒疾之人。民修德而美好,被发衔哺而游,不慕富贵,耻恶不犯。父不哭子;兄不哭弟。毒虫不螫,猛兽不搏,抵虫不触。故天为之下甘露,朱草生,醴泉出,风雨时,嘉禾兴,凤凰麒麟游于郊。囹圄空虚,画衣裳而民不犯。四夷传译而朝。民情至朴而不文。郊天祀地,秩山川,以时至,封于泰山,禅于梁父。立明堂,宗祀先帝,以祖配天,天下诸侯各以其职来祭。贡土地所有,先以入宗庙,端冕盛服而后见先。德恩之报,奉先之应也。"这是说五帝三王没有凌驾民众之上之心,能够减轻赋税,不过分使用民力,不妨碍农业生产,实行教化,行王道之正,于是就出现了一系列吉祥美好的景象,借以来寄托他的王道理想。类似的《天人三策》也曰:

> 臣闻尧受命,以天下为忧,而未以位为乐也,故诛逐乱臣,务求贤圣,是以得舜、禹、稷、高、咎繇。众圣辅德,贤能佐职,教化大行,天下和洽,万民皆安仁乐谊,各得其宜,动作应礼,从容中道。故孔子曰"如有王者,必世而后仁",此之谓也。尧在位七十载,乃逊于位以禅虞舜。尧崩,天下不归尧子丹朱而归舜。舜知不可辟,乃即天子之位,以禹为相,因尧之辅佐,继其统业,是以垂拱无为而天下治。孔子曰:"《韶》尽美矣,又尽善(矣)。"此之谓也。(《汉书·

董仲舒传》)

这是通过尧、舜、禹三圣的德治仁政来体现自己所推崇的王道政治理想,是儒家一以贯之的思想。尧、舜、禹是孔子以来儒家心目中的古代圣王,不仅是最高的人格典范,也是政治理想的寄托。再往下董仲舒还对文王、武王、周公之治也心怀向往:"文王顺天理物,师用贤圣,是以闳夭、大颠、散宜生等亦聚于朝廷。爱施兆民,天下归之,故太公起海滨而即三公也。""臣闻圣王之治天下也,少则习之学,长则材诸位,爵禄以养其德,刑罚以威其恶,故民晓于礼谊而耻犯其上。武王行大谊,平残贼,周公作礼乐以文之,至于成康之隆,囹圄空虚四十余年,此亦教化之渐而仁谊之流,非独伤肌肤之效也。"(《汉书·董仲舒传》)文王顺天理物,师用贤能,爱施兆民,天下归之;武王伐纣平天下,周公作制礼作乐,出现了"天下安宁,刑错四十不用"的局面,史称成康之治,都是仁政的典范。

董仲舒盛赞古代的圣王之治,并不是为了发思古之幽情,而是有强烈的现实关怀和经世动机。他认为古今同样是一个天下,古代圣王能够使天下大治,如果以他们为标准衡量今天,为什么如此不同且有这样大的差距呢?难道说朝廷的大政方针同国情悖缪不符而朝政日坏,以致出现了今天这种局面?或者出现这种过失是因为违背了古时圣王的治国之道,有逾越常理的地方?假如对照今天的情况去考察古代圣王是怎样做的,再将考察结果与上天赐予的治国之道相比较,或者可以对上述问题有一个清楚的认识。这说明董仲舒有强烈的现实关怀,试图使汉武帝效法尧舜禹文武周公这些圣王,以"兴仁谊之休德,明帝王之法制,建太平之道也"(《汉书·董仲舒传》)。

参考文献

[1] 苏舆.春秋繁露义证[M].北京:中华书局,1992.

[2] 皮锡瑞.经学通论[M].北京:中华书局,1954.

[3] 徐复观.两汉思想史:第二卷[M].上海:华东师范大学出版社,2001.

[4] 金春峰.汉代思想史[M].北京:中国社会科学出版社,1997:204.

[5] 徐复观.两汉思想史:第三卷[M].上海:华东师范大学出版社,2001:261.

[6] 杨树达.春秋大义述[M].上海:上海古籍出版社,2013:187.

[7] 蒋庆.公羊学引论[M].沈阳:辽宁教育出版社,1995.

[8] 陈柱.公羊家哲学[M].台北:台湾中华书局股份有限公司,1980:7.

[9] 熊十力.原儒[M].北京:中国人民大学出版社,2006.

[10] 熊十力.读经示要[M].北京:中国人民大学出版社,2009:323.

[11] 康有为.春秋董氏学[M].北京:中华书局,1990:2-3.

[12] 李泽厚.中国古代思想史论[M].合肥:安徽文艺出版社,1994:151.

[13] 杨玉珍.试论董学对君主行为的规范作用[G]//河北省董仲舒研究会.董仲舒与儒学论丛:董仲舒学术思想国际研讨会论文集.石家庄:河北人民出版社,1996:257.

[14] 俞荣根.儒家法思想通论[M].南宁:广西人民出版社,1992:585.

[15] 朱汉民."屈民而伸君"与"屈君而伸天":董仲舒《春秋》大义的政治智慧[J].天津社会科学,2018(2):155-160.

[16] 余英时.中国思想传统的现代诠释[M].南京:江苏人民出版社,2003:80.

[17] 桂思卓.从编年史到经典:董仲舒的春秋诠释学[M].朱腾,译.北京:中国政法大学出版社,2010:265.

[18] 周桂钿.董学发微[M].北京:北京师范大学出版社,1989:61.

原载于《衡水学院学报》2020年第5期。

沟通天命：董仲舒对儒家神圣性与超越性根基的再植

梁世和

(河北省社会科学院 哲学研究所,河北 石家庄 050000)

[摘 要] "绝地天通"之后中国文化朝人文化、理性化、人间化方向发展,对神性的关注逐渐淡化。董仲舒天人之学的建立,将"绝地天通"以来天人分离的状态,拉回到天人相合的轨道,重新建立起儒学对天的信仰,开启了儒学的神学时代。董仲舒的"天人合一"是"神人合一",祭祀活动是沟通天命的重要礼仪,是儒家神圣性的体现。董仲舒试图通过祭祀行为,将至上之"天"以及神圣性、超越性的理念,再度植根于儒学及儒者的心灵,其所留下的精神遗产,在当今重建儒学的过程中需要被认真对待。

[关键词] 董仲舒;绝地天通;天;天人合一;天命;儒家;祭祀

一

"绝地天通"是中国上古思想史上的重大事件,最早的文献记载是《尚书·吕刑》:"乃命重、黎,绝地天通,罔有降格。"孔安国传曰:"重即羲,黎即和。尧命羲、和,世掌天地四时之官,使人神不扰,各得其序,是谓绝地天通。言天神无有降地,地民不至于天,明不相干。"孔颖达疏曰:"三苗乱德,民神杂扰。帝尧既诛苗民,乃命重黎二氏,使绝天地相通,令民神不杂。于是天神无有下至地,地民无有上至天,

---

[作者简介] 梁世和(1966—),男,天津人,研究员。

言天神地民不相杂也。"[1]539 上文所说"重""黎"是人名,帝尧命他俩分管天地,断绝了上天和人间的往来,天神不再降临。这一事件使得天地分离,人神相隔。孔安国和孔颖达的注疏都指出,在绝地天通之前,是民神杂扰和乱德的状态,后来帝尧整顿人间秩序,绝地天通,使民神不扰,各得其所。实质上,这是一个由天人合一走向天人分离时代的巨大转变。

"绝地天通"事件自《尚书·吕刑》提出后,由于文字简约,但又意义重大,从春秋时代的《国语·楚语》就开始对其内涵进行解读,直到今天人们仍然在尝试各种新的解读,可谓众说纷纭[2]。本文不纠缠这些纷争,只关注这一事件在中国思想史上的影响,那就是这一事件成为天人关系的分水岭,自此以后中国历史开始走向天人隔绝时期。"绝地天通"的根本原因是"三苗乱德,民神杂扰"。《尚书·吕刑》从立法角度记述说,由于蚩尤作乱,致使三苗之民,风气大坏,互相攻击杀害,傲慢、邪恶、作乱,无所不为,蚩尤就用五种虐刑管制民众,不管有罪无罪,滥用酷刑,苗民则互相欺诈,没有忠信,背叛誓约。帝尧看到苗民没有美德、蚩尤滥施暴行的乱象,便灭绝了恶人,使他们没有后代留在人间,并断绝了人间与天上的沟通。其起因是"乱德",结果是人神分离。

"绝地天通"之后,天地分开,人神不扰。天地人神分离是现存秩序的巨大转变,旧的"民神杂扰"秩序解体了,新的人间秩序需要重新建立。于是,尧帝"乃命羲、和,钦若昊天,历象日月星辰,敬授人时"。马融解释说:"羲氏掌天官,和氏掌地官,四子掌四时。"[1]28 尧帝命令羲氏掌握天,和氏掌握地,四子即羲氏与和氏的后人羲仲、羲叔、和仲、和叔,分别掌握春夏秋冬四时。他们观察日月星辰的规律,制定历法,将天时节令传授给百姓,然后据此规定百官的职守,各种事情便都兴起来了。人间秩序的建设,尧帝首先由时空秩序的建立开始,杨儒宾甚至将此重要性比拟为康德哲学中的先验范畴[3]。在康德哲学中,空间和时间是感性直观形式,是认识成立的逻辑前提和先决条件。正是在此时空秩序确立的基础上,中华礼乐文明建设才逐渐展开,文明秩序得以建立。因此,"绝地天通"事件确实可以称为中华文化和思想的起点。此后,中国文化的演进基本是朝向人文化、理性化、人间化的方向发展,对神性的关注则逐渐淡化。陈来说:"儒家注重文化教养,以求在道德上超离野蛮状态,强调控制情感、保持仪节风度、注重举止合宜,而排斥巫术,这样一种理性化的思想体系是中国文化史漫长演进的结果。它是由夏以前的巫觋文化发展为祭祀文化,又由祭祀文化的殷商高峰而发展为周代的礼乐文化,才最终产生形成。"[4]三代以来,中国文化由巫觋文化向祭祀文化,再向礼乐文化演进,而西周礼乐文化成为孔子思想的重要基础,这是中国文化向人文化发展的巨大成果,与此相应的是,东周以来对"天"的信仰却如同周天子地位一样不断衰落。

天是儒者的信仰根基,"知天命""通天道"是儒者的永恒追求。《法言·君子》曰:"通天、地、人曰儒。"可见,通达天、地、人之道是儒者的基本要求。在孔子看来,天是自然界和人间的最高主宰,是人类祈祷和敬畏的对象。孔子说"唯天为大"(《论语·尧曰》),要"畏天命"(《论语·季氏》),并称"获罪于天,无所祷也"(《论语·八佾》)。孔子还认为天命是人类德行的来源:"天生德于予。"(《论语·述而》)而且,人与天是可以相互沟通的,人可以了解天赋予人的使命,天也知道人的内心,所以孔子说"知我者其天乎"(《论语·宪问》)。人与天的这种相互沟通就是"上达天命"的状态。孔子讲"五十而知天命"(《论语·为政》),说自己五十岁时领悟了上天赋予的使命。"天下之无道也久矣,天将以夫子为木铎"(《论语·八佾》),木铎是金口木舌的铜铃,是人与神沟通的媒介。上天选中孔子来教化百姓,以正道来纠正无道,说明"天"也始终关注着人间。这里,孔子是沟通天人的使者,是传达天命、警示众人的先知。"知天命""通天道"是对儒者的基本要求,苏轼说:"君子而不通天道则无以助民而合其居矣。"[5]如果不能通天道,便无以帮助百姓,就丧失了儒者的资格,不能成为君子。

"绝地天通"的结果是皇权垄断了通天的权力,使一般儒者丧失了获悉天命的渠道,而且由于久于切近人事,疏于天道,渐渐不复知天。为此,孔子提出"下学而上达"的沟通天命的方法。孔安国注曰:"下学人事,上知天命。"皇侃疏曰:"下学,学人事。上达,达天命。"[6]即借由下学人事的活动,而最终上达天命。孟子则遵循尽心、知性、知天的路径,以求上达天命。孔孟都在寻求获悉天命的方法,但对于这种方法的普遍性,明代著名思想家李贽表示了强烈的质疑和批评。他在《批下学上达语》一文中说:"上达者,圣人之所独。"此外"能上达者其谁也?"[7]137-138 认为能上达天命的只有圣人孔子,即使是孔子最赞许的学生颜回也一样无从上达。甚至他也怀疑孔子,说"圣人有所不知""圣人有所不能"。因此,在李贽看来"知天命""通天道"对于一般人来说完全是不可能的事情。李贽还直接否定了下学上达的沟通天命方法,称"下学自是下学,上达自是上达"[7]138,认为下学与上达是两件事,无法由下学而上达。实际上,他所质疑的问题实质是:既然天人悬隔,天人沟通何以可能?天人沟通的基础或中介是什么?

二

"绝地天通"以来天人分离,一改过去人神杂糅,"相与听于神,祭其非鬼"[8]的混乱局面,夏商周三代积极进行人间秩序的建构,人间秩序向着理性人文的方向发展,建立起非常成熟的早期人类文明。西周末期社会秩序逐渐败坏,孔子常感叹礼崩乐坏,民众手足无措,儒者认识到至上之"天"的重要性,对沟通天命、获知天道的愿望越来越强烈。孔子之后三百多年,董仲舒天人之学建立,将"绝地天通"以来天人分离的状态,拉回到天人相合的轨道上来,重新建立起儒学对天的信仰。董仲舒继承并强化了孔子对天的信仰,开启了儒学的新时代——神学时代①。这一时代,从董仲舒的西汉时期开始,一直到唐代,绵延近千年之久。

董仲舒的思想直接影响了后来的纬书,两者思想一脉相承,四库馆臣甚至将《春秋繁露》视为纬书②。纬书广泛流传,成为汉代思想的基础,在东汉的地位甚至超过了经书。纬书以阴阳五行学说来解释儒家经典,使儒家思想在内在神秘方向上得到了发展。郑玄作为今古文经学的集大成者,非常信奉纬书思想,他结合纬书思想解释经书,被日本学者安居香山认为正是郑玄的伟大之处[9]31。儒家思想的这一神秘倾向常常被当作迷信,从而被忽视与否定③,但安居香山指出:"纬书既不是迷信,也不是异端,而是了不起的儒教思想流派。"[9]10 简单地将纬书、谶纬视为迷信和堕落是不公平的,实际上,这是人类认知世界的一个重要向度。现在有越来越多的学者们认识到,儒家思想的神学化不是退化和堕落,反而是主动扩展自己领地的表现,从而使儒家能够取代其他思想学说,最终脱颖而出[10]4。由董仲舒开启的这样一种儒学新时代,在学术思想上的巨大影响一直延续到宋代理学的出现,才逐渐沉寂下去。

董仲舒在回答汉武帝的策问中提出了自己的天人之学理论。他说:"臣谨案《春秋》之中,视前世已行之事,以观天人相与之际,甚可畏也。"(《汉书·董仲舒传》)为什么观天人相与之际,董仲舒会觉得"甚可畏也"呢?因为"与天同者大治,与天异者大乱"(《春秋繁露·阴阳义》),一旦"与天异"就会导致国家大乱,所以追求和保持"与天同"才是国家的长治久安之道。董仲舒在此基础上,提出了"天人合一"的命题:"事各顺于名,名各顺于天。天人之际,合而为一。"(《春秋繁露·深察名号》)董仲舒认为,"名"是圣人对天意的表达,一切事情都依着名而行,就是顺

---

① 孙英刚称之为神文主义时代,借此强调与人文主义相对应。参见孙英刚《神文时代:谶纬、术数与中古政治研究》(上海古籍出版社2015年版)。
② 《四库全书总目提要·卷六·经部六》《易纬·坤灵图》条目曰:"如伏生《尚书大传》、董仲舒《春秋阴阳》,核其文体,即是纬书。"
③ 在港台学术界有很大影响的劳思光先生,就断言"纬书思想至为荒谬"。见劳思光《新编中国哲学史》(第二卷)(广西师范大学出版社2005年版,第21页)。

从天意,天意和人事也就合而为一了。他又说:"天亦有喜怒之气、哀乐之心,与人相副。以类合之,天人一也。"(《春秋繁露·阴阳义》)天和人一样都有喜怒之气、哀乐之心,从这个意义上说,天人是一致的。这是董仲舒对"天人合一"的主要表述,但由于后人对"天""合一"的解释众说纷纭,使得董仲舒"天人合一"的内涵仍然需要加以辨析和澄清。

对于董仲舒"天"的观念,研究者虽然存在一定分歧,但大体上认可主宰之天、自然之天、道德之天三种意涵的概括。关于主宰之天,董仲舒认为"天"是创造和主宰万物的至高无上的人格神。如他说:"天者,百神之大君也。"(《春秋繁露·郊语》)"天者万物之祖,万物非天不生。"(《春秋繁露·顺命》)"人生于天,而化取于天。"(《春秋繁露·王道通三》)关于自然之天,董仲舒指出:"天有十端,十端而止已。天为一端,地为一端,阴为一端,阳为一端,火为一端,金为一端,木为一端,水为一端,土为一端,人为一端,凡十端而毕,天之数也。"(《春秋繁露·官制象天》)董仲舒认为广义的"天",包括天、地、阴、阳、木、火、土、金、水、人,共十个方面;狭义的"天",则是这十者之一,但这里无论是广义还是狭义的"天",都具有物质性的特征。关于道德之天,董仲舒说:"仁之美者在于天。天,仁也。"(《春秋繁露·王道通三》)亦即"天"的道德准则就是"仁"。

这三种"天"之间是什么关系,论者有非常多的解释,有的干脆认为是董仲舒自身思想的矛盾和混乱。分析这三种"天",实际上只有"主宰之天"和"自然之天"是两种对等的终极存在,前者是一种精神实在,后者则是一种物质实在。所谓"道德之天"的说法是不成立的,其"道德"只能依附于精神主体,是"主宰之天"的一种属性,它自身并非一种主体实在。对于"主宰之天"和"自然之天",如果承认万物主宰的存在,则"主宰之天"自然高于一切,其他只能是主宰者的不同显现,所以"自然之天"实质是"主宰之天"的外化,是其延展特性的表现。在董仲舒那里,"天"始终是至高无上的主宰者,是万事万物和价值理念的最高主宰,是自然的主宰,也是人类的主宰。

董仲舒"天"的概念既已澄清,纷纷扰扰的"天人合一"的难题也就迎刃而解了。由于现代环保主义的兴起,"天人合一"常被理解为人与自然的合一,"天"由此成为自然之天,人们希望借此解决人和自然之间的矛盾,甚至认为"天人合一方能拯救人类"[11],但这并不符合"天人合一"的原始含义。李申教授称他在《四库全书》中找到二百多条明确表述"天人合一"的材料,但没有一条是表达"人与自然合一"的内容[12]1。他说,天人关系"在古人心目中,它本来乃是神与人的关系"[12]3。

另外,从人的生命境界提升来看,人的生命境界总是由物质向精神,再向超越界,向灵魂、灵性不断提升的过程。人是有限的存在,而有限是痛苦之源,因此人总是渴望超越自我的限制,融入无限,而万物的主宰者、至上之"天"是无限的,是超越的存在,所以人才会寻求与天合一。这种情况下,"天"不可能是"自然之天""物质之天",因为人生命境界的提升首先就要超越物质、身体的层面。对此,黎建球教授有很好的解释,他说:"人的生活的发展,是从物质生活逐渐往精神生活发展的。所以,如果天只是一个物质的话,那么,人与其合一就失去了意义,所以天不能是一个物质的东西。那么,天有没有可能是物质与精神参半的东西呢?也不可能,因为如果天是一个精神与物质参半东西的话,那么,在某一种意义上来说,天还可能不如人呢!那人又何必与其合一呢?我们从来没有听说过人与动物合一的故事,这是因为人性往上升的原因,所以天必然是一个纯粹的精神体,只有是一个纯粹的精神体,才是人所向往的对象,也因为天是一个纯粹的精神体,所以它具有人格的意义,具有真、善、美及正义的概念。"[13]

无论是从历史文献对"天人合一"的记载,还是从现实的人的生命境界提升来看,在董仲舒的世界里,所谓"天人合一"就是"神人合一","天"就是至上的人格神。"绝地天通"把神人分离,董仲舒则是要神人相合,使天人得以沟通,与"绝地天通"正好是反向运动。因此,董仲舒"天人合一"的"天"当然就是"绝地天通"的"天",即主宰之天,故"天人合一"必然是"神人合一"。

后世理学家,如程颢所谓:"仁者,以天地万物为一体,莫非己也。"[14]朱熹所谓:"盖天地万物本吾一体。"[15]王阳明所谓:"大人者,以天地万物为一体者也。"[16]这里的"天"皆指自然之天,现代人把这种人与天地万物为一体的说法也称为"天人合一",混淆了"天人合一"的本真含义。"天人合一"实为"神人合一",其目的是天人沟通,以"知天命"。而所谓人与天地万物一体,则是追求合二为一,其实质是将人消融于自然之天,所以两种理念之间有本质的不同。

"天人合一"的实质是天人沟通,那么,天人沟通何以可能?又如何实现天人沟通,进而"知天命""通天道"呢?董仲舒有一整套自己的理论和方法,他说:"天有阴阳,人亦有阴阳,天地之阴气起,而人之阴气应之而起。人之阴气起,而天地之阴气亦宜应之而起,其道一也。"(《春秋繁露·同类相召》)"人之人本于天,天亦人之曾祖父也,此人之所以乃上类天也。人之形体,化天数而成;人之血气,化天志而仁;人之德行,化天理而义。人之好恶,化天之暖清;人之喜怒,化天之寒暑;人之受命,化天之四时。人生有喜怒哀乐之答,春秋冬夏之类也。喜,春之答也;怒,秋之答也;乐,夏之答也;哀,冬之答也。天之副在乎人。人之情性有由天者矣。"(《春秋繁露·为人者天》)在董仲舒看来,人是天的副本,人的构造和性情都与天相类似,正因为天人有相似处,天人之间才可能产生感应,也正因为天人可以互相感应,才有天人合德的可能。董仲舒说:"天人之际,合而为一。同而通理,动而相益,顺而相受,谓之德道。"(《春秋繁露·深察名号》)苏舆注:"德道,犹道德。"[17]天与人同类相通,动起来相互补益,随顺起来互相承受,董仲舒称此为道德。"天人合德"实际上是"天人合一"的意涵之一。因着天人相类、天人相副,会有"天人感应",又因"天人感应",而有"天人合德",再进一步走向全面的"天人合一"。这是董仲舒"天人合一"理念的实现基础和基本路径。

三

"天"是儒家思想的终极实在、终极本体,是儒学神圣性和超越性的根基。董仲舒非常懂得"天"为儒学之根本,因此他的理论力图重建儒学对"天"的信仰,重铸"天"至高无上的地位,使儒者成为"知天命""通天道"的君子,成为代天立言的精神领袖,成为像孔子一样教化和警示世人的木铎。

董仲舒认为,神圣而超越之"天"是治国理政的出发点。"体国之道,在于尊神。尊者,所以奉其政也;神者,所以就其化也,故不尊不畏,不神不化"(《春秋繁露·立元神》)。治理国家的道理,就在于崇高和神圣。崇高,是用来侍奉国政的;神圣,是用来成就教化的。不崇高就不能令人敬畏,不神圣就不能教化他人。

董仲舒非常强调对"天"的敬畏,他说:"天之不可不畏敬,犹主上之不可不谨事,不谨事主,其祸来至显,不畏敬天,其殃来至闇,闇者不见其端,若自然也。"(《春秋繁露·郊语》)敬畏"天"要像侍奉君主一样谨慎。侍奉君主不谨慎,惩罚来得非常直接明显;不敬畏"天"所引起的灾祸,虽然没有什么征兆,自然而然发生,但其灾祸降至人身上却是一样可怕。"敬畏"于人而言是十分必要的。德国神学家、哲学家鲁道夫·奥托在其名作《论神圣》①一书多次引用《浮士德》中的话:"敬畏是人性中最好的部分,无论世人多么蔑视此种感受,禀有它,就会彻悟到非常之事。"②奥托认为人不应该自大,而应在敬畏和谦卑之中,努力倾听更高存在的声音,以获得领悟。克尔凯郭尔《恐惧与颤栗》称"唯不安者才得安宁"[18],所表达的

---

① 有译本作《神圣者的观念》(中国社会科学出版社2009年版)。
② 引自奥托《论神圣》(四川人民出版社1995年版,第48页)。这段话出自《浮士德》第二部第一幕的第二场"阴暗的走廊"部分,不同译本的翻译略有不同。

是同样的意涵,其所言"不安"正是一种敬畏的状态。所谓"知天命"便是在敬畏状态之下,领悟到的"非常之事"。"天命"是上天赋予人的使命,人在获知自己的使命之后,便会获得安宁与勇气。可见,敬畏乃是人沟通天命的重要条件。孔子极言敬畏之重要,曰:"君子有三畏:畏天命,畏大人,畏圣人之言。小人不知天命而不畏也,狎大人,侮圣人之言。"(《论语·季氏》)那么,敬畏是一种什么状态?又如何做到"敬畏"呢?朱熹说:"敬,只是一个'畏'字。"[19]211 又说:"然敬有甚物?只如'畏'字相似。不是块然兀坐,耳无闻,目无见,全不省事之谓。只收敛身心,整齐纯一,不恁地放纵,便是敬。"[19]208 朱子指出,敬畏不仅是一种畏惧状态,关键是要在"收敛身心"的状态下,耳有闻,目有见,并能省思所见所闻。所以,敬畏看似消极被动,实则是一种非常积极的身心状态。

董仲舒在理论上论证了天人沟通何以可能,指出了"天人合一"的实现基础和基本路径。但如何具体落实这一理念,实现"天人合一"呢?董仲舒给出的实践方式就是祭祀。重视祭祀历来是中国宗教的一大特征。祭祀是向上天、圣贤和祖先表达崇敬、沟通天命的一种礼仪活动,是儒家神圣性的重要表现。儒家最重要的祭祀活动是祭天,即郊祭。董仲舒所云"郊祀致敬"(《春秋繁露·立元神》),亦即祭祀上天以表达敬意。其次是祭祀祖先,即宗庙祭祀。王者要每年郊祭一次,宗庙祭祀四次。董仲舒云:"水者冬,藏至阴也,宗庙祭祀之始,敬四时之祭。"(《春秋繁露·五行顺逆》)宗庙祭祀从冬季开始,董仲舒要求重视春夏秋冬四时的宗庙祭祀。关于祭天的重要性,董仲舒说:"郊礼者,人所最甚重也。……天者,百神之大君也,事天不备,虽百神犹无益也。"(《春秋繁露·郊语》)君王必须亲自参加祭天活动,董仲舒引孔子语"获罪于天,无所祷也",以告诫君王不重视祭天,获罪上天的严重性,甚至不能以父母之丧而废祭天之礼,而且即使民间有饥困也不能为了节俭而废弃祭礼。关于祭祀的意义和目的,董仲舒在《春秋繁露·祭义》中有集中的论述:

> 五谷食物之性也,天之所以为人赐也,宗庙上四时之所成,受赐而荐之宗庙,敬之至也。……奉四时所受于天者而上之,为上祭,贵天赐且尊宗庙也。……故君子未尝不食新,天新赐至,必先荐之,乃敢食之,尊天敬宗庙之心也。尊天,美义也,敬宗庙,大礼也。圣人之所谨也,不多而欲洁清,不贪数而欲恭敬。君子之祭也,躬亲之,致其中心之诚,尽敬洁之道,以接至尊,故鬼享之,享之如此,乃可谓之能祭。祭者,察也,以善逮鬼神之谓也,善乃逮不可闻见者,故谓之察。吾以名之所享,故祭之不虚,安所可察哉!祭之为言际也与,祭然

> 后能见不见,见不见之见者,然后知天命鬼神,知天命鬼神,然后明祭之意,明祭之意,乃知重祭事。孔子曰:"吾不与祭,如不祭。祭神如神在。"重祭事如事生,故圣人于鬼神也,畏之而不敢欺也,信之而不独任,事之而不专恃。恃其公,报有德也;幸其不私,与人福也。其见于《诗》曰:"嗟尔君子,毋恒安息。静共尔位,好是正直。神之听之,介尔景福。"正直者,得福也;不正直者,不得福,此其法也。

这段文字表达了如下一些含义:第一,祭祀是向上天和祖先表达恭敬。五谷食物都是上天赐给人类的,因此在宗庙献祭是对上天赐予的重视和恭敬的心意。第二,祭祀的原则。要小心谨慎地处理祭祀的事情,祭品不在多,而在洁净,祭祀不在频繁,而在态度恭敬。君子祭祀一定要躬亲,要心中至诚,竭力做到洁净和恭敬,以迎接尊贵的神灵,这样神灵才会享用祭品。只有神灵享用祭品,才可以叫作懂得祭祀。第三,祭祀的目的在于"知天命""知鬼神"。只有在祭祀中才能见到不可见的神灵,从而获知天命,然后才知祭祀的意义,真正懂得祭祀之重要。第四,侍神得福。因神明是公正的,会报答有德的人,又因其是无私的,会赐福正直的人,不正直的人则不得福。

《说文解字》曰:"礼,履也,所以事神而致福也。"这就是说,"礼"本义是指人所当践履的祭礼,以礼敬神,祭神求福。需要注意的是,礼仪与礼节不同,礼仪不只是一种形式,而且是内容本身,礼节是表达的方式。礼仪需要通过礼节来表达,礼仪是必需的,礼节则可以有不同的表达方式。祭祀礼仪的本质在于天人沟通,目的在于"知天命""达天道",同时有限的"人"借着与无限的"天"合一而被净化,因而是一个神圣化的过程。

"天"作为神圣性与超越性的儒家信仰对象,自"绝地天通"以来,仅存在于帝王的祭祀活动中,与普通人越来越隔绝,越来越疏远。儒者只知道尊崇"天子",匍匐在"天子"脚下,却忘了至高无上的"天"。董仲舒将"天"重新拉回人间,使其再度成为人们信念的根基和所有价值的根源。他以天人相类、天人感应、五德终始、阴阳五行等理论所建构起的思想体系,通过"祥瑞"和"灾异"来进行预测和预言,又通过祭祀行为将至上之"天"以及神圣性、超越性的理念,再度植根于儒学及儒者的心灵。这一切常被今人视为迷信荒唐,但古人却是严肃认真、坚信不疑的,是被士大夫和普通民众所广泛接受的,绝非自欺欺人之意。黄宗羲就曾痛批那些认为神明是虚妄的论调是邪论,他说:"古者设为郊祀之礼,岂真徒为故事而来格来享,听其不可知乎?是必有真实不虚者存乎期间,恶得以理之一虚言之耶?"[20]他认为祭祀的对象是"真实不虚"的,反对理学家以"虚言"之"理"取代神圣之"天"。有学者认为,董仲舒这样一种理论是"一种神圣的知识"[10]16,"在当时的历史背景下,这是最为理性和复杂的政治学说,相比同时的西方,要完善和系统得多"[10]18,"如果要真切体会古人的思想和行动,必须去除现代知识的傲慢"[10]21。

唐代之后,儒学受佛学思辨性和心性化的影响,吸收佛、道思想构建内在形上本体,以"理"取代"天"成为儒学的核心概念,形成了新儒学——宋明理学。宋明理学与外在超越的至上之"天"再度疏远,虽亦曰"天理",但与"天"却有实质的不同,孔子曰:"丘之祷久矣!"(《论语·述而》)人会向人格神的"天"祈祷,但没有人会向"天理"或"理"祈祷。所以,宋明理学使儒学向内,向心性化方向发展,与董仲舒以来一千多年的儒学历史,走向了完全不同的道路。

"无法无天"一词指人们目无法纪,不顾天理,肆无忌惮地干坏事,因此是非常糟糕的社会状态,但"有法无天"也不理想。至上之"天"作为神圣性与超越性之根基,是良知、道德、敬畏产生之源,是"法"得以良好执行和运转的保障,没有"天"的约束和引领,良知、道德、敬畏便会迷失和泯灭。所以,无"天"之儒学,不得不说是背离了儒学的根本。董仲舒天人之学所留下的精神遗产,在今天重建儒学的过程中,确实需要认真对待。

参考文献

[1] 李学勤. 尚书正义[M]. 北京:北京大学出版社,1999:539.

[2] 王小盾. "绝地天通"天学解[J]. 中华文史论丛,2016(3):1-33.

[3] 杨儒宾. 绝地天通:人如何出现于历史的——台湾清华大学杨儒宾教授在中山大学作讲座[EB/OL]. [2019-04-23]. http://www.cssn.cn/zhx/zx_lgsf/201809/t20180914_4560846.shtml.

[4] 陈来. 古代宗教与伦理[M]. 北京:生活·读书·新知三联书店,1996:10.

[5] 石磊. 儒教天道观[M]. 北京:国家图书馆出版社,2010:56.

[6] 程树德. 论语集释:三[M]. 北京:中华书局,1990:1020.

[7] 李贽. 焚书·续焚书[M]. 长沙:岳麓书社,1990.

[8] 蔡沈. 书经集传[M]. 影印本. 北京:中国书店,1985:133.

[9] 安居香山. 纬书与中国神秘思想[M]. 田人隆,译. 石家庄:河北人民出版社,1991.

[10] 孙英刚. 神文时代:谶纬、术数与中古政治研究[M]. 上海:上海古籍出版社,2015.

[11] 季羡林. "天人合一"方能拯救人类[J]. 哲学动态,1994(2):36,27.

[12] 李申. 天人合一说[M]. 北京:国家图书馆出版社,2013.

[13] 黎建球. 人生哲学[M]. 台北:三民书局,1984:462-463.

[14] 程颢,程颐. 二程集:上[M]. 北京:中华书局,1981:15.

[15] 朱熹.四书集注[M].长沙:岳麓书社,1987:26.
[16] 王阳明.王阳明全集:第三册[M].杭州:浙江古籍出版社,2011:1015.
[17] 苏舆.春秋繁露义证[M].北京:中华书局,1992:288.
[18] 克尔凯郭尔.恐惧与颤栗[M].刘继,译.贵阳:贵州人民出版社,1994:3.
[19] 朱熹.朱子语类:一[M].北京:中华书局,1994.
[20] 黄宗羲.黄宗羲全集:第一册[M].杭州:浙江古籍出版社,1985:195.

原载于《衡水学院学报》2020年第5期。

董仲舒与"罢黜百家,独尊儒术"关系新探

秦进才

(河北师范大学 历史文化学院,河北 石家庄 050024)

[摘 要] 1910年,蔡元培提出"罢黜百家,独尊儒术"的说法。1916年,易白沙论述了"罢黜百家,独尊儒术"的董仲舒,其后逐渐形成了董仲舒与"罢黜百家、独尊儒术"的关系问题。从对策时间看,董仲舒并非"罢黜百家,独尊儒术"的首倡者。从内容方面看,董仲舒主张大一统,尊崇六艺之科、孔子之术与"独尊儒术"并不相等。从源流方面看,易白沙所言"罢黜百家,独尊儒术"的董仲舒并非真实的董仲舒。从历史实际看,董仲舒著述中,无"罢黜百家,独尊儒术"的论述,董仲舒也无权实现"罢黜百家,独尊儒术"。六经是诸子百家共同的文化资源,汉武帝"表章六经",尊崇经学,不是"独尊儒术"。总之,于情于理"罢黜百家,独尊儒术"都与董仲舒无关。

[关键词] 董仲舒;罢黜百家,独尊儒术;易白沙;六经

董仲舒与"罢黜百家,独尊儒术"的关系,是一个新文化运动以来的老问题,董仲舒受到了一些政治家、学者的批评。改革开放以来,既因为"罢黜百家、独尊儒术",董仲舒历史地位和影响得到了积极肯定[1-4],又因此而受到了批评[5-6],有些学者认为,

---

[基金项目] 国家社会科学基金重大项目"董仲舒传世文献考辨与历代注疏研究"(19ZDA027)
[作者简介] 秦进才(1953—),男,河北衡水人,教授,博士生导师,历史学博士,衡水学院特聘教授。

既要承认"罢黜百家,独尊儒术"曾经发挥的积极作用,也要看到它的消极影响①。有些学者发表了不同意见②。笔者试在前贤的基础上,对董仲舒与"罢黜百家、独尊儒术"的关系稍做探讨,以抛砖引玉。

一、董仲舒不是"罢黜百家,独尊儒术"的首倡者

宋元以来,有些学者从怀疑卫绾无能力奏请罢黜百家着眼,认为罢黜百家发自董仲舒。宋真德秀认为:丞相卫绾奏请,"质之本传,则仲舒实发之"[7]。元马端临引先公曰:"此行仲舒之言也,卫绾特使之书奏耳!建白大义岂绾所能辨哉?"③也认为卫绾奏请是董仲舒的言论。近人钱穆认为:"考卫绾为人,醇谨无他长。惟以敦厚见赏于文景两帝。何以少主初政,即突发此惊人之议。且其事并不著于绾之本传,而惟于《武纪》见之。又其年六月,绾即以不任职罢免。可知其议发动,实不在绾。或谓是年所举贤良,董仲舒亦预其列。罢申韩云云,其议实发自仲舒。"④钱穆继承了前人的看法,做了细致的论述。上述诸说认为罢黜百家发自董仲舒大一统的建议,这种说法不可靠,笔者已做辨证[8],在此不赘述。

(一)元光元年,董仲舒对策的时间

翦伯赞认为:"儒家的独尊,不但由董仲舒首倡其议,而且新儒学的思想内容,也由他奠立基石。"[9]李玲崧的《"罢黜百家,独尊儒术"语主考辨》认为:"罢黜百家,独尊儒术"最早应是由董仲舒提出来的[10]。有的学者认为董仲舒是"罢黜百家,独尊儒术"的创始人等。

翦伯赞、李玲崧说法虽然持之有故,但直接涉及董仲舒对策的年代。而董仲舒对策的年代,《史记》未有确切记载,《汉书》的《武帝纪》与《公孙弘传》记载有矛

---

① 金春峰著《汉代思想史(修订增补第四版)》第五章认为:从政治上看,"'罢黜百家,独尊儒术',有利于巩固中央集权的大统一局面,削弱和打击地方割据势力的分裂活动"(中国社会科学出版社2018年版,第168页)。"从与百家争鸣的关系看,'罢黜百家,独尊儒术'不是'百家争鸣'结束的原因,而恰恰是它的结果"(第169页)。"'罢黜百家,独尊儒术'对发展文化学术的作用是两重性的。一方面,儒是一种学说,一种思想。从这方面说,尊儒是以儒家的思想作为社会的统治思想,有钳制学术、思想的作用。另一方面,'儒以六艺教民',儒又是教师爷,各类学校的主办者,并保存和代表着封建文化的典籍。因此,尊儒又是提倡文化教育,提高知识分子在社会的地位和作用的表现"(第170页)。视野开阔,思考细致。

② 如余治平《独尊儒术;并不因为董仲舒——纠正一种流传广泛而久远的误解》(《湘潭大学学报(哲学社会科学版)》2004年第3期)。有些学者先后也说过与此相同的意见,不再一一罗列。

③ (元)马端临撰《文献通考》卷三三《选举六·贤良方正》(中华书局1986年版,第310页)"先公曰",即马端临之父马廷鸾的说法。

④ 钱穆著《秦汉史》(生活·读书·新知三联书店2004年版,第88页)。与此相同的看法,又见钱穆著《两汉经学今古文平议》(商务印书馆2001年版,第195页)中的《两汉博士家法考》。

盾;《董仲舒传》收录《天人三策》而未明确其年代。但董仲舒对策年代,直接关系着一些制度的产生与发展,关系着对于董仲舒的评价,关系着对于所谓"罢黜百家,独尊儒术"的评价。因此,宋朝以来,学者们多有探讨,至少形成了八种说法:宋司马光的建元元年(前140年)说、清齐召南的建元五年说、宋王益之的元光元年(前134年)二月说、宋洪迈的元光元年五月说、石冬煤的元光二年十月说、戴君仁的元光二年至四年说、刘国民的元光五年说、苏诚鉴的元朔五年(前124年)说①等。诸说都以《史记》《汉书》为依据,而《史记》《汉书》两书记载相互矛盾。《汉书》本身纪、传记载相异自相矛盾,因立论都有根据,又难免有牵强附会寻找理由、千方百计弥补漏洞的弊端。笔者以《春秋繁露·止雨》中的"二十一年八月甲申朔,丙午,江都相仲舒告内史、中尉:阴雨太久,恐伤五谷,趣止雨"与《史记》《汉书》相互证明,认为《春秋繁露·止雨》篇的江都易王二十一年的纪年为元光元年说提供了有力的支撑,从而否定或限制了其他说法[11]。

(二) 董仲舒建议是对立五经博士内涵的阐释

按董仲舒元光元年对策时间来说,汉高祖时,陆贾主张"表定六艺,以重儒术"[12],是西汉尊崇六经的先行者。建元元年十月,汉武帝诏令丞相、御史、列侯、中二千石、二千石、诸侯相举贤良方正直言极谏之士。丞相卫绾上奏:"所举贤良,或治申、商、韩非、苏秦、张仪之言,乱国政,请皆罢。"[13]155-156汉武帝批准,是实施罢黜百家措施的开端[8]。建元二年,赵绾、王臧隆儒失败自杀。建元五年春,"置《五经》博士"②,是表章五经的重要举措,是走出诸子互黜相非困局的关键步骤,也是汉代经学形成的标志。建元六年,"窦太后崩,武安君田蚡为丞相,黜黄老、刑名百家之言,延文学儒者以百数"[13]3593,体现着文学儒者已经进入了时来运转的年代。

班固说:"自武帝初立,魏其、武安侯为相而隆儒矣。及仲舒对册,推明孔氏,抑黜百家。"③先后时间的顺序,排列得很清楚,措施讲得很明白。上述主张言论、政

---

① [日]福井重雄《儒教的国教化·董仲舒对策的上呈年代》归纳为十一种说法,除上文所列举外,又有建元五年以前至元光元年说、建元四五年说、建元五六年说、建元六年说、元光以前说等。见[日]佐竹靖彦主编《殷周秦汉史学的基本问题》(中华书局2008年版,第270—274页)。
② 《汉书》卷六《武帝纪》(第159页);卷一九上《百官公卿表上》亦载:"武帝建元五年,初置《五经》博士。"(第726页)(清)孙星衍等辑《汉官六种·汉官仪》卷上载:"孝武建元五年,初置五经博士,秩六百石。"(中华书局1990年版,第128页)上述三条资料,记载时间相同,后两种增"初置"二字,强调了设立《五经》博士的创造性。
③ 《汉书》卷五六《董仲舒传》(第2525页)。(汉)荀悦撰《汉纪》卷二五《孝成皇帝纪》载:"夫孝武皇帝时,董仲舒推崇孔氏,抑绌百家。"(《两汉纪》,中华书局2017年版,上册第438页)"推明孔氏"改为"推崇孔氏","抑黜百家"改为"抑绌百家",两者相比较,用字有所不同,含义并无变化。

策措施、实施情况,均比董仲舒元光元年对策要早,因此,不能说董仲舒是最早提出罢黜百家、独尊儒术的建议者。由此亦可见,董仲舒建议之前,是儒道互黜,崇儒者不是免职罢官,就是被迫自杀,阻力重重。建元五年(前136年),立五经博士,标志着由秦朝汉初尊崇某家学派,转为表章诸子百家共同资源的五经,这是一个重大的历史事件,也是一个影响深远的措施,由此形成了影响两千余年的经学传统。董仲舒建议尊崇"六艺之科、孔子之术",正是对立五经博士内涵的具体阐释。元朔五年(前124年),设立博士弟子,通经入仕,是"表章六经"的重要举措付诸实践。由此来看,董仲舒大一统的建议,是"罢黜百家,表章六经"过程中的一个重要节点。

当然,评价一种思想的地位、影响,时间早晚是重要的因素,而不是唯一因素。还有对于其思想阐述得系统、深入与否,以及传播的情况,实际推行的效果等,都是评价其地位、影响的相关因素。再则,"罢黜百家,表章六经"是个系统工程,并非一人一时一个建议就能够大事告成,而是许多人长时间经营的结果[①],有一个逐渐摸索、逐步完善的过程,绝非董仲舒一人之功就能够奏效,就能够圆满完成的。

董仲舒的建议,在后人看来有比较大的影响,原因在于陆贾只是先觉者,提出了建议,社会条件不成熟,尚未引起皇帝的高度重视,卫绾、窦婴、田蚡、公孙弘是以丞相的身份推动罢黜百家、表章六经的落实者,而从理论上系统论述者是董仲舒。"文章草草皆千古,仕宦匆匆只十年"[②]。董仲舒的建议一直流传到现在,而卫绾、窦婴、田蚡、公孙弘的罢黜百家举措早已淹没在历史中,人们记住了董仲舒,董仲舒成为罢黜百家、表章六经的标志性人物,随之放大了董仲舒建议的效果,把"罢黜百家,独尊儒术"的功劳过失都算在了董仲舒身上,并不符合历史事实。

二、董仲舒建议的内容不是"罢黜百家,独尊儒术"

董仲舒在《天人三策》中言:"《春秋》大一统者,天地之常经,古今之通谊也。今师异道,人异论,百家殊方,指意不同,是以上亡以持一统;法制数变,下不知所守。臣愚以为诸不在六艺之科、孔子之术者,皆绝其道,勿使并进。邪辟之说灭息,

---

① (明)丘濬撰《大学衍义补》卷七八《治国平天下之要·崇教化》载:"至今儒道盛行,经术大明,皆武帝振作之功,卫绾奏请之绩,仲舒发扬之力也。呜呼!其有功于世道亦岂细哉。"(《景印文渊阁四库全书》第712册,第885页)不把儒道盛行、经术大明视为一人之功。

② (清)黄景仁撰《两当轩集》卷一〇《呈袁简斋太史》(上海古籍出版社1983年版,第247页)。全面来看,此话有些片面。有些皇帝制定的制度,有些官吏为政的措施,也曾经影响了数百年、数千年,绝非"只十年"。当然,也有朝令夕改没有生命力的政令,连"只十年"也没有。因此,不能一概而论。

然后统纪可一而法度可明,民知所从矣。"①有的学者据此认为:"这是汉代'独尊儒术,罢黜百家'最早的明确说法,也是董仲舒'《天人三策》'中极为重要的一段话。他根据大一统的普遍法则,提出思想也要大一统,统一于孔子儒术。他认为思想统一,才能有统一的法度,人民才有行为的准则,这样才能巩固、维持政治的统一。"②这是论述董仲舒与"罢黜百家,独尊儒术"关系问题的代表性看法。笔者也曾经说过与此类似的话③,为了反思辨证,不妨就对董仲舒大一统建议的内容,稍做分析,以便审视董仲舒与"罢黜百家,独尊儒术"的关系。

(一)《春秋》大一统,是思想主张而非真实的历史

"《春秋》大一统者,天地之常经,古今之通谊也",颜师古注曰:"一统者,万物之统皆归于一也。《春秋公羊传》:'隐公元年,春王正月。何言乎王正月？大一统也。'此言诸侯皆系统天子,不得自专也。"[13]2523 颜师古是顺着《汉书·董仲舒传》的思路,引用《春秋公羊传》说来作注释,合乎董仲舒所说的意思,但并非真实的历史。"昔在春秋,诸侯宗周,国皆称元,以布时令"[14],"古者国君即位则称元年,虽禀天子正朔而其国自有元年矣"[15]。各国君主都有权使用本国的纪年,在后世看来是不可思议的,而在当时是真实而普遍的存在。因为当时多种历法并存,周历仅是其中的一种。"王正月"④本意表明用的是周历,以便与其他历法区分开来,并非限于正月,亦有"王四月""王五月""王九月""王十月"⑤等,因此,二程言:"《春秋》事在二月则书王二月,事在三月则书王三月,无事则书天时,书首月。"[16]并非只有王正月。但春秋战国时代,楚王等与周王并列称王,因此,不仅周历可称"王正

---

① 《汉书》卷五六《董仲舒传》(第2523页)。(东汉)荀悦撰《汉纪》卷一一《孝武皇帝纪二》载:"《春秋》大一统者,天地之常经,古今之通义也。今师师异道,人人异论,百家殊方,旨意不同,是以上无以持一统;法制数变,下不知所守。"(《两汉纪》,上册第176页)除了"谊"作"义"、"指"作"旨"、"亡"作"无"外,增加了"师""人"两个字,其他均同。

② 周桂钿著《秦汉思想史》(河北人民出版社2000年版,第204—205页)。这是对董仲舒与"罢黜百家,独尊儒术"关系所做的系统论述,与此相同、相近的说法很多,不再一一列举。

③ 秦进才《儒学大师董仲舒》认为:董仲舒"建议'诸不在六艺之科孔子之术者,皆绝其道,勿使并进'。也就是说凡是儒家学说之外的各家学说,都应摒弃,不要使信奉其他学说的人当官执政。就是著名的'罢黜百家,独尊儒术'的对策。这个建议,被汉武帝所接受,儒术从此取得独尊地位"[河北省政协文史资料委员会编《河北历史名人传·古代卷(上)》,河北人民出版社1997年版,第109页]。现在看来,此话实属于人云亦云的说法,仔细推敲,尚有不能自圆其说之处,需要反思。

④ 中国社会科学院考古研究所编《殷周金文集成(修订增补本)》的《默叔鼎》载:"唯王正月,初吉乙丑。"02767(中华书局2007年版,第1435页)与此相同青铜器铭文甚多。

⑤ 《殷周金文集成(修订增补本)》的《郸孝子鼎》载:"王四月,郸(单)孝子台(以)以庚寅之日,命铸飤鼎禹。"02574.1、2(第1297页)《叔尸钟》《叔尸镈》载:"唯王五月,辰在戊寅。"00272.1、00285.1(第322、339页)《曾伯从宠鼎》载:"唯王十月既吉。"02550(第1285页)等等。

月"等,而且楚国也有"王正月"①,其他诸侯亦可自称"王某月"②,以及笔者目前不清楚是属于周历、夏历或其他历的"王正月"③等。此外,还有"唯王廿又三年九月,王在宗周"④,这是说的周王。"唯王五十又六祀,返自西□,楚王酓(熊)章乍(作)曾侯乙宗彝"⑤,这是说的楚王。不仅有"王正月",还有"王某年某月"等。由上述可见"王正月"并非"诸侯皆系统天子,不得自专也",至少是周、楚两王并存。因此,颜师古引用的《春秋公羊传》:'隐公元年,春王正月。何言乎王正月?大一统也。'"并不符合春秋时代的实际,是《春秋公羊传》一家的说法,其他人还有另外的解释⑥。董仲舒所言、颜师古所注,虽然都持之有故,但并非真实历史。

"《春秋》大一统者,天地之常经,古今之通谊也"是春秋家的思想主张。实际上,《春秋》大一统者,既不是"天地之常经",更不是"古今之通谊"——中国历史发展的真实历程。中华文明的起源,犹如满天星斗,星罗棋布,遍布于中华大地,从青

---

① 《殷周金文集成(修订增补本)》的《楚王頜钟》载:"唯王正月,初吉丁亥,楚王鐈(頜)。"00053.1(第44页)吕章申主编《近藏集粹——中国国家博物馆新入藏文物》中的《楚王鼎》载:"唯王正月初吉丁亥楚王。"(北京时代华文书局2016年版,第139页)上述钟鼎铭文,是楚王自称"王正月"。附属于楚国的曾国,亦用"王正月",当亦是指楚王而言。如吴镇烽编著《商周青铜器铭文暨图像集成续编》第三卷的《曾侯子镈甲》载:"隹(唯)王正月初吉丁亥,曾(侯)子(擇)其吉金,自乍(作)行鐈(镈)。"1041(上海古籍出版社2016年,第478页)还有《曾侯子镈乙》1042(第480页)、《曾侯子镈丙》1043(第482页)、《曾侯子镈丁》1044(第484页)三镈,铭文相同。楚国用夏历。

② 《殷周金文集成(修订增补本)》的《晋姜鼎》载:"唯王九月乙亥。"02826(第1496页)杨伯峻曰:"晋姜乃姜姓女嫁于晋国者。""晋用夏正,不得称'王九月',则'王九月'之'王'是指晋؜侯。"《观堂别集补遗》有《古诸侯称王说》,"晋器亦有称王的"(《春秋左传注(修订本)》,前言第13页)。《春秋左传注(修订本)》定公四年:晋国,"启以夏政,疆以戎索"(第1716页)杨伯峻所言可信。

③ 如《商周青铜器铭文暨图像集成续编》第三卷的《鍾離君柏鐘(童麗君柏鍾)甲》载:"隹(唯)王正月初吉丁亥,童(鍾)麗(離)君柏乍(作)其行鍾。童(鍾)麗(離)之金。"1016(第402页)与此铭文相同者还有八件,1017-1024(第404—418页)。再如刘雨、卢岩编著《近出殷周金文集录》第一册的《湛邡编镈》载:"唯王正月初吉丁亥,徐王之孙,寻楚䍙之子,湛邡擇厥吉金,作铸鈢。"94(中华书局2002年,第228—229页)铭文基本相同、行款相异的有五枚,95-96(第232—236页)从铭文来看,与楚国器物铭文类似,但有钟离、徐王的不同,笔者不知道究竟属于何王何历,抄录在此,以请教大家。

④ 《殷周金文集成(修订增补本)》的《微䜌鼎》02790(第1457页)。与上述铭文相同的还有《殷周金文集成(修订增补本)》的《小克鼎》02796-02802(第1465—1470页)等。

⑤ 《殷周金文集成(修订增补本)》的《楚王酓章鐘》00083.1(第74—75页)。与上述铭文相同的还有《殷周金文集成(修订增补本)》的《楚王酓章镈》00085(第77页)等。

⑥ (汉)何休解诂,(唐)徐彦疏《春秋公羊传注疏》卷一隐公元年载:"元年,春,王正月。"解云:"若《左氏》之义,不问天子诸侯,皆得称元年。若《公羊》之义,唯天子乃得称元年,诸侯不得称元年。此鲁隐公,诸侯也,而得称元年者,《春秋》托王于鲁,以隐公为受命之王,故得称元年矣。"[阮元校刻《十三经注疏(清嘉庆刊本)》,中华书局2009年版,第4765页]这是从王鲁的角度而言的看法,而非历史的真实。《二程集·河南程氏经说》卷四《春秋传》曰:"春,天时。正月,王正。书'春王正月',示人君当上奉天时,下承王正。明此义,则知王与天同大,人道立矣。周正月,非春也;假天时以立义。"(第1086页)精神与《春秋公羊传》有一致之处。苏舆亦认为:"置'春'于'王'上,亦《春秋》以天屈君之旨。"(《春秋繁露义证》卷二《竹林》苏舆说,中华书局1992年版,第62页)与《春秋公羊传》说亦不完全相同。

藏高原到东海之滨,从大兴安岭漠河到南海之滨,都有各具特色的文化产生。"自昔黄、唐,经略万国,燮定东西,疆理南北"[13]4243。唐尧时代,"百姓昭明,合和万国"[17]18是笼统的说法,说有一万多个国家。"禹合诸侯于涂山"之时,"执玉帛者万国"①。历经"汤放桀而复薄,三千诸侯大会"于亳[18],三千也是大约数字。周武王伐纣"不期而会孟津八百诸侯"[17]915,周初有一千余国②或一千八百国③。随着社会的发展,国家规模扩大,国家数量减少。春秋时代,有一百五十多个国家④,周郑交恶,箭中王肩;大国争霸,楚庄问鼎;田氏代齐,三家分晋。天下大乱,礼崩乐坏。"诸侯恣行,政由强国"[17]3759,"诸侯力政,不统于王"[19]757,哪有"大一统"? 谁能"大一统"? 战国时代,有十九个国家⑤,各国"田畴异畮,车涂异轨,律令异法,衣冠异制,言语异声,文字异形"[19]757-758,诸国之间,南北对抗,东西角逐,合纵连横,并大兼小。正是在春秋战国混战兼并的时代,产生了"大一统"的思想追求。秦始皇奋六世之余烈,统一六国,天下归一,结束了战国局面,实现了"天下车同轨,书同文,行同伦"[20]37,"海内为郡县,法令由一统"[17]300,完成了从列国割据称雄到专制主义中央集权的历史转变。春秋战国以来,政治家、思想家们追求的"大一统"变成了现实。

由上述可知,"《春秋》大一统者,天地之常经,古今之通谊也"并非历史上确实如此,而是春秋战国时代人们的理想追求,是秦汉社会现实的理论反映。董仲舒是经学家、思想家,而非史学家,他要借事明义,《春秋公羊传》的"大一统"思想,是他要阐述的理论核心,把"大一统"思想的意义,提高到"天地之常经,古今之通谊"的

---

① 杨伯峻编著《春秋左传注(修订本)》哀公七年(中华书局2016年版,第1833页)。夏曾佑在《中国古代史》中指出:"夫古国如是之多者,大抵一族即称一国,一国之君,殆一族之长耳。"(河北教育出版社2000年版,第40页)郭沫若在《中国古代社会研究》中说:"我们中国古时候的所谓国,其实仅仅是一个大宗或小宗,所以动辄便称万国万邦。"(河北教育出版社2000年版,第48页)何来大一统?

② 《史记》卷三六《陈杞世家》载:"周武王时,侯伯尚千余人。"(第1907页)在分封制下,侯伯多为君主,侯伯千余人,即有千余国。

③ (清)孙希旦撰《礼记集解》卷一二《王制》载:周代,"凡九州,千七百七十三国。天子之元士、诸侯之附庸,不与"(中华书局1989年版,第317页)。《汉书》卷二八《地理志上》载:"周爵五等,而土三等:公、侯百里,伯七十里,子、男五十里。不满为附庸,盖千八百国。"(第1542页)

④ (清)顾栋高辑《春秋大事表》卷五《春秋列国爵姓及存灭表》著录一百四十七国和戎狄及古国六十二个(中华书局1993年版,第563—608页)。顾德融、朱顺龙著《春秋史·西周—春秋的封国和与国》记载一百五十四国(上海人民出版社2001年版,第27—37页)。王贵民、杨志清编著《春秋会要》卷二七《区域二》记载诸侯国二十一个、诸小国一百二十个,合计一百四十一国(中华书局2009年版,第563—575页);卷二八《区域三》记载四裔诸国三十四个(第579—596页)。据上述资料笼统而言一百五十余国。

⑤ 战国时,除秦、楚、齐、韩、赵、魏、燕七雄外,还有周、鲁、卫、蔡、宋、晋、吴、越、莒、巴、蜀、中山等十二国。

位置,具有高屋建瓴、势如破竹的气势,树立起了思想理论的标杆,用"大一统"思想衡量出了严重的西汉社会问题——"今师异道,人异论,百家殊方,指意不同,是以上亡以持一统,法制数变,下不知所守",为提出自己的主张,奠定了基础。董仲舒创造性地阐释《春秋公羊传》的"大一统"思想,不仅适应了汉武帝时代的理论需求,而且为后世所认同,影响深远①。

(二)君主、诸子和董仲舒对于一的尊崇与论述

董仲舒言:"《春秋》大一统者,天地之常经,古今之通谊也。"其实,推崇一尊,国无二君,追求一统,贵一贱二,不仅是《春秋公羊传》的主张,而且亦是君主们的共同追求。晋文公二年(前635年),周襄王曰:"王章也,不可以二王,无若政何。"[21]主张国无二王。齐悼公说:"君异于器,不可以二。器二不匮,君二多难。"[22]1828-1829 认为一国不可有两个君主,有两个君主就会造成灾难。这是君主们的切身体会,也是他们的不懈追求,亦是成为名副其实君主的前提,更是法、道、墨、儒、杂等家的共同认识。

商鞅主张:"圣人之为国也,壹赏,壹刑,壹教。壹赏则兵无敌,壹刑则令行,壹教则下听上。"[23]96 "圣人治国也,审壹而已矣。"[23]106 "圣王之治也,慎为察务,归心于壹而已矣。"[23]63 壹,与"一"相通,指专一、统一、一致等。商鞅认为:壹,是圣王治国的法宝,赏赐、刑罚、教化都要有统一的政策和措施。认为:"上壹而民平。上壹则信,信则官不敢为邪。"[23]6 君主崇尚壹,治国则有信誉,民平而官不敢为邪。还注意到了"意必壹"[23]10"壹山泽"[23]12"民壹意"[23]14"国务壹""民壹务""壹民务""贵民壹"[23]60-61 等问题。慎子认为:"两贵不相事,两贱不相使。"[24]88 "臣有两位者,国必乱。臣两位而国不乱者,君在也。""子有两位者,家必乱。子两位而家不乱者,父在也。"[24]50 一国一君,一家一父,才不会混乱。因此,要"民一于君"[24]64。管子认为:"使天下两天子,天下不可理也。一国而两君,一国不可理也。一家而两父,一家不可理也。"② 韩非认为:"一栖两雄,其斗嗫嗫。""一家二贵,事乃无功。夫

---

① 《汉书》卷七二《王吉传》载:"《春秋》所以大一统者,六合同风,九州共贯也。"(第3063页)与董仲舒所言"天地之常经,古今之通谊"的精神相通。何休撰《春秋公羊传解诂》卷一隐公元年解释"大一统"言:"统者,始也,总系之辞。天王者,始受命改制,布政施教于天下,自公侯至于庶人,自山川至于草木昆虫,莫不一一系于正月,故云政教之始。"唐人徐彦疏曰:"所以书正月者,王者受命制正月以统天下,令万物无不一一皆奉之以为始,故言大一统也。"[阮元校刻《十三经注疏(清嘉庆刊本)》,第4766—4767页]从人类社会到自然界都要遵循大一统,范围更广阔。

② 黎翔凤撰《管子校注》卷九《霸言》(中华书局2004年版,第472页)。(清)王先谦撰《荀子集解》卷九《致士篇》载:"君者,国之隆也;父者,家之隆也。隆一而治,二而乱。"(中华书局1988年版,第263页)《管子》与《荀子》的看法一致,表述也相近。

妻持政,子无适从。"[25]170 贵独尊一,主从分明。主张"用一之道,以名为首。……故圣人执一以静。使名自命,令事自定"[25]145,"夫国之所以强者,政也;主之所以尊者,权也。……故明君操权而上重,一政而国治"[25]1177,尊崇一而尊君。由上述可知,法家崇尚一,主张家无二尊,国无二君,天下归一。

庄子认为:"天地虽大,其化均也;万物虽多,其治一也;人卒虽众,其主君也。"[26]410"故曰'通天下一气耳。'圣人故贵一。"[26]730 道家也主张"治一""贵一",君主统治民众。

墨子言:"明乎民之无正长以一同天下之义,而天下乱也。是故选择天下贤良圣知辩慧之人,立以为天子,使从事乎一同天下之义。"主张尚同,以克服"一人一义,十人十义,百人百义,其人数兹众,其所谓义者亦兹众"的局限[27]。墨家的尚同主张,也是为了一同天下之义,影响深远。

孟子回答梁惠王问"天下恶乎定"曰:"定于一。"含义即赵岐所言:"定天下者,一道而已。"[28]71 或是说要实现天下一统。荀子认为:"权出一者强,权出二者弱:是强弱之常也。"[29]271 主张君主隆一而治,权力出一者强,以实现"一天下"①的目标。《礼记》认为:"天无二日,土无二王,国无二君,家无二尊,以一治之也。"② 儒家主张天无二日,土无二王,天下归一,君主一统。在主张一统的问题上,儒家与法家、墨家等没有根本性的区别。

《吕氏春秋》主张:"一则治,异则乱;一则安,异则危。"[30]1124"王者执一,而为万物正。军必有将,所以一之也;国必有君,所以一之也;天下必有天子,所以一之也;天子必执一,所以抟之也,一则治,两则乱。"[30]1132 杂家主张王者执一不二,天下归一于天子。

由上述可知,春秋战国时代,诸子百家争鸣,"天下同归而殊涂,一致而百虑"[31]。无论是作为天子的君主,或是作为诸侯的君主,还是作为法家、道家、墨家、儒家、杂家的学者们,虽然他们社会政治地位悬殊,思想主张也不相同,论述方法各有特点,但都主张归一、贵一,追求天下一统,讲究国有一君,主张家有一尊,执一不二,既体现出了中国古代家国一体的社会特色与学者们的家国情怀,又是对于

---

① 《荀子集解》卷三《非十二子篇》载:"一天下,财万物,长养人民,兼利天下,通达之属,莫不从服,六说者立息,十二子者迁化,则圣人之得势者,舜禹是也。"(第97页)卷七《王霸篇》载:"臣使诸侯,一天下,是又人情之所同欲也,而天子之礼制如是者也。"(第216页)卷四《儒效篇》载:"笞棰暴国,齐一天下,而莫能倾也。""用大儒,则百里之地久,而后三年,天下为一,诸侯为臣。"(第138、141页)"一天下""齐一天下""天下为一"等,都表示了荀子对天下统一的向往和追求。

② 《礼记集解》卷六一《丧服四制》(第1470页)。(清)孔广森撰《大戴礼记补注》卷一三《本命》载:"天无二日,国无二君,家无二尊,以治之也。"(中华书局2013年版,第244页)两书可以互证。

春秋战国诸侯割据、列国角逐现实存在的反映,也是针对多王并存、兼并纷争的社会现实开出的良药妙方,还是他们对于政治上中央集权君主专制、天下一统的呼唤,更是他们所追求的社会理想。

秦始皇奋六世之余威,"灭诸侯,成帝业,为天下一统"[17]3069,兼并六国,集先秦诸子政治文化的大成,形成神圣至上的皇帝观念①,发展了诸子的归一、贵一思想,建立起"海内为郡县,法令由一统"[17]300"并一海内,以为郡县"[17]312"皇帝并有天下,别黑白而定一尊"[17]321的中央集权君主专制大一统的多民族国家,实现了诸子的设想,第一次实现了国家政治上的统一,实现了"天下车同轨,书同文,行同伦"[20]37,推行了统一度量衡等措施。秦始皇贵为天子,富有四海,独握皇权,不封诸侯,"而子弟为匹夫"②,君主家长集于一身,国家家庭突出一人。并把统一推到思想领域,认同"天下无异意,则安宁之术也"[17]303。运用焚书手段,以求以法为教、以吏为师的统一,并没有获得理想的结果。

在秦末农民起义的狂风骤雨中,大一统的秦皇朝土崩瓦解,社会犹如倒退回了战国时代,政治统一需要重建,思想统一需要探讨。董仲舒继承了诸子贵一的思想,拓展了贵一思想的范围。如言:"天之常道,相反之物也,不得两起,故谓之一。一而不二者,天之行也。""故常一而不灭,天之道。"《义证》曰:"灭,疑作二。"[32]345-346 把一提高到天之常道的位置,发展为天之行的高度。又言:"是故古之人物而书文,心止于一中者,谓之忠;持二中者,谓之患。患,人之中不一者也。不一者,故患之所由生也。是故君子贱二而贵一。"[32]346-347 通过字形、字义的解说,把一与忠联系起来,发展了贵一的思想。论述天下受命于君的合理性,指出:"传曰:唯天子受命于天,天下受命于天子,一国则受命于君。"[32]319"百官同望异路,一之者在主,率之者在相。"[32]158 把一与君主、天子联系在一起,论证了天子权威的合理性。所言"《春秋》大一统者,天地之常经,古今之通谊"的说法,既非"天地之常经",而"古"也非真实的历史存在,"今"则是现实存在的反映和需求,是对于诸子贵一思想的继承与发展,树起了思想理论的标杆,为提出自己的建议,奠定了理论

---

① 刘泽华《秦始皇神圣至上的皇帝观念:先秦诸子政治文化的集成》(《天津社会科学》1994 年第 6 期),又见《中国政治思想史论集》第二卷(人民出版社 2007 年版,第 1—8 页)。《鲁迅全集》第五卷《准风月谈·华德焚书异同论》曰:"(秦始皇)并不专重'秦的思想',倒是博采各种的思想的。"(人民文学出版社 2005 年版,第 223 页)刘泽华先生的说法与鲁迅的看法有一致之处。

② 《史记》卷六《秦始皇本纪》(第 321 页)。《史记》卷八七《李斯列传》亦载,淳于越进谏曰:"今陛下有海内,而子弟为匹夫,卒有田常、六卿之患,臣无辅弼,何以相救哉?"(第 3075 页)两者语言多相同,可互证。《汉书》卷一四《诸侯王表》曰:"(秦始皇)窃自号为皇帝,而子弟为匹夫,内亡骨肉本根之辅,外亡尺土藩翼之卫。"(第 393 页)认同了淳于越的说法,作为历史的借鉴来看。

基础。

(三)"六艺之科、孔子之术"的含义

董仲舒建议:"诸不在六艺之科、孔子之术者,皆绝其道,勿使并进。邪辟之说灭息,然后统纪可一而法度可明,民知所从。"[13]2523 从字面来看,似乎有独尊儒术的意味,有些人以此作为董仲舒提出"罢黜百家,独尊儒术"的证据。所言虽持之有故,但实际上并非言之成理。下面分别对于这段话进行分析。

一是"六艺之科"与"独尊儒术"并不相等。

何为"六艺之科"?《周礼》载:司徒主六乡,以乡中三事教乡内之万民,一曰六德,二曰六行,"三曰六艺,礼、乐、射、御、书、数"[33],"孔子以诗书礼乐教,弟子盖三千焉,身通六艺者七十有二人"[17]2335,这是周朝人的六艺,是中国古代官府教化百姓和学校教育学生的六种科目。

六艺,又指六经,孔子曰:"六艺于治一也。《礼》以节人,《乐》以发和,《书》以道事,《诗》以达意,《易》以神化,《春秋》以义。"[17]3857 贾谊言:"是故内法六法,外体六行,以与《书》《诗》《易》《春秋》《礼》《乐》六者之术,以为大义,谓之六艺。"[34]这是春秋战国秦汉人所认同的六艺(六经)。六艺,又是《汉书·艺文志·六艺略》所著录的注释、研究六艺——《易》《书》《诗》《礼》《乐》《春秋》等著述,曰:"六艺之文:《乐》以和神,仁之表也;《诗》以正言,义之用也;《礼》以明体,明者著见,故无训也;《书》以广听,知之术也;《春秋》以断事,信之符也。五者,盖五常之道,相须而备,而《易》为之原。"[13]1723 明确而具体。

"六艺之科"的"科"字有多种义项,从语境看,此处的"科"字作法式、规制、标准、准则等讲。如"儒者以六艺为法"[17]3967,"六艺者,王教之典籍,先圣所以明天道,正人伦,致至治之成法也"[13]3589,上述所言均视六艺为法、成法等。董仲舒认为:"《诗》《书》序其志,《礼》《乐》纯其美,《易》《春秋》明其知。六学皆大,而各有所长。《诗》道志,故长于质。《礼》制节,故长于文。《乐》咏德,故长于风。《书》著功,故长于事。《易》本天地,故长于数。《春秋》正是非,故长于治人。"①六学,是六艺、六经的别称。董仲舒说出了自己对六艺的看法:"六学皆大,而各有所长。"

---

① 《春秋繁露义证》卷一《玉杯》(第35—36页)。《史记》卷一三〇《太史公自序》载:"余闻董生曰:……《易》著天地、阴阳、四时、五行,故长于变;《礼》经纪人伦,故长于行;《书》记先王之事,故长于政;《诗》记山川、溪谷、禽兽、草木、牝牡、雌雄,故长于风;《乐》乐所以立,故长于和;《春秋》辨是非,故长于治人。是故《礼》以节人,《乐》以发和,《书》以道事,《诗》以达意,《易》以道化,《春秋》以道义。拨乱世反之正,莫近于《春秋》。《春秋》文成数万,其指数千。万物之散聚皆在《春秋》。"(第3975页)两书记述不完全相同,亦有相同字句,可以互证董仲舒对于六艺大义的看法。

反映了西汉经学家擅长治专经的特色。"《春秋》正是非,故长于治人"体现了董仲舒治《春秋》的学术特长。

六艺与儒术有区别。六艺(六经)是华夏民族的原典文献,是中华民族的文化基因,是诸子百家的共同文化资源,不仅儒家以六经作为教科书来传授、引用①,而且诸子百家中的墨家②、道家③、法家④、杂家⑤等学派也征引、传播六艺经典。《淮南子》称:"孔丘、墨翟,修先圣之术,通六艺之论,口道其言,身行其志。"[35]674 并称为儒墨。编年体史书《左传》中记载了春秋各国引用六经的近一百五十例的史实⑥。不仅传世文献有着诸如上述的记载,而且出土文献中也有越来越多的发现,如《长沙马王堆汉墓简帛集成》中有《周易》等六经典籍,《上海博物馆藏战国楚竹书》中有《周易》等六经书籍,《清华大学藏战国竹简》中有《尚书》等六经文献,说明六经不仅在中原大地流传,而且荆楚之域也有传播,并且传播者不一定都是儒者。正如庄子所言:六经,"其数散于天下而设于中国者,百家之学时或称而道之"[26]1067。又如清章学诚言:"古人于六艺,被服如衣食,人人习之为固然,未尝专门以名家者也。"[36]138 六艺是人人得而学习的经典文献。

六艺(六经),著录在《汉书·艺文志》的《六艺略》中。儒术,包括了儒家的学说、思想等,以及运用其思想、学说解决实际问题的方法和技能。儒家孟子、荀子等人的著述,无疑也应当是属于儒术的范围,但孟子、荀子等儒家著述汉朝时并没有取得经典地位,著录在《汉书·艺文志》的《诸子略》中。其实,不仅《汉书·艺文志》如此,而且《隋书·经籍志》等也是以经史子集四部分类,直至《四库全书总目》尚且如此。也就是说自汉武帝以来,六经统摄诸子,诸子扶翼六经,六经著录在六艺略或经部,而包括儒家在内的诸子百家著录在诸子略或子部,体现出六艺与儒术

---

① 《论语》书中涉及《诗》《书》《礼》《乐》《易》五经。《孟子》书中引用了《诗》《书》《礼》《乐》《春秋》五经。《荀子》书中引用了《诗》《书》《礼》《乐》《春秋》《易》六经。
② 《墨子》书中的引用涉及《诗》《书》《礼》《春秋》四经。
③ 《庄子集释》卷一〇下《杂篇·天下》载:"其在于《诗》《书》《礼》《乐》者,邹鲁之士、搢绅先生多能明之。《诗》以道志,《书》以道事,《礼》以道行,《乐》以道和,《易》以道阴阳,《春秋》以道名分。其数散于天下而设于中国者,百家之学时或称而道之。"(第1067页)《庄子》书中引用涉及《诗》《书》《礼》《乐》《易》《春秋》六经。
④ 《韩非子》书中引用涉及《诗》《书》《礼》《春秋》四经。《商君书》中虽然没有引用五经,但对于《诗》《书》《礼》《乐》也是了解的,并且是极力禁止的。
⑤ 《管子》书中引用涉及《诗》《书》《春秋》《易》四经。《吕氏春秋》书中引用了《诗》《书》《春秋》三经。
⑥ 郭伟川撰《从〈左传〉论春秋时期各国普遍引用"六经"》一文中,"举《诗》三十五例、《书》十八例、《礼》六十七例、《乐》十三例、《易》十三例、《春秋》二例(三见),涉及的国家,除周王室外,有鲁、晋、齐、郑、蔡、吴、楚、宋、秦、虞等诸侯国,皆普遍应用'六经'"(郭伟川《先秦六经与中国主体文化》,北京图书馆出版社2007年版,第84页)。可见其引用的广泛性、普遍性。

地位尊卑的不同。

汉武帝"罢黜百家,表章六经"不是一句空洞的套话,而是有着具体的内容。建元元年(前140年),卫绾奏请,罢黜了以法家、纵横家学说入仕的资格。建元五年,设立五经博士。建元六年,田蚡奏请罢黜了黄老、刑名百家之言。早在汉景帝中元五年(前145年),就省去了河间献王刘德立的《毛诗》《左氏春秋》博士①,后来罢黜了儒家著述《孟子》等博士②。元朔五年(前124年),设立博士弟子,通经入仕。罢黜与表章并举,六经(六艺)逐渐由先秦诸子百家的共同文化资源、儒家教科书转化成了国家提倡的全民性的知识性、教化性教科书。不仅儒者读,而且法家、纵横家、杂家、方术之士等也学;在职官吏在学,平民百姓也在学;成人要学,儿童也要学。仍旧保持了经典的普遍性和普及性。担任五经博士者,有儒者,亦有治法家者等人。传播五经者,不仅有官方的五经博士,还有众多的民间经师,传播者身份多样。以经入仕,五经成为士人入仕的敲门砖之一。以经取士,成为政府选拔人才的标准之一。学习经术,精通经术与政治权力、经济财富的获得有密切关系。有"邹鲁谚曰:'遗子黄金满籯,不如一经。'"[13]3107 夏侯胜言:"士病不明经术;经术苟明,其取青紫如俯拾地芥耳。学经不明,不如归耕。"[13]3159 班固称:"自武帝立《五经》博士,开弟子员,设科射策,劝以官禄,讫于元始,百有余年,传业者寖盛,支叶蕃滋,一经说至百余万言,大师众至千余人,盖禄利之路然。"[13]3620 五经,是皇帝劝以禄利的工具,两汉读经书是改变命运的选择之一。以经治国,五经成为统治思想的载体。"汉家以经义断事,每有大议论、大狱讼,辄引经义以决之"[37],引经义以决疑难。"以《禹贡》治河,以《洪范》察变,以《春秋》决狱,以三百五篇当谏书,治一经得一经之益也"③。可以说,两汉社会的政治、教化、知识、学术、思想等都受到了五经的影

---

① 《汉书》卷八八《儒林传》载:"毛公,赵人也。治《诗》,为河间献王博士,授同国贯长卿。"(第3614页)又载:"(贾)谊为《左氏传》训故,授赵人贯公,为河间献王博士。"(第3620页)可知河间献王刘德立毛公、贯公为《毛诗》《左传》博士。李崇智著《人物志校笺》卷上《流业》载:"能传圣人之业,而不能干事施政,是谓儒学,毛公、贯公是也。"(巴蜀书社2001版,第65页)《汉书》卷一九上《百官公卿表上》载:"景帝中五年令诸侯王不得复治国,天子为置吏,改丞相曰相,省御史大夫、廷尉、少府、宗正、博士官,大夫、谒者、郎诸官长丞皆损其员。"(第741页)据上述可知,作为儒学者、作为《毛诗》《左传》的博士毛公、贯公当也被省去了。

② (清)焦循撰《孟子正义》卷一《孟子题辞》载:"汉兴,除秦虐禁,开延道德,孝文皇帝欲广游学之路,《论语》《孝经》《孟子》《尔雅》皆置博士。后罢传记博士,独立《五经》而已。"(中华书局1987年版,第17页)据此可知,《论语》《孟子》等曾经置博士,后来罢黜。何时罢黜,史无明文,但五经博士中,没有《论语》《孟子》博士,则是事实,可知罢黜是真。

③ 皮锡瑞著《经学历史》三《经学昌明时代》(中华书局2004年版,第56页)。(清)赵翼著,王树民校证《廿二史札记校证》卷二《汉时以经义断事》(中华书局2013年版,第43—44页)列举了更多的事例,可供参考。

响,经学是汉武帝时代开始的国家教化的载体,逐渐变为汉代学术的主流。

不仅有诸如上述的事实存在,还有六经有些在儒家以前已经存在,儒家消亡以后继续传世,未与儒家同兴起共存亡。因此说"表章六经"不等于"独尊儒术"。

二是"孔子之术"的含义。

何为"孔子之术"？汉人亦称为"孔氏之术"①"孔氏之道"②"仲尼之术""仲尼之道"③等,四种不同称谓,含义相同。与"孔子之术"称谓相类似,还有"孙吴之术""老子之术"④"黄帝之术"⑤"黄帝、老子之术"⑥"申子之术"⑦"韩子之术"⑧"韩非之术"⑨"申、韩之术"⑩"驺衍之术"⑪等。

何为术？《淮南子》曰:"见本而知末,观指而睹归,执一而应万,握要而治详,谓之术。"[35]1237公孙弘言:"擅杀生之柄,通壅塞之涂,权轻重之数,论得失之道,使远近情伪必见于上,谓之术。"[13]2616由上述可见对术的解释多种多样,既可以指思想、学说等,又可以指手段、策略、计谋等方法。具体到"孔子之术"来看,术有思想、学说、主张等义项,如"杨朱、墨翟、管夷吾、晏婴、老聃、申不害、韩非、眘到、田骈、邹衍、尸佼、孙武、张仪、苏秦之属,皆以其术鸣"[38]261。诸子百家的术,即其学说的特点所在。

---

① (汉)荀悦撰《汉纪》卷一一《孝武皇帝纪二》作:"臣愚以为诸不在六艺之科,非孔氏之术者,皆绝其道,勿使并进。"(《两汉纪》上册,第176页)与《汉书·董仲舒传》相比较,可知"孔氏之术"即来源于"孔子之术",两者含义相同。

② 《汉书》卷三六《楚元王传·刘歆》载:"重遭战国,弃笾豆之礼,理军旅之陈,孔氏之道抑,而孙吴之术兴。"(第1968页)

③ 王荣宝撰《法言义疏》卷一八《君子》载:"或曰:'仲尼之术,周而不泰,大而不小,用之犹牛鼠也。'曰:'仲尼之道,犹四渎也,经营中国,终入大海。'"注曰:"使牛捕鼠,虽大无施。"(中华书局1987年版,第503—504页)仲尼,孔子的表字,与"孔子之术"含义相同。

④ 黄晖撰《论衡校释》卷七《道虚篇》载:"老子之术,以恬淡无欲、延寿度世者,复虚也。"(中华书局1990年版,第335页)《史记》卷六三《老子列传》载:庄子"作《渔父》《盗跖》《胠箧》,以诋訾孔子之徒,以明老子之术。"(第2594—2595页)亦可为证。

⑤ (汉)王符著,(清)汪继培笺,彭铎校正《潜夫论笺校正》卷二《思贤》载:"治身有黄帝之术。"(中华书局1985年版,第78页)

⑥ 《史记》卷五六《陈丞相世家》载:"陈丞相平少时,本好黄帝、老子之术。"(第2491页)

⑦ 《韩非子新校注》卷一七《定法》载:问者曰:"主用申子之术,而官行商君之法,可乎？"(第962页)

⑧ 《论衡校释》卷一〇《非韩篇》载:"韩子之术,明法尚功。"(第431页)

⑨ (宋)范晔撰《后汉书》卷七七《酷吏列传·周纡》载:"为人刻削少恩,好韩非之术。"(中华书局1965年版,第2493页)

⑩ 《史记》卷八七《李斯列传》载:"可谓能明申韩之术,而修商君之法。"(第3086页)(汉)刘珍等撰,吴树平校注《东观汉记校注》卷一八《樊晔传》载:"好申韩之术。"(中华书局2008年版,第809页)

⑪ 《史记》卷七四《孟子荀卿列传》载:"驺奭者,齐诸驺子,亦颇采驺衍之术以纪文。""驺衍之术迂大而闳辩,奭也文具难施。"(第2838页)

有学者言:"孔子之术、孔子学说,即儒家学说。"[39]这样说不会错,孔子是儒家的祖师,其学说应属于儒家学说的组成部分,但儒家并非孔子一人,儒家学说并非只存在于春秋时代,历朝仍有发展,亦有董仲舒、朱熹等大儒,其思想亦应属于儒家学说的范围。因此,孔子学说与儒家学说有重叠、有联系而不能画等号。如果说"老子之术""韩子之术"等与其《老子》《韩非子》等著述相对应,那么,"孔子之术"似乎也应与以孔子之名命名的著述相联系。

东汉王充言:本来孔门弟子记述孔子之言行的《论语》,汉"宣帝下太常博士,尚称书难晓,名之曰传;后更隶写以传诵。初,孔子孙孔安国以教鲁人扶卿,官至荆州刺史,始曰《论语》"[40]1138。张舜徽、孙世扬等人认同王充的说法①。

王充的说法启迪了清人翟灏,翟灏收集证据论述了《论语》是传、是论等的看法,并提出:"或者谓:《论语》之书,当时亦似别称《孔子》,如孟子之书之称《孟子》者然。据《尸子·广泽》篇云:'《墨子》贵兼,《孔子》贵公,《皇子》贵衷,《田子》贵均,《列子》贵虚,《料子》贵别。'尝以《孔子》杂诸子中。《论衡·率性篇》言:孔子道德之祖,诸子中最卓者也。此虽阳尊孔子,而时之等孔子于诸子,亦已露言下矣。或者之言,容不虚妄。"②虽然带着清人尊崇孔子为圣人,地位高于诸子的旧观念,但提出了新看法。这种看法,并非空穴来风,前人亦有此种看法。如无名氏《中论序》言:"予以荀卿子、孟轲怀亚圣之才,著一家之法,继明圣人之业,皆以姓名自书。"[41]其实,不仅荀子、孟子以姓名自书,老子、墨子、慎子、韩非子等都是以姓氏或姓名加"子"字为书名。唐人成玄英言:"所言子者,是有德之嘉号,古人称师曰子。亦言子是书名,非但三篇之总名,亦是百家之通题。"[26]7由上述可知,春秋战国诸子百家书名多以"子"为通名。

赵纪彬从翟灏看法中受到启发,指出:"《孔子》为先秦的旧名,《论语》乃汉代所

---

① 张舜徽著《张舜徽集·广校雠略》曰:"《论语》初出屋壁,汉初犹谓之传,至孔安国以教鲁人扶卿,始曰《论语》,《论衡·正说篇》言之甚详,必有所受,则《论语》之名,汉师所补题也。"(华中师范大学出版社2004年版,第20页)《论衡校释》卷二八《正说篇》引孙世扬曰:"盖《论语》之名,初甚广泛,凡记孔门言行者,如《三朝记》及《仲尼闲居》《孔子燕居》之类,以及《家语》二十七篇、《孔子徒人图法》二篇,悉以为称,故王充言《论语》有数十百篇也。秦火以后,传诵不绝,而未有专师授受,故贾、董辈虽肄业与之,而史不明言其传授。王充言汉兴亡失者,亦谓其散乱不治而已。鲁共王坏孔子宅,得壁中古文《论语》,还之孔氏安国,以授扶卿,自是《论语》之名始有限制,《论语》之学始有专师。此王充所谓始曰《论语》,别于前此之泛称《论语》者矣。"(第1138—1139页)"论语"变为专名。

② (清)翟灏撰《四书考异上》卷一四《旧称〈论语〉为传》(《续修四库全书》,上海古籍出版社2002年版,第167册,第60页)。《吕氏春秋校释》卷一七《不二》载:"老聃贵柔,孔子贵仁,墨翟贵廉,关尹贵清,子列子贵虚,陈骈贵齐,阳生贵己,孙膑贵势,王廖贵先,兒良贵后。"(第1113—1114页)也是把孔子与诸子排列在一起,这也体现出当时学者们对于孔子地位的认识,与清朝人尊崇孔子为圣人不同。

新创,两名非同时并行,而乃先后相递。简言之,今名《论语》之书,在先秦本名《孔子》。"[42]306 赵纪彬远引汉王充说法,近取清翟灏看法,对于汉学者司马迁、刘歆等八人引用《论语》而称"《孔子》曰"的十九条新证,加以论证,认为:"《论语》之书,在先秦本名《孔子》,可谓毫无疑义。"[42]309 由此可知,《孔子》与诸子之书命名相同。

与"老子之术""韩子之术"等体现在《老子》《韩非子》等书中一样,"孔子之术"当是体现在《孔子》(《论语》)中的孔子思想、学说等。《汉书·艺文志》著录了《古论》《齐论》《鲁论》等,"凡《论语》十二家,二百二十九篇"。《论语》由先秦时代的传、诸子书等上升为汉代的七经之一①。作为"五经之錧鎋,六艺之喉衿"[28]14 的《论语》,不仅著录于《汉书·艺文志·六艺略》中,而且当是董仲舒所言"孔子之术"的具体体现。

"孔子之术",有时也赋予了其他含义。刘安言:"当今之世,丑必托善以自为解,邪必蒙正以自为辟。""行货赂,趣势门,立私废公,比周而取容,曰'孔子之术也'。"[35]1410 又言:"故鲁国服儒者之礼,行孔子之术,地削名卑,不能亲近来远。"[35]781 这是含有被丑化、被批评之意的"孔子之术"。

两汉时代,《论语》传播空前广泛,传播到社会的各个阶层。不仅皇太子、诸侯王等贵族教育中要通读《论语》②,而且士人少年读书时,亦要诵读《论语》③,连平民儿童也要阅读《论语》④,有些经师传授《论语》⑤,《论语》是教育的经典,形成了

---

① (宋)洪适撰《隶释》卷五《汉成阳令唐扶颂》载:"耽乐道述,咀嚼七经。"(中华书局1986年版,第61页)(汉)蔡邕著,邓安生编《蔡邕集编年校注》卷一《玄文先生李子材铭》言:"既综七经,又精群纬。"(河北教育出版社2002年版,第16页)《后汉书》卷二七《赵典列传》注引《谢承书》曰:"典学孔子《七经》《河图》《洛书》,内外艺术,靡不贯综,受业者百有余人。"(第947页)由上述可见,东汉确有七经之名。《汉书》卷七一《于定国传》载:永光元年汉元帝曰:"经曰:'万方有罪,罪在朕躬。'"颜师古注曰:"此《论语·尧曰篇》载殷汤伐桀告天之辞。"(第3045—3046页)元帝视《论语》为经。《后汉书》卷三五《张纯列传》载:李贤注"乃案七经谶"曰:"七经谓《诗》《书》《礼》《乐》《易》《春秋》及《论语》也。"(第1196页)这是说法之一。
② 《汉书》卷八《宣帝纪》载:刘病已,"师受《诗》《论语》《孝经》"(第238页);卷七一《疏广传》载:"皇太子年十二,通《论语》《孝经》。"(第3039页)皇太子,即汉元帝;卷八一《张禹传》载:"诏令禹授太子《论语》。"(第3347页)太子后为汉成帝;卷五三《景十三王传·广川惠王越》载:广川王刘去,"师受《易》《论语》《孝经》皆通"(第2428页)。《后汉书》卷七九下《儒林列传》载:包咸,"建武中,入授皇太子《论语》"。其"子福,拜郎中,亦以《论语》入授和帝"(第2570页)。可见两汉皇室子弟、皇太子、诸侯王教育中都有《论语》的内容。
③ 《后汉书》卷二四《马援列传》载:马续,"七岁能通《论语》"(第862页);卷三六《范升列传》载:范升,"九岁通《论语》《孝经》"(第1226页);卷六二《荀淑列传》载:荀爽,"年十二能通《春秋》《论语》"(第2050页)。由上述可见,东汉少年士人,学习《论语》者人数当不在少数。
④ (汉)崔寔撰,石声汉校注《四民月令校注·十一月》载:"研水冻,命幼童读《孝经》、《论语》、篇章,入小学。"(中华书局2013年版,第71页)由此可见,平民儿童在冬闲时也读《论语》等书籍。
⑤ 《汉书》卷三〇《艺文志》载:"传《齐论》者,昌邑中尉王吉、少府宋畸、御史大夫贡禹、尚书令五鹿充宗、胶东庸生,唯王阳名家。传《鲁论语》者,常山都尉龚奋、长信少府夏侯胜、丞相韦贤、鲁扶卿、前将军萧望之、安昌侯张禹,皆名家。张氏最后而行于世。"(第1717页)

"汉时有受《论语》、《孝经》、小学,而不受一经者;无受一经而不先受《论语》《孝经》者"[43]家传户诵的局面。皇帝颁布诏令有时引用《论语》词句①,大臣们上书时有的也引用《论语》②,士人们入仕要考试《论语》③,《论语》是进入仕途、治国理政的经典。现代出土的汉代简牍文献中书写有《论语》④,熹平石经中镌刻着《论语》⑤等,亦可见其传播的广泛。

综上所述,董仲舒所言的"六艺之科",指《诗》《书》《礼》《乐》《易》《春秋》等经典,是华夏民族的元典文献,是诸子百家共同的文化资源,并非儒家的一家财产。"孔子之术"指《论语》中体现的孔子的思想、主张。六经属于汉武帝"表章六经"的尊崇对象,是汉代知识、教化的教科书,是统治思想的载体,是两汉时代尊崇经学的具体体现。《论语》是官、私学传授的经典。"六艺之科、孔子之术"与儒术有重叠交叉之处,更有独特的内容,"六艺之科、孔子之术"与"独尊儒术"并不相等。

(四)"皆绝其道,勿使并进"的古今解释与影响

董仲舒曰:"诸不在六艺之科、孔子之术者,皆绝其道,勿使并进。"从字面来

---

① 有时引用《论语》文义,如《汉书》卷六《武帝纪》元朔元年十一月诏曰:"夫十室之邑,必有忠信;三人并行,厥有我师。"颜师古注曰:"《论语》称孔子云:'十室之邑,必有忠信如丘者焉。'又曰:'三人行,必有我师焉。择其善者而从之,其不善者而改之。'故诏引焉。"(第166、168页)分别引用了《论语》的《公冶长》《述而》篇的话。有时引用原话,如《汉书》卷八《宣帝纪》载:地节三年十一月诏曰:"传曰:'孝弟也者,其为仁之本与!'"(第250页)出自《论语·学而》篇等,形式多样。

② 有的引文与今本稍有不同。如《汉书》卷八六《王嘉传》载:上疏曰:"孔子曰:'材难,不其然与!'"(第3489页)(清)刘宝楠撰《论语正义》卷九《泰伯》作:"孔子曰:'才难,不其然乎?'"(中华书局1990年版,第311页)与《汉书》所引文字不同。有的与今本《论语》相同。如《汉书》卷八一《匡衡传》:"孔子曰:'能以礼让为国乎,何有?'"(第3334页)出于《论语·里仁》篇。《后汉书》卷四○上《班彪列传》载:班彪上书言:"孔子称'性相近,习相远也。'"(第1327页)出自《论语·阳货》篇。有的引用其意,如《汉书》卷六三《武五子传·戾太子据》载:壶关三老茂上书言:"故父不父则子不子,君不君则臣不臣,虽有粟,吾岂得而食诸!"(第2744页)《论语正义》卷一五《颜渊》作:"齐景公问政于孔子。孔子对曰:'君君,臣臣,父父,子子。'公曰:'善哉!信如君不君,臣不臣,父不父,子不子,虽有粟,吾得而食诸?'"(第499页)引用了《论语》的意思,而非原文。有的引文直接称为《论语》,如《汉书》卷二五下《郊祀志下》载:谷永上书言:"《论语》说曰:'子不语怪神。'"(第1261页)出自《论语·述而》篇等。由上述可见,两汉大臣上书引用《论语》的形式多种多样。

③ 张传官撰《急就篇校理》卷四载:"宦学讽《诗》《孝经》《论》。"(中华书局2017年版,第417页)《论》即《论语》的简称。(汉)应劭撰《汉官仪》卷上载:博士举状曰:"通《易》《尚书》《孝经》《论语》,兼综载籍,穷微阐奥。"(《汉官六种》,第128页)由上述可见,《论语》是入仕考试、考核的必需经典。

④ 湖北郭店楚墓竹简,甘肃居延汉简、肩水金关汉简、敦煌悬泉汉简,新疆罗布淖尔汉简,河北定州汉简,朝鲜平壤汉简,江西海昏侯简牍中均有书写《论语》的片段,至今仍然可见《论语》传播的踪迹。

⑤ (东晋)袁宏撰《后汉纪》卷二四《孝灵皇帝纪中》载:"熹平四年春三月,《五经》文字刻石立于太学之前。"(《两汉纪》下册,第463页)《隋书》卷三二《经籍志一》载:"《一字石经论语》一卷。"(中华书局1973年版,第1068页)《旧唐书》卷四六《经籍志上》载:"《今字石经论语》二卷。蔡邕注。"(中华书局1975年版,第1987页)一字、今字石经,均指熹平石经,由此可知熹平石经中有《论语》。

看,似乎很霸道专横,有些人以此作为"罢黜百家,独尊儒术"的标志。其实,古今学者的看法并不一致。

一是古代学者具有特色的看法。

宋范祖禹认为:"汉武帝时,董仲舒对策,以为诸不在六艺之科、孔子之术者,皆绝其道,勿使并进。武帝感其言,遂罢黜百家,表章六经。"[44]这是从汉武帝决策与董仲舒建议互动关系着眼所做的解释。

王应麟言:"董子明春秋一统之义,不在六艺之科、孔子之术者,皆绝其道,勿使并进,乃罢治申商韩非之言者,其有功吾道甚大。"①把董仲舒建议与罢黜法家相联系。

上述两种宋代学者的看法,都是以董仲舒对策在建元元年(前140年)为前提,从董仲舒元光元年(前134年)对策来看,所言看法均不可靠。

清阎若璩曰:"盖汉武帝以董仲舒对策,凡不在六艺之条、孔子之术者,皆绝其道,勿使并进,故止立五经博士。然《论语》《孝经》谓之非六艺则可,谓之非孔子之道而亦罢黜之可乎哉?"②这也是以董仲舒对策在建元元年为基础。

阎若璩看法为今人徐复观、李文东等认同③。建元五年,立五经博士。元光元年,董仲舒对策。由此看,立五经博士、诸子博士的废罢,与董仲舒建议无关。

王夫之言:"'不在六艺之科、孔子之术者,皆绝其道',此非三代之法也,然而三代之精义存矣。何也?六艺之科,孔子之术,合三代之粹而阐其藏者也。故王安石以经义取士,踵仲舒而见诸行事,可以行之千年而不易。"[45]

贺长龄认为:"当是时,武帝允董江都之对,兴学养士,诏列侯郡守岁贡二人,诸不在六艺之科、孔子之术者,皆绝其道,勿使并进。盖六经四子书取士之制,权舆于

---

① (宋)王应麟撰《通鉴答问》卷一《申不害干韩昭侯昭侯以为相》(《景印文渊阁四库全书》第686册,第633页)。(清)夏之蓉撰《读史提要录》卷一《西汉》载:"至所云'诸不在六艺之科、孔子之术者,皆绝其道,勿使并进',盖指黄老申韩而言。此论发于卫绾,其扶持世教则同,可谓卓识。"(《四库未收书辑刊》第二辑,北京出版社1998年版,第30册第368页)两者言罢黜申韩相同,具体又有些区别。

② (清)阎若璩撰《潜邱札记》卷一(《清代诗文集汇编》,上海古籍出版社2010年版,第141册,第8页)。(清)王鸣盛撰《蛾术编》卷八《〈孟子〉汉置博士》认同阎若璩的说法(上海书店出版社2012年版,第129页)。中华书局编辑部编《魏源集》上册《孟子年表考第五》载:孟子博士,"其后罢废,则由武帝以仲舒对策,凡不在六艺之科、孔子之术者,皆绝其道,勿使并进,故止立五经博士,并《论语》《孝经》等皆不在六艺之列,罢之"(中华书局1972年版,第314页)。上述三书看法基本相同。

③ 徐复观著《两汉思想史》第二卷认为:"仲舒所说的'勿使并进',并不是勿使流通,勿使研究,而是指朝廷不为其立博士。"(华东师范大学出版社2001年版,第263—264页)李文东《"罢黜百家独尊儒术"与汉武帝的文化政策》认为:罢黜百家,"是罢黜前朝所置的诸子博士官,以后唯设儒家五经博士官,不再没诸子博士。确立了儒家的官学地位"[《许昌师专学报(社会科学版)》1988年第3期]。

此矣。"[46]

上述两位明清学者均从贤良对策着眼,指出董仲舒建议包含着三代的精义,是以经取士制度起始的标志,并为后来王安石等所效仿。

二是现代学者所做与望文生义不同的解释。

俞启定认为:"有'尊'必有'黜',但'黜'并不一定就是'禁'。董仲舒主张使其他学派得不到与儒学'并进'的机会,而这一措施集中体现在国家选士和教育制度上,所以如果强调对儒学的'独尊'的话,那么它无可置疑的表现应该是在教育领域。"[47]认为黜与禁有异,儒学"独尊"有范围。

刘桂生指出:"'皆绝其道',这是最易理解为禁止、禁绝诸子的词语。有的学者直接地认为'皆绝其道'就是禁绝、灭绝儒学以外的各家学说。'摧毁'说大概也是由此而来的。但是,这里的'道',其实不是指学术之'道',不是指道理、主张,而是指入学为官之道。所以下文说'勿使并进',也就是指不让儒学以外的诸家学说之人同儒家之徒一样讲学、入仕。合并起来讲,就是要堵绝非儒诸家的学途、仕途。"[48]其说法与历史背景和董仲舒大一统建议的语境比较吻合,"合并起来讲,就是要堵绝非儒诸家的学途、仕途"的说法,比起所谓的"独尊儒术"来说,前进了一步,但依然未能够摆脱"独尊儒术"影响的影子。

滕福海认为:"绝字的含义很多,绝百家与孔学并进之道,即仅进孔学儒术,其他各家一概贬退之、抑卑之,使居于从属地位。'绝''并进'不必等于绝并存。虽然他也要求'邪辟之说灭息',但'邪辟之说'与'诸不在六艺之科、孔子之术者'究属两个概念。"[49]这是从字词、概念着眼所做的解释,更接近历史的真实。

三位学者的解释各有重点,也有差异,相同的是提出了新看法,与流行的望文生义看法相异,但不必讳言,他们的说法中依然有着传统影响的痕迹。

从王夫之、贺长龄、刘桂生的解释看,并与建元元年卫绾奏请"所举贤良,或治申、商、韩非、苏秦、张仪之言,乱国政,请皆罢"联系起来看,可知董仲舒言"诸不在六艺之科、孔子之术者,皆绝其道,勿使并进",是指在察举贤良等选举中,断绝不治六艺之科、孔子之术的贤良等人的仕进之道,采用以经取士的方法,只是在当时影响的人数并不多。

三是董仲舒的建议对于汉代官吏选举影响有限。

董仲舒的"诸不在六艺之科、孔子之术者,皆绝其道,勿使并进"的建议,并非如同很多学者所言,作用很大,实际上对于汉代官吏选举影响有限。

首先,因为汉朝除察举贤良方正、明经等之外,还有多种途径可以入仕。如有征召制,有上书言事制,还有入物者补官、入财者补郎、入谷者射官等,以及有军功者封爵赐官、任子为官等。东汉时,"入仕之途虽不一,然由儒科而进者,其选亦甚难。故才智之士,多由郡吏而入仕。以胡广之贤,而不免仕郡为散吏;袁安世传《易》学,而不免为县功曹;应奉读书五行并下,而为郡决曹吏;王充之始进也,刺史辟为从事;徐穉之初筮也,太守请补功曹。盖当时仕进之路如此,初不以为屈也。虽然,岂特东京为然哉?考之西都:赵广汉,河间之郡吏也;尹翁归,河东之狱吏也;张敞,太守之卒史也;王尊,涿郡之书佐也。是皆一时卓绝隽伟之才,而卒不免由郡县吏以进身"[50]。可知以经取士并非官员选举的全部,即使儒生也有从其他途径入仕者。

其次,察举孝廉也不是所有人都考五经。左雄奏请:"请自今孝廉不满四十,不得察举,皆先诣公府,诸生试家法,文吏试笺奏,副之端门,练其虚实,以观异能,以美风俗。"①汉顺帝听从其建议。阳嘉元年(132年)十一月"辛卯,初令郡国举孝廉限年四十以上,诸生通章句,文吏能笺奏,乃得应选;其有茂才异行,若颜渊、子奇,不拘年齿"②。可见,汉顺帝阳嘉元年十一月诏书规定察举孝廉公府考试时,诸生(儒者)考经学(家法、章句),文吏考笺奏(章奏),身份不同考试科目也不同,并非都考五经家法。这种办法,到魏文帝黄初三年(222年)正月仍在实行③。魏明帝太和二年(228年)六月诏曰:"尊儒贵学,王教之本也。自顷儒官或非其人,将何以宣明圣道?其高选博士,才任侍中、常侍者。申敕郡国,贡士以经学为先。"[51]从元光元年(前134年)董仲舒提出大一统建议,到太和二年,三百六十二年过去了,即使

---

① 《后汉纪》卷一八《孝顺皇帝纪上》阳嘉二年四月(《两汉纪》下册,第353页)。《后汉书》卷六一《左雄列传》载:"请自今孝廉年不满四十,不得察举,皆先诣公府,诸生试家法,文吏课笺奏,副之端门,练其虚实,以观异能,以美风俗。有不承科令者,正其罪法。"李贤注曰:"儒有一家之学,故称家(法)。"(第2020页)卷四四《胡广列传》载:"时尚书令左雄议改察举之制,限年四十以上,儒者试经学,文吏试章奏。"又载胡广等言:"窃见尚书令左雄议郡举孝廉,皆限年四十以上,诸生试章句,文吏试笺奏。"(第1506页)上述四处表述稍有不同,可见"诸生"与"儒者","家法"与"经学""章句","笺奏"与"章奏"等,字形不同,含义相近。

② 《后汉书》卷六《孝顺帝纪》(第261页)。《后汉纪》卷一八《孝顺皇帝纪上》将此事系于阳嘉二年四月,与《后汉书·孝顺帝纪》系于阳嘉元年十一月辛卯不同。查历表阳嘉元年十一月甲戌朔,辛卯,为十八日(132年12月13日),朔闰相合。其次,《后汉书》卷六《孝顺帝纪》载:阳嘉元年七月"丙辰,以太学新成,试明经下第者补弟子,增甲、乙科员各十人"(第260页);卷六一《左雄列传》载:左雄"又上言:'宜崇经术,缮修太学。'帝从之。阳嘉元年,太学新成,诏试明经者补弟子,增甲乙之科,员各十人"(第2019—2020页)。帝纪与列传记载相同,可知时间在阳嘉元年七月。紧接着,又记载了左雄改察举之制的建议。由上述可知,《后汉书·孝顺帝纪》所记阳嘉元年十一月辛卯时间可信,《后汉纪》所记阳嘉二年四月当有讹误。

③ 《三国志》卷二《魏书·文帝纪》载:黄初三年正月,诏曰:"今之计、孝,古之贡士也。十室之邑,必有忠信,若限年然后取士,是吕尚、周晋不显于前世也。其令郡国所选,勿拘老幼,儒通经术,吏达文法,到皆试用。有司纠故不以实者。"(第79页)"儒通经术,吏达文法"与汉顺帝诏言"诸生通章句,文吏能笺奏"精神相通,可见东汉察举规则仍在实行中。

选举博士、侍中等,才要求"贡士以经学为先",请问哪会有所谓的汉武帝时代就"独尊儒术"呢?

综上所述可知,由举贤良方正、察举孝廉等途径入仕的官吏与其他多种途径任命的官吏并存,纷纭并存的仕宦途径,限制了董仲舒大一统建议"皆绝其道,勿使并进"实施的范围与效果,未曾形成选举制度的"独尊儒术"。

(五)董仲舒大一统建议的落脚点在法令制度

董仲舒说:"邪辟之说灭息,然后统纪可一而法度可明,民知所从矣。"[13]2523 邪辟之说,指乖谬不正的说法、道理。灭息,指消亡、止息。统纪,义为纲纪,指大纲要领、纲常等。法度,指法令制度等。断绝非六艺之科、孔子之术者仕进之路,乖谬不正的说法消亡,然后纲纪统一、法令明确,百姓知道应当如何去办。

这是董仲舒大一统建议的结论性说法,看不到"文革"时期陈伯达所讲的"董仲舒给皇帝讲道理,要想永远统一天下,就要有一种能统一人民的思想。这种思想只能是一种思想,那就是孔孟之道"的意思。那是陈伯达鼓动性的讲话,并非严谨的学术表达。因为两汉时代周公、孔子并尊,称为周公之道①、孔子之道②、周孔之轨躅、周孔之业等,而无称孔孟之道者③。据笔者目前所见,南朝萧齐王融有"伊、周、孔、孟之道"之说④,唐代杨绾以孔门之道或孔孟之道相称⑤,宋朝石介、胡宏提

---

① 王利器校注《盐铁论校注(定本)》卷七《能言》载:"公卿诚能自强自忍,食文学之至言,去权诡,罢利官,一归之于民,亲以周公之道,则天下治而颂声作。"(中华书局1992年版,第459页)

② 《法言义疏》卷四《吾子》载:"孔子之道,其较且易也。"(第76页)卷一一《五百》载:"孔子之道不可小与?"(第257页)两卷涉及"孔子之道"。

③ 《汉书》卷一〇〇《叙传上》载:"伏周、孔之轨躅,驰颜、闵之极挚。"(第4205—4206页)(汉)赵岐曰:"孟子闵悼尧、舜、汤、文、周、孔之业将遂湮微。"(《孟子正义》卷一《孟子题辞》,第10页)张衡《归田赋》曰:"弹五弦之妙指,咏周孔之图书。"(张衡著,张震泽校注《张衡诗文集校注·赋》,上海古籍出版社2009年版,第245页)蔡邕撰《释诲》:"盘旋乎周孔之庭宇,揖儒、墨而与为友。"(《蔡邕集编年校注》卷一《编年作品》,第53页)(明)顾炎武撰《金石文字记》卷二《汉·秦君碑》载:"周、孔异世,以义相高。"[《顾炎武全集·建康古今记(外八种)》,上海古籍出版社2012年版,第248页]由上述可见,有周孔并尊者,而无称孔孟之道者。

④ (梁)萧子显撰《南齐书》卷四七《王融传》载:"穷习战阵攻守之术,农桑牧艺之书,申、商、韩、墨之权,伊、周、孔、孟之道。"(中华书局2017年版,第908—909页)以"伊、周、孔、孟之道"而言,并非专言孔孟之道。

⑤ 《旧唐书》卷一一九《杨绾传》曰:"幼能就学,皆诵当代之诗;长而博文,不越诸家之集。递相党与,用致虚声,《六经》则未尝开卷,《三史》则皆同挂壁。况复征以孔门之道,责其君子之儒者哉!"(第3430页)百衲本的《旧唐书·杨绾传》亦如此记载。(清)董诰等编《全唐文》卷三三一杨绾《条奏贡举疏》作:"况复征以孔孟之道,责其君子之儒者哉!"(中华书局1983年版,第3357页)据《旧唐书》是"孔门之道",《全唐文》作"孔孟之道",当是抄录者习惯性的笔误。

出了孔孟之道①,二程朱熹等明孔孟之道②。汉朝的董仲舒并非讲孔孟之道,而是"推明孔氏"③。何况孔孟之道与六艺之科并不相同,在汉代六艺(五经)为官学经典,孔子书附录于六艺之末,孟子书为诸子之学,界限清晰,不容混淆。也不是现代很多人所说的"统一思想"要统一到儒家思想上,而是要统一到纲纪、法令制度上去。因为,法令、法度等是统治阶级意志的集中体现,是维护社会秩序的行为规范,又是政府行使权力的依据,也是调节社会生活矛盾的规则,还是衡量人们行为的准绳等。所以,董仲舒大一统建议最终要落实到以六艺之科、孔子之术为标准,国家制定统一的法令制度,黎民百姓要遵纪守法。

  作为思想家、经学家的董仲舒,将建议的落脚点放在了用"六艺之科"为标准,政府统一法令,百姓遵守法度上,这是大一统建议的高明之处。因为,春秋战国直至西汉初年的诸子百家,"从平面上看百家相争,很有点民主气氛。但如果分析一下每家的思想实质,就会发现,绝大多数人在政治上都鼓吹君主专制,思想上都要求罢黜他说,独尊己见,争着搞自己设计的君主专制主义"[52],虽然说提出了不同的治国方略,但"百川异源而皆归于海,百家殊业而皆务于治"[35]922,"夫阴阳、儒、墨、名、法、道德,此务为治者也,直所从言之异路,有省不省耳"[17]3965。诸子各家都以治理国家为目的,"皆自以为至极,而思以其道易天下者也","自人各谓其道,而各行其所谓,而道始得为人所有矣"[36]133。形成了诸子相互抨击的互黜现象,又有相互汲取的融合趋势,强制地统一为某一家思想,仍然解决不了"师异道,人异论,百家殊方,指意不同"[13]2523 的矛盾。走出诸子百家互黜相非的困境,而采用与诸子百家均有联系、又有共识的一方,有助于化解双方、多方的矛盾,而"六艺之科",既是春秋战国汉初诸子百家共同的文化资源,又是西汉设立五经博士后的官学经典,具有不容

---

① (宋)石介著《徂徕石先生文集》卷一四《上杜副枢书》言:"若夫学尧、舜、孔、孟之道,怀伊尹、周、召之志,文足以绥,武以来,仁足以恩,义足以教。"(中华书局1984年版,第158页)把尧舜孔孟之道并列。(宋)胡宏著《胡宏集·知言·事物》曰:"释氏窥见心体,故言为无不周徧。然未知止于其所,故外伦理而妄行,不足与言孔、孟之道也。"(中华书局1987年版,第22页)把孔孟之道作为成语,而流行于世。

② (宋)周密撰《齐东野语》卷一一《道学》载:"盖孔孟之道,至伊洛而始得其传,而伊洛之学,至诸公而始无余蕴。"(中华书局1983年版,第202页)伊洛之学,指二程创建的理学学派。(宋)黎靖德编《朱子语类》黄士毅《朱子语类后序》言:"故尝谓孔孟之道至周程而复明,至朱子而大明。"(中华书局1986年版,第7页)周程,指周敦颐、二程兄弟。(元)脱脱等撰《宋史》卷四三五《儒林传五·胡安国》载:胡安国言:"孔、孟之道不传久矣,自颐兄弟始发明之,然后知其可学而至。"(中华书局1977年版,第12914页)据上述可知,宋人认为有二程兄弟、朱熹等推崇、阐释、弘扬孔孟之道始明。

③ 《汉书》卷五六《董仲舒传》载:"及仲舒对册,推明孔氏,抑黜百家。"(第2525页)《论衡校释》卷一三《超奇篇》载:"文王之文在孔子,孔子之文在仲舒。"(第614页)据上述可知,董仲舒推明阐释的是孔子学说,而非"高举了孔孟之道"。

非议的地位。法令、法度既是统治阶级意志的具体体现,又有易为吏民等接受的因素,落脚于以六艺之科的标准统一法令,则统一有标准,操作有法可依。并且"县官事务,莫大法令","法令,汉家之经,吏议决焉。事定于法,诚为明矣",校释曰:"汉人以经目律。"[40]542 按照经的规格来抄写制作律令书籍。"夫五经亦汉家之所立"[40]542。汉代五经,"二尺四寸,圣人文语,朝夕讲习,义类所及,故可务知",校释曰:"《盐铁论·诏圣篇》:'二尺四寸之律,古今一也。'《朱博传》:'三尺律令,人事出其中。'三尺者,周尺八寸,三八,二十四寸也。律亦经也,故策长同。"[40]557 法律是经,经也是律,五经与汉律,均是汉家所设立,是治理天下不可或缺的法宝,其载体简牍尺寸规制相同,其地位相等,均属于汉家治国经典,因此,"法律之家,亦为儒生"[40]564。董仲舒建议落实于政府统一法令,人民遵守法度上,也就可以理解了。

大千世界,行业万千;生活方式,千姿百态;社会地位,高低悬殊。社会存在决定人们的思想,知识结构、行业职业、经济利益相异等,形成了千差万别的思想。人们的思想有同有异,同中有异,异中有同等是客观存在。从统治思想的角度看,既有维护统治的思想存在,亦有反对统治的思想存在。从社会思想的角度看,有超前的精英思想,有占主导地位的统治思想,更有涵盖广泛、影响巨大的风俗习惯与世俗迷信思想等。从经学的角度看,"自汉以来,号称行孔教二千余年于兹矣,而皆持所谓表章某某、罢黜某某者为一贯之精神。故正学、异端有争,今学、古学有争,言考据则争师法,言性理则争道统;各自以为孔教,而排斥他人为非孔教"[53],分歧丛集,争端纷纭。从社会现实来看,"师异道,人异论,百家殊方,指意不同"是客观的社会存在。在实现政治统一的条件下,经学家期望思想的统一,"天下无异意,则安宁之术也"[17]303 是政治家的理想追求。思想不统一是社会的常态存在,思想统一则具有相对性。董仲舒大一统建议的落脚点在以"六艺之科"为标准,统一法律,百姓遵守法度,与商鞅的"燔诗书而明法令"、李斯的焚书建议,表述相反而有着一致的追求,不同的表象下有着相同的本质,具有异曲同工之效。如果说卫绾、田蚡从消极方面逐步扩大了对治法家、黄老等学者仕进之路的限制,那么董仲舒则是综合卫绾、田蚡的限制措施,顺应汉武帝设立五经博士的现实,从积极方面提倡"诸不在六艺之科、孔子之术者,皆绝其道,勿使并进",也就是以经取士、以经治国,进而统一法度、遵纪守法。董仲舒的建议,从表面看,似乎是"罢黜百家,独尊儒术",仔细分析,实际上与"罢黜百家,独尊儒术"无关。

三、董仲舒与"罢黜百家,独尊儒术"无关

在现代出版的秦汉史、经学史、思想史、哲学史、儒学史、教育史等论著中,在诸

多报刊、广播电视等媒体上,在浩瀚的互联网资料中,评价"罢黜百家,独尊儒术"得失、论述对中国历史影响的著述不胜枚举。有些人对其来源、语主等有所考虑、有所考察,有说"罢黜百家"最早语出卫绾者[54],有说董仲舒是最早提出者①,有说不知最早出自何人者②,有说梁启超是始作俑者[55],也有说《汉书》"罢黜百家,表章《六经》"就是所谓"罢黜百家,独尊儒术"的由来者[56];还有说"独尊儒术"这种表述方式,出现得相当晚,并不能反映当时的历史真实[57];有说'罢黜百家,独尊儒术'的提法源自新文化运动时期易白沙所作《孔子评议》"者③。说法多种,分歧多端。笔者撰写《"罢黜百家,独尊儒术"词语探源》一文[58],从西汉罢、黜与罢黜字词的举例入手,考察其源流变迁,考察"罢黜百家,表章六经"的变迁,探寻"推明孔氏,抑黜百家"的变化,探讨"罢黜百家,独尊儒术"的出现与传播。现在再从董仲舒与"罢黜百家,独尊儒术"关系的角度,加以补充申述。

(一)易白沙所言"罢黜百家,独尊儒术"的董仲舒并非西汉的董仲舒

笔者根据目前所能看到的资料,认为"罢黜百家、独尊儒术"词语的创始者,当是留学德国的蔡元培,蔡元培1910年4月完稿、1910年7月由商务印书馆出版的《中国伦理学史》中言:"我国伦理学说,发轫于周季。其时儒墨道法,众家并兴。及汉武帝罢黜百家,独尊儒术,而儒家言始为我国唯一之伦理学。"④这是笔者目前所见比较早而确切的"罢黜百家,独尊儒术"原始出处,只是没有详细的分析、激烈的批判,只是平静地叙述。蔡元培又说:"我素来不赞成董仲舒罢黜百家、独尊孔氏

---

① 李玲崧《"罢黜百家,独尊儒术"语主考辨》认为:"罢黜百家,独尊儒术"最早应是由董仲舒提出来的。(《学术研究》1999年第7期)

② 陈静《"罢黜百家"旨在"表彰〈六经〉"而非"独尊儒术"》载:"'独尊儒术'的说法,最早出自谁人,今已很难确考。遍寻《二十五史》无此语,盖非古人所言。"(《洛阳师范学院学报》2004年第4期)

③ 郑济洲《董仲舒的"规约君权"理念:"推明孔氏,抑黜百家"新探》[《河北师范大学学报(哲学社会科学版)》2016年第5期]。1982年4月,朱维铮撰《经学史:儒术独尊的转折过程》附释3载:"汉武当国,……罢黜百家,独尊儒术,利用孔子为傀儡,垄断天下之思想,使失其自由。"注明引自易白沙《孔子评议上》,《青年杂志》1卷6号,1916年2月(上海图书馆编印《上海图书馆建馆三十周年纪念论文集》,上海图书馆1983年刊行,第300页,又见朱维铮著《中国经学史十讲》,复旦大学出版社2002年版,第85页)。由此可见,朱维铮早在1982年4月就已经引用了易白沙《孔子评议上》"罢黜百家,独尊儒术"的话,但未明言是"罢黜百家,独尊儒术"的出处。

④ 蔡元培著《中国伦理学史·绪论》(商务印书馆1987年影印1910年7月本,第3页)。高平叔编《蔡元培全集》第二卷《中国伦理学史》书名下括注(一九一〇年四月二十五日),题解载:"1907至1911年间,蔡元培在德国留学时,撰写《中国伦理学史》一书,由商务印书馆于清宣统二年(庚戌年)出版。1937年5月,商务印书馆又将此书列入'中国文化史丛书'第2辑,重新排印出版。1941年,日本中岛太郎将此书译为日文,由东京大东出版社出版。"(中华书局1984年版,第1页)《序例》标注"庚戌三月十六日编者识"(第2页),宣统庚戌年,即1910年。相对于易白沙1916年2月发表的《孔子评议》中使用的"罢黜百家,独尊儒术"早了近6年。

的主张。"①可见对于"罢黜百家,独尊儒术"是持批判态度的。但把"罢黜百家,独尊儒术"放在一起是矛盾的。因为,百家之中无疑有儒家,儒术当与儒家有联系,百家既然已经罢黜,何来"独尊儒术"呢？逻辑不通。《中国伦理学史》一问世,就成为中国伦理学史的大辂椎轮之作,而"罢黜百家、独尊儒术"的词语未引起世人的瞩目。

1912年1月,蔡元培出任教育部长,公布《普通教育暂行办法》,规定"小学读经科一律废除",标志着尊孔读经从教育领域退出。但两千余年来尊孔读经积聚的社会能量,不是一个教育部命令就能消解的。1913年6月,颁布《尊崇孔圣令》。10月,《宪法草案》规定:"国民教育,以孔子之道为修身大本。"[60]11月,发布《尊孔典礼令》。1914年2月,颁布《规复祭孔令》。9月,袁世凯统率文武百官赴曲阜孔庙祀孔,各省也举行了大规模的祭孔活动。1915年2月,颁布《特定教育纲要》,各学校恢复尊孔读经。各地相继成立了孔教会、孔道会、宗圣会、经学会等。尊孔读经演变成了社会思潮,与政治格局的变化联系在一起。本来尊孔是传统的尊师行为,读经是固有的教育方式,由来已久。但尊孔尊到形同迷信,读经读到思想僵化,并不可取。关键在于倡导者目的何在,如果以提高国民文化素质为目的理应点赞,实际以尊孔读经为复辟帝制的敲门砖实属倒行逆施。事物相反相成,尊孔读经与帝制复辟刺激了新文化运动的兴起,新文化运动的健将们提倡民主与科学,反对专制与迷信,进行道德与文化革命。

1916年2月15日,易白沙在《青年杂志》第一卷第六号上发表《孔子评议上篇》,指出孔学有适应社会潮流的一面,亦有被君主利用的一面,指出:"汉武当国,扩充高祖之用心,改良始皇之法术,欲蔽塞天下之聪明才志,不如专崇一说,以灭他说,于是罢黜百家,独尊儒术,利用孔子为傀儡,垄断天下之思想,使失其自由。"[61]86对"罢黜百家,独尊儒术"进行了论述,揭示其本质与目的。

1916年9月1日,易白沙在《青年杂志》改名的《新青年》第二卷第一号上发表《孔子评议下篇》指出:"闭户时代之董仲舒,用强权手段,罢黜百家,独尊儒术;开关时代之董仲舒,用牢笼手段,附会百家,归宗孔氏。其悖于名实,摧沮学术之进化,则一而已矣。"[61]91-92 把"罢黜百家,独尊儒术"与"闭户时代之董仲舒"联系在一起。这里的董仲舒是符号化的董仲舒,而不是西汉时代经学家的董仲舒,并分为闭户与开关两个不同时代的董仲舒,离真实的董仲舒更远了。

---

① 高平叔编《蔡元培全集》第六卷《我在北京大学的经历》(中华书局1988年版,第352页)。《我在北京大学的经历》发表于《东方杂志》第31卷第1号,1934年1月1日出版。

易白沙立足于现实需要,纵论古今历史,评价孔子及其学说,言:"时则有赵绾、王臧、田蚡、董仲舒、胡毋生、高堂生、韩婴、伏生、辕固生、申培公之徒,为之倡筹安会。"①把赵绾等人比喻为1915年8月成立的为袁世凯复辟帝制制造舆论的筹安会,以抨击现实。又言:"愚所祈祷,固不足为今之董仲舒道。何也?今之董仲舒,欲以孔子一家学术代表中国过去、未来之文明也。"[61]91 明确说明所针对的并非汉朝的董仲舒,而是现实社会中鼓吹复辟帝制的"今之董仲舒"。

由上述可见,这不是纯粹的学术论文,而是立足于现实,借学术论文的形式,揭露袁世凯利用尊孔祭孔复辟帝制的本质,揭露筹安会等人为复辟帝制利用孔子的目的,借此以批判尊孔读经复辟思潮,以救国救民,再造中华。

易白沙的"罢黜百家,独尊儒术"的说法,是否直接受到了蔡元培的影响,笔者目前尚未找到证据,但可以肯定是时代的产物,有其产生的社会环境与适宜土壤,揭示出孔学尊君权漫无限制演成独夫专制之弊、讲学不许问难易演成思想专制之弊等,具有重要的思想理论价值,对于破除迷信、解放思想具有重要的意义和影响。其文章具有学术研究的色彩,具有借事明义的性质。我们不必以学术文章的规范来要求,因为作者本意不在此处,也不必以是否符合历史事实来考证,文章的意义也不在此。因为,易白沙明白"以孔子统一古之文明,则老、庄、杨、墨、管、晏、申、韩,长沮、桀溺、许行、吴虑,必群起否认,开会反对。以孔子网罗今之文明,则印度、欧洲,一居南海,一居西海,风马牛不相及"[61]91。"今之董仲舒,欲以孔子一家学术代表中国过去、未来之文明也"[61]91,也是逆历史潮流而动。明确指出"不仅创造文字,不必归功孔子,即各家之学,亦无须定尊于一人。孔子之学只能谓为儒家一家之学,必不可称以中国一国之学。盖孔学与国学绝然不同,非孔学之小,实国学范围之大也。朕即国家之思想,不可施于政治,尤不可施于学术。三代文物,炳然大观,岂一人所能统治?"[61]93 易白沙《孔子评议》这样说,论述了"罢黜百家,独尊儒术"的不合理性,立足于批判"罢黜百家,独尊儒术"的反动性。不过是"孔子宏愿,诚欲统一学术,统一政治,不料为独夫民贼作百世之傀儡"[61]97,以此作为批判社会弊端的理论,绝非存在的都是合理的认同。因此,易白沙《孔子评议》中"罢黜百家,独尊儒术"的董仲舒与西汉时代的董仲舒除了姓名相同之外,没有实质性的联系。

---

① 《易白沙集·孔子评议上篇》(第86页)。《史记》卷一二一《儒林列传·伏生》载:"孝文帝时,欲求能治《尚书》者,天下无有,乃闻伏生能治,欲召之。是时伏生年九十余,老,不能行,于是乃诏太常使掌故晁错往受之。"(第3769页)汉文帝时,伏生已经年九十余岁,到汉武帝时,已超过百岁,当早已经不在人世,此伏生亦不可信。

后来,有些学者们坐实了董仲舒与"罢黜百家,独尊儒术"的关系,虽然仍然袭用"罢黜百家,独尊儒术"的说法,有与蔡元培、易白沙精神一致者,仍然持批评态度,有的则背道而驰,转化为肯定"罢黜百家,独尊儒术",有的则既有肯定,又有批评,有的则否定"罢黜百家,独尊儒术"的存在等,林林总总,诸说纷纭。

(二) 董仲舒著述中没有"罢黜百家,独尊儒术"的论述

董仲舒流传到现在的著述,有《春秋繁露》《董子文集》等著作,还有一些散篇逸文。阅读这些著述,从中可以看到,董仲舒博采众长集大成,做出了重大的理论贡献,但并没有关于"罢黜百家,独尊儒术"的论述。

一是博采百家,综合创新。

生于燕南赵北之地、身居齐鲁燕赵之交的董仲舒,下帷读书三年不窥园圃,神游诸子乘马三年不知牝牡,心无旁骛、聚精会神地攻读研习诸子百家,自觉地博采广纳和杂糅儒、道、墨、法、名、阴阳等诸家学说,综合运用各种思维和论说的方式,熔铸成适合中央集权君主专制时代需要的思想,为百家争鸣殊途而同归做了许多工作,逐渐从诸子百家争鸣的子学时代转化为经学占主导地位的时代,奠定了中国古代社会两千余年统治思想的基础。

董仲舒继承了儒家孔子、孟子、荀子的主张而有所发展。如孔子曰:"君子喻于义,小人喻于利。"[20]73 董仲舒继承了孔子的说法,提出了:"皇皇求财利常恐乏匮者,庶人之意也;皇皇求仁义常恐不能化民者,大夫之意也。"①虽然有君子与大夫、小人与庶人称谓的不同,其含义与孔子说法还是一致的,只是具体到《天人三策》的语言环境,稍有变通。这是班固所言的"推明孔氏"的具体体现。孟子宣扬性善论,荀子主张性恶论,从表面来看,两者针锋相对。实际上,是通过不同的切入点和论证方式,对孔子的"性相近也,习相远也"做了各自的发挥、发展,孟子着眼于"性相近",荀子入手于"习相远",从而形成了不同的人性论体系。董仲舒受孟子、荀子启发,主张:"圣人之性不可以名性,斗筲之性又不可以名性,名性者中民之性。"[32]311-312 由此形成了圣人、斗筲、中民之性的"性三品"说。

董仲舒不仅继承、发展了儒家思想,还广泛地从其他诸子思想中汲取营养,创造自己的理论。墨子的"天志"学说影响了董仲舒,发展为天谴灾异说等。韩非的

---

① 《汉书》卷五六《董仲舒传》(第2521页)。卷六六《杨敞传·杨恽》亦载:"董生不云乎?'明明求仁义,常恐不能化民者,卿大夫意也;明明求财利,常恐困乏者,庶人之事也。'"颜师古注曰:"引董仲舒之辞也。《仲舒传》作皇皇也。"(第2896页)虽然有"皇皇"与"明明"、"乏匮"与"困乏"、"之意"与"之事"等不同,庶人、大夫词语先后顺序的颠倒,但大夫取义、庶人求利的说法是相同的。

"忠孝"说，为董仲舒的三纲说提供了营养。老子的哲学、黄老的理论、阴阳家的思维等，亦为董仲舒所吸收，融入了其思想体系中。这方面的研究成果众多①，我就不再絮叨了。

二是接着先秦诸子成果讲，解决亟须回答的理论问题。

春秋战国以来，汤武革命成为政权更替的一种类型。《周易·革卦》言："天地革而四时成。汤武革命，顺乎天而应乎人。《革》之时，大矣哉。"《孟子·梁惠王下》载："齐宣王问曰：'汤放桀，武王伐纣，有诸？'孟子对曰：'于传有之。'曰：'臣弑其君，可乎？'曰：'贼仁者谓之贼，贼义者谓之残，残贼之人谓之一夫。闻诛一夫纣矣，未闻弑君也。'"《荀子·正论》言："能用天下之谓王。汤武非取天下也，修其道，行其义，兴天下之同利，除天下之同害，而天下归之也。桀纣非去天下也，反禹汤之德，乱礼义之分，禽兽之行，积其凶，全其恶，而天下去之也。天下归之之谓王，天下去之之谓亡。故桀纣无天下，汤武不弑君，由此效之也。汤武者，民之父母也；桀纣者，民之怨贼也。今世俗之为说者，以桀纣为君而以汤武为弑，然则是诛民之父母而师民之怨贼也，不祥莫大焉。以天下之合为君，则天下未尝合于桀纣也。然则以汤武为弑，则天下未尝有说也，直堕之耳。""今世俗之为说者，以桀纣为有天下而臣汤武，岂不过甚矣哉！譬之是犹伛巫跛匡大自以为有知也。"上述《周易》、孟子、荀子分别从不同的角度，阐释了汤武革命的合理性。

汉高祖刘邦乘陈胜起义而兴，以布衣而为天子，胜项羽而建汉朝，与汤武革命有类似之处。汉景帝时，《齐诗》博士辕固与黄生在皇帝面前争论汤武革命的问题。黄生曰："汤武非受命，乃弑也。"辕固曰："不然。夫桀纣虐乱，天下之心皆归汤武，汤武与天下之心而诛桀纣，桀纣之民不为之使而归汤武，汤武不得已而立，非受命为何？"黄生曰："冠虽敝，必加于首；履虽新，必关于足。何者？上下之分也。今桀纣虽失道，然君上也；汤武虽圣，臣下也。夫主有失行，臣下不能正言匡过以尊天子，反因过而诛之，代立践南面，非弑而何也？"辕固曰："必若所云，是高帝代秦即天子之位，非邪？"于是景帝曰："食肉不食马肝，不为不知味。言学者无言汤武受命，不为愚。"[17]3767 争论的双方其实都在为维护汉朝的统治着想，辕固从历史的

---

① 如屠承先、陈增岳《论董仲舒对原始儒学的改造和发展》（《社会科学》1990年第4期），汪高鑫《论董仲舒对墨子政治思想的吸取》（《安徽教育学院学报》1997年第4期），申波《论董仲舒对儒学的法家化改造》[《西南民族大学学报（人文社科版）》2008年第11期]，白延辉《董仲舒对黄老道家价值理念的吸收融合》（《当代中国价值观研究》2016年第5期），钱逊《董仲舒与先秦百家争鸣的终结》[《清华大学学报（哲学社会科学版）》1995年第1期]，马睿《论董仲舒为诸子之集大成者》（《安徽文学》2007年第4期）等，从多方面论述了董仲舒博采众长集大成的贡献。

角度论证了汉朝夺取政权的合法性,但按照其逻辑推演下去,如果汉朝皇帝无道,也会被"受命"者所取代,这是汉朝统治者不愿意看到的。黄生从社会现实存在出发论证汉朝统治的合法性和维护尊卑上下的合理性,但无法解释汉高祖夺取天下的合理性。汉景帝说不明此事,只是制止了双方的争论,"是后学者莫敢明受命放杀者"[17]3767,并不等于解决了这个问题。

董仲舒转换角度,针对着"汤武为不义"的问题,指出:"天之生民,非为王也,而天立王以为民也。故其德足以安乐民者,天予之;其恶足以贼害民者,天夺之。"[32]220 在孟子、荀子论证的基础上,在王权天授的前提下,再次论证了政权存在的合理性在于"为民","贼害民"者就会失去天命,即有德者有天下,得民者据天下。说明"有道伐无道,此天理也,所从来久矣,宁能至汤武而然耶?"[32]220 又指出:"君也者,掌令者也,令行而禁止也。今桀纣令天下而不行,禁天下而不止,安在其能臣天下也? 果不能臣天下,何谓汤武弑?"[32]221 从君主的角色方面,做出了解释,桀纣令不行禁不止时,已经失去作为君主的基本前提,在这种情况下,改朝换代符合天理人心,汤武并非弑君。用王权天授与"为民"理论,既解释了汉高祖夺取天下的合理性,又论证了拥有与失去天下的原因在于是否"为民",也给汉朝统治者敲响了警钟。

三是立足社会现实,提出了关系重大的理论命题。

董仲舒针对江都王刘非询问越三仁问题,阐述了"夫仁人者,正其谊不谋其利,明其道不计其功"[13]2524 的主张,不仅为宋代二程兄弟、朱熹所弘扬,而且被后人视为儒家义利观的经典语言。面对汉武帝时代的土地兼并问题,提出了"限民名田,以澹不足,塞并兼之路"[13]1137 的主张,虽然汉武帝没有接受,但影响了汉哀帝时的限田限奴令的制定和王莽提出的王田制,并影响了北朝的均田制等,影响深远[62-63]。

孟子指出:"伯夷,圣之清者也;伊尹,圣之任者也;柳下惠,圣之和者也;孔子,圣之时者也。孔子之谓集大成。集大成也者,金声而玉振之也。金声也者,始条理也;玉振之也者,终条理也。始条理者,智之事也;终条理者,圣之事也。"[28]672-673 孔子是以博采圣贤众长集大成的方式,成为至圣。董仲舒生活在汉朝的兴盛时期,聚精会神地博览群书,以致有"三年不窥园"的传说,认识到"天道积聚众精以为光,圣人积聚众善以为功,故日月之明,非一精之光也;圣人致太平,非一善之功也"[32]177。以博采众长集大成的视野、气度,博采诸子百家之长,形成了独具特色的上承孔子、下启朱熹的学说体系,在诸多领域做出了巨大的理论贡献,"董仲舒的主张行,而子学时代终;董仲舒之学说立,而经学时代始"[64]。就笔者目前所看到的资料,在董仲舒的著述中看不到"罢黜百家,独尊儒术"的主张,因此,不应当把"罢黜百家,独尊儒术"的帽子戴在董仲舒的头上。

(三)董仲舒无权实现"罢黜百家,独尊儒术"

《汉书》的《武帝纪》曰:"孝武初立,卓然罢黜百家,表章《六经》。"《董仲舒传》中说:"及仲舒对册,推明孔氏,抑黜百家。"其说法很符合两人的身份。"罢黜百家,表章六经"的决定权掌握在至高无上的汉武帝之手,"推明孔氏,抑黜百家"是思想家董仲舒所能够办到的事情。正如董仲舒所言:"述所闻,诵所学,道师之言,廑能勿失耳。若乃论政事之得失,察天下之息耗,此大臣辅佐之职,三公九卿之任,非臣仲舒所能及也。"[13]2519 这不是董仲舒的谦虚之词,而是实际情况的说明,董仲舒的建议能否推行,那不是他所能决定的事情。

因为,令行禁止的是政令,雷厉风行的是军令,违者处罚的是法令等,而很多学者的思想影响,并非言出行随、立竿见影。春秋时代的孔子,累累然如丧家之犬,其道不行,三四百年后,在汉代获得尊崇。战国时代的孟子,千余年后,在唐宋才获得尊崇。在行政权力支配的中国古代社会中,权势,是胜人之资,皇权犹如罩天遮地的巨手,控制着社会的各种资源。身处高位,掌握着多种事物的话语权。韩非言:"桀为天子,能制天下,非贤也,势重也;尧为匹夫,不能正三家,非不肖也,位卑也。"[25]552 不仅桀、尧如此,而且不掌握权势的儒者也没有执行力。汉昭帝时,大夫曰:"盲者口能言白黑,而无目以别之。儒者口能言治乱,而无能以行之。""故卑而言高,能言而不能行者,君子耻之矣。"嘲讽了儒者无执行的能力。贤良则曰:"能言而不能行者,国之宝也。能行而不能言者,国之用也。兼此二者,君子也。"[65]459 表面上反驳了御史大夫桑弘羊的说法,但并未举出有力的证据来。这反映了汉代儒者的窘境——"儒者口能言治乱,而无能以行之"。不仅董仲舒如此,而且这是儒者(读书人)群体的特点。曹魏刘劭言:"能传圣人之业,而不能干事施政,是谓儒学。"[66]65 清代章学诚言:"儒也者,贤士不遇明良之盛,不得位而大行,于是守先王之道,以待后之学者,出于势之无可如何尔。"[36]131 作为儒者,除了其文章著述传播于世产生些影响和在其职权管辖的范围内推行其主张之外,不掌握国家最高的行政权力,没有实际的执行力,怎能把自己的主张在全国推广呢?祈求得君行道,只能学好文武艺,卖与帝王家,讲给天子听,写给皇帝看,听从君主的选择。这也是董仲舒身在汉武盛世,撰写《士不遇赋》,直书处世的艰辛,抒发两难的苦闷等原因之一。因此,说董仲舒提出了"罢黜百家,独尊儒术"的建议,无论是否真实,是否合乎情理,那还是董仲舒可以做得到的事。讲董仲舒"主张'罢黜百家,独尊儒术',开后世两千余年以儒学为封建正统思想的局面"[67],说:"汉代董仲舒'罢黜百家,独尊儒术',此后,儒学思想取得了统治地位。"[68]曰:"西汉时期董仲舒'罢黜百家,独尊儒术',从此奠定了中国儒学的统治地位。"[69]称:"儒家学说成为封建社会的正统学说,始于董仲舒的'罢黜百家,独尊儒术'。"[70]"认为从上古时代周公'制礼作乐'开始确立的严格等级制度是中国专制主义的罪魁祸首。到汉代董仲舒'罢黜百家,独尊儒术'是这种文化专制主义的延续。"[71]诸如此类的常见说法,很难有真凭实据可列举,多是人云亦云之语,无疑都放大了董仲舒的作用,膨胀了董仲舒的地位,因为作为思想家、经学大师,身为西汉群儒首、儒者宗的董仲舒根本没有掌握着"罢黜百家,独尊儒术"号令天下的权力。

(四) 两汉时代尊崇经学,而非"独尊儒术"

班固《汉书·武帝纪》言:"罢黜百家,表章《六经》。"蔡元培《中国伦理学史·绪论》曰:"罢黜百家,独尊儒术。"一百余年来,认同"罢黜百家,独尊儒术"者成为学界主流性看法,批驳者稀少。

传世文献中,有汉武帝"博开艺能之路,悉延百端之学,通一伎之士咸得自效"[17]2890,"汉兴八十余年矣,上方乡文学,招俊乂,以广儒墨"[17]3563,"迄孝武世,书缺简脱,礼坏乐崩,圣上喟然而称曰:'朕甚闵焉!'于是建藏书之策,置写书之官,下及诸子传说,皆充秘府"[13]1701等记述,《汉书·艺文志》中有《诸子略》,著录诸子百家的著述。汉武帝时代朝廷上存在着治黄老、法家、纵横、阴阳家等为大臣的现象。碑刻文献中,有"修黄老之术,谦守足之让"[72]的记载,有"同心齐鲁,诱进儒墨"[73]的内容等。诸如此类,难以枚举,都能说明汉代并非"罢黜百家,独尊儒术"。还有,六经记载了中华民族远古的兴衰变迁,保存了古代的典章制度、思想意识等,是华夏民族的元典文献,是中华文化的源头基因,是春秋战国诸子发生、发展的共同资源,而不是儒家的私有财产,尊崇六经不是"独尊儒术",反之,刨根问底儒术也来源于六经。

汉武帝时代,开始"罢黜百家,表章六经",皇帝是设立五经的决策者,是尊崇五经的倡导者,又是五经争议的裁决者,设立五经博士,传授五经,以经育士,以经取士,以经治国,使五经成为统治思想的载体,成为润饰(缘饰)吏治、教化臣民的工具,既具有知识的普遍性,又具有经典的权威性。士人攻读五经,以经入仕,据经立义,以经获禄利取富贵。五经、经术在两汉社会诸多领域打上了深刻的烙印,因此,尊崇经学,是两汉思想学术的主流,并非所谓的"独尊儒术"。再则,汉人尊崇五经,博士、经师传授五经,士人学习五经,察举考试五经,大臣上书引证五经,并且五经多数在儒家诞生之前已经存在,怎么能说是"独尊儒术"呢?

"罢黜百家,独尊儒术",是蔡元培面向现实、反思历史做出的概括,是易白沙等人为批判尊孔读经的逆流而运用的词语,并非十分准确,但逐渐为有些学人所接受,传播日广。有些学者习非为是,将望文生义之词,强加在汉武帝、董仲舒身上,然后功之、罪之,赞誉诋毁,实在是百余年来学术界的悲哀,是亟须拨乱反正的观念。

余 论

笔者根据目前所看到的资料认为,1910 年 4 月 25 日,蔡元培《中国伦理学史》完稿之前,尚未有"罢黜百家,独尊儒术"的词语。1916 年 9 月 1 日,易白沙发表《孔子评议下篇》之前,没有董仲舒与"罢黜百家、独尊儒术"的关系问题。是易白沙针对尊孔读经的社会现实,从批判的角度首先提出了这个问题,这也就成为新文化运动以来的老问题,至今一百多年过去,仍然是一个未曾彻底解决的问题,也成为一个与董仲舒评价联系在一起的问题。改革开放以来,有些人充分肯定董仲舒与"罢黜百家,独尊儒术"的贡献,有些人则认为"罢黜百家,独尊儒术"子虚乌有,有些人则批判"罢黜百家,独尊儒术"的谬误,有些人主张用"罢黜百家、首尊儒术"等来代替"罢黜百家,独尊儒术",诸如此类的议论纷纭,连篇累牍。其实,董仲舒本人何曾知道"罢黜百家,独尊儒术"的说法,是后人把"罢黜百家,独尊儒术"与董仲舒联系在一起。董仲舒的历史地位、贡献、影响等,并不因为肯定"罢黜百家,独尊儒术"而伟大,也不因为否定"罢黜百家,独尊儒术"而渺小。董仲舒留下了丰富的文化遗产,已成为取之不尽用之不竭的思想资源,值得一代代的学人去攻读,去发掘,去提炼,去创造性转化,去创新性发展,以推动中华民族文化的发展,以丰富中华文明的宝库。

参考文献

[1] 张烈."独尊儒术"是历史的必然[J].文史知识,1985(9):16-20.

[2] 周桂钿.独尊儒术,奠定汉魂:董仲舒政治哲学研究[J].船山学刊,1998(2):53-60.

[3] 王永祥,霍艳霞.董仲舒"独尊儒术"功过论[J].河北学刊,1998(4):52-56.

[4] 张学忠."独尊儒术"是历史的必然[J].宿州师专学报,2002(3):31,50.

[5] 张东.独尊儒术对思维方式的影响[J].社科纵横,1997(3):39,41.

[6] 郝立忠.从"焚书坑儒"到"罢黜百家,独尊儒术":兼论"罢黜百家,独尊儒术"的社会危害[J].武汉科技大学学报(社会科学版),2017(3):233-248.

[7] 真德秀.大学衍义[M].景印文渊阁四库全书.台北:台湾商务印书馆,1986:621.
[8] 秦进才.卫绾奏请开启罢黜百家的先河[J].河北师范大学学报(哲学社会科学版),2018(1):40-50.
[9] 翦伯赞.中国史纲要[M].北京:人民出版社,1979:198.
[10] 李玲崧."罢黜百家,独尊儒术"语主考辨[J].学术研究,1999(7):69-70.
[11] 秦进才.《春秋繁露·止雨》"二十一年"管窥[J].扬州大学学报(人文社会科学版),2008(5):89-94.
[12] 王利器.新语校注[M].北京:中华书局,1986:142.
[13] 班固.汉书[M].北京:中华书局,1962.
[14] 房玄龄,褚遂良,许敬宗,等.晋书[M].北京:中华书局,1974:2261.
[15] 袁燮.絜斋家塾书钞[M].景印文渊阁四库全书.台北:台湾商务印书馆,1986:808.
[16] 程颢,程颐.二程集[M].北京:中华书局,2004:1201.
[17] 司马迁.史记[M].北京:中华书局,2013.
[18] 黄怀信,张懋镕,田旭东.逸周书汇校集注[M].上海:上海古籍出版社,2007:1044.
[19] 段玉裁.说文解字注[M].上海:上海古籍出版社,1981.
[20] 朱熹.四书章句集注[M].北京:中华书局,1983.
[21] 徐元诰.国语集解[M].修订本.北京:中华书局,2002:352.
[22] 杨伯峻.春秋左传注[M].修订本.北京:中华书局,2016.
[23] 蒋礼鸿.商君书锥指[M].北京:中华书局,1986.
[24] 许富宏.慎子集校集注[M].北京:中华书局,2013.
[25] 陈奇猷.韩非子新校注[M].上海:上海古籍出版社,2000.
[26] 郭庆藩.庄子集释[M].北京:中华书局,2012.
[27] 孙诒让.墨子间诂[M].北京:中华书局,1986:71.
[28] 焦循.孟子正义[M].北京:中华书局,1987.
[29] 王先谦.荀子集解[M].北京:中华书局,1988.
[30] 陈奇猷.吕氏春秋校释[M].上海:学林出版社,1984.
[31] 李道平.周易集解纂疏[M].北京:中华书局,1994:636.
[32] 苏舆.春秋繁露义证[M].北京:中华书局,1992.
[33] 孙诒让.周礼正义[M].北京:中华书局,2013:756.
[34] 贾谊.新书校注[M].阎振益,钟夏,校注.北京:中华书局,2000:316.
[35] 何宁.淮南子集释[M].北京:中华书局,1998.
[36] 叶锳.文史通义校注[M].北京:中华书局,1985.
[37] 唐晏.两汉三国学案[M].北京:中华书局,1986:462.
[38] 马其昶.韩昌黎文集校注[M].上海:上海古籍出版社,2014.
[39] 袁长江.董仲舒集[M].北京:学苑出版社,2003:33.
[40] 黄晖.论衡校释[M].北京:中华书局,1990.
[41] 孙启治.中论解诂[M].北京:中华书局,2014:393.
[42] 赵纪彬.困知二录[M].北京:中华书局,1991.
[43] 王国维.王国维全集:第8册[M].杭州:浙江教育出版社,2010:200.

[44] 李焘.续资治通鉴长编[M].北京:中华书局,2004:11123.

[45] 王夫之.船山全书:第10册[M].长沙:岳麓书社,2011:125-126.

[46] 贺长龄.耐庵诗文存[M].续修四库全书.上海:上海古籍出版社,2002:382.

[47] 俞启定.先秦两汉儒家教育[M].济南:齐鲁书社,1987:66.

[48] 刘桂生.近代学人对"罢黜百家、独尊儒术"的误解及其成因[G]//北京大学中国传统文化研究中心.北京大学百年国学文粹·史学卷.北京:北京大学出版社,1998:516.

[49] 滕福海.董仲舒与"罢黜百家"[J].广西大学学报(哲学社会科学版),2007(5):92-97.

[50] 徐天麟.东汉会要[M].上海:上海古籍出版社,1978:405.

[51] 陈寿.三国志[M].北京:中华书局,1982:94.

[52] 刘泽华.中国政治思想史集:第1卷[M].北京:人民出版社,2008:119.

[53] 梁启超.清代学术概论[M].石家庄:河北教育出版社,2000:457.

[54] 陈新业."罢黜百家"语出何人[J].中国史研究,1998(3):169-170.

[55] 牛秋实."罢黜百家、独尊儒术"说的形成及时人、后人之批判[J].衡水学院学报,2010(6):19-21.

[56] 赵克尧.汉唐史论集[M].上海:复旦大学出版社,1993:98.

[57] 王子今.汉武英雄时代[M].北京:中华书局,2005:48.

[58] 秦进才."罢黜百家,独尊儒术"词语探源[G]//魏彦红.董仲舒与儒学研究:第八辑.成都:巴蜀书社,2019:423-460.

[59] 中国第二历史档案馆.中华民国史档案资料汇编:第二辑[M].南京:江苏人民出版社,1981:463.

[60] 赖骏楠.宪制道路与中国命运:中国近代宪法文献选编(1840—1949):上卷[M].北京:中央编译出版社,2017:462.

[61] 陈先初.易白沙集[M].长沙:湖南人民出版社,2008.

[62] 秦进才.董仲舒限田思想再探[J].衡水学院学报,2017(2):17-34.

[63] 秦进才.董仲舒限田思想的影响初探[J].衡水学院学报,2019(2):28-46.

[64] 冯友兰.三松堂全集:第2卷[M].郑州:河南人民出版社,2001:269.

[65] 王利器.盐铁论校注[M].北京:中华书局,1992.

[66] 李崇智.人物志校笺[M].成都:巴蜀书社,2001.

[67] 徐怀宝.中国历史文化[M].北京:北京燕山出版社,2008:146.

[68] 余明,李飞.中国历史文化概论[M].成都:西南交通大学出版社,2008:77.

[69] 李武绪.当代体育文化学解读[M].北京:光明日报出版社,2015:66.

[70] 季风.儒家国学课[M].厦门:鹭江出版社,2015:103.

[71] 伊茂凡.黄遵宪传[M].北京:北京时代华文书局,2016:106.

[72] 洪适.隶释[M].北京:中华书局,1986:99.

[73] 胡海帆,汤燕.北京大学图书馆新藏金石拓本菁华1996—2012[M].北京:北京大学出版社,2012:44.

原载于《衡水学院学报》2020年第5期。

三纲说的来源、形成与异化

丁四新

(清华大学 哲学系,北京 100084)

[摘 要] 郭店简《六德》篇提出了"三大法"或"六位"的位分伦理学说。《成之闻之》篇继而以"天常"或"大常"肯定此伦理学系统,以"天"作为其存在意义的终极根源。孔子是三大法说或六位说的集大成者,是其理论系统的正式提出者和构建者。此三大法说或大常说,与汉人的三纲说高度相似。"大法"即"纲"之义。孔子的三大法说与汉人的三纲说是一脉相承的,前者是后者的直接来源,是其第一个阶段。实质意义上的"三纲"观念出现很早,名义上的"三纲"概念在先秦已隐约出现,汉初正式出现了"三纲"一词。三纲说的提出,乃位分伦理学不断纲常化的结果。董仲舒虽然不是三纲说的提出者,但是他以天道观论证其合理性,并提出"王道之三纲可求于天"的命题,其理论贡献是突出的。"三纲"有多方面的含义,其作为位分伦理之主干或基本结构义是至为明显的。而且,无论是董子的还是《白虎通》的三纲说,都以"匹合"为第一义和第一原理;"主从"义则必须居于"匹合"义之下,并受到后者的严格限定。所谓"君为臣纲,父为子纲,夫为妻纲"的三纲说,其实出自《礼纬·含文嘉》。此种三纲说未得汉人三纲说之大义,是对汉人正统三纲说的扭曲和异化,又因其不符合现代价值观念,故应遭到否定和批判。

[关键词] 孔子;董仲舒;三纲;三大法;六位;位分伦理学;《白虎通》

[基金项目] 国家社会科学基金重大项目(15ZDB006)
[作者简介] 丁四新(1969—),湖北武汉人,教授,博士生导师,教育部长江学者特聘教授,哲学博士。

"三纲"问题自清末民初以来一直受到中国精英阶层的高度关注和重视。对于所谓三纲说，人们既有赞扬之、维护之和提倡之的，也有批评之、贬损之和责难之的，而后者形成了所谓时代主流。一百多年来，"三纲"问题也一直是学界争论的一个焦点和热点，其中汉人三纲说是什么及其性质、来源如何，更是学界讨论的中心问题。应该说，这些问题迄今都没有得到较好解决，而人们的纷争也没有止息下来。因此，"三纲"问题在当前仍然是值得继续讨论和研究的。笔者长期关注早期中国的位分伦理学问题，希望借助此概念及郭店简《六德》《成之闻之》的新材料来重新审视和检讨此问题，并希望此问题得到根本解决。

一、问题的提出

自清末民初以来，三纲说或者三纲六纪说，即成为谈论或讨论"中国文化"之特质问题的一个重要话题。谭嗣同、陈独秀等启蒙思想家发起和推进了对传统三纲说的批判[1]，他们的观点和言论通过精英阶层的辩论和公众舆论的推广而产生了深远的思想影响和社会影响。与此同时，亦有部分学者和保守人士起而辩护之。由此，学界分为否定、贬斥和肯定、维护的两派。贺麟、冯友兰、侯外庐等先生都参与了这场学术思想运动[14]。

归纳起来，围绕三纲说，学者产生了如下争论：1) 三纲说的内容是什么？是指"君为臣纲，父为子纲，夫为妻纲"，还是指君臣、父子、夫妇三大伦？2) 三纲说的思想性质是什么？是单向的、专制的、绝对的，还是双向的、独立的、相对的？3) 提出三纲说的思维方式是理念式的、抽象一般的，还是基于个体本位的思考？4) 三纲说是儒家本有的，还是来自黄老道家或法家？其中，"汉人的三纲说是什么"和"三纲说的来源及其性质是什么"是学界讨论的中心问题和焦点问题。当然，这些问题都建立在一个相关的意义问题之上，即：三纲说是中国文化的精华而应当保留，还是中国文化的糟粕而应当抛弃？

从学术史来看，一百多年来三纲问题的批判和讨论大致经历了三个时期。第一个时期是清末民初的启蒙思想运动时期，在此一时期，启蒙思想家对三纲说发起了正式而猛烈的批判。第二个时期是后启蒙阶段，前一时期的基本观点即在此一时期得到推广和深化，时间从1920年代后半期一直蔓延到1990年代。第三个时

---

① 谭嗣同的观点集中在《仁学》(中华书局1958年版)一书中。陈独秀的观点集中在《一九一六》《吾人之最后觉悟》《宪法与孔教》等文中。陈氏的这三篇文章都收录在任建树主编《陈独秀著作选编》第一卷(上海人民出版社2009年版)中。

期是近二十年来的新检讨和新辩论,景海峰、方朝晖和李存山等人发表的相关论著或讨论文章值得重视[1,5-7]。

如上问题是本文的写作背景,不过笔者将只讨论其中的部分问题,即:第一,三纲说的来源问题,特别是孔子与三纲说的关系问题。本文认为,孔子的三大法说或六位说是三纲说的第一个阶段。第二,三纲说的正式提出及董仲舒与三纲说的关系问题。本文认为,三纲说早于董子而提出,"三纲"概念及三纲说都不是他的发明。第三,如何恰当地理解汉代的三纲说及如何定位、评价《礼纬·含文嘉》的三纲说问题。其中,后一问题涉及人们所持现代性的观念和立场。这些问题,学界有或多或少的关注和研究,但从总体上看起来,离笔者的观点和看法相距甚远,因而有待于重新研究、分析和论证。

二、孔子的三大法说是三纲说的第一个阶段

(一)郭店简《六德》篇的六位说

从对待义言,三纲说即为君臣、父子、夫妇三对基本人伦关系。这三对人伦关系,准确地概括了中国传统伦理社会的基本结构。对于此种伦理关系中人的身份,古人以"位"或"位分"称谓和概括之。从现有资料来看,三纲说即直接来源于三大法说或六位说。三大法说或六位说的完整理论形态,见于郭店简《六德》篇。三大法说与六位说的关系是一分为二或合二为一的关系。

先看六位说。竹书《六德》篇曰①:

1)生民【斯必有夫妇、父子、君臣】六位也。有率人者,有从人者;有使人者,有事人【者;有】教者,有学者。此六职也。既有夫六位也,以任此【六职】也。六职既分,以裕六德。(简7-10)

2)男女别生焉,父子亲生焉,君臣义生焉。父圣子仁,夫智妇信,君义臣忠。圣生仁,智率信,义使忠。故夫夫、妇妇、父父、子子、君君、臣臣,此六者各行其职,而狱讼蔑由作也。君子言信焉尔,言诚焉尔,故外内皆得也。其反,夫不夫,妇不妇,父不父,子不子,君不君,臣不臣,昏所由作也。(简33-38)

竹书《六德》篇的伦理学说是一个系统,它由六位、六职和六德三个板块构成。其

---

① 本文凡引用出土文献,如无必要,释文皆用宽式;并且,所有释文均据学者研究成果作了校订。特此说明。《六德》《成之闻之》的释文及学者修正意见,参看荆门市博物馆编《郭店楚墓竹简》(文物出版社1998年版)和武汉大学简帛研究中心、荆门市博物馆编著《楚地出土战国简册合集(一)·郭店楚墓竹书》(文物出版社2011年版)。

中,六位是其本体和基础,六职则是由六位派生的,六德是对六位、六职的德行规范。六德作为德行规范具有两面性,一是其大体上应当与六位、六职相符;二是对六位、六职提出了道德性的规范和要求。在位分伦理学中,六位、六职、六德三者缺一不可,必须相互配合,才能发挥其伦理作用。在此,"六德"可以称之为美德,但它们更多的是在此位分伦理中规范其位分的六种美德。

《说文·人部》以"位"字从人从立,其实更准确地说,从古文字来看,"位"与"立"本为一字,"位"是"立"的分化字。郭店简《六位》篇的所有"位"字均写作"立"字。而"立"字是一个会意字,从人立于地上之形。"位"的本义是指人在某一空间内所站立的特定位置或处所。《说文·人部》曰:"位,列中庭之左右谓之位。"据此,"位"的本义是指在朝廷中所站立的位置,或在群臣中所处的位列。这样,理所当然地,"位"从其本义开始即具有标识人的社会性地位和等级的作用。竹书《六德》篇的"六位"的"位"字,是用其引申义,即指人在社会(包括家庭、宗族和朝廷等)关系中所处的位置或其所处的身份。

从竹书《六德》篇来看,"六位"即指夫、妇、父、子、君、臣六种身份。六位的两两组合,即为三大伦(夫妇、父子、君臣)。此篇竹书的"六位"说有两种次序,一种是从夫妇、父子到君臣的言说次序,一种是夫妇、父子和君臣两两的相对次序。前一种次序在《六德》篇中几乎是固定的,这既见于上引第7-10号简,也见于上引第33-38号简。这种次序有其内在逻辑,即:夫妇关系先于父子关系,而父子关系又先于君臣关系;或者说,家庭的建立先于家庭的繁衍,家庭的伦理关系先于社会、政治的伦理关系。此种位分伦理系统的建构,是以伦理关系的"始源-衍生"为基本逻辑的。"夫妇"一环因其在此种伦理系统中最为本始,故先列之;次列父子,因为在逻辑上父子关系后于夫妇关系;最后列君臣,君臣是建立在家庭及其他社会关系基础上的政治伦理关系。这是一种自然衍生的位分伦理逻辑,具有天然的合理性。而先秦儒家一般即基于此种次序来阐述和评论位分伦理的含义和思想。对于此种自然衍生的位分理论逻辑,《周易·序卦》作了非常清晰、系统的说明,云:"有天地然后有万物,有万物然后有男女,有男女然后有夫妇,有夫妇然后有父子,有父子然后有君臣,有君臣然后有上下,有上下然后礼义有所错(措)。"不过,在《六德》篇中,"夫妇"一伦虽然居于三大伦之首,但这并不必定意味着它在六位说中或三大法说中是最重要的。自然逻辑次序的先后不等于价值观上的高低轻重。

"六位"的另一种次序是夫妇、父子、君臣两两的相对关系。这种相对性,一是夫与妇对、父与子对、君与臣对,彼此之间没有错对错配,而显得很自然;二是夫先于妇、父先于子、君先于臣,而不是相反,显示前者对于后者具有一定的优先性,且此种次序从传统观念来看亦显得颇为自然。郭店简《成之闻之》篇将此种关系称为"天常"或"天降大常"。其实,它们之所以显得如此自然,是因为自然和社会双重因素共同作用和影响的结果,而此种次序因此具有或带有"天赋"的特征。

所谓"六职",指"率人"和"从人"、"使人"和"事人"、"教"和"学"六者,竹书《六德》篇明确地说"此六职也"。"职"有职分、职责、职能和职事等义,《六德》篇所说的"六职"具有一般性,指常职和常分。"六职"的"职"是职分之义。"六职"与"六位"是体用关系,"六职"之用是从"六位"之体合乎其本性地生衍出来的,两者具有对应关系。反言之,"六职"不是"六位"的偶然绽现,而是其合理性的推演和一般作用。笔者注意到,在竹书《六德》篇中,"六职"的言说次序与"六位"的言说次序是不一样的。竹简说"有率人者,有从人者",此就夫妇二位而言;"有使人者,有事人【者】",此就君臣二位而言;"【有】教者,有学者",此就父子二位而言。简言之,它们是依据夫妇、君臣、父子的顺序来叙述六职的。而其中有何深意?是有意如此的,还是偶然如此的?它们似乎是两个有趣的问题。

所谓"六德",竹书《六德》篇曰:"父圣子仁,夫智妇信,君义臣忠。""六德"即指圣、仁、智、信、义、忠六种德行。从道德实践来看,以六位为主,六德是用来规范此六位的实践性内涵:父位即要求实践圣德,子位即要求实践仁德,夫位即要求实践智德,妇位即要求实践信德,君位即要求实践义德,臣位即要求实践忠德。而且,在三大伦的基础上,竹书亦要求此六德是两两相对和相应的关系,即父圣与子仁、夫智与妇信、君义与臣忠是两两相对和相应的关系。值得指出的是,六德是按照父子、夫妇、君臣的次序来作叙述的。我们会发现,从叙述次序来看,六位、六职、六德三个版块所依据的六位次序彼此不同。笔者认为,此种不同可能是作者有意为之的结果,目的可能是为了打破读者的僵化解释。这样看来,夫妇、父子、君臣的次序虽然可能具有某种历史的合理性,但是它并非永远如此,也非必定如此。相应地,汉代三纲说的君臣、父子、夫妇的排列次序亦然,此种排列次序虽然具有某种历史的合理性和特定内涵,但是它并非永远如此,也非绝对如此。位分伦理学的实践必须与它的历史条件相一致。

进一步,竹书《六德》篇又说:"圣生仁,智率信,义使忠。"这三句话似乎表明德行具有其自身的独立性,但其实它们是以上述六位的两两关系为基础的。这样,所谓"圣生仁",即是父之圣生子之仁;所谓"智率信",即是夫之智率妇之信;所谓"义使忠",即是君之义使臣之忠。很明显,前后两者具有主从、先后的关系。而这种实践意义的主从、先后关系,其实导源于其所依赖的六位两两间的主从和先后关系。而这种一般意义上的主从、先后的关系,是由位分伦理学之历史局限性所决定的。换言之,六位之两两关系是绝对的平等还是相对的平等,是绝对的差异还是相对的差异,这是理想主义和现实主义在构造位分伦理学时所必然面对的基本矛盾。这两种矛盾融合在历史实际中,位分伦理学因此即难以避免历史的局限性。

关于六位、六德、六职三个版块之间的关系,竹书《六德》篇说:"既有夫六位也,以任此【六职】也。六职既分,以裕六德。"(简 9-10)"任",担任、承担。"裕",充裕、充足。《说文·衣部》曰:"裕,衣物饶也。"竹书用其引申义。这三句话阐明了六位、六职和六德三者的关系:六位是本,六职是用;有此位则有此职,位职相配;处于此位则应当承担和履行此职。六德与六位、六职相应,六德是对于六位的德行规范和要求,其关键落实在六职的道德实践层面上。反观之,处位或居位的合理性即体现在六职的伦理实践上,并通过此伦理实践以充实和完成其相应的德行规定,此即所谓成德的问题。这是一方面。

另一方面,位分伦理的德行实践或道德实践的目的,不过是为了成就伦理上的位分人格。位分伦理学所说的位分人格包括两重:一重是位分人格的自身成就,即所谓"夫夫、妇妇、父父、子子、君君、臣臣","此六者各行其职,而狱讼蔑由作也"(简 23-24、简 35-36);另一重是成就君子人格。从位分伦理学的逻辑来看,君子人格的成就是建立在此六位人格的全部成就上的,一位的人格不成,即不能成就所谓君子的人格。设若舜不能"弃天下如敝屣""窃负而逃"(《孟子·尽心上》),做到"子子"一项,那么即使他完美地履行了天子的责任("君君"),也不能称之为儒家的君子或圣人。君子的人格与六位的人格既有联系又有区别。君子人格是对于六位人格的综合和提高。同时,我们看到,竹书《六德》篇为君子人格的定义及其成就开辟了一条新的维度和有效途径。竹书《六德》篇曰:"君子言信焉尔,言诚焉尔,故外内皆得也。"(简 36-37)所谓"言信""言诚",皆从修身而言。言行相合谓之信,身心真实无妄谓之诚。此处的"外内",以亲疏关系或门内外言之。"得"者,得其所宜,既得其本然,又得其应然。如果身不修,修之不诚,言行不信,则会"夫不夫,妇不妇,父不父,子不子,君不君,臣不臣"(简 37-38),会导致混乱、虚伪的伦理局面和结果。

综合起来看,郭店简《六德》篇的六位说是一套完整的位分伦理学思想体系,它由六位、六职和六德三个版块组成,既深刻又具体,既系统又完备。而因此竹书《六德》篇堪称中国伦理学史上的鸿篇巨制,它弥补了中国传统伦理学史上的一个理论空白,同时为孔子本人的类似思想找到了可靠出处,故此篇的思想价值和理论意义十分巨大。对比所谓三纲说,竹书《六德》篇所谓夫妇、父子、君臣的三对六位结构即与之高度相似。据此,笔者推断,六位说应当是三纲说的第一个阶段。当然,个别学者囿于成见,漠视竹书《六德》篇的思想价值和意义,而不能正视其与三纲说的关系,这是另外一个问题。

(二) 郭店简《六德》篇的三大法说与《成之闻之》篇的天常说

实际上,六位说与三纲说的同一性关系,在竹书《六德》篇中有更直接的表达,这即是《六德》将"六位"又直接称为"大法三"。而"大法三",换言之,即为"三大法"。竹书《六德》篇第44-46号简曰:

> 凡君子所以立身大法三,其绎之也六,其衍十又二。三者通,言行皆通;三者不通,非言行也。三者皆通,然后是也。三者,君子所生与之立,死与之敝也。

所谓"君子所以立身大法三",即将六位合并为三对伦理关系来看待,竹书"男女别生焉,父子亲生焉,君臣义生焉"(简33-34)即是此意。《尔雅·释诂上》曰:"法,常也。"又曰:"范,常也,……法也。""法"即常理、常范义。"大法",即大常、洪范之义,与"纲常"一词同义。"三大法"也即是"三大伦"之义。"伦",义为伦常。

所谓"其绎之也六",指夫妇、父子、君臣的"三大法"演绎为夫、妇、父、子、君、臣六位。所谓"其衍十又二",指在六位的基础上六种位分人格的完成,即竹书所谓"夫夫、妇妇、父父、子子、君君、臣臣"(简35)十二字者是也。从三大法到六位,从六位到十二字位分人格的成就,可以看出《六德》是以"三大法"为根本和关键的。竹书一曰:"三者通,言行皆通。"二曰:"三者,君子所生与之立,死与之敝也。"由此足见"三大法"的重要了!

"三大法"与"六位"相对,表明了夫妇、父子、君臣三大法的关键在于其相对、相关和相合之义。这即是说,在其意义域中,"夫"不能离绝"妇","妇"亦不能离绝"夫";"父"不能离绝"子","子"亦不能离绝"父";"君"不能离绝"臣","臣"亦不能离绝"君"。合之则两美,离之则两伤。"匹合"与"相对",是位分伦理的大义和本根所在。因此《六德》篇为何要进一步将"六位"概括为"三大法"呢?其答案即在于此。而儒者为何后来进一步提出了"三纲"概念呢?其着眼点亦在于此。由此可知,"三纲"说的第一义乃在于其"对待"和"匹合"义,这是其全部内涵(包括历史内涵)生发和演绎的基干。

郭店简《成之闻之》篇亦有与三大法说或六位说直接相关的内容,并且是对于三大法说或六位说进一步的肯定和提升。《成之闻之》篇曰：

> 天降大常,以理人伦,制为君臣之义,著为父子之亲,分为夫妻之别。是故小人乱天常以逆大道,君子治人伦以顺天德。(简31-33)

> 唯君子道可近求,而可远措也。昔者君子有言曰:"圣人天德。"盖言慎求之于己,而可以至顺天常矣。《康诰》曰:"不还大夏,文王作罚,刑兹亡赦。"盖此言也,言不奉大常者,文王之刑莫重焉。是故君子慎六位以巳(嗣)天常。(简37-40)

上引第一段简文将"六位"或"三大法"进一步肯定为天所降之"大常",或者直接肯定为"天常"。《成之闻之》篇曰"天降大常",此"大常"即与"大法"相应,而"大常"的概念比"大法"高一层,因为它是由最高存在者"天"所降生的。"大法"以"大常"为依据。"大常"存诸天地之间,而"大法"则安于人伦之中。"常"者取其确定不变之义,"法"者取其典范义,其实在简文中此二义很相近。从天到大常,从大常到大法,这是一个纵贯下落的系统,然其实体并无二致,其含义处于不断开展的过程中。《成之闻之》篇又将"大常"称为"天常","大法"称为"大道",曰:"是故小人乱天常以逆大道,君子治人伦以顺天德。""天常"即"天降大常"之省称,与"大常"同义;"大道"则与"大法"同义。引文中的"天德",指"天常"降落在人的身心中而转生的一种普遍的道德意识。因此"天德"与"天常"这两个概念虽然有在己和在天之不同,但就其实体而言它们并无不同。

　　上引第二段竹书文本主要是讲道德实践,但此道德实践是在"天常"和"六位"之间展开的。从竹书《成之闻之》来看,成就君子人格在于反己修身,而反己修身上以"天常"为根据,下以位分伦理为依托。竹书曰:"唯君子道可近求,而可远措也。"所谓"君子道",即指成就君子人格之道。所谓"可近求",即所谓求之于己,或求之于己在六位上的道德实践。所谓"可远措",指远措之于天常。"远措"之义有二:一个是就实践的范围而言,另一个是就其上达天常而言。后一义当然是主要的。《成之闻之》篇最后总结道:"是故君子慎六位以巳天常。""巳"读为"嗣",二字均为邪母之部字。《说文·心部》曰:"慎,谨也。""慎六位",即谨慎地遵守六位,即以六德为伦理实践的德行要求,而努力地实践和成就夫夫、妇妇、父父、子子、君君、臣臣的六种位分人格。"天常"通过"天德"生长和活动在人的内心,通过人的道德信念和道德反省而维系人世间的六位伦理。而六位伦理的正当性,即直接来源于道德之终极实在的"天常"。在六位上谨慎地做功夫,以承继天常、天道,竹书认为,这就是君子的事业。

综合起来看,上引两段竹书文本在内容上以修身成德和成就君子人格为中心;但如何修身成德和成就君子人格,则在"天常"与"六位"之间展开。很显然,"天常"与"六位"虽然有位格的差别,但是两者可以贯通。相对于《六德》篇来说,《成之闻之》篇论述了"求己"和"天降大常"之义,显示出此篇竹书的思想框架更为博大。综合这两篇竹书的内容,可知《六德》篇所说的位分伦理即是《成之闻之》篇所谓"天常"概念的落实,而《成之闻之》所说的"求己"概念,除了反省义之外,更多的是从践履六位的伦理实践角度来说的。

(三) 孔子与三大法说的关系及三大法说与三纲说的关系

先看孔子与三大法说或六位说的关系。在郭店简中,《六德》《尊德义》《成之闻之》《性自命出》四篇同简制,书迹出于同一手。前三篇竹书在内容和文本上都彼此关联,证据明确,故它们应当属于同一作者或同一学派的著作。笔者认为,郭店简《尊德义》篇是孔子本人的著作,并为此做了充分论证,读者可参看拙文《郭店简〈尊德义〉篇是孔子本人著作》[8]。这样,《六德》《成之闻之》两篇也很可能是孔子本人的著作;如若不然,那么它们也是孔子弟子亲承师意之作,仍然表达了孔子本人的思想。如果这个推论是正确的话,孔子就是三大法说或六位说的提出者了。而且事实上,据经典和史书,孔子与三大法说或六位说的关系非常密切。《论语·颜渊》篇曰:

> 齐景公问政于孔子。孔子对曰:"君君,臣臣,父父,子子。"公曰:"善哉!信如君不君,臣不臣,父不父,子不子,虽有粟,吾得而食诸?"

这件事,亦载于《史记·孔子世家》。据《史记·孔子世家》等书的记载,"齐景公问政"一事发生在公元前516年(周敬王四年、鲁昭公二十六年、齐景公三十二年),时值孔子三十五六岁。从两人的对话情景来看,君君、臣臣、父父、子子这一套话语系统在当时是古人所熟悉的,并不感觉陌生。不过,孔子面对齐景公之问竟脱口对曰"君君,臣臣,父父,子子",这显示出,孔子本人很可能曾经对此话语系统下了一番思索的功夫,达到了深思熟虑的地步。而从逻辑上来看,"君君,臣臣,父父,子子"是以"三大法"或"六位"的伦理思想体系为背景和基础的,而"六位"又是以"三大法"为基础的。由此来看,尽管《论语·颜渊》篇及《史记·孔子世家》只记载了这一小段对话,但足以显示孔子本人是非常熟悉以"六位"或"三大法"为中心的位分伦理学说的。顺便指出,从前学者往往以《论语·颜渊》篇孔子对齐景公的这段话为所谓孔子的正名说,现在看来是错误的,是理论错置,未得孔子学说的真谛。

如果说郭店简《六德》篇是一篇杰出的伦理学著作,是一篇关于位分伦理学的鸿篇巨制,且其与已证明为孔子本人著作的《尊德义》篇高度相关,那么它不是孔子本人的著作,又会是谁人的著作呢?如此反问,可知《六德》篇最可能是孔子本人的著作,而且是孔子的早期著作。而如果这一结论是可以成立的话,那么孔子与三大法说或六位说就有密切关系。笔者认为,孔子不一定是六位说或三大法说的提出者,但他是六位说或三大法说的总结者及其理论的提高者。竹书《六德》篇由六位、六职、六德所组成的位分伦理学说,是孔子在总结前人及时人相关说法的基础上由他本人再加概括和系统建构的结果。从这一角度来看,《六德》篇的六位说或三大法说即是孔子的六位说或三大法说。

再看三大法说与三纲说的关系。笔者认为,三大法说是三纲说的第一阶段或其早期阶段,且三大法说是三纲说的直接来源。学者或许认为六位说不等于三纲说,这是自其异者视之。"六位"的概念建立在六个基本伦理位分之上,偏重于以单位言之;而"三纲"则是合二为一,以君臣、父子、夫妇之相对两位的组合而构成新的伦理学意涵。但我们是否能因此而将三纲说与六位说彼此隔离开来,认为它们是完全对立的呢?这当然不能。从六位到三纲,从单位到双位,从相对单独到绝对匹合,笔者认为,其间不仅不是完全隔绝的,而且绝对匹合义其实处于相对单独义的上位,前者是后者存在的前提。即就《六德》篇来看,此篇竹书不但论述了"六位"之每一位分的个别性含义,而且强调了其相合相匹之义,并将此相合相匹之义的六位说进一步提升为所谓"大法三"说。"大法三"即"三大法"。在此,笔者不惮将《六德》篇的相关文字再引述一次:"凡君子所以立身大法三,其绎之也六,其衍十又二。三者通,言行皆通;三者不通,非言行也。三者皆通,然后是也。三者,君子所生与之立,死与之敝也。"确实,从"三大法"到"六位",从"六位"到十二字位分人格的成就,其推演逻辑是非常明确和清晰的。"三大法"即指三对纲常性的位分关系,汉人称之为"三纲",无论从实质还是从名义来看,它们的含义都是相同的,只不过汉人将"大法"换为"纲常"而已。竹书《成之闻之》篇又进一步将"六位"或"三大法",与"天常"或天所降"大常"直接关联起来。尽管前后二者有在人伦和在天道之别,但其贯通天人的实体是一而不是二。竹书《成之闻之》篇曰:"天降大常,以理人伦,制为君臣之义,著为父子之亲,分为夫妻之别。"又说:"是故君子慎六位以已(嗣)天常。"皆是此义。由此可知,如果我们对将六位说判断为三纲说之早期阶段的说法还心存芥蒂的话,那么竹书"三大法"的说法即应当可以消除此芥蒂了;而如果"三大法"的说法仍然无法消除人们心中的疑虑的话,那么"大常"或

"天常"的说法应当完全可以消除他们心中的这一点疑虑了。

就竹书《六德》篇的"三大法",李零曾说:"'立身大法三',疑指夫、父、君,即所谓'三纲'(夫为妇纲,父为子纲,君为臣纲)。"[9] 庞朴说:"后世思想家将三大法僵化为三纲,变双向成单向,既不能绎之也六,也无法衍十又二,则是'三者不通'的典型。"[10] 李、庞二位的嗅觉是很敏锐的,他们似乎觉察到《六德》篇的"三大法"与汉人所说"三纲"具有某种关系,但是很可惜,李、庞二氏囿于清末民初以来以"夫为妇纲,父为子纲,君为臣纲"为三纲说的成见,而断然否认了此"三大法"说与汉人"三纲"说的渊源关系。笔者认为,他们的看法是不对的,是错误的。其中的关键在于,大家人云亦云的"夫为妇纲,父为子纲,君为臣纲"的所谓三纲说,真的是汉人或古人所谓三纲说的本义及其大义吗?这是一个关键问题,故笔者在下文不得不再加讨论。

三、三纲说的提出与董子对于三纲说的贡献

(一)三纲说的提出与董子非其发明者

三纲说的提出问题,应当分为实质义上的三纲说和名义上的三纲说来作梳理和讨论。

先看实质义上的三纲说。实质义上的三纲说出现得很早。中国传统社会是家族型社会,此种社会形态对于中国传统政治生态的影响非常深入,故夫、妇、父、子、君、臣等伦理位分很早即成为中国传统社会和传统政治的构成要素。夫妇、父子、君臣三对伦理关系分别言之,在中国传统典籍中很常见。《左传》是成书较早的一部经典,从总体上看它反映了春秋时期的人、物、事及其思想观念。《左传》昭公二十五年曰:"为君臣上下,以则地义;为夫妇外内,以经二物;为父子、兄弟、姑姊、甥舅、昏媾、姻亚,以象天明。"很明确,这段话在实质的意义上提出了所谓"三大法"的伦理结构,即提出了君臣、夫妇、父子的关系结构。一般认为,《周易·象传》的成书较早,部分学者时至今日仍认为它很可能是孔子本人的著作。《象传·家人》曰:"家人,女正位乎内,男正位乎外,男女正,天地之大义也。家人有严君焉,父母之谓也。父父,子子,兄兄,弟弟,夫夫,妇妇,而家道正。正家而天下定矣。"这段话以"夫妇"和"父子"二伦四位为论述中心,符合《家人》卦之义,不过其中还隐喻了君臣一伦。据此,《象传》作者即具备了"三大法"的位分伦理思想。《逸周书·常训解》曰:"八政:夫、妻、父、子、兄、弟、君、臣。"此"八政"的概念,犹如竹书《六德》篇的"六位"。"八政"去其二(即去掉兄弟二位),即为"六位"。此外,《左传》昭公

元年曰:"子晳信美矣,抑子南夫也,夫夫妇妇,所谓顺也。"《国语·晋语四》曰:"君君臣臣,是谓明训。"再加上文所引《论语·颜渊》篇孔子对"齐景公问政"的"君君,臣臣,父父,子子"八字,我们完全可以据此推断,至迟在春秋后期,实质义的"六位"说或"三大法"说已经形成了,尽管在形式上它可能还是比较散漫的。而形式上很完整、很严格、很系统的六位说或三大法说,很可能是由孔子总结和概括出来的。从众多位分伦理中挑选出夫、妇、父、子、君、臣"六位",这需要一层概括和提炼的思想功夫。从六位中又进一步构筑起夫妇、父子、君臣的"三大法",并意识到此"三大法"更为基础,更为重要,这又需要一层概括和提炼的思想之功。从三大法又进一步升进和升华,看到"天常"或天所降之"大常"是其合法性的根源所在,这就需要思想者在天命、天道意识内完成其新构造,在更博大的思想框架中来解决和回应此问题。在彼时,除了孔子,谁还能承担起此思想和文化建设的重任呢?我们看到,郭店简《六德》和《成之闻之》两篇即完成了中国传统位分伦理学的大构造。

再看名义上的三纲说。名义上的三纲说可以分为两个阶段,一个是隐约的名义上的三纲说,再一个是正式的名义上的三纲说。隐约的名义上的三纲说在先秦已经出现。《礼记·乐记》载"子夏对曰":"然后圣人作为父子君臣,以为纪纲。纪纲既正,天下大定。"这段话亦见于《史记·乐书》。《乐记》或《乐书》即用"纪纲"一语来对父子君臣的位分伦理作了定性。"纪纲"一词,可换作"纲纪"。而且,从引文来看,作者使用"纪纲"一词显然不是随意的,而是正说,因为这段引文紧接着说:"纪纲既正,天下大定。"《汉书·礼乐志》载"贾谊曰":"夫立君臣,等上下,使纲纪有序,六亲和睦,此非天之所为,人之所设也。"据此可知,汉初的贾谊亦使用了"纲纪"一词来定性君臣等位分伦理。从先秦至汉初,虽然名义上的"三纲"概念没有出现,但人们已经使用了"纪纲"或"纲纪"来定性六位或三大法的位分伦理。从郭店简《六德》《成之闻之》的"大法""大常"或"天常"概念,到战国中晚期和汉初出现的"纪纲"或"纲纪"一词,名义上的三纲说已经在相应的历史阶段隐约出现了。

正式的名义上的三纲说,最早见于《韩诗外传》和董子的有关著作。《韩诗外传》的作者为韩婴。韩婴,《汉书·儒林传》有传,与董仲舒并时而略早,汉文帝时博士。《汉书·儒林传》曰:"婴推诗人之意而作《外传》数万言。"《汉书·艺文志》曰:"《韩外传》六卷。"《韩诗外传》很可能作于韩婴为文帝博士时期。《韩诗外传》卷三曰:"若夫百王之法,若别白黑;应当世之变,若数三纲;行礼要节,若运四支;因化之功,若推四时;天下得序,群物安居,是圣人也。"名义上的"三纲"一词或概念最早即出现在此段文字中。随后,我们才在董子的相关著作中发现了"三纲"一词。不过,"三纲"一词或概念虽然正式见于《韩诗外传》和《春秋繁露》两书中,但此二书都没有特别指明"三纲"的具体内容,而需要结合上下文或更为广泛的思想背景,我们方能确定其具体所指。据此可知,名义上的"三纲"概念应当出现得更早,不会晚于汉文帝时期。而由此,我们不得不说,"三纲"一名确实出现在董仲舒之前,它不是董子本人的发明。从具体内容来看,实质义的三纲说就更不可能是由董子首先提出来的。在汉初,"三纲"一名似乎已成为当时的集体意识和时人的正式称谓。

西汉后期,跟位分伦理学有关的"纲纪"或"三纲"一词亦多次出现。刘向《列女传·仁智》曰:"君臣、父子、夫妇三者,天下之大纲纪也。三者治则治,乱则乱。"扬雄《太玄·永》次五曰:"三纲得于中极,天永厥福。"其测曰:"'三纲'之'永',其道长也。"扬雄《法言·先知》曰:"或苦乱。曰:'纲纪。'曰:'恶在于纲纪?'曰:'大作纲,小作纪。如纲不纲,纪不纪,虽有罗网,恶得一目而正诸?'"《汉书·谷永传》载经学大师谷永曰:"勤三纲之严,修后宫之政。"《东观汉记》卷十三曰:"莽居摄,子宇谏莽,而莽杀之。逢萌谓其友人曰:'三纲绝矣!不去,祸将及人。'即解冠挂东门而去。"这些文献都没有说"三纲"是由董仲舒提出来的,反倒像众所悉知的流行术语一样。彼时,"三纲"似乎人人可得而称之。由此可见,"三纲"一词不是董子的发明。以董子为"三纲"一词的发明人而开罪董子,进而谩骂董子,这是不讲事实、不求证据的态度,是不正确的。

(二) 董子对于三纲说的贡献

董仲舒对于三纲说的贡献主要表现在论证上。而且从一定意义上说,其论证和观点与孔子相契。在《春秋繁露》中,"三纲"一词共出现了2次,一次见于《深察名号》篇,另一次见于《基义》篇。《深察名号》曰:"循三纲五纪,通八端之理,忠信而博爱,敦厚而好礼,乃可谓善。此圣人之善也。"这是用"三纲五纪"来论证"善"的观念,并说"此圣人之善也"。"圣人"指孔子。"三纲五纪"的具体内容,《春秋繁露》没有指明,一般认为,等于《白虎通》的"三纲六纪"说。

董子对于三纲说的思想贡献主要体现在《春秋繁露·基义》篇中。是篇曰:

> 凡物必有合。合,必有上,必有下,必有左,必有右,必有前,必有后,必有表,必有里;有美必有恶,有顺必有逆,有喜必有怒,有寒必有暑,有昼必有夜。

此皆其合也。阴者阳之合,妻者夫之合,子者父之合,臣者君之合①。物莫无合,而合各有阴阳。阳兼于阴,阴兼于阳,夫兼于妻,妻兼于夫,父兼于子,子兼于父,君兼于臣,臣兼于君。君臣、父子、夫妇之义,皆取诸阴阳之道。君为阳,臣为阴;父为阳,子为阴;夫为阳,妻为阴。阴道无所独行,其始也不得专起,其终也不得分功,有所兼之义。是故臣兼功于君,子兼功于父,妻兼功于夫,阴兼功于阳,地兼功于天。……阴阳二物,终岁各壹出。其出,远近同度而不同意。阳之出也,常县(悬)于前而任事;阴之出也,常县(悬)于后而守空处。此见天之亲阳而疏阴,任德而不任刑也。是故仁义制度之数,尽取之天。天为君而覆露之,地为臣而持载之;阳为夫而生之,阴为妇而助之;春为父而生之,夏为子而养之。王道之三纲可求于天。

"王道之三纲可求于天"是上述引文的中心观点。所谓"三纲",从上下文来看,指君臣、父子、夫妇三大伦或三对伦理关系。董子三纲说的贡献在于:1)将"三纲"正式纳入"王道"观念之中,或者说,董子将"王道"概念的一个重要侧面落实在"三纲"上。而这一点其实是由春秋学的本性所决定的。《庄子·天下》曰:"《春秋》以道名分。"《孟子·滕文公下》曰:"孔子成《春秋》而乱臣贼子惧。"《说苑·贵德》曰:"(子夏曰)《春秋》者,记君不君、臣不臣、父不父、子不子者也。此非一日之事也,有渐以至焉。"春秋学本来就是以正名分为中心,董子将"三纲"正式纳入"王道"概念的内涵之中,是对春秋学的发展。2)以匹合、并兼和阴阳之义论证了"三纲"说的合理性。董子先云"凡物必有合"和"物莫不合",认为"合"是存在于宇宙万物间的第一原理,"合"是普遍的或者是普遍存在的。次云"合各有阴阳",即认为"合"中有其阴阳对待的双方。又云"阳兼于阴,阴兼于阳",即认为"兼"或"相兼"是普遍存在于对待之中或存在于对立的双方之中。如果"合"是存在于宇宙万物间的第一原理,那么"兼"或"相兼"是第二原理。"合"是匹合、相须,"兼"是兼并、兼摄之义。"合"不分主从,而在主从之上;"兼"则必有主从,而贯通于对待的双方之中。从第一原理来看,"阳兼于阴,阴兼于阳"是从绝对意义上来说的,阴阳本无偏亲偏任。"夫兼于妻,妻兼于夫,父兼于子,子兼于父,君兼于臣,臣兼于君",即其义也。但从流行对待来说,阴阳有前后,有亲疏,有主从,有兼摄,这就是所谓"君为阳,臣为阴;父为阳,子为阴;夫为阳,妻为阴"之说。这样看来,董子所谓"君臣、父子、夫妇之义,皆取诸阴阳之道"即有两重含义:一重是从绝对的原理

---

① 丁按,从"合"义来看,此数句当云:"阴者阳之合,阳者阴之合;妻者夫之合,夫者妻之合;子者父之合,父者子之合;臣者君之合,君者臣之合。"原文疑有脱误,或属于所谓省略言之。

言,君臣、父子、夫妇的三纲之义可以是彼此相兼或平等的,这是第一义;二重是从历史现实言,臣兼于君,子兼于父,妇兼于夫,这是传统社会的历史常态,这是第二义的。第二义的君臣、父子、夫妇的三纲之义,董子认为是神性的"天"面对现实而开启的天意,而由此可见此天意不是永恒的。从第一义来看,董子对于所谓专任之说是持保留意见的。《白虎通·三纲六纪》篇对于董子所谓三纲之义"皆取诸阴阳之道"说有更为清晰、积极的解释,曰:"君臣,父子,夫妇,六人也,所以称三纲何?一阴一阳谓之道。阳得阴而成,阴得阳而序,刚柔相配,故六人为三纲。"这是以"匹合"义解释了何以不得不从"六人"转称"三纲"的天道根据。3)董子提出"王道之三纲可求于天"的命题,有其新的思想史含义。在此命题中,"天"是价值和信仰之原,三纲的合理性必求之于至上的"天",并在此天意的展露中获得其现实的合法性。董子在《天人三策》中说:"道之大原出于天,天不变,道亦不变。"(《汉书·董仲舒传》)王道相贯的本原在于"天","天"是董子思想世界的终极本原。在"王道之三纲可求于天"的命题中,董子通过"天"强化了"三纲"的神圣性和恒常性。而从历史背景来看,董子亦力图通过此命题对当时的现实世界作一根本的贞定。

总之,董子对于三纲说作出了新贡献,他的贡献主要体现在对三纲说的论证上。董子以汉代的天道观或阴阳学说为理论武器,首先将三纲肯定为王道,然后将其提升为天意在伦理世界的具体呈现和落实,进而提出了"王道之三纲可求于天"的重要命题。此一致思,遥契孔子,与郭店简《成之闻之》篇有异曲同工之妙。而为了论证和解释三纲说,董子认为"匹合"义是绝对的、普遍的,是存在宇宙万物中的第一原理。"匹合"是董子三纲说的第一大要义。这即是说,如果没有"匹合",也就没有所谓"三纲"。或者说,"三纲"必须奠基于"匹合"原理之上。郭店简《六德》篇从"六位"提炼和提升为"三大法",并特别强调了此"三大法"概念的意义,其奥秘即在于此。进一步,董子认为"兼并"义也是普遍的,而且认为阴阳互兼是所谓"兼并"原理的第一义,《基义》所谓"君兼于臣,臣兼于君"云云的三纲互兼,即是此"兼并"原理之第一义的具体运用。不过,在董子看来,"互兼"还不是现实法则,故他同时主张天意有"亲任"的一面。综合起来看,"一阴一阳之谓道"是汉人普遍承认的经学大义。由此观之,不论是"兼并"的哪一种情况,董子的三纲说都不存在所谓专任之意。应当说,董子三纲说在思想上具有较高的积极意义。最后,需要说明的是,董子没有主张所谓"君为臣纲,父为子纲,夫为妻纲"的三纲说,此一三纲说其实出自《礼纬·含文嘉》。学者或启蒙思想家将其随意上推,附会于董子名下,这是不对的。

四、《白虎通》的三纲说与《礼纬·含文嘉》对三纲说的异化

(一)《白虎通》的三纲说

对于三纲说的具体内容,《白虎通》一书有综合、集中的表达。"三纲"一词在《白虎通》中出现多次,见于《号》《三纲六纪》《日月》三篇。其中,《三纲六纪》篇属于专文,其文曰:

> 三纲者,何谓也?谓君臣、父子、夫妇也。六纪者,谓诸父、兄弟、族人、诸舅、师长、朋友也。故《含文嘉》曰:"君为臣纲,父为子纲,夫为妻纲。"又曰:"敬诸父兄,六纪道行,诸舅有义,族人有序,昆弟有亲,师长有尊,朋友有旧。"

> 何谓纲纪?纲者,张也;纪者,理也。大者为纲,小者为纪,所以张理上下,整齐人道也。人皆怀五常之性,有亲爱之心,是以纲纪为化,若罗网之有{纪}①纲而万目张也。《诗》云:"亹亹我王,纲纪四方。"

> 君、臣、父、子、夫、妇,六人也,所以称三纲何?一阴一阳谓之道,阳得阴而成,阴得阳而序,刚柔相配,故六人为三纲。

> 三纲法天、地、人,六纪法六合。君臣法天,取象日月屈信(伸),归功天也②。父子法地,取象五行转相生也。夫妇法人,取象人合阴阳,有施化端也。六纪者,为三纲之纪者也。师长,君臣之纪也,以其皆成己也;诸父、兄弟,父子之纪也,以其有亲恩连也;诸舅、朋友,夫妇之纪也,以其皆有同志为己助也。

除第一段所引《礼纬·含文嘉》的观点和内容外,上述四段引文的主要信息和思想大抵可归纳为如下四个要点:

其一,在迄今所见典籍当中,《白虎通》首次以具体文本指明了"三纲"的内容,而无须再联系上下文或其历史背景来作推断。上引第一段引文即曰:"三纲者,何谓也?谓君臣、父子、夫妇也。"一问一答,很明确、很直接。需要注意的是,

---

① "纪"字当为衍文,与"罗网"不类。《墨子·尚同上》曰:"譬若丝缕之有纪,罔罟之有纲。"纪、纲有别,不得同为罗网之譬。

② 其具体法象之义,《白虎通·日月》篇有说,云:"日行迟,月行疾何?君舒臣劳也。日日行一度,月日行十三度十九分度之七。《感精符》曰:'三纲之义,日为君,月为臣也。'日月所以悬昼夜者何?助天行化,照明下地。故《易》曰:'悬象著明,莫大乎日月。'"参见(清)陈立《白虎通疏证》(中华书局1994年版)第424页。丁按,《感精符》即《春秋·感精符》,所引《周易》文字,见《周易·系辞上》。

此答句不能句逗为："谓君、臣、父、子、夫、妇也。""君臣、父子、夫妇"的句读，表示"三纲"之义，而"君、臣、父、子、夫、妇"的句读则表示"六人"或"六位"之义，在位分伦理学中，这两种句读的含义是彼此明确相区别的。"三纲"亦谓之"三大法"或"三大伦"，"法""伦"均为常道、常理义，与表示单一位分的"六人"之义不同。

其二，《白虎通》以纲纪的喻义和声训来阐明三纲与六纪的关系及其在伦理教化中的作用。"三纲六纪"连言，除了见之于本篇篇题之外，又见于《白虎通·号》篇。"纲纪"或"三纲六纪"，是位分伦理学发展到汉代的突出标记，汉代的位分伦理学因此可称为"纲纪伦理学"或"三纲伦理学"。"纲"本是提网的大绳或总绳，"纪"本是扎丝束的线头，汉人以此为喻，彰显了他们对于位分伦理学之主要内容的新理解和新概括。《白虎通》进而用声训的办法来阐释其义理，云："纲者，张也；纪者，理也。""张"是张布、设施义，"理"是条理义，《白虎通》即以此阐明了"三纲六纪"对于建构人伦人道的必要性和重要性。

其三，《白虎通》以一阴一阳的"匹合"义论证了何以称"六人"（"六位"）为"三纲"的原因和根据。对于董子而言，他论证的理由是直接宣称"合"（"匹合"）是最高最普遍的宇宙法则，是第一原理，故"三纲"在逻辑上先于"六人"，是演绎"六人"的母根。而随着汉武帝"罢黜百家，表章六经"（《汉书·武帝纪》）及随后的经学运动的深化，《周易》一经逐渐占据五经之首的位置，而为诸经之本原（《汉书·艺文志》）。这样，经学家只需在《周易》经传中找到恰当语句作为根据，即可以作出令人满意的论证，于是《系辞》篇"一阴一阳之谓道"就被《白虎通》用作何以称"六人"为"三纲"的天道根据。换言之，从君、臣、父、子、夫、妇"六人"可以转称君臣、父子、夫妇"三纲"的根据，即在于"一阴一阳之谓道"的《周易》原理。这一原理同时说明了，"六人"必须首先两两相合相对，升华至君臣、父子、夫妇两两对合的"三纲"关系，如此才符合天道，如此才成其为所谓"六人"。

其四，《白虎通》以汉人的宇宙观论证了"三纲六纪"说，并阐明了"六纪"与"三纲"的关系。在经师们看来，"三纲"法天、地、人。自西汉成帝之后，刘向、刘歆父子主张的"三统"观念盛行。"三纲"法天、地、人三才，即法三统。具体说来，君臣法天，父子法地，夫妇法人。"六纪"法六合，"六合"即指上下四方。在此，我们看到，《白虎通》为何将董子的"三纲五纪"换成"三纲六纪"的原因。简言之，这一变化是由于汉人宇宙观的变化所导致的。在景武之际的宇宙学说下，董仲舒因袭成说即可①,而无须对"三""五"之数作出天道观的论证。但在《白虎通》写作的时代,三统说的宇宙观流行,影响经学甚深,故东汉经师不得不对"三纲六纪"作出天道观相关数理的论证。

至于"六纪"与"三纲"的关系,《白虎通·三纲六纪》篇曰:"六纪者,为三纲之纪者也。"具体说来,即师长为君臣之纪,诸父、兄弟为父子之纪,诸舅、朋友为夫妇之纪。其中"族人"一纪没有提及,笔者疑"族人"一纪是在"五纪"的基础上学者为了凑成"六纪"之数而有意添加进来的。《白虎通》以"六纪"为"三纲"之"纪"②,这一点颇具积极意义,一者阐明了"六纪"与"三纲"的关系,二者如"师长,君臣之纪也,以其皆成己也"等具体解释,将儒家旧义中的良好因素保留了下来,甚为珍贵。

总之,在董子三纲说之后,通过《白虎通·三纲六纪》等篇,我们看到,属于儒家位分伦理学的三纲说进一步得到了诠释和论证,在理论上不是停滞不前或僵化不动的。相对于董子的三纲说,《白虎通》所论三纲说的新意较多,这可参见笔者在上文的论述。

(二) 三纲说的异化:《礼纬·含文嘉》的三纲说

在上引第一条中,《白虎通》引用了一段《含文嘉》的文字,而这段文字即成为近一百多年来人们争论和批判的焦点。所谓《含文嘉》,即《礼纬·含文嘉》,《白虎通》所引《含文嘉》文字曰:"君为臣纲,父为子纲,夫为妻纲。"③这三句话应当如何理解?其中的"纲"字又是何义?这是讨论和评判相关问题的关键。

《说文·系部》曰:"纲,维纮绳也。""维纮绳也"四字,段玉裁改为"网纮也"[11],"维"系"网"字之误。"纮"即网之大绳。《王力古汉语字典》曰:"纲,渔网的总绳。"引申之,"纲"有事物中起决定作用的部分或事物之总要等义[12]。《礼纬·含文嘉》所谓"君为臣纲"云云三句中的"纲"字,正用此引申义。故其所谓"三

---

① "三纲"是对于"三大法"的换称。在先秦,"五纪"有多义,跟董子"三纲五纪"的"五纪"相关的文献是《庄子·盗跖》篇。《盗跖》篇曰:"子张曰:'子不为行,即将疏戚无伦,贵贱无义,长幼无序,五纪六位将何以为别乎?'满苟得曰:'尧杀长子,舜流母弟,疏戚有伦乎?汤放桀,武王伐纣,贵贱有义乎?王季为适,周公杀兄,长幼有序乎?儒者伪辞,墨者兼爱,五纪六位将有别乎?'"此"六位"当同于竹书《六德》篇的"六位"。此"五纪六位",汉初改称"三纲五纪"。"五纪"的具体内容,应当与《白虎通》的"六纪"一致。《白虎通》"六纪"指诸父、兄弟、族人、诸舅、师长、朋友,则"五纪"应是从中减去了"族人"一纪,证之《三纲六纪》篇下文可知。
② 《说文·系部》曰:"纪,丝别也。"《王力古汉语字典》曰:"纪,扎丝束的线头。"引申之,"纪"有治理、要领等义。参见王力主编《王力古汉语字典》(中华书局2000年版)第910页。
③ 这三句话,已收入清人赵在翰辑《七纬·礼纬·礼含文嘉》中。见(清)赵在翰辑,钟肇鹏、萧文郁点校《七纬(附论语谶)》(中华书局2012年版)上册第269页。

纲"的意思是,君主为臣下的统帅和主宰者,父为子的统帅和主宰者,夫为妻的统帅和主宰者。很明显,前者与后者是一种决定与被决定、主宰与被主宰的关系。这三句很刚很硬的话,在加大居上位者之责任的同时,无疑又严重强化了君主、父亲和丈夫一方的权威和权力,使原本以阴阳匹合义为基础的三纲伦理发生了严重失衡,置三纲伦理于崩解的巨大危险之中,甚至在一定意义上说此即意味着三纲伦理的崩解。

笔者认为,《礼纬·含文嘉》"君为臣纲,父为子纲,夫为妻纲"三句话,严重违反了《白虎通》用以建构此世界的两大原则——"天地"和"阴阳"之义,"天地"和"阴阳"这两大原则都以匹合、对应和相感为其基本义和第一义。无论从董子还是从《白虎通·三纲六纪》篇的相关论证来看,"三纲"的匹合、对待、感应之义乃是"六位"或"六人"得以生发的前提,而"君为臣纲"云云则不仅无此义,而且会严重窒息此一位分伦理的生机。又,从学术上来看,《三纲六纪》篇在引用《礼纬·含文嘉》此三句话前加了一"故"字,从原文看,这三句话与上文明显没有因果关系。这表明,上引《白虎通·三纲六纪》第一段文字的写作是不够成熟的,而"君为臣纲"等三句话有可能是在某种特殊因素的影响下被强行掺入进来的,它们未必代表了正统经学家(包括班固)的意见。从义理上来看,笔者认为,"君为臣纲"云云三句,是纬书的作者走向极端,而追求伦理自我异化的结果。因此此种三纲说,不仅不能代表汉代三纲说的主流,反而是对从三大法说(或六位说)到正统三纲说之儒家位分伦理学的严重扭曲和恶意利用。在汉代,虽然天尊地卑、阳主阴从的观念很流行,但是绝无天为地纲、阳为阴纲的说法。实际上,天和地、阳和阴虽然有尊卑、主从的分别,但是它们都从属于更高的概念——"太极""元气"或超越性的"天",且在价值观上必须符合"中和"原则。

结　论

综上所述,本文的观点和结论可以简要概括和叙述如下:

尽管名义上的"三纲"概念直到汉初才被正式提出,但是从内容看,实质义上的"三纲"说早已产生和存在,应当溯源至孔子。据《论语·颜渊》孔子答齐景公问政的一段文字(亦见《史记·孔子世家》),其时孔子已具有类似于汉人所谓三纲说的内容。从前,学者大都将此段讲"君君,臣臣,父父,子子"的文字称作所谓正名说,但现在据郭店简《六德》和《成之闻之》两篇,它们其实属于"三大法"说或"六位"说的内容。

郭店简《六德》篇提出了由六位、六职和六德所构成的伦理学说,按其性质应当称之为"位分伦理学"。所谓六位,指夫、妇、父、子、君、臣。所谓六职,指夫率、妇从、君使、臣事、父教、子学。所谓六德,就教化言,指圣智、仁义、忠信;就德位相配言,指君义臣忠、夫智妇信、父圣子仁。它们合起来,即构成了一个十分系统的位分伦理学说。这个理论体系可以简称为"三大法"说或"六位"说。"三大法"是由六位所结聚成的三对伦理关系,而从逻辑上来看,"三大法"是演绎"六位"的母根。这即是说,夫、妇、父、子、君、臣"六位"必须以"三大法"的"匹合"义为其存在性的根源。或者说,"三大法"先于"六位"的存在而存在。"三大法",又可称"三大伦",与汉人"三纲"的概念高度近似,其实质是相同的。

竹书《成之闻之》篇的思想框架颇为宏大。严格意义上的位分伦理属于所谓人道或人伦的范畴,《成之闻之》篇则为此人间的位分伦理提供了超越的思想根源和论证。它认为,"六位"(夫、妇、父、子、君、臣)或"三大法"(夫妇、父子、君臣)即来自"天常",或天所降的"大常"。《成之闻之》篇曰:"天降大常,以理人伦,制为君臣之义,著为父子之亲,分为夫妻之别。"天所降的"大常",《成之闻之》篇又简称为"天常"。属于天道、天命的"天常",与属于人伦、人道的"三大法"或"六位"是上下贯通,且其实体是相同的。此外,有证据表明,《六德》和《成之闻之》两篇竹书都是孔子本人的著作,故它们的思想即是孔子本人的思想。

比较竹书的"三大法"说("六位"说)与汉人"三纲"说的关系,无论从内容还是从结构来看,它们都是高度相近的。且受到"天常"加冕的"三大法"概念,在思想内涵上更加接近汉人的"三纲"概念。因此,将"三大法"说或"六位"说看作汉人三纲说的直接源头或其第一个阶段,是颇为恰当的。当然,此种观点的得出还必须依赖于如何理解"三纲"本身之内涵的问题。设想有一种意见以《礼纬·含文嘉》的三纲说为正统或真正的三纲说,然后据此否定竹书《六德》的三大法说与汉人三纲说的密切联系,进而否定笔者的观点。但其实,这种意见是很难成立的。因为从汉代文献,特别是从《春秋繁露·基义》《白虎通·三纲六纪》两篇来看,汉人的三纲说虽然包含有多层含义,但其中最基础、最重要的含义是匹合、对待、相感和兼摄。"主从"义必须居于"匹合"义之下,且受到后者的严格限定和制约。或者说,三纲说的"主从"义不能突破其"匹合"义,不能畸变为所谓"君为臣纲,父为子纲,夫为妻纲"的极端主张。总之,所谓"君为臣纲"云云的三纲说,确实是对汉人正统三纲说的扭曲和异化。

大约在战国晚期,古人开始使用"纪纲"或"纲纪"来指称伦理学上的位分关系,故名义上的"三纲"概念在那时已经隐约出现。《韩诗外传》卷三正式出现了"三纲"一词,是目前可知"三纲"一词的最早出处。《韩诗外传》的作者是韩婴,文帝时期为诗学博士。他使用"三纲"一词应当早于董子。董仲舒为景帝博士。这说明"三纲"的概念及所谓三纲说,都不是由董子本人首先提出或构造出来的。以"三纲"正式冠名的所谓三纲说,其正式提出的时间应当推断为汉初,在文帝之前。过去,清末民初的启蒙思想家、政论家及后来受此思潮影响的学者都将三纲说的提出归于董子,这其实是不对的。实际上,三纲说的提出乃是儒家位分伦理学不断纲常化的结果。不过,反过来看,位分伦理学不能没有纲常,没有主干,故将此纲常、主干称之为"三纲",是很恰当的。孔子在《六德》篇中直接称之为"大法",在《成之闻之》篇中称之为"大常"。孔子不愧为圣人!

董仲舒虽然不是"三纲说"的提出者,但是他对于三纲说在理论上的建构是有突出贡献的,这主要体现在他运用天道原理以论证其合理性上。一方面,他使用阴阳合兼之说来论证和肯定了三纲双方既彼此对待,又相互依持感应;另一方面,他以当时的阴阳学说肯定了三纲双方虽然具有主从关系,但是这种主从关系不是绝对的,而是有限度的,"主从"关系必须严格限定在"匹合"原理之内。董子还提出了"王道之三纲可求于天"的命题,一方面以"王道"的概念肯定"三纲",另一方面以"天"作为三纲的终极存在根据和超越的价值之原。

相对于董子的论述来看,《白虎通》的三纲说在多个方面做了发展,但"匹合"作为第一义和第一原理仍然被肯定下来。其所引"君为臣纲,父为子纲,夫为妻纲"的说法,其实出自《礼纬·含文嘉》。《礼纬·含文嘉》的三纲说其实未得汉人三纲说的大义。从思想和经学的脉络来看,此种三纲说实际上是对于位分伦理学及汉人正统三纲说的严重扭曲和异化。它将尊对卑、上对下、主对从的关系绝对化,而演变成一种主宰甚至专制性的关系。如果推行和实践此种三纲说,那么这必将导致君臣、父子、夫妇三纲的异化,而变为主奴关系。主奴关系其实即意味着三纲说的崩解!清末民初的启蒙思想家所大力批判的汉人三纲说,其实即是《礼纬·含文嘉》"君为臣纲"云云的三纲说。在笔者看来,此种三纲说既不符合汉人三纲说的正统,又不符合孔子三大法之说,更不符合现代人追求平等和个人权利的观念,因此否定、批判和抛弃此种三纲说,是应当的。从经学本身来看,应当将此种三纲说剔除出经义。但正统的三纲说或董子的三纲说,或孔子的三大法说,则不但不应当被轻易否定和抛弃掉,而且我们应当正视它们,并在很大程度上肯定它们和接纳、消化它们。尽管位分伦理学有其历史的、时空的局限性,但是三纲或三大法所表示的基础性位分伦理结构至今没有从当代社会消退的迹象；相反，应当说，它们对于现代社会的伦理建设仍然具有很大的积极作用。

参考文献

[1] 方朝晖."三纲"与秩序重建[M].北京:中央编译出版社,2014:2-8.

[2] 贺麟.文化与人生[M].北京:商务印书馆,2015.

[3] 冯友兰.中国哲学史[M].两卷本.北京:中华书局,1961.

[4] 侯外庐.中国思想史:第2卷[M].北京:人民出版社,1957.

[5] 景海峰."三纲五常"辩义[G]//蔡德麟,景海峰.全球化时代的儒家伦理.北京:清华大学出版社,2007:177-196.

[6] 方朝晖."三纲"真的是糟粕吗？——重新审视"三纲"的历史与现实意义[J].天津社会科学,2011(2):47-52.

[7] 李存山.对"三纲"之本义的辨析与评价:与方朝晖教授商榷[J].天津社会科学,2012(1):26-33.

[8] 丁四新.郭店简《尊德义》篇是孔子本人著作[J].孔子研究,2020(5):27-36.

[9] 李零.郭店楚简校读记[M].增订本.北京:北京大学出版社,2002:138.

[10] 庞朴.竹帛《五行》篇校注及研究[M].台北:万卷楼图书有限公司,2000:110.

[11] 段玉裁.说文解字注:卷十三[M].上海:上海古籍出版社,1981:655.

[12] 王力.王力古汉语字典[M].北京:中华书局,2000:929.

原载于《衡水学院学报》2021年第3期。

董仲舒人性论的思想结构论析

闫利春

(河南科技大学 马克思主义学院,河南 洛阳 471000)

[摘 要] 董仲舒人性论的思想结构体现在思想基础、运思方法和思想旨归三个层面。其思想基础通过天人同构、善恶同源、人贵于物的逻辑理路表现出来。天有阴有阳,阳善阴恶,人亦有阴阳,阴阳之中亦各有阴阳,故而人性之中既有善质又有恶质。人有"达知"能"为仁义"、人能循天之理以"偶天地"以及人有伦理价值取向、能够化物的属性决定了人贵于物。深察名号是董仲舒人性论的运思方法,他通过反性之名,指出性有情、身、心之目,只有通过性之目,才能辨明人性的本质;通过对情、身、心之名的辨析指出人性之中既有善质又有恶质,并进一步指出人性中的善质并非圣人(孔子)所名之善;通过对君、王、大夫、士、民之号的辨析,指出只有未觉未化的中民之性才是本源之性的直接体现,圣王之性与斗筲之性是本源之性改变后的结果。因性而施王教之化是董仲舒人性论的思想旨归。他认为人性是天人相与的落脚点,化民之性是天赋予君王的责任,君王体现的是责任伦理而非权力伦理。董仲舒认为"王教"应当因循人性中的情、身、心,安情而不禁情、执中以反中和、以利养体更要以义养心。与先秦人性论相比,董仲舒的人性论不仅具有理论上的突破性,而且具有强烈的现实意义。

[关键词] 董仲舒;人性论;情;身;心

[基金项目] 国家社会科学基金项目(19BZX053)
[作者简介] 闫利春(1983—),男,河南信阳人,副教授,哲学博士。

董仲舒作为影响先秦儒家思想发生全面转折[1]的西汉大儒,他的人性思想一直受到学界的广泛关注,各种论点层出不穷①。纵观诸论能够发现,近年来学者不再致力于通过定性的方式概括董仲舒的人性思想,而是试图深入董仲舒论性的内在逻辑以揭示其思想理路[1-3]。如果我们不把董仲舒贴上诸如性善论者、性恶论者或性三品论者的标签,而是从思想基础、运思方法以及思想动机三个方面加以分析的话,那么将有助于把握他的人性论的思想结构。

一、天人同构、善恶同源、人贵于物:董仲舒人性论的思想基础

凡讨论人性话题,必然涉及人性的来源问题。郭店楚简《性自命出》称:"性自命出,命自天降。道生于情,情生于性。"间接指出天是人性的终极来源。《中庸》所谓"天命之谓性"则直接肯定性乃天之所命于人。在这两处中,作为人性来源的天既是自然之天,又是价值之天。此后的发展中,孟子把天视为人性的价值之源,而荀子则将天视为自然之源,因此有性善论与性恶论的分歧。董仲舒的人性论是在先秦人性话题的基础上展开的,在人性的来源问题上,他有更加细致的论述。

首先,董仲舒论证了为人者天、天人同构的思想,他说:

> 为生不能为人,为人者天也。人之为人本于天(为字原缺,凌曙本据卢文弨说补),天亦人之曾祖父也,此人之所以乃上类天也。人之形体,化天数而成;人之血气,化天志而仁;人之德行,化天理而义;人之好恶,化天之暖清;人之喜怒,化天之寒暑。人生有喜怒哀乐之答,春秋冬夏之类也。喜,春之答也;怒,秋之答也;乐,夏之答也;哀,冬之答也。天之副在乎人,人之情性,有由天

---

① 学界论述董仲舒人性论的观点有:气质之性说,参见苏舆《春秋繁露义证》(中华书局1992年版,第292页);性善论,可参徐复观《两汉思想史》第二卷(华东师范大学出版社2001年版,第247—250页),又如冯友兰《中国哲学史新编》第二册(人民出版社1965年版,第112页),再如陈玉森《董仲舒的"性三品"说质疑》(《哲学研究》1980年第2期);性恶论,参见金春峰《汉代思想史》(中国社会科学出版社2006年版,第155页);性未善论,可参见周桂钿《董学探微》(北京师范大学出版社2008年版,第89页),亦可参余治平《唯天为大——建基于信念本体的董仲舒哲学研究》(商务印书馆2003年版,第172页);性善情恶论,参见施忠连《董仲舒主张性善情恶论》(《北方论丛》1986年第1期);性三品说,参见侯外庐等《中国思想通史》第二卷(人民出版社1957年版,第118页);性有善质恶论论,可参王永祥《董仲舒评传》(南京大学出版社1995年版,第247页),又可参陈静《如何理解董仲舒的人性思想——从"人……有善善恶恶之性"的断句谈起》(《中国哲学史》1997年第3期);天赋善恶论,参见曾振宇、范学辉《天人衡中——〈春秋繁露〉与中国文化》(河南大学出版社1998年版,第111页);兼宗孟荀论,参见张实龙《董仲舒学说内在理路探析》(浙江大学出版社2007年版,第99页),亦可参闫国民《悖立与整合——论董仲舒对孟子、荀子之人性论的解释》(《衡水学院学报》2009年第3期);民性说,参见陆建华《"中民之性":论董仲舒的人性学说》(《哲学研究》2010年第10期);性朴说,参见周炽成《性朴论与儒家教化政治:以荀子与董仲舒为例》[《广西大学学报(哲学社会科学版)》2015年第1期]。

者矣。(《春秋繁露·为人者天》,下引只注篇名)

人有生命与结构之分,生命由父母给予,结构由天为之。结构先于生命,所以"天亦人之曾祖父也"。人之结构包括形体、血气、德行、好恶、情感,既有物质结构,又有性情结构,而董仲舒统称为情性。可见,董仲舒对人性的探讨是基于他的天道观而展开的,人性应合天道,天之所有亦人之所有。董仲舒进一步从"数"的层面指出天之为人不是神意的显现,而是造化自然流行的结果。他说:

> 天地之符,阴阳之副,常设于身,身犹天也,数与之相参,故命与之相连也。……于其可数也,副数;不可数者,副类。(《人副天数》)
>
> 故气同则会,声比则应,其验皦然也。……非有神,其数然也。美事召美类,恶事召恶类,类之相应而起也。(《同类相动》)
>
> 求天数之微,莫若于人。(《官制象天》)

从"数"的角度寻找天地万物之间的内在关联是先秦两汉时期非常流行的学术思想,甚至成为"当时人们的一种思维方式"[4]。"数"具有宇宙本体的意义,数同则气同,气同则理同。然而经验世界中的所有物并不能完全在"数"上相副,董仲舒则以"类"副之,同类则同理。天人同数相类,审天可以知人,察人亦可知天。因此,通过"数"与"类"的关联,董仲舒为天人同构的思想找到了本体依据,人性源自天的思想也得到更加细致的阐释。

其次,董仲舒从阴阳的角度进一步对人性做出规定。他说:

> 天道之大者在阴阳。(《汉书·董仲舒传》)
>
> 天道之常,一阴一阳。……天亦有喜怒之气,哀乐之心,与人相副。以类合之,天人一也。(《阴阳义》)
>
> 天有阴阳,人亦有阴阳。(《同类相动》)
>
> 恶之属尽为阴,善之属尽为阳。(《阳尊阴卑》)
>
> 身之名取诸天,天两有阴阳之施,身亦两有贪仁之性。(《深察名号》)

从天人同构、人副天数的思想出发,一方面,天之道有阴有阳,人之身亦有阴有阳;另一方面,天之道,阳善阴恶,人之身亦兼具善恶。需要特别指出的是,董仲舒提出了"阴之中亦相为阴,阳之中亦相为阳"(《阳尊阴卑》)的阴阳观,即阴、阳亦各有上、下之分。阴之上者相对于阴之下者为阳,阳之下者相对于阳之上者为阴。天道之阴阳如此,人身之阴阳亦是如此,这是研究董仲舒人性论需要注意之处。天既有自然义,又有价值义,则人性也是如此,人性的价值追求当然应该是善的,而人性的自然之质又不必然是恶的。

最后，董仲舒通过分辨人与他物的区别以说明人性的特征。他说："天者，万物之祖也。"(《顺命》)既然天是万物之祖，那么万物也定然与天同构，亦必然有阴阳之性。在这种意义上，同源于天、类于天的人与他物有何区别呢？这个问题关系到人之为人的本质规定。董子从人能"为仁义""偶天地"及人有伦理价值取向两个方面作出了回答。

一方面，他说：

> 莫精于气，莫富于地，莫神于天。天地之精所以生物者，莫贵于人。人受命乎天也，故超然有以倚(据卢文弨说，倚当作高物)，物疢疾莫能为仁义，唯人独能为仁义；物疢疾莫能偶天地，唯人独能偶天地。……观人之体，一何高物之甚，而类于天也！物旁折取天地之阴阳以生活耳，而人乃烂然有其文理。是故凡物之形，莫不伏从旁折天地而行(天地二字疑衍)，人独题直立端向，正当之。……是故，人之身，首妢员，象天容也；发，象星辰也；耳目戾戾，象日月也；鼻口呼吸，象风气也；胸中达知，象神明也；腹胞实虚，象百物也。(《人副天数》)

在秉气的意义上，人秉天地之精气而生，这是人与他物的本源之别。这种本源之别进一步体现在人能够"为仁义"与"偶天地"两个方面。"为仁义"涉及为什么能"为仁义"与如何分辨仁义两个问题。人缘何能"为仁义"呢？董子曰：

> 察于天之意，无穷极之仁也。人之受命于天也，取仁于天而仁也。(《王道通三》)

因为"天数右阳而不右阴"(《阳尊阴卑》)，仁属阳，"右阳"不仅是情感上的偏向，更注重实践意义的行仁。人之受命于天，亦取法于天之仁，故而能"为仁"。由此看来，人之能"为仁"的关键在于能察于天之仁，即人能够分辨仁义。人之所以能够察仁、辨仁，是因为人之"胸中达知，象神明也"。理论上讲，人具有与天之"神明"相类的"达知"，即人具有能察、能辨的能力。但是人之"达知"能否在实践上被激活，则另当别论，董子云："天地神明之心与人事成败之真，固莫之能见也，唯圣人能见之"(《郊语》)，人具备"达知"的可能性，这是人之贵于物者，但这并不意味着在现实层面上凡人皆能突破种种障蔽而让"达知"显现于外，这就为圣人因人之性而施化的理论留下了空间。

而人为什么又能够"偶天地"呢？董子论曰：

> 天、地、阴、阳、木、火、土、金、水，九，与人而十者，天之数毕也。……圣人何其贵者？起于天，至于人而毕。……人，下长万物，上参天地。(《天地阴

阳》)

从"数"的意义上来说,因为人的参与而有天数之全,天数即天道,天道蕴含人道,人道阐发天道。如果没有人的参与,那么天、地、阴、阳、木、火、土、金、水九者就仅停留在自然层面,其义理层面则难以声张,而有了人的参与,天的义理性方被揭示出来。需要说明的是,人之"偶天地"不是盲目的、随意的,而是要循天理而为之:

> 唯人道为可以参天。天常以爱利为意,以养长为事,春秋冬夏皆其用也。王者亦常以爱利天下为意,以安乐一世为事,好恶喜怒而备用也。然而主之好恶喜怒,乃天之春夏秋冬也,其俱暖清寒暑而以变化成功也。天出此四者,时则岁美,不时则岁恶。人主出此四者,义则世治,不义则世乱。是故治世与美岁同数,乱世与恶岁同数,以此见人理之副天道也。(《王道通三》)

人道只有副天道才能"参天""偶天地",天道亦必须有人道之"参""偶"才能尽其数。就此而言,天之数,起于天,终于人,贯通天人之间的是圣与王。这里再一次给圣王的功用留出了空间。"天德施,地德化,人德义"(《人副天数》),义者,宜也,合理之谓也。天地的施化之德表现为自然的大化流行,人之德乃在于使自然臻于合理。因此,人之"参天""偶天地"的意义在于使自然的成为合理的,而合理的又必然是自然的,在自然与合理之间实现一种动态的平衡。

董子认为人之贵于物的另一方面在于人有现实的伦理价值取向,他说:

> 人受命于天,固超然异于群生,人有父子兄弟之亲,出有君臣上下之谊,会聚相遇,则有耆老长幼之施,粲然有文以相接,欢然有恩以相爱,此人之所以贵也。生五谷以食之,桑麻以衣之,六畜以养之,服牛乘马,圈豹槛虎,是其得天之灵,贵于物也。故孔子曰:"天地之性人为贵。"(《汉书·董仲舒传》)

从现实层面来看,人之贵体现在:其一,人有父子、君臣、长幼、夫妻之伦,每一伦又有相应的"德",也即人有伦理道德规范。其二,人既能以五谷、桑麻、六畜养其体,又能"服牛乘马,圈豹槛虎",即人能够基于"用"而改造他物,这就是荀子所谓"善假于物也"。在"用"的意义上,人能化物,使物具有价值意蕴。

人有"达知",能"为仁义",能循天之理以"偶天地",这是从本源意义上肯定人相对于万物的高贵性。人有伦理,人能化物,这是在现实意义上肯定"天地之性人为贵"。从本源之可能到现实之实有,需要圣与王的参与。这是董仲舒论证人性高于物性的逻辑所在。从本源来看,人之有"达知",能"为仁义"是人性的范畴;从现实层面来看,人之有伦理,有价值取向是人道的范畴。"人道者,人之所由乐而不乱,复而不厌者"(《天道施》),人道是人之尊严的挺立处,是人好善恶恶之道德情感的恒常表现。人性具有生发人道的可能性，但人性并不必然走向人道。

二、深察名号、反性之名：董仲舒人性论的运思方法

既然人性并不定然表现为人道，那么属于人性本源的善与人道之善就必然有所区别。而这种看似学理上的区别如果不能厘清的话，那么就会影响王道教化的实施，也就关系到人性的修养问题。王道教化是因循人之所本有（本源之性）而发，至于人之所应有（人道）而止。因此，人性是施化的对象，而人道是施化的结果，混淆二者必然导致教化之乱象。要避免这种乱象，就必须对本源之性详加审察，还人性之真面目。在这种意义上，董仲舒对人性展开了剥茧抽丝的辨析。

首先，他从名号之辨入手论证性有名有目曰：

> 号凡而略，名详而目。目者，遍辨其事也；凡者，独举其大也。享鬼神者号，一曰祭。祭之散名，春曰祠，夏曰礿，秋曰尝，冬曰烝。猎禽兽者号，一曰田。田之散名，春苗，秋蒐，冬狩，夏狝。无有不皆中天意者。物莫不有凡号，号莫不有散名，如是。是故事各顺于名，名各顺于天。天人之际，合而为一。同而通理，动而相益，顺而相受，谓之德道。（《深察名号》）

天生万物皆有名号，名号由天而定，由圣人而发。天人合一因名号而成，名号乱则天人乱。号，举其大略而言之，名则详而有细目，因名之目能够辨名之事。如祭之名下，有祠、礿、尝、烝四目分别对应春夏秋冬之祭。以此类推，性是名，性亦有目，通过性之目亦能辨察人性之实质。而性之目又有哪些呢？董子云：

> 栣众恶于内，弗使得发于外者，心也。故心之为名栣也。人之受气苟无恶者，心何栣哉？吾以心之名，得人之诚。人之诚，有贪有仁。仁贪之气，两在于身。身之名，取诸天。天两有阴阳之施，身亦两有贪仁之性。天有阴阳禁，身有情欲栣，与天道一也。……是正名号者于天地，天地之所生，谓之性情。性情相与为一瞑。情亦性也。谓性已善，奈其情何？故圣人莫谓性善，累其名也。身之有性情也，若天之有阴阳也。言人之质而无其情，犹言天之阳而无其阴也。（《深察名号》）

可以看出，若以性为名，则心、身、情三者皆是性之目，亦性之散名。心之名从其"栣"的功能而命之，无恶则无所"栣"，亦无心之名，因此从心之目可以证得人性的实际情况，即人有贪仁之性。身犹天也，天有阴阳，身亦有阴阳，从身之名亦可证得人性之中善恶兼具。天生性情，性情相瞑，情亦性，情有喜怒哀乐之发，情不独善，从情之名同样可以证明人性并非独善而无恶。因此，如果要详细辨明性是什么，则

需要审察性之目,而通过辨析性之目,则不难推知,在本源的意义上,善恶兼具于性。在这种意义上,气质之性说、性为善论、天赋善恶论、性有善质恶质论、兼宗孟荀论皆有可通之处,而性善论、性恶论、性朴论则所言非是。

从性之名目入手,还可以对学界有关董仲舒性情思想的争论做进一步辨析。东汉王充批评董子性情论曰:

> 董仲舒览孙、孟子之书,作《情性》之说,曰:"天之大经,一阴一阳;人之大经,一情一性。性生于阳,情生于阴。阴气鄙,阳气仁。曰性善者,是见其阳也;谓恶者,是见其阴者也。"若仲舒之言,谓孟子见其阳,孙卿见其阴也。处二家各有见,可也;不处人情性情性(下一"情性",衍文,当删)有善有恶,未也。夫人情性,同生于阴阳;其生于阴阳,有渥有泊(薄)。玉生于石,有纯有驳;情性(生)于阴阳,安能纯善? 仲舒之言,未能得实。(《论衡·本性》)

根据《情性》篇,性与情是相对待之二物,不能以性之名、目而论。这与《深察名号》的思想有失吻合。通观《春秋繁露》,虽然阳善阴恶、阳尊阴卑的思想贯穿其中,但是以性属阳为善、以情属阴为恶的思想却无迹可寻。相反,王充所谓"夫人情性,同生于阴阳;其生于阴阳,有渥有泊(薄)。玉生于石,有纯有驳;情性(生)于阴阳,安能纯善"则与董仲舒"阴之中亦相为阴,阳之中亦相为阳"的思想有相通之处。天之道,有阴有阳,阴阳之中亦各有阴阳。根据王充的分别,性中有阴阳、情中亦有阴阳。董仲舒认为情是天之寒暑、自然之冷热在人身上的体现,因此情亦非全然是恶的。更为重要的是,董仲舒不做性情对待之分,董子在辨性时必然涉及情,性与情是名与目的关系,而非互相对待的关系。那么如何看待王充所引《情性》之说呢?这很有可能是因为王充所见的《性情》乃是纬书系统托言董子所作①。通过这个辨析,可以认定"性善情贪"之类的说法不符合董子人性论的思想实际。

如果从名与目的关系来看,那么董子"情亦性也"的思想就很好理解,这并非他"人性思想的一个夹杂"[5]。而冯友兰从广义、狭义的角度所作的区分,虽然与名目之论比较接近,但是他所说的"就其狭义言,则性与情对,为人'质'中之阳;情与性对,为人'质'中之阴"[6]则又偏离了董子人性论的实质。

其次,在确定了情、身、心与性的关系之后,董仲舒进一步从生质的意义上对人性做出规定。他说:

---

① 之所以作此论,是因为:其一,王充《论衡·实性》所引典籍有真有伪,如其引《孟子·性善》篇即《孟子外篇》篇名,赵岐以为是后世依托者所为。其二,纬书《孝经援神契》有"性生于阳以理执,情生于阴以系念"之说,与王充所引《性情》之思想旨趣相同。

> 性之名非生与？如其生之自然之资谓之性。性者质也。诘性之质于善之名，能中之与？既不能中矣，而尚谓之质善，何哉？性之名不得离质。离质如毛，则非性已，不可不察也。（《深察名号》）

"性之名不得离质"，生是性之质，生即自然之资。因此，人之形体、血气、德行、好恶、喜怒哀乐之情皆是自然之资，亦即性之质。人的这些自然之资显然不全是善的，故而不能将善定义为性之质。正是在生质之谓性的意义上，董子通过禾米之喻、瞑觉之喻而指出性"可谓有善质，而不可谓善"（《深察名号》）。董子此论显然是针对孟子性论而发：

> 或曰性也善，或曰性未善，则所谓善者，各异意也。性有善端，动之爱父母，善于禽兽，则谓之善。此孟子之善。循三纲五纪，通八端之理，忠信而博爱，敦厚而好礼，乃可谓善。此圣人之善也。是故孔子曰："善人吾不得而见之，得见有常者斯可矣。"由是观之，圣人之所谓善，未易当也，非善于禽兽则谓之善也。使动其端善于禽兽则可谓之善，善奚为弗见也？夫善于禽兽之未得为善也，犹知于草木而不得名知。……吾质之命性者异孟子。孟子下质于禽兽之所为，故曰性已善；吾上质于圣人之所为，故谓性未善。善过性，圣人过善。（《深察名号》）

在对孟子人性论的批判中，有关善的名实问题凸显出来。按照循名责实的原则，董子认为既然名是圣人所发之天意，近世以来的圣人非孔子莫属，那么孔子对善的界定当具有确定无疑的权威性。如果以孔子所名之善为标准的话，那么孟子所谓的"善端"并不能称作善，而只有人道之善才能当善之名。不难看出，孟子的"善端"思想相当于董子认为人能"为仁义"的思想。这与孔子所谓的"善人"之善有本质的区别，即孟子所谓的"善端"是潜在的、不确定的，而孔子所谓的善则是现实的、确定的。这足以体现董子对人性概念之理解的深刻之处，即他"将人性论中潜在与现实、未然与已然、或然与定然的对立关系揭明出来，初步显示了理性与气质之性之间的张力"[7]。

最后，在论证了性与善的关系之后，董仲舒提出"名性者，中民之性"的主张。他说：

> 民之号，取之瞑也。……今万民之性，有其质而未能觉，譬如瞑者待觉，教之然后善。当其未觉，可谓有善质，而不可谓善，与目之瞑而觉，一概之比也。……名性，不以上，不以下，以其中名之。（《深察名号》）

> 圣人之性不可以名性，斗筲之性又不可以名性，名性者，中民之性。（《实

性》)

董子同样从深察民之号起论,民即瞑之义,瞑待觉而能视,民待教而后善。此处涉及"名性者,中民之性"究竟作何理解的问题。董子是不是性三品论者?抑或是他有"人"之性与"民"之性两种说法[8]?这仍然需要通过"反性之名"来回答。其一,董子把生质作为性的规定,则形体、血气、德性、好恶、情感皆是性,生质之性既有善质,又有恶质。这是对所有人而言的,即使是圣人的生质之性也如此。圣人之性,不但是对生质之性的超越,而且是对人道之善的超越,此即"性未善。善过性,圣人过善"之谓也。所谓"斗筲之性",是指遗弃生质之性中的善质,而"安于鄙细者"[9]312,这已属现实层面的表现,而非生质之性的表现。因此,以生质论性,则圣人之性与斗筲之性皆是后天所为而成,并非生之即有。其二,董子所谓的"中民",即"庸民"[9]312,泛指一般的民众。而如何理解他以"中民之性"名性呢?董仲舒从名号入手,指出现实中的人有:

> 故号为天子者,宜事天如父,事天以孝道也。号为诸侯者,宜谨视所侯奉之天子也。号为大夫者,宜厚其忠信,敦其礼义,使善大于匹夫之义,足以化也。士者,事也;民者、瞑也。士不及化,可使守事从上而已。(《深察名号》)

天子、诸侯、大夫是已觉者,已觉者可以觉醒未觉者,即天子、诸侯、大夫皆能通过教化唤醒民性中之善质。士之能事,乃"民之秀者"[9]286,处于已觉而未尽觉的状态。尽管士之性尚未尽觉,但已经开始超离生质之性。因此,五者之中,只有民之性实处于未化未觉之中,也只有民之性才是生质之性的直接表现。综合而论,只有遵从董子反性之名、生质之谓性的逻辑才能切实地把握他"名性者,中民之性"的真实意涵,而那种以三品说释之的观点实为不察,而以"人"之性与"民"之性相区别的新论其实并没有跳出性三品说的窠臼。

三、安情养心成王化:董仲舒人性论的思想旨归

董仲舒之所以循名责实为性正名,是因为只有澄清人性的本源状态,才能因人所有而实现人道之善。人道之善,只能是由人性开出的善,而不是与人决然分离之善。在由人性开出人道的过程中,"王"具有不可或缺的作用。这在《深察名号》中有明确的说明,以往研究亦无不论及,此不赘论。尽管董仲舒提出王道教化在人性修养中的重要意义,但是其中亦有非常值得详察的地方能够体现他的修养论的逻辑层次。

首先,董仲舒通过深察"王"之名号而凸显君王的教化责任。

> 今案其真质,而谓民性已善者,是失天意而去王任也。万民之性苟已善,则王者受命尚何任也?其设名不正,故弃重任而违大命,非法言也。(《深察名号》)

所谓"天意"就表现在通过确立君王以善民之性方面。如果民性已善,那么"王"的教化将无所施加,"王"之于万民的责任亦无从体现。而"王"之责任的显现,即是王道之实现。相反,"王"若失去善民之任,则亦失去王道,失去王道的结果是"道不能正直而方,则德不能匡运周遍,德不能匡运周遍,则美不能皇"(《深察名号》)。因此,在董仲舒看来,一方面,社会的失序、纲常的紊乱、灾异的发生不是百姓的行为所致,而是在位者失之教化使然。另一方面,由于人性之中固有"为仁义"的潜质,所以"王"之教化应体现在生长善质,德化万民,避免不教而诛的现象发生,即王者之道"任德不任刑"(《天人三策》)。综合而论,王者通过教化、德化而善民之性,既是天之意,又是天人相与之处。董子云:

> 性者,天质之朴也;善者,王教之化也。无其质,则王教不能化;无其王教,则质朴不能善。(《实性》)

> 天人之际,合而为一。(《深察名号》)

天之道,有所止,生质之性即天之所止。天之所止即人道之始,也就是王道的发力之处。尽管"天志仁,其道也义"(《深察名号》),天之意要人"行仁义而羞可耻"(《竹林》),但是天不能使人"为仁义",只有"王教"能使人"为仁义"以完成人道之善。而"王教"亦必须因"天质之朴"而化,不能另起炉灶。因此,天之所止,即"王教"之所施,天人相与于万民之性。依此可知,在修养论上,董仲舒强调人的本源之性是"王教"施化的对象,也是天人相与的落脚点。

其次,在"王教"因人之性而施化的基础上,董仲舒明确提出"王教"是"禁天所禁,非禁天也"(《深察名号》)。天道禁阴,亦即天道禁恶。董子认为王道教化的实质在于禁止人性之中恶质的生长,而不是禁止人性的全部内容。人性中有情、有身、有心作为性之目,"王教"就是因循人之情、身、心,使之向善,避免就恶。董子论道:

> 夫喜怒哀乐之发,与清暖寒暑,其实一贯也。喜气为暖而当春,怒气为清而当秋,乐气为太阳而当夏,哀气为太阴而当冬。四气者,天与人所同有也,非人所能蓄也,故可节而不可止也。节之而顺,止之而乱。(《王道通三》)

在"气"论的层面,喜怒哀乐之情与天是一贯的,人之情感是天命于人的,而非人所自有。"王教"只能因循天所命于人的自然情感而施于教化,即"王教"是以人助天,而非以人禁天、灭天。只有因循人的自然情感,加以节制,才能实现天下大顺。相反,如果要禁灭人的情感,那么就会导致人道之乱,人道之乱意味着教化的失败,也标示君王的失责。因此,从政治哲学的立场来看,顺情或是禁情与君王的合法性问题密切相关。由此可以看出,董子不是灭情论者,在他看来,情并不全是恶的。董子进一步论道:

> 民之情,不能制其欲,使之度礼。目视正色,耳听正声,口食正味,身行正道,非夺之情也,所以安其情也。变谓之情,虽持(疑作特)[9]470异物亦然者,故曰内也。变变(疑作变情)[9]470之变,谓之外。故虽以情,然不为性说。故曰:外物之动性,若神之不守也。积习渐靡,物之微者也。其入人不知,习忘乃为常,常然若性,不可不察也。纯知轻思则虑达,节欲顺行则伦得,以谏争僩静为宅,以礼义为道则文德。是故至诚遗物而不与变。……与万物迁徙而不自失者,圣人之心也。(《天道施》)

情并非全恶,但如果人完全放任情欲之流,那么情欲就会吞噬人性中的善质,而人最终也沦为斗筲之辈。因此,"王教"主张以礼制欲,"王教"使人视之以礼、听之以礼、食之以礼、行之以礼。这并非使人放弃视、听、食、身之欲,而是让人的自然欲望发乎情、止乎礼。人性有情有欲,这是天之道,而以礼正情、以礼节欲是人之道。此处,董子提出了"安情"的概念。所谓"安情",就是安于正情,正情既可以让人通过正常的情感显发生命的本真,又可以让人的情感在"道"的意义上得到提升,从而激发生命的尊严。董子认为人性中的自然之情会因外物的诱引而迁变,这叫"变情"。"变情"虽然由情而出,但已经不是本性之情,因此董子认为"变情"不是"性说",而是外物动性的结果。如果人对于受外物牵动而产生的"变情"积习渐靡,那么就会导致错把"变情"当作人性之中的固有之情。"变情"是人自失的关键因素,而只有做到"纯知轻思""节欲顺行""以礼义为道""躬宽无争",才能"至诚","至诚"才能遗物而不被物役,才能"与万物迁徙而不自失"。

最后,既然董子通过"禁天所禁,非禁天也"的教化原则提出"安情"的修养思想,那么情至何处方为安呢?董子提出了"中和"的思想。董子云:

> 成于和,生必和也;始于中,止必中也。中者,天地之所终始也;而和者,天地之所生成也。夫德莫大于和,而道莫正于中。(《循天之道》)

中和既是天地之道,也是人之道,人性的修养当然要秉承中和之道。从人性修养的结果来看,必然是"成于和""止于中"。此处的关键在于,董子认为人性是"生必和""始于中"的,这意味着本源之性是处于中和状态的。这与《中庸》"喜怒哀乐之未发,谓之中"的思想有相通之处,即情未发动时的生质之性是一种中和状态,而情一旦发用即有"和"与"不和"之别。在这种意义上,后天的修养其实就是向人性本来之中和状态的回归。董子云:

> 公孙之《养气》曰:"里藏。泰实则气不通,泰虚则气不足,热胜则气耗,寒胜则气滞,泰劳则气不入,泰佚则气宛至,怒则气高,喜则气散,忧则气狂,惧则气慑。凡此十者,气之害也,而皆生于不中和。故君子怒则反中,而自说以和;喜则反中,而收之以正;忧则反中,而舒之以意;惧则反中,而实之以精。"夫中和之不可不反如此。(《循天之道》)

反中和,即是向中和回归,只有反中,才能和、能正、能舒意、能实精。理论上讲,人在修养的过程中,偶尔反中和易,而恒久地反中和难。因此从修养实践上说,只有将偶尔之中和升进为恒久之中和,做到合乎时宜的"时中"①,才是修养的完成。而如何才能做到"时中"呢?董子论道:

> 然而人事之宜行者,无所郁滞,且恕于人,顺于天,天人之道兼举,此谓执其中。天非以春生人,以秋杀人也。当生者曰生,当死者曰死,非杀物之义待四时也。而人之所治也,安取久留当行之理,而必待四时也。此之谓壅,非其中也。人有喜怒哀乐,犹天之有春夏秋冬也。喜怒哀乐之至其时而欲发也,若春夏秋冬之至其时而欲出也,皆天气之然也。(《如天之为》)

> 天有和有德。……天之序,必先和然后有德。……我虽有所愉而喜,必先和心以求其当。……喜怒之有时而当发,寒暑亦有时而当出,其理一也。(《威德所生》)

教化之道、修养之道既要顺于天道,又要顺于人道,这就是"执中","执中"的枢要在于"时",天以"时"而有春夏秋冬之变,人以"时"而有喜怒哀乐之发。然而,如果喜怒哀乐之情完全遵应春夏秋冬之变而发,就不是"执中",而是"壅"。"壅",阻塞之义,亦郁滞义。所谓喜怒哀乐以"时"而发的"执中"指的是,当喜之时,自然而喜,这是顺天,而喜情之发,要与心和,也就是说既要使喜之情得到抒发,而又不至于以喜伤心,这是人道。"执中"是天人之道,也是中和之道。

因为情必然会发之于外,情又要与心和方能反中和,所以在董子的修养论中,心是修养的落实处。他说:

> 民皆知爱其衣食,而不爱其天气。天气之于人,重于衣食。衣食尽,尚犹有间,气尽而立终。故养生之大者,乃在爱气。气从神而成,神从意而出。心

---

① 《周易·蒙·彖传》云:"蒙,亨。以亨行,时中也。"

之所之谓意。故君子闲欲止恶以平意,平意以静神,静神以养气。(《循天之道》)

董子通过心、意、神、气的流转关系指出气乃由心所出,所以爱气就要养心。养心须平意静神。这与孟子的"持志"思想颇为近似。孟子云:"志,气之帅也;气,体之充也。夫志至焉,气持焉。故曰:'持其志,无暴其气。'"(《孟子·公孙丑上》)"志",朱子注云:"心之所之。"[10]与董子对"意"的解释相同。"持其志"亦有平意静神的意思。爱衣食,是养其体;爱气,是养其心,养体固然重要,而养心则更为重要。董子曰:

> 天之生人也,使人(之)[9]263生义与利。利以养其体,义以养其心。心不得义不能乐,体不得利不能安。义者心之养也,利者体之养也。体莫贵于心,故养莫重于义,义之养生人大于利。(《身之养重于义》)

至此,董子的人性修养的逻辑可以总结如下,"王"必须要担当化民之性的责任,这是天人相与的内在要求。教化因人性而发,经过"安情"、防"变情"、反中和、持中和的逻辑阶段,以凸显以义养心是人性修养的至关重要环节。由此可以看出,虽然董仲舒十分强调外在教化对人道之善的重要意义,但是他又把代表主体道德意志的心作为修养的落脚点。很显然,董仲舒从未否定,而是十分认同能动之心体在为善成德中的实践意义。然而与强调人人自觉"万物皆备于我"的道德主体意识相比,董子所处的时代更迫切需要能够保证万民由"瞑"至"觉"的政治、社会环境。因此,董仲舒的人性论不仅具有理论上的突破性,更具有强烈的现实意义。

结　语

从中国古代哲学中人性观念的演变与发展来看,董仲舒可谓是自先秦以来人性思想的集大成者。他从反性之名入手,尤其对孟子的人性论展开批判并有所吸收。不仅是孟子,从他的人性论中几乎可以看到先秦所有人性思想的痕迹。在此意义上,我们不能简单地认为董子的人性思想受到某人某派的影响,而是应依循他的逻辑发现他人性论的深刻之处。如果我们把人性论还原到董仲舒的整个思想框架中,就会发现他对人性的理解是建构其思想大厦的基石。《汉书·董仲舒传》载汉武帝问贤良文学曰:"三代受命,其符安在?灾异之变,何缘而起?性命之情,或夭或寿,或仁或鄙,习闻其号,未烛厥理。"其中第一个问题是关于帝王受命的思考,第二个问题则是对天道的反思,第三个问题乃是对人性的追问。这三个问题看似分离,其实彼此互相联系。董仲舒的《天人三策》就是对此三个问题的具体阐发,而他的全部思想亦不出此三个问题之外。《循天之道》载:"夫损益者皆人,人其天之继欤?出其质而人弗继,岂独立哉!"天的事情只能由人来完成,天道亦只能由人道体现。因此,在一定程度上说,只有在天人相与之际才能发现董仲舒的思想精髓,偏离了人性与人道,就偏离了董仲舒思想的主旨。

参考文献

[1] 商聚德.试论董仲舒人性论的逻辑层次[J].中国哲学史,1998(2):81-88.

[2] 强中华.正名·时间·人性论:董仲舒人性论的逻辑层次及理论困境[J].孔子研究,2012(2):4-11.

[3] 王琦,朱汉民.论董仲舒的人性论建构[J].北京大学学报(哲学社会科学版),2014(5):44-52.

[4] 李维武.《六德》的哲学意蕴初探[J].中国哲学史,2001(3):64-67.

[5] 徐复观.两汉思想史:第二卷[M].上海:华东师范大学出版社,2001:249.

[6] 冯友兰.中国哲学史:下册[M].上海:华东师范大学出版社,2000:13.

[7] 丁四新."人性有善有恶"辨:王充、世硕的人性论思想研究[G]//丁四新.玄圃畜艾:丁四新学术论文选集.北京:中华书局,2009:10.

[8] 陆建华."中民之性":论董仲舒的人性学说[J].哲学研究,2010(10):47-50.

[9] 苏舆.春秋繁露义证[M].北京:中华书局,1992:312.

[10] 朱熹.四书章句集注[M].北京:中华书局,1983:230.

原载于《衡水学院学报》2022年第2期。

董仲舒所论"身行之志"

郑朝晖

(广西大学 文学院,广西 南宁 530004)

[摘　要]　董仲舒学说的核心观念是"志"。董氏以人类个体的身心意象为底层喻体,他认为个体之心实是无形之身体,心之志即是此无形身体"善善恶恶"的行为倾向。他类推自然天、人类社会、《春秋》之言的身心结构分别是天地-阴阳、臣民-君主、文字-书法,其志则分别是尊阳卑阴、任贤化民、伸善屈恶的行为倾向。而志之贯通性,则体现在天人之际的名言世界之中。

[关键词]　董仲舒;身行之志;天行之志;类行之志;言行之志;天人合一

董仲舒是汉代今文经学的代表性人物,著作集《春秋繁露》,真实性虽遭部分

[基金项目]　广西大学文学与文化研究中心科研项目(DWX202105)
[作者简介]　郑朝晖(1971—),男,湖北黄冈人,教授,哲学博士。

学者质疑，但其内容皆属于汉代文献，则无疑议①。《繁露》经汇辑而成一书，以《春秋》为主词，从其基本思想倾向而言，全书文本有其一致性②。学界多倾向于将董氏之学归纳成天的哲学，倘若考虑到儒家思想的发生史，以及董氏之学兼顾天、人、言三个论域而言，将"志"的论述视作董氏之学的核心，或许更加妥当③。然而董氏

---

① 宋人王尧臣曾质疑《春秋繁露》的完整性，明人胡应麟怀疑《春秋繁露》的书名有误，当为《董仲舒》或《公羊董仲舒治狱》，清人姚际恒、周中孚继承了这个观点。指称《春秋繁露》为伪书则始于宋人程大昌，认为辞意浅薄，后黄震认为除《对胶西王越大夫不得为仁》外，其书皆烦猥，清人黄云眉完全否定了《春秋繁露》的书名及内容的真实性，近人戴君仁则以为《贤良三策》言阴阳不言五行，故《繁露》为伪，日人田中麻纱巳则以五行之相生相胜为判定董氏五行思想的真伪标准。朱熹虽称董氏为纯儒，然对于《春秋繁露》亦怀疑其真实性，《四库提要》作了折衷的判断，认为《繁露》虽保存了汉代的众多文献，但非全部为董氏之作，清人苏舆认为《繁露》是一部辑录性著作，对其真伪应当逐篇分析，有些篇章是可信的，有些则是其他作者的文献，美人桂思卓接受了汇编性著作的观点，认为可将全部文献视作汉代作品，分成解经编、黄老编、阴阳编、五行编、礼制编，其中解经编、阴阳编、礼制编可信度较高，而黄老编、五行编则可信度较低。可见，桂思卓采取了审慎信任的态度，认为文献的部分可疑性不能证明整个文献不可信，即便是文本内部的矛盾也不一定能说明《繁露》在整体上有问题。与桂思卓不一样，徐复观则坚信《繁露》为董氏之作品集，并主张衡定文本真伪要从中国思想史的全面来把握，"只有残缺，并无杂伪"。参徐复观《两汉思想史》第二卷（华东师范大学出版社2001年版），第192—195页；桂卓思著，朱腾译《从编年史到经典：董仲舒的春秋诠释学》（中国政法大学出版社2010年版），第50—55、85—86、128—129页。

② 对于《春秋繁露》的整体思想，有的学者认为其基本内容可以分成多组，如徐复观将其分成春秋学、天的哲学、礼制思想三个部分；桂思卓分成五个部分，并认为其思想很难统一起来。有的学者认为其基本内容是一个整体，如苏舆认为《繁露》之书"可以多连博贯"，众多观念可以视为一个整体；周桂钿认为董氏的思想是政治哲学思想体系，可概括成"屈民而伸君，屈君而伸天"；张实龙认为董学是一个整体，由《春秋》之言、天象与仁义之意构成。有的学者则认为董氏的春秋学是一个变化过程，如邓红认为董氏的春秋学有非天论的春秋学与天论的春秋学之别，其间之变化是以董氏对天的觉悟点为界限的，他也以奉天法古说明了两者的一致性。参徐复观《两汉思想史》第二卷，第192—195页；桂卓思著，朱腾译《从编年史到经典：董仲舒的春秋诠释学》，第54、128页；苏舆《春秋繁露义证》（中华书局1992年版）；周桂钿《春秋繁露》（中华书局2012年版），第3页；张实龙《董仲舒学说内在理路探析》（浙江大学出版社2007年版），第214页；邓红《董仲舒的春秋公羊学》（中国工人出版社2001年版），第19—34页。

③ 严格说来，对董氏书中"志"的探析，尚无专门之分析，一般多从动机、意志的角度稍作探究，如周辅成从道德意志的角度对天志进行了唯心主义批判；周桂钿有贵志论对董氏的人行之志进行了分析，认为董氏之志表明其更重视精神性的动机；桂思卓亦从动机与意志的角度分析了人行之志。他们并没有将"志"作为董氏学中的贯通性概念来进行具体分析，但是，"志"的重要性并不因学者未自觉而完全被遮蔽，它往往通过学者们的其他论述显现出来，如桂思卓对《春秋》普遍化的讨论，如邓红将天论的春秋学视作一种觉悟，如徐复观在讨论董学方法时明确指出志的贯通作用，"由文字以求事故之端；由端而进入于文义所不及的微眇；由微眇而接上了天志；再由于天志以贯通所有的人伦道德，由此以构成自己的哲学系统"。尽管徐氏还没有意识到志对天行之志、人行之志、言行之志的全方位贯通。参周辅成《论董仲舒思想》（上海人民出版社1961年版），第62—74页；周桂钿《董学探微》（北京师范大学出版社2008年版），第215—230页；邓红《董仲舒的春秋公羊学》（中国工人出版社2001年版），第19—34页；桂卓思著，朱腾译《从编年史到经典：董仲舒的春秋诠释学》，第154—164、183—190、208—221、233—234、134—136页；徐复观《两汉思想史》第二卷，第206页。此外，依笔者浅见，就儒家思想的发生史而言，自孔子指出礼后有仁后，孟子、荀子分别指出所谓情欲意义上的善端恶欲，孟子的恻隐、羞恶、辞让、是非四端，与荀子的好利、疾恶、有欲、计算四欲，是由仁行进步到心情，而董氏则进一步深入到心志的层次，不过，无论是仁行、情欲还是心志，孔孟荀董皆是从身体行为的角度进行讨论的，仁情志所涉及的心均是具有身体意味的心，仁情志也是体现在具体的行为之中的。

所说的"志",并非指意识哲学或心灵哲学所言的意志、意向,而是指无形身体意味上的行为倾向,无论是就天行之志、类行之志还是言行之志而言①。董氏将个体的心看作是无形的身,有形之身的道德倾向是无形之身的行为倾向的自然显现。他对天行之志、类行之志、言行之志的理解,都是建基在个体身心关系的类推之上,因而"身行之志"是董氏关于"志"的思想的底层喻体。

一、身行之志

春秋学重视辨志,"《春秋》之论事,莫重于志"[1]25;其好微言即体现在对志的重视上,"《春秋》之好微与?其贵志也"[1]38;它善于将天的微妙之志"体现"出来,"其辞体天之微"[1]96。微妙之志是"无形"的,不是"静而无形者",而是所谓"动而不形者"[1]472。董氏虽也称此动而不形者即是"意",是"进止之形"的"所以","所谓不见其形者,非不见其进止之形也,言其所以进止不可得而见也"[1]171,但"所以"之意,很难从本质根据或自由意志的角度进行理解,更适于从有形行动之根源的角度理解。"所以"与"进止之形"的关系,从董氏经常将"微"与"始"两个概念紧密关联在一起进行论述可以推知,当理解为转动方向盘而导致轮胎转向的驱动关系。所谓"贵微重始"[1]156,从"阳阴入出实虚之处"[1]467察天之志,显然是视根源之处的行动倾向为志的表现。既然有形之动向是由无形之倾向决定的,溯源工作就是必要的,"必本其事而原其志"[1]92,"事"即外在行为的善恶,必须根据"志"的善恶来判定,"从贤之志以达其义,从不肖之志以著其恶"[1]77,彰扬义揭露恶从而使善恶之志得以区别。

简略而言,人类个体由身心两部分构成,"人皆有此心"[1]7。董氏将志字与心字相关联,有时甚至直接称之为"心志"②。辨志也就可称之为"观其心"[1]41,判断事之"当与不当,可内反于心而定也"[1]399。正如志非指自由意志,"心"也就不是在心灵的意义上讲的,而是在无形身体的意义上讲的,"体莫贵于心"[1]263,心只是身体的无形组成部分,尽管与身相较其地位更为尊贵。身体由阴阳之气构成,无形之

---

① 中国的现象学研究者认为,中国哲学的重身传统与现象学的现代发展趋势是合拍的,并"从中孵化出吴光明所谓的故事思维、杜维明所谓的体知、王树人所谓的象思维、张祥龙所谓的缘在之在,以及笔者所谓的身体哲学这些中国哲学阐释的新成果,也由此使中国哲学作为一种可公度性的话语开始走向了世界"。参张再林《中国古代身道研究》(生活·读书·新知三联书店2015年版),第7—8页。

② 董氏书中,心志连称只有一处,即"内动于心志,外见于事情"。但董氏之心字,不仅指人心,还指天心,"仁,天心"。心与志,有时亦可换用,如"虽从俗而不能终,犹宜未平于心。今全无悼远之志,反思念取事""无伤恶之心,无隐忌之志"等等之类互文。心与意,意与志,有时可换用,如"此无善善之心,而轻救民之意也""事父者承意,事君者仪志,事天亦然"等等之类互文。参苏舆《春秋繁露义证》,第156、161、25—26、258、47、18页;另参桂思卓著,朱腾译《从编年史到经典:董仲舒的春秋诠释学》,第155页。

心由其中特殊的神气构成,"心有哀乐喜怒,神气之类也"[1]355。也可将心理解成"善善恶恶"[1]34的性体,它像有形身体一样是"不可得革"[1]34的客观存在,有"肥臞"[1]34之异即善恶之别。此差别通过"善善恶恶"即存善去恶的无形之动表现出来,"柾众恶于内,弗使得发于外者,心也"[1]293,"天之为人性命,使行仁义而羞可耻"[1]61。显现在外有形可见的"善善恶恶"的仁义行为,是内在性命所"使"而由内至外、由隐至显的结果,董氏强调的不是意志的自由选择,而是一种"天然"的行为趋势。"志为质,物为文"[1]27,物指铺陈礼物的外在礼数,志指行礼者的敬心,将志物关系理解成文质关系,正是从隐显关系来理解身心关系的。欲使身体行为"归之于仁"[1]329,就须通过"治其志"[1]329的方式"以存善志"[1]78,保持心"善善恶恶"的本然行为倾向,并视其为人的根本伦理责任,"其动中伦,其言当务,如是者谓之智"[1]259,如此方能"无伤恶之心,无隐忌之志;无嫉妒之气,无感愁之欲;无险诐之事,无辟违之行"[1]258,形成心志—气欲—行事的外显链条。

董氏以个体身心关系为底层喻体,将之作为天行之志、类行之志及言行之志的类推分析框架。类推所至,心非仅指个体的肉体心,而是泛指万事万物的无形之心,"心,气之君也,何为而气不随也"[1]448,故天亦有心,"仁,天心"[1]161。身也非仅指个体的肉体身,而是泛指万事万物的可见之形,"身犹天也"[1]356,"身之与天同"[1]341-342。从根本上讲,可见之万事万物可分成天(地)与人两大类,"天气上,地气下,人气在其间"[1]354,"三者相为手足,合以成体,不可一无也"①。《春秋》"慎志"②,董氏因之而主张全面辨析天人之志,"人之与天,多此类者,而皆微忽,不可不察也"[1]218。就董氏的具体辨析而言,天行之志③、类行之志④、言行之志⑤皆有细

---

① 参苏舆《春秋繁露义证》,第168页。天地人三类,实可简约为天人两大类,董仲舒将天地人视作三类,有其特殊理由,在分析君臣民关系时,董氏以君为志,以臣民为身,但他又将君视作"天地之参",臣视作君之辅而法地,臣因此就分享了君志的一些特点,而负有教化民众的部分责任,可参本文"类行之志"部分。

② 董氏说:"案《春秋》而适往事,穷其端而视其故,得志之君子,有喜之人,不可不慎也。"参苏舆《春秋繁露义证》,第56页。

③ 对于董仲舒重视志的思想,研究者基于不同的思想预设,有三种典型的分析:一种是基于对宗教的批判意识而将之视为迷信的一种表现,此以侯外庐的神学目的论为代表;一种是基于对宗教的积极面向的肯定而将之视为儒家精神的独特之处,桂思卓十分重视对董氏学说宗教性的讨论;一种是基于儒家的世俗性面向而将之视作某种哲学类型,余治平认为天是董仲舒哲学的信念本体。参侯外庐《中国思想通史》第二卷(人民出版社1957年版),第89—108页;桂卓思著,朱腾译《从编年史到经典:董仲舒的春秋诠释学》,第259—265页;余治平《唯天为大:建基于信念本体的董仲舒哲学研究》(商务印书馆2003年版),第39—48页。

④ 学界颇为重视董氏的政治学说,甚至将之视为政治儒学的代表。参崔涛《董仲舒的儒家政治哲学》(光明日报出版社2013年版)、姚中秋《儒家宪政主义传统》(中国政法大学出版社2013年版),吴龙灿《天命正义与伦理:董仲舒政治哲学研究》(人民出版社2013年版)。

⑤ 对于董氏的诠释学分析,学界多见,有的学者从经典化角度给以重视,有的学者从政治哲学视角给以重视。参崔涛《董仲舒的儒家政治哲学》;桂卓思著,朱腾译《从编年史到经典:董仲舒的春秋诠释学》。

致的论述。

二、天行之志

董氏所言天的概念,有统言的天与析言的天两种含义。统言的天是在元气,即混沌未分的气的意义上讲的,是万物的本源,"元者为万物之本"[1]69,亦存在于天地万物之中,"元犹原也,其义以随天地终始也"[1]68。天地万物之气,合则为元气,"天地之气,合而为一"[1]362,分散而言则为阴阳之气,"分为阴阳,判为四时,列为五行"[1]362,阴阳之气流行于四时,显现为五行生克之秩序。析言的天则是指十端之一的具象之天,一端指一个部分,十端是说统一的天由十个部分组成,"天为一端,地为一端,阴为一端,阳为一端,火为一端,金为一端,木为一端,水为一端,土为一端,人为一端,凡十端而毕,天之数也"[1]217。十端之中,人比较特殊,独为一大类,其他九端可以归并为一大类,十端可归并为天人两大类,"天、地、阴、阳、木、火、土、金、水,九,与人而十者,天之数毕也"[1]465。在将人(类)视作一个特殊的类别对待后,统言的天实际上就具有了第二种含义,即自然界的含义(虽然人,无论就个体还是人类而言,都实际蕴含在内)。由天地、阴阳、木火土金水构成的"天",在董氏看来,可从身心结构的角度进行分析,将"天地"看作身,四时五行视作"天地"的运行方式,将阴阳之气看作心,是四时五行运行方式的"所以"。

天地是阴阳气的具现,具象天显现为阳气之象,"藏其形所以为神,见其光所以为明"[1]165,具象地显现为阴气之象,"卑其位所以事天也,上其气所以养阳也"[1]459。而天地的运行方式具体显现在四时五行的运行之中,"天之道以三时成生,以一时丧死"[1]341,"木生火,火生土,土生金,金生水,水生木,此其父子也"[1]321,体现了重生的倾向,其根源皆是由阴阳气运倾向决定的,"天地之常,一阴一阳。阳者天之德也,阴者天之刑也。……天之少阴用于功,太阴用于空"[1]341,除阳气是生成力量外,少阴代表秋天收成的季节,是成功的表现,只有太阴才是空丧,因而外显为"三时成生一时丧死"的四时运行方式,展现了"阳尊阴卑"[1]323的阴阳气运倾向。若考虑到冬天也有太阳之类的细节,则阴阳之气在运行过程中的分配比例,阴气所占甚至只有百分之一,"天出阳为暖以生之,地出阴为清以成之,不暖不生,不清不成,然而计其多少之分,则暖暑居百而清寒居一"[1]351-352。五行之间的生克关系,也是"阳尊阴卑"关系的显现,"火乐木而养以阳,水克金而丧以阴"①,此将相生关系视

---

① 参苏舆《春秋繁露义证》,第321页。水克金,或为火克金之误。

作"养以阳",相克关系理解为"丧以阴"。当然,相生相克关系中,董氏更加重视相生关系,"木受水而火受木,土受火,金受土,水受金也。诸授之者,皆其父也。受之者,皆其子也。常因其父以使其子,天之道也"[1]321,将之视作天地生道的原型,此说明五行重相生关系也是阴阳气运倾向的外显。

既然"尊阳卑阴"是阴阳气运倾向,并且"恶之属尽为阴,善之属尽为阳"[1]326,自然而然天的整体运行倾向就表现为仁,"察于天之意,无穷极之仁也"[1]329,"天志仁,其道也义"[1]467。志与始的概念相关,天志仁就意味着本源是正当的,"元者始也,言本正也"[1]100。本源正则具象天地的运行倾向也因之而正,"以元之深正天之端"[1]70,也就能够取得四时之用的成功,"以爱利为意,以养长为事,春夏秋冬皆其用也"[1]330。四时运行"三时成生一时丧死",尊阳之外,还须卑阴,"天之生有大经也,而所周行者,又有害功也,除而杀殛者,行急皆不待时也,天之志也"[1]464,卑阴本质上有利于尊阳的成就,是天志仁"恶恶"的另一个面向,并非崇尚暴力。

三、类行之志

"《春秋》重人"[1]162,此处所言的人包括个体与类的双重含义,而董氏主要是在人类的尤其是国家层面进行的讨论,"有国家者不可不学《春秋》"[1]160。人类为十端之一,大类上与自然天相对为二,"唯人独能偶天地"[1]354。其他的物仅为天地万物中之一物,人的地位则不同,"最为天下贵"[1]466,并且"超然万物之上"[1]466。人的超然地位源于人受命于天,"超然有以倚"[1]354。受命之人与物最大的区别在于"独能为仁义"[1]354,拥有显现天的仁义之志的独有赋能,"取仁于天而仁也"[1]329。人是天志的显现,因而人归根结底是一种目的性的存在,"天地之生万物也以养人"[1]151,养人的关键在于爱"气","养生之大者,乃在爱气"[1]452,气之所以应当爱惜,是因为气与神意相关,"气从神而成,神从意而出"[1]452,而神意如前所论指阴阳气运倾向。"阴阳之气,在上天亦在人"[1]463,也就是说,人类如同上天一样,也有近似的身心结构,"人主之大,天地之参也;奸恶之分,阴阳之理也;喜怒之发,寒暑之比也;官职之事,五行之义也"[1]468,君主被类比为天地之身,奸恶被类比为阴阳,喜怒官职被类比为寒暑五行,似乎君主之志就是指奸恶倾向在喜怒官职中的显现。从人类的角度而言,天地之身也可被视为无形之身,天志可视为包括天地-阴阳的整体身心结构的行为倾向,与之相应,在国家结构中,君主的个人之志并非重点,君主的身心整体被视作国家的无形之身,君主整体身心的行为倾向被视作国家的心志所在,所以董氏说,"志意随天地,缓急仿阴阳"[1]464。人类之心中叠加天地身心结构的现象,是自然而然的固有现象,在此特定的意义上,如其心即是如其身,"天固有此;然而无所之,如其身而已矣"[1]332。

董氏之时的国家基本结构是君臣民结构。其中,君被看作国家的心,"一国之君,其犹一体之心也"[1]460,也是国之根本所在,"君人者,国之元"[1]166,其地位由上天赋予,"王者受命而王"[1]185。臣民被看作国家的身体,与君之间是心体关系,"君臣之礼若心之与体"[1]461,"君者民之心也,民者君之体也"[1]320。一般而言,身心关系中,心是根本,身体必须"以心为本"[1]182,"不可以不顺"[1]461于心,"心之所好,体必安之"[1]320。相应而言,治国化民就必须"崇本"[1]168,国家应当"以君为主"[1]182,臣子"不可以不忠"[1]461于君,"君之所好,民必从之"[1]320如"草木之应四时也"[1]462。从兹而言,董氏主张"屈民而伸君"[1]32,要伸张的就不是君主的威权,而是"不可以不坚"[1]461的良心,其行为方式也就"不可以不贤"[1]461。

君主贤行的第一个表现是"不自劳于事"[1]165,"以无为为道"[1]165,以之保持君主的超然地位。君主保持超然地位的要决在"贵神"[1]171,而神之所以为神是因为"神者不可得而视也,不可得而听也"[1]171,因此君主"内深藏所以为神"[1]165,如此其决策心思就不能被人窥破,"视而不见其形,听而不闻其声"[1]171,从而在群臣"分职而治"[1]176之时,可以"载其中"[1]176,保持最后的决断权,成为众望所归的持中者,使其臣子"自然致力"[1]176,"莫见其为之而功成矣"[1]165。

君主贤行的第二个表现就是建制度以为防微杜渐之堤防,"圣人之道,众堤防之类也;谓之度制,谓之礼节"[1]231。所有混乱状况的产生,都是因为"嫌疑纤微,以渐寝稍长至于大"[1]231,因此君主"章其疑者,别其微者,绝其纤者,不得嫌以蚤防之"[1]231。"所以安者,臣之功也"[1]461,建制度的关键之一是养贤任贤,"使诸有大奉禄亦皆不得兼小利与民争利业"[1]230,亲近"群贤"[1]165是为了达到"神明皆聚于心"[1]461的政治效果,"因臣以为心"[1]175。建立良好治安的行为方式正在于"得贤而同心"[1]171,同心之臣是可以作为"君之合"[1]350而共治天下的贤臣,既可以见情于君主又不威胁君主裁断之权,"比地贵信而悉见其情于主,主亦得而财之"[1]165。为了达到良好的共治效果,董氏认为所选之贤应当"立成数以为持而四重之"[1]215,也就是根据一年四时十二月的节令之数配贤,"三人而为一选,仅于三月而为一时也;四选而止,仅于四时而终也"[1]214,也就是朝臣之数,不能超过一百二十名,"王者制官,三公、九卿、二十七大夫、八十一元士,凡百二十人,而列臣备矣"[1]214,如此政事就可万无一失。建制度的关键之二是教化民众,使民主动"退受成性之教于王"[1]302,达成"贵贱有等,衣服有别,朝廷有位,乡党有序,则民有所让而不敢争"[1]231 的理想局面。民受"未能善之性于天"[1]302,瞑顽不灵,其名号即是"取之瞑也"[1]297。君主以仁心待民,"泛爱群生"[1]165,不愿意"独以威势成政,必有教化"[1]319 于民,并将教化民众视作自身的天责,"王承天意以成民之性为任者也"[1]302。君主教化民众不依赖于威权,而是"显德以示民"[1]265,希望民众心服口服,"乐而歌之以为诗,说而化之以为俗"[1]265,从而养成主动接受君主教化的自觉,"不令而自行,不禁而自止,从上之意,不待使之,若自然矣"[1]265。此外,臣既然与君共治天下,也就有责任辅助君主教化民众,"厚其忠信,敦其礼义,使善大于匹夫之义,足以化也"[1]286。

四、言行之志

无论是天行之志还是类行之志,都是动而无形的行为倾向,在董氏看来,只有圣人能看见这无形之志,"天地神明之心,与人事成败之真,固莫之能见也,唯圣人能见之"[1]397。"神明之心"是天行之志,"成败之真"是类行之志,皆"人之所不见"[1]397,圣人能够见此不可见并且说出此不可见,"圣人之言,亦可畏也"[1]397,《春秋》书记载的圣人之言形之于文字,其字面意思是记载天人之事,但真正让《春秋》之言令人敬畏的,则是《春秋》以特定方式说出的事情背后的"真心"。《春秋》通过此特定方式表达出对于"真心"的褒贬倾向,"两言而管天下"[1]142。两言一指对贤行的褒美之言,"《春秋》之于所贤也,固顺其志而一其辞,章其义而褒其美"[1]83;一指对恶行的贬刺之言,"刺恶讥微,不遗小大"[1]109,从而达到"善无细而不举,恶无细而不去"[1]109 的从根本上杜绝恶行的效果。《春秋》之言针对"真心"的褒贬倾向,不是体现在文字的直接语义中,而是通过文字的无形部分,即音训与诡辞而表现出来。音训诡辞之法是"见其指者,不任其辞"[1]51 的表达方式,它超越辞的表面意义,"以比贯类,以辨付赘"[1]33,从而将潜在的褒贬倾向明示出来。不注意区分文字的表面意义与书面意义,很容易造成名实混乱不符的乱名现象。为了避免乱名现象的产生,"《春秋》慎辞,谨于名伦等物者也"[1]85,董氏因而主张治理国家的根本在于"正名"[1]68。"万物载名而生"[1]472,正其"名义"[1]472 即可起到"进善诛恶"[1]109、防微杜渐的作用。

圣人通过正名以显示其褒贬倾向,音训法是其一。"名不虚生"[1]399,名号皆有发声,声音指示了天意即"真心"所在,"名号异声而同本,皆鸣号而达天意者也"[1]285。选择不同的同音字进行音训便彰显了不同的褒贬倾向,如对于君王二字的音训,"深察王号之大义,其中有五科:皇科、方科、匡科、黄科、往科;合此五科,以一言谓之王"[1]289,"深察君号之大意,其中亦有五科:元科、原科、权科、温科、群科;合此五科,以一言谓之君"[1]290,董氏通过王的同音字皇方匡黄往、君的同音字元原权温群,以褒美君王作为国家良心的职责所在;训士为"守事从上"[1]286,也有一定的褒美之意;训民为瞑,则显然表明贬刺之意。此外,因为"天不言,使人发其意"[1]285,指称"物不与群物同时而生死者"的灾异之名①,则是上天对人的无声警示,"灾者天之谴也,异者天之威也"[1]259,表明了《春秋》的贬刺之意。表达褒贬倾向的正名方法。诡辞语法是其二。诡辞的褒贬倾向"随其(文)委曲而后得之"[1]83,委曲是间接的"文"法,"纪季受命乎君而经书专,无善之名而文见贤"[1]83,纪季受纪侯之命献地于齐,但《春秋》记为纪季献地于齐,是为了讳君之恶并表彰纪季保存纪国宗庙之祀的自污之善,《春秋》所记并无善恶之语但褒贬倾向昭然若揭。

《春秋》行文,除了需要根据事实本身进行褒贬之外,还需要考虑《春秋》作者与描述对象之间的情感关系,"于所见微其辞,于所闻痛其祸,于传闻杀其恩,与情俱也"[1]10,亲身所见的事用辞需隐晦,亲耳所闻的事用辞需同情,传闻之事用辞客观公正即可。虽然情感用辞的差异,不影响《春秋》的褒贬倾向,但它会影响文辞描述的轻重、文质与详略,与作者关系亲近的、内心尊重的、年代相近的,文辞描述就更加重视细节、讲究词藻、描写精细,反之,文辞描述就相对轻忽、质朴、简略,"名者所以别物也:亲者重,疏者轻;尊者文,卑者质;近者详,远者略"[1]471。事实上,文辞的轻重、文质之别可归入详略之别一路中去。如《春秋》严夷夏之防,因晋齐之君失礼而贬称晋子齐子,此时"亲者重"的文法就被称之为"详","《春秋》伤痛而敦重,是以夺晋子继位之辞与齐子成君之号,详见之也"[1]96。又如《春秋》慎始重微,因鲁庄公曾追击北戎而至济西是攘夷尊王的表现,此时"尊者文"的文法就被称为"详","公之所恤远,而《春秋》美之;详其美恤远之意,则天地之间然后快其仁矣"[1]252。董氏将辞的情感性与名的褒贬性结合,形成"屈伸之志,详略之文皆应之"[1]11的《春秋》新书法。君王音训、灾异音训褒贬有异,然皆详说,其中暗含着伸天的意思,前所引"亲者重"与"尊者文"的详说之例暗含有伸君的意思,而略说的士民音训则暗含有屈民的意思。董氏认为天心仁、君心正,因而所谓屈伸之志,实即伸善屈恶之志,详略书法即是详说以伸善,略说以屈恶,详说齐晋君之恶,其本意还是为了伸张亲夏疏夷的大善。

---

① 参苏舆《春秋繁露义证》,第455页。灾与异稍有异,"小者谓之灾,灾常先至而异乃随之。"参苏舆《春秋繁露义证》,第259页。

总之,董氏将辨志视作是春秋学的核心。他基于人类个体具有身心结构的现实,以之为底层喻体,类推自然天、人类社会、《春秋》之言皆有此基本结构:自然天的身心结构是天地之身-阴阳之心,人类社会的身心结构是臣民之身-君主之心,《春秋》之言的身心结构是文字之身-书法之心。并因其认为个体身心之心,实为神气构成的无形之身体,心之志是无形身体"善善恶恶"的自然行为倾向,身体行为之善由此无形身体行为之善所决定。而类推出,天行之志是"尊阳卑阴"的气运倾向的表现,类行之志是"任贤化民"的政治行为倾向的表现,言行之志是"伸善屈恶"的叙事行为倾向的表现。其中有一点需要特别指出,从董氏将君主视作类行之志的思路看,董氏之伸君将君视作国之良心的显现者,认为君主的唯一责任在于守护国之良心,此对君主而言,其实是莫高的政治要求。此外,需要加以补充说明的是,志之贯通性不仅仅表现在类推之术上,还表现在董氏对名言特殊价值的认知上,他说,"事各顺于名,名各顺于天。天人之际,合而为一"[1]288。从此段文字描述中可知,"天人之际"的"际"就是指"名",名主要就是描述天人之"志"的。虽然董氏认为人"同而副天"[1]357,天人相互感应,"天地之阴气起而人之阴气应之而起,人之阴气起天地之阴气亦宜应之而起"[1]360,但"天无所言"[1]455,需要人来代言,使不可见的显现出来,"祭之为言际也与?祭然后能见不见;见不见之见者,然后知天命鬼神"[1]441-442。显然,所谓"合而为一",是指天人之志在"名言世界"之中合而为一并呈现为"言行之志[类行之志(天行之志)]",即"文字-书法[臣民-君主(天地-阴阳)]"的嵌套结构,也就是说,显然结构的无形身体内暗含着隐形的整体身心结构。

参考文献

[1] 苏舆.春秋繁露义证[M].钟哲,点校.北京:中华书局,1992.

原载于《衡水学院学报》2022年第2期。

附录:2007—2022年《衡水学院学报》"董仲舒与儒学研究"栏目刊文情况一览表

序号	年	期	篇名	作者
1	2007	3	论董仲舒的教师观	曹迎春,董丽君
2	2007	3	独以寒暑不能成岁　独以威势不能成政——董仲舒社会教化思想研究	高春菊
3	2007	3	董仲舒与春秋决狱	周建英
4	2007	3	试析董仲舒"天人合一"学说的论证方式	赵艳玲
5	2007	3	从《士不遇赋》看董仲舒的理想人格	王铁生,高永杰
6	2007	3	从《天人三策》看汉武帝独尊儒术	卢国强
7	2007	3	董仲舒"义利"论及对后世之影响	魏文华
8	2007	4	董仲舒社会救助思想探微	王文涛
9	2008	2	"王承天意以成民之性为任"——试析董仲舒的政治思想	毕明良
10	2008	2	董仲舒象征文艺观试论	黄应根
11	2008	2	董仲舒荣辱思想探微	李忠建
12	2008	3	祥瑞灾异之说的嬗变与没落	董寅生
13	2008	5	董仲舒的惠民观及其借鉴意义	赵清文
14	2008	6	十议董仲舒	董寅生
15	2009	2	董仲舒华夷之辨思想探析	林先建
16	2009	3	悖立与整合——论董仲舒对孟子、荀子之人性论的解释	刘国民
17	2009	3	董仲舒阴阳思想论	余治平

(续表)

序号	年	期	篇名	作者
18	2009	5	董仲舒天人观的政治思想解读	周灏
19	2009	5	董仲舒五行学说论	余治平
20	2009	6	论董仲舒政治哲学的理论基础	卫立浩
21	2009	6	董仲舒对阴阳五行之学的整合	余治平
22	2009	6	汉儒雄风:一代宗师的现代复活 ——河北衡水隆重纪念董仲舒诞辰2200年	钟浙
23	2010	2	"化民成性"与"节民以礼" ——兼论董仲舒的师德思想	庞桥
24	2010	2	从德性政治到威权政治(上) ——谈董仲舒在儒学转型中的作用	杨朝明,胡培培
25	2010	3	董仲舒论"观"	肖俏波
26	2010	3	董仲舒的和谐社会思想刍议	郝建平
27	2010	3	从德性政治到威权政治(下) ——谈董仲舒在儒学转型中的作用	杨朝明,胡培培
28	2010	5	"性未善":董仲舒教化思想的逻辑起点	周春兰
29	2010	5	董仲舒论秩序之美	黄应根
30	2010	5	试析董仲舒政治思想的进步性	卫立浩
31	2010	5	也谈董仲舒在儒学史上的地位 ——以一种"同情之了解"的立场	宋立林
32	2010	6	现代性视域中的董仲舒美学思想刍议	李士军
33	2010	6	略论董仲舒的可知论及几个基本范畴	王传林
34	2010	6	"罢黜百家、独尊儒术"说的形成及时人、后人之批判	牛秋实
35	2010	6	董仲舒对《春秋》"灾异"的诠释	刘国民
36	2011	2	略论"数"的哲学意蕴与董仲舒的逻辑理路	王传林
37	2011	2	新世纪儒学复兴的十大标志与未来展望	吴光
38	2011	3	论儒学在当代世界多元文化中的担当与发展	宋冬梅
39	2011	3	董仲舒对士人命运的关注及对君权的限制	牛秋实
40	2011	3	董仲舒对政治儒学发展的历史贡献及现代意义	柳河东

(续表)

序号	年	期	篇名	作者
41	2011	5	董仲舒核心思想在高中教材中的诠释	田苹,孟凡明
42	2011	5	治理范式的转向:董仲舒国家治理思想初探	刘刚
43	2011	5	《春秋繁露》引《诗经》特点初探	冯蔚宁
44	2011	6	论董仲舒与王充人性论思想的内在趋同	王先亮
45	2011	6	董仲舒"德主刑辅"观与儒家政治话语权的建立	王爱民
46	2012	2	董仲舒对孔子"仁学"的发展	姚晓华
47	2012	2	董仲舒宇宙本体思想探析	李佳哲
48	2012	2	荀子与董仲舒"治道"思想之比较	高春菊
49	2012	2	《汉书·五行志》所载董仲舒说灾异八十三事考论	江新
50	2012	3	《易》本卜筮之书:朱子论《易》的形成	吴宁
51	2012	3	论董仲舒的散文艺术	邢培顺
52	2012	3	正义 正我 正民——董仲舒廉政思想解读	李奎良,曹迎春
53	2012	5	商周秦汉贵族民主政体的衰落与董子学说"天人感应"的廉政意义	王文书
54	2012	5	董仲舒与汉代的《春秋》学	牛秋实
55	2012	5	董仲舒新"王道"考释	韩进军
56	2012	5	董仲舒解释《春秋》《公羊传》的方法	刘国民
57	2012	5	董子仁义学新释	余治平
58	2012	6	"2012·全国董仲舒思想高端学术论坛"综述	曹迎春
59	2012	6	董仲舒养生思想及在旅游开发中的运用	乔亮
60	2012	6	董仲舒的忠孝理论与汉代忠孝伦理制度	李佳哲
61	2012	6	儒家文化复兴与当代青年担当	柳河东
62	2012	6	董仲舒孝道伦理观的逻辑向度	吴锋
63	2012	6	董仲舒的思想命题及其当代价值辨析	吴光
64	2012	6	董仲舒论学习态度与方法	周桂钿
65	2013	2	改良到革命——清末董子学研究的历史考察	姜淑红
66	2013	2	董仲舒的政治理想和人生命运	邢培顺
67	2013	2	先秦两汉时期的中国生态智慧	李勇强

(续表)

序号	年	期	篇名	作者
68	2013	2	《易经象传》所揭示的君子人格与精英修为之道	柳河东
69	2013	2	孔子改制与董仲舒的《春秋》法统论(上)	余治平
70	2013	2	董仲舒的奉天法古	黄开国
71	2013	2	董学与盛世文化	周桂钿
72	2013	3	论董仲舒天的哲学	刘明菊
73	2013	3	《春秋纬》对《春秋繁露》天人理论的继承和发展	徐栋梁
74	2013	3	"三代改制质文"的政治哲学意蕴——董仲舒文质论的理论渊源与历史效应	张树业
75	2013	3	大政治思想家董仲舒的思想及其意义与影响	华友根
76	2013	3	孔子改制与董仲舒的《春秋》法统论(下)	余治平
77	2013	5	董仲舒人性论探微	聂萌
78	2013	5	董仲舒思想外儒内法考论	杨德春
79	2013	5	祭孔释奠"改制"思想研究	常会营
80	2013	5	董仲舒与秦汉初期体系化思想的建构	李祥俊
81	2013	5	儒学与儒教	周桂钿
82	2013	6	董仲舒神学化自然观的逻辑进程	路高学
83	2013	6	重新审视董仲舒在"孝"传播过程中的作用	李现红,黄雁鸿
84	2013	6	《春秋纬》对《春秋繁露》阐释模式的继承和发展	徐栋梁
85	2013	6	董仲舒"三维一体"的政治哲学理念及其现代意义	李英华
86	2013	6	董仲舒的人性学说并非是"中民之性"	黄开国,苟奉山
87	2014	2	日本的董仲舒否定论之批判	邓红
88	2014	2	《天人三策》思想及价值新探	周兵
89	2014	2	论董子之阴阳出入	李丰琼
90	2014	2	董仲舒祥瑞思想探析	石越
91	2014	2	2013年董仲舒研究综述	曹迎春
92	2014	3	董仲舒"正其谊不谋其利,明其道不计其功"管窥	秦进才
93	2014	3	论《春秋纬》对《春秋繁露》受命改制思想的继承和发展	徐栋梁

(续表)

序号	年	期	篇名	作者
94	2014	3	董仲舒生态思想研究	曹迎春
95	2014	3	董仲舒思想中现代公民素养教育资源的开发	高春菊,郭文飞,石柱君
96	2014	3	士人的使命与儒家和谐思想的传承	张利明
97	2014	5	董仲舒依"三统、三道"不断更化的辩证进步历史观	王永祥
98	2014	5	理想化、理性化与悲剧化——董仲舒伦理思想特性与人生格调述评	王传林
99	2014	5	"自然""神灵"映衬下的道德实体——再论董仲舒的哲学之天	臧明
100	2014	5	董仲舒故里乃河北省枣强县考证	张希敏
101	2014	6	董仲舒《春秋繁露》考辨	黄朴民
102	2014	6	秦汉时期的家庭伦理与社会生活	李祥俊
103	2014	6	董仲舒灾异说对后世的影响	牛秋实
104	2014	6	董仲舒"三统说"与西汉大一统王朝的构建	臧明
105	2014	6	董子文化产业开发研究	曹迎春
106	2014	6	儒学复兴及其当代价值	白立强
107	2015	2	礼仪家教:构建礼仪之邦的基点	陈卫平
108	2015	2	中国古代经典诠释之最初体式	蒋国保
109	2015	2	更化与整合——董仲舒的治道思想	韩星
110	2015	2	董仲舒的"阳德阴刑"思想	肖红旗
111	2015	2	贾谊与董仲舒行政伦理思想比较	张雪莲
112	2015	2	2014年董仲舒研究综述	王文书
113	2015	3	董仲舒对先秦儒学的继承和损益	李存山
114	2015	3	董仲舒的崇儒重教及其现代意义	董金裕
115	2015	3	董仲舒政治哲学的形上基础及其现代诠释	成中英
116	2015	3	董仲舒:儒学发展史上的一座丰碑	钱耕森
117	2015	3	"董仲舒思想国际高端学术论坛"综述	余治平
118	2015	3	先秦儒家的内圣外王观	林存光,杨美桂

(续表)

序号	年	期	篇名	作者
119	2015	3	跪拜文化:孔子的悲哀——关于集体跪拜孔子的感言	黄玉顺
120	2015	3	"人之性恶明矣"——荀子人性论的四重视界	魏义霞
121	2015	3	董仲舒是儒家大圣人	周桂钿
122	2015	5	《春秋繁露》五行诸篇伪作考——和董仲舒的阴阳、五行说的关联	庆松光雄
123	2015	5	关于《春秋繁露》五行诸篇的考察	田中麻纱巳
124	2015	5	关于《春秋繁露》的伪书说	斋木哲郎
125	2015	5	董仲舒哲学研究百年	吴龙灿
126	2015	5	当代儒学复兴运动的思想视域问题——以黄玉顺"生活儒学"为例	张新
127	2015	5	生活儒学的儒学特质及其实践性格	宋大琦
128	2015	5	从"生活儒学"到"修身儒学"	孙铁骑
129	2015	5	荀子的养生思想探赜	马翠莲
130	2015	6	德主刑辅:董仲舒的治国理政之道	吴光
131	2015	6	董仲舒思想的历史地位与当代价值	黄玉顺
132	2015	6	"阳气仁":董仲舒思想中的"善"与"仁"	曾振宇
133	2015	6	2001—2013年台湾研究董仲舒论著简析	王文涛
134	2015	6	周桂钿先生之"董仲舒研究"及现代价值	常会营
135	2015	6	董仲舒的德本法助思想	李俊芝,朱冰清,朱云鹏,宋风轩
136	2015	6	《礼运》成篇的时代及思想特点分析	金春峰
137	2015	6	杨时王道思想论析	刘京菊
138	2016	2	董仲舒思想研究的几个问题	金春峰
139	2016	2	董仲舒学说的三个基本意识	黄朴民
140	2016	2	董仲舒与班固史学	汪高鑫
141	2016	2	"物必有合":董仲舒政治哲学再探讨	张允起
142	2016	2	徐复观先生之董子研究	宋立林

(续表)

序号	年	期	篇名	作者
143	2016	2	董仲舒"天人感应"思想新论	臧明
144	2016	2	"规约君权"还是"支持专制"——重论董仲舒"推明孔氏,抑黜百家"	郑济洲
145	2016	2	2015年董仲舒研究综述	王文书
146	2016	3	董仲舒《春秋》辞法十举	余治平
147	2016	3	董仲舒新儒理论构建过程的启示	李奎良
148	2016	3	孟子与董仲舒对仁、义理解之同异	陈昇
149	2016	3	宋翔凤的孔子素王说	黄开国
150	2016	3	中国正义论:儒家制度伦理学	黄玉顺
151	2016	3	儒学伦理与史学主题关系析论	谢贵安
152	2016	3	儒家"君子文化"的哲学特征及其伦理价值	李季林
153	2016	3	"外儒内法"政策形成的内在理路与外部原因	杨喜
154	2016	5	盛世儒学的智慧	周桂钿
155	2016	5	董仲舒与汉代经学哲学	金春峰
156	2016	5	董仲舒思想的"天""元"关系	任蜜林
157	2016	5	董仲舒"天人感应论"的现代确立——论钱学森院士对中国古代"天人感应论"的证明	胡义成
158	2016	5	从正名论推出人性论:董仲舒人性学说新探	王冬
159	2016	5	熊十力论董仲舒学说中的现代民主精神	姜淑红
160	2016	5	新儒家梁漱溟教育目的论述评	吴洪成,李阳阳
161	2016	5	法哲学视域下《管子》"教训成俗"说	程梅花,卢舒程
162	2016	6	董仲舒有无王鲁说	黄开国
163	2016	6	董仲舒在"崇儒更化"中的重要作用	刘国民
164	2016	6	董仲舒"天人理论"对汉代政治合法性的构建	吴锋
165	2016	6	董仲舒的诗观念	王硕民
166	2016	6	《春秋繁露·玉杯》之"善善恶恶"辨义——兼论董仲舒人性论的融贯性	黄允仁
167	2016	6	《论语》篇主题的讨论——对六注家概说的梳理	崔锁江

(续表)

序号	年	期	篇名	作者
168	2017	2	董仲舒限田思想再探	秦进才
169	2017	2	《天人三策》引孔子论说	王文涛,秦奕
170	2017	2	从阴阳学探索人文治疗的根基——以董仲舒阴阳学理论为主说	南基守,孟维
171	2017	2	"三纲五常"新解及其管理智慧	苗泽华
172	2017	2	董仲舒官德思想及其现代价值	曹迎春
173	2017	2	"德主刑辅"说之驳正:董仲舒德刑关系思想新诠	李德嘉
174	2017	2	2016年中国大陆地区董仲舒研究综述	王文书
175	2017	2	大陆新儒家政治哲学的现状与前景	黄玉顺
176	2017	2	孔子的世界,世界的孔子——当代中国的文化复兴与思想启蒙	刘建华
177	2017	3	"废黜百家"与"儒教国教化"——日本学术界关于"儒教国教化"的争论	邓红
178	2017	3	情性与教化:以董仲舒为中心的考察	何善蒙
179	2017	3	在学统与政统之间——兼论董仲舒对儒学的意识形态转换	朱康有
180	2017	3	"三纲"的首创者探析	安启杰
181	2017	3	先秦儒家的战争观——从竹书《曹沫之阵》到《孟子》	欧阳祯人
182	2017	3	重思一个故事的历史与神话意义——"孔子诛少正卯"之故事含义的再诠释	林存光,韩泳诗
183	2017	3	讲明儒释之分——蔡格理学思想研究	白发红
184	2017	5	董仲舒与秦汉时期君臣关系新范式的确立	李祥俊
185	2017	5	"《春秋》无达辞"的知识生成与董仲舒的《春秋》"辞论"	王刚
186	2017	5	董仲舒王道政治哲学的基本架构	韩进军
187	2017	5	董仲舒哲学体系中的天、地、人三才架构分析	律璞
188	2017	5	清唱剧《董仲舒》的歌词创作及其价值	李爱云,吴海涛
189	2017	5	王阳明"未发之中"说新解	袭业超

(续表)

序号	年	期	篇名	作者
190	2017	6	人成之以礼乐 ——董仲舒礼乐论释蕴	张树业
191	2017	6	董仲舒的心学:以其引《春秋》与《诗》为基础的探讨	张丰乾
192	2017	6	阴阳五行与汉代美学 ——以董仲舒的思想为视角	聂春华
193	2017	6	"罢黜百家,独尊儒术"的价值导向研究	王宏海
194	2017	6	董仲舒与汉代灾异理论的建构	鲍有为
195	2017	6	儒家的养老思想及其现代意义	任蜜林
196	2017	6	扬雄对孟子思想的继承与发展 ——以《法言》为中心	宋冬梅
197	2018	2	董仲舒与朱熹"天命观"的比较研究 ——以《论语集解》和《论语集注》为参照	常会营
198	2018	2	"天人感应"新解	李国斌
199	2018	2	天人之学的自然哲学根基 ——"十天端"架构中的董仲舒阴阳五行学说	王博
200	2018	2	刘向对董仲舒"天人感应"理论的继承与发展	臧明
201	2018	2	董仲舒公羊学的阴阳之道	郑济洲
202	2018	2	董仲舒对《论语》的引用与诠释	曹迎春
203	2018	2	孔子知论探析——从"学而知之"谈起	于肖寒,赵海燕
204	2018	2	儒家文化的传承与普世根基探析	左金磊
205	2018	4	康有为视界中的董仲舒	魏义霞
206	2018	4	董仲舒与儒家思想的转折 ——徐复观对董仲舒公羊学的探究	干春松
207	2018	4	董仲舒之"三统"说 ——兼论"天不变,道亦不变"	刘国民
208	2018	4	董仲舒的春秋公羊学式历史哲学	邓红
209	2018	4	修辞立其诚 ——《春秋繁露》的语言现象举要	王传林
210	2018	4	董仲舒关于社会制度设计的贡献	李奎良

(续表)

序号	年	期	篇名	作者
211	2018	4	三本论与董仲舒思想的历史地位	沈顺福
212	2018	5	董仲舒盛世治理的四个原则	周桂钿
213	2018	5	道德的现代视域与"五常"新解	罗传芳
214	2018	5	天人感应的发生机理与运行过程 ——以《春秋繁露》、"天人三策"为文本依据	余治平
215	2018	5	义利之辨与董仲舒的不白之冤	陈山榜
216	2018	5	原始思维与董仲舒理论体系的建构	邢培顺
217	2018	5	《春秋繁露》中的君子人格及其当代价值	白立强,金周昌
218	2018	5	口述历史与董仲舒文化研究	高春菊
219	2018	5	"2018 中国·衡水董仲舒于儒家思想 国际学术研讨会"综述	曹迎春,卫立冬
220	2018	5	仁学的回归与民主仁学的成立 ——吴光民主仁学的脉络及其前景	李洪卫
221	2018	6	儒家道德思想的实践 ——董仲舒"仁义法"的人我内外之别	杨济襄
222	2018	6	董仲舒人性论探究	陈福滨
223	2018	6	"喜怒哀乐"与"春夏秋冬"合类说 ——以董仲舒《春秋繁露》为中心	蔡杰
224	2018	6	董仲舒"天人感应"思想之意象思维视角研究	金周昌,白立强
225	2018	6	论董仲舒经济思想的政治性与层次性	朱云鹏
226	2018	6	2017 年董学研究综述	王文书,崔明稳
227	2018	6	儒家君子"五常"的当今价值审视	孙君恒
228	2018	6	"王道"小考	方朝晖
229	2018	6	孟子与《春秋》的经学建构问题探论	王刚
230	2019	2	汉初的尊儒——从陆贾到董仲舒	李存山
231	2019	2	董仲舒思想历史作用之我见	李宗桂
232	2019	2	董仲舒的"王道"	李润和
233	2019	2	董仲舒以经学为基础构建儒学思想体系	韩星
234	2019	2	董仲舒限田思想的影响初探	秦进才

(续表)

序号	年	期	篇名	作者
235	2019	2	从中西文化互鉴看董仲舒"和平"思想的时代价值	季桂起
236	2019	2	走向西方学术界的董仲舒——西文董仲舒研究述评	刘炜华
237	2019	3	董仲舒给儒家的定位:宗教还是神学	谢遐龄
238	2019	3	近四十年"罢黜百家,独尊儒术"问题研究的三个阶段	丁四新
239	2019	3	环境伦理脉络中的天人关系与生活智慧——以《春秋繁露》中之"同类相动"为核心	王涵青
240	2019	3	董仲舒年谱考补	王泽
241	2019	3	天人之际的正统与"异端"——以董仲舒和王充为中心的考察	黄兆慧
242	2019	3	董仲舒接纳五行说的问题——《春秋繁露》五行诸篇真伪性的前提认识	边士名朝邦,刘红艳
243	2019	3	儒家核心价值观的思想内涵、系统结构及其现代意义	李祥俊
244	2019	5	董仲舒儒学的精神方向	李宗桂
245	2019	5	董仲舒与中国"文"化——王充"孔子之文在仲舒"说诠说	杨朝明
246	2019	5	论董仲舒与张载的天人之学	林乐昌
247	2019	5	董仲舒对《春秋》的意识形态转换	朱康有
248	2019	5	天、君、儒:构建神学政治思想基础的三角哲学	杨清虎
249	2019	5	董仲舒五行关系论的多重模式及其对相生相克的超越	崔锁江,代春敏
250	2019	5	《春秋繁露》"天、元、神"的神学考察——汉儒与西方经院哲学的对话	苏昉峰
251	2019	5	"2019中国·衡水董仲舒与儒家思想国际学术研讨会"综述	曹迎春,韩星
252	2019	5	先秦秦汉儒家禅让思想的理论变迁与政治实践	曹婉丰
253	2019	6	董仲舒的儒教思想	张茂泽
254	2019	6	董仲舒对儒家哲学的新开展	魏义霞

(续表)

序号	年	期	篇名	作者
255	2019	6	董仲舒"更化则可善治"探析——西汉立国七十年的历史反思与理论探索	李英华
256	2019	6	源流互质视野下的董仲舒及汉代《春秋》观	刘洪强
257	2019	6	董仲舒的君子养生观与饮食思想	唐艳
258	2019	6	董仲舒"祥瑞"思想的美学诠释	陆纪君
259	2020	2	《春秋繁露》"董仲舒真篇"新探——以"贤良对策"检索《春秋繁露》的尝试	邓红
260	2020	2	董仲舒"大一统"王道政治思想的文化诠释	杨柳新
261	2020	2	董仲舒在两汉经学中的地位	任蜜林
262	2020	2	董仲舒的女性悲悯情怀	律璞
263	2020	2	董仲舒"大一统"思想对十八世纪欧洲启蒙的影响	陆元祥
264	2020	2	生态文明视阈下的董仲舒天人哲学及其现代价值	代春敏,白立强
265	2020	2	驭天道、驭阴阳、制人世——董仲舒的圣人观	葛跃辉
266	2020	2	董仲舒的"王道"传承及"改制"思想	杨昭
267	2020	3	《春秋繁露》楚庄王篇的民本思想与当代价值(上)	张思齐
268	2020	3	从建构"社会共同体"看"三纲五常"的批判继承	金春峰
269	2020	3	董仲舒的历史观与政治哲学	陈福滨
270	2020	3	董仲舒"独尊儒术"的思想意义	胡发贵
271	2020	3	《春秋繁露》论"心"	何善蒙
272	2020	3	《春秋繁露》楚庄王篇的民本思想与当代价值(中)	张思齐
273	2020	3	易学与董仲舒"天人合一"思想的关系	白效咏,黄朴民
274	2020	3	从《春秋繁露》看儒家的"无为之治"	孙占卿
275	2020	3	"素王"孔子的成立:基于《天人三策》的研究	郑济洲
276	2020	3	董仲舒社会治理思想的时代价值	刘伟,卫立冬
277	2020	5	董仲舒的批判精神与王道构建	韩星
278	2020	5	董仲舒与"罢黜百家,独尊儒术"关系新探	秦进才
279	2020	5	董仲舒责任伦理思想与当代社会责任体系建设	涂可国
280	2020	5	沟通天命:董仲舒对儒家神圣性与超越性根基的再植	梁世和

（续表）

序号	年	期	篇名	作者
281	2020	5	董仲舒《春秋》书法论的诠释学意蕴	张树业
282	2020	5	从孟子与董仲舒的"仁—义—利"结构论道德实践的主体价值抉择	王涵青
283	2020	6	董仲舒"为政之理"的形上建构	朱康有
284	2020	6	董仲舒的人间观	孙兴彻
285	2020	6	董仲舒的革命思想	王江武,王康
286	2020	6	时间意识下的天道与人道——对张祥龙现象学视域下《春秋繁露》解读的审视	樊志辉,郑文娟
287	2020	6	阴阳五行与董仲舒"官制象天"学说	王博
288	2020	6	董仲舒"天人三策"应在元光五年辨正	赵秀金,魏彦红
289	2020	6	两汉儒学家庭人际关系理念的变迁与实践——以夫妻关系为视角	张志娟,乔彦贞
290	2021	2	如何对待盛世的社会问题	周桂钿
291	2021	2	内圣外王之道的创造性构建——董仲舒思想的特质及其影响	李宗桂
292	2021	2	董仲舒"天人合一"的"理性"内核与制衡精神	黄朴民,李櫾璐
293	2021	2	"存王者之后"以"通三统"——公羊家建构王权合法性的一个特殊视角	余治平
294	2021	2	《周易》对董仲舒思想观念的影响——以《春秋繁露》为研究对象的考论	谢金良
295	2021	2	董仲舒人性论的黄老学特色	白延辉,张天奇
296	2021	2	董仲舒的"春秋"观——观念史与史学史的考察	张俊娅
297	2021	2	"聚力融合 协同发展——河北省董仲舒研究会 2020 学术年会暨儒商文化研讨会"综述	曹迎春,崔明稳
298	2021	3	董仲舒礼学思想初探	谢遐龄
299	2021	3	三纲说的来源、形成与异化	丁四新
300	2021	3	义不谋利：作为最高政治伦理——董仲舒与儒家"义利之辨"的正本清源	黄玉顺

(续表)

序号	年	期	篇名	作者
301	2021	3	董仲舒天命政治观与孔孟之道的矛盾与兼容	宋大琦
302	2021	3	董仲舒"大一统"理论对中华统一多民族国家的历史作用	刘丹忱
303	2021	3	《春秋繁露》中的"权变"观念及其元伦理学分析	周灏,卫立冬
304	2021	3	董仲舒对孟荀思想的统合	李慧子
305	2021	5	董仲舒的思想是否为"宇宙论中心"哲学	杨祖汉
306	2021	5	董仲舒的人性教化论及其教育人类学义涵	陈德和,高婷婷
307	2021	5	康有为的《春秋董氏学》	曾亦
308	2021	5	《春秋繁露》论"命"	何善蒙
309	2021	5	元作为治统的本原与方法——董仲舒"元"论新解	秦际明
310	2021	5	董仲舒《春秋》"大一统"与"通三统"考论	王传林
311	2021	5	"了解之同情":董仲舒"君权"思想辨正	吴杰
312	2021	5	从董仲舒与何休的诠释看《公羊传》的怨道	于超艺
313	2021	5	董仲舒"君主论":君主身份的二重性及其对君主的限制	刘晓婷
314	2021	6	"独尊儒术,罢黜百家"再辨析	董金裕
315	2021	6	儒家治道:预设与原理	方朝晖
316	2021	6	《春秋繁露》辨伪三流派论	邓红
317	2021	6	董仲舒《春秋》学之"异外内"——以何休为参照系	郭晓东
318	2021	6	"十指""五行"与"三之道"——董子的"天下"观	张丰乾
319	2021	6	《春秋繁露》五行说对《管子》四时五行说的继承与发展	王文涛
320	2021	6	董仲舒的宇宙论图式	夏世华
321	2022	2	论析与评价董仲舒的人性论	李存山
322	2022	2	董仲舒春秋公羊学与易学的会通	王新春
323	2022	2	儒学中兴从衡水走来	李奎良

(续表)

序号	年	期	篇名	作者
324	2022	2	董仲舒所论"身行之志"	郑朝晖
325	2022	2	朱熹对董仲舒的品评研究	王宏海
326	2022	2	董仲舒德福思想的内在体系建构	桑东辉
327	2022	2	董仲舒之论玉德与人性、礼制	钟治国
328	2022	2	董仲舒人性论的思想结构论析	闫利春
329	2022	2	天人视域下的董仲舒君子观	张诗琪,何善蒙
330	2022	3	析论董仲舒的天人感应论	成中英
331	2022	3	"文本于天"——董仲舒的哲学思想对文学的影响	刘国民
332	2022	3	钱穆、牟宗三争论"大一统"平议——港台新儒家视野下的董仲舒政治哲学	陈迎年
333	2022	3	"天心"即"爱人"——论董仲舒的仁说	高一品
334	2022	3	从《春秋繁露》三统论到《白虎通》三皇说	刘禹彤
335	2022	3	"公子友如陈":《公羊传》与"亲亲","尊尊"儒家	保罗·那比尔
336	2022	5	从"天人"合一到"天仁"合一——董仲舒仁学一议	向世陵
337	2022	5	董仲舒与司马迁对"白鱼赤乌"与"天命"传承的阐发	邓红
338	2022	5	论冯友兰对董仲舒哲学的研究	柴文华,张收
339	2022	5	朱熹对董仲舒的评价与分析	陈永宝
340	2022	5	董仲舒《春秋繁露·循天之道》养生哲学思想研究	常会营
341	2022	5	从孟荀到董仲舒:"汤武革命"与西汉政权合法性论题	钮则圳
342	2022	5	"史实":董仲舒以及苏舆的春秋公羊学	刘芝庆
343	2022	5	"名伦等物不失其理"——董仲舒的"物"哲学	张靖杰
344	2022	6	董仲舒与《孝经》	舒大刚
345	2022	6	关于董仲舒评价之评价	程志华
346	2022	6	董仲舒的中和思维	张茂泽
347	2022	6	仁义之道与《春秋》精神——从孔孟到董仲舒	孔德立

(续表)

序号	年	期	篇名	作者
348	2022	6	董仲舒经学的发生、解释及其思想史意义	姜海军
349	2022	6	《儒藏》精华编《春秋繁露》校点记	张世亮
350	2022	6	董仲舒未见文集《董生书》管窥	王文书
351	2022	6	董仲舒自然哲学的四重维度及其对天人感应论的调适	崔锁江,白立强